ИНСТИТУТ РУССКОГО ЯЗЫКА ИМ. А. С. ПУШКИНА

К. А. ЦОЙ
Х. М. МУРАТОВ

УЧЕБНЫЙ СЛОВАРЬ СОЧЕТАЕМОСТИ ТЕРМИНОВ

ФИНАНСЫ И ЭКОНОМИКА

Под общим руководством
канд. филол. наук
В. В. МОРКОВКИНА

МОСКВА
«РУССКИЙ ЯЗЫК»
1988

ББК 65
Ц 76

Спец. редактор канд. экон. наук В. В. Остапенко
Рецензенты: канд. экон. наук А. Ю. Юданов,
канд. филол. наук Г. П. Тюрина (МФИ)

Цой К. А., Муратов Х. М.

Ц 76 Учебный словарь сочетаемости терминов. Финансы и экономика./Под общим руководством В. В. Морковкина.— 1-е изд.— М.: Рус. яз., 1988. 264 с.
ISBN 5—200—00236—2

Словарь содержит около 1 тыс. основных терминов с дефинициями по финансам, денежному обращению, кредиту, бухгалтерскому учету, планированию, экономической статистике. Приводится описание сочетаемости термина с другими словами, даются примеры употребления термина в предложении.

Словарь предназначен для студентов-иностранцев, обучающихся в экономических и финансовых вузах, а также преподавателей русского языка.

Ц $\frac{4602030000—339}{015(01)—88}$ 214—88

ББК 65 + 81.2Р—96

ISBN 5—200—00236—2

ПРЕДИСЛОВИЕ

Настоящий Словарь входит в серию толково-сочетаемостных словарей терминов наиболее важных отраслей науки и техники. Серия создаётся на основе типового проекта, разработанного в Секторе учебной лексикографии Института русского языка им. А. С. Пушкина (*см.* Морковкин В. В. Проект серии толково-сочетаемостных словарей терминов. В кн.: Сочетаемость слов и вопросы обучения русскому языку иностранцев. М., 1984, с. 148—161).

Словарь предназначен для иностранных студентов, изучающих следующие финансово-экономические дисциплины: планирование и экономика народного хозяйства, финансы, денежное обращение и бухгалтерский учёт. Он может быть использован студентами-иностранцами как в самостоятельной работе, так и во время аудиторных занятий. Преподаватели русского языка как иностранного могут пользоваться Словарём в качестве справочника при подготовке к занятиям и при составлении учебных пособий по русскому языку для студентов, обучающихся в вузах экономического профиля.

Основная цель Словаря — способствовать развитию речи иностранных учащихся на материале подъязыка финансово-экономических текстов.

Работа над Словарем распределялась между авторами следующим образом. Общее и научное руководство работой осуществлялось В. В. Морковкиным, которым была разработана структура Словаря и все необходимые лексикографические процедуры. Им же проведены унификация и редактирование включённых в Словарь материалов и написан раздел «Построение словаря». Текст Словаря написан К. А. Цой, Х. М. Муратов осуществлял контроль за правильностью словарного материала с точки зрения отражаемых Словарем научных дисциплин.

Отзывы о Словаре просим направлять в Институт русского языка им. А. С. Пушкина, Сектор учебной лексикографии по адресу: 117485, Москва, ул. Волгина, д. 6 или в издательство «Русский язык» по адресу: 103012, Москва, Старопанский пер., д.1/5.

ПОСТРОЕНИЕ СЛОВАРЯ

КОМПОЗИЦИЯ СЛОВАРЯ

§ 1. Основную часть Словаря составляют словарные статьи, расположенные в алфавитном порядке. Эта часть предваряется Предисловием, статьёй «Построение словаря», списком сокращений и условных знаков, а также перечнем лексикографических и других источников Словаря.

СТРУКТУРА СЛОВАРНОЙ СТАТЬИ

§ 2. В Словарь включены словарные статьи трёх основных типов: базовые, производные и отсылочные.

Базовые словарные статьи (они возглавляются наиболее важными в понятийном отношении однословными и неоднословными терминами) включают в себя: а) заголовочную единицу и её грамматическую характеристику, б) сопутствующие языковые сведения, в) дефиницию понятия, обозначенного заголовочной единицей, г) подробное описание сочетаемости заголовочной единицы с другими словами, д) иллюстративные предложения, е) словообразовательное гнездо. Среди базовых статей выделяются такие, которые расписываются по полной схеме, и такие, сочетаемость заголовочных единиц в которых указывается выборочно.

Производные словарные статьи (они возглавляются терминами-словосочетаниями, которые служат видовыми обозначениями по отношению к заголовочным единицам базовых статей) включают в себя: а) заголовочную единицу и её грамматическую характеристику, б) сопутствующие языковые сведения, в) дефиницию понятия, обозначенного заголовочной статьей, г) сокращенную или отсылочную характеристику сочетаемости заголовочной единицы с другими словами, д) иллюстративные предложения, е) словообразовательное гнездо (если оно необходимо), ж) отсылку к базовой словарной статье.

В отсылочных словарных статьях (они возглавляются терминами, являющимися синонимами заголовков базовых и производных статей) заголовочные единицы получают грамматическую характеристику и сопровождаются отсылочным определением: То же, что...

ЗАГОЛОВОЧНАЯ ЕДИНИЦА И ЕЕ ГРАММАТИЧЕСКАЯ ХАРАКТЕРИСТИКА

§ 3. Если заголовочной единицей служит термин-словосочетание, грамматическую характеристику получает только опорное слово этого словосочетания.

Изменяемая часть заголовочной единицы (однословного термина или опорного слова термина-словосочетания) отделяется от неизменяемой вертикальной чёрточкой (|). Формы слова приводятся сокращённо, начиная с той буквы, которая следует за вертикальной чёрточкой.

Если заголовочной единицей является слово, то отделение изменяемой части от неизменяемой производится в исходной форме, т. е. в форме именительного падежа. Исключение составляют имена существительные, которые оканчиваются в исходной форме на «ь», «й». У этих существительных отсечение изменяемой части производится в форме родительного падежа, которая приводится полностью.

Если заголовочной единицей является словосочетание, то отделение изменяемой части у опорного слова производится не в исходной форме, а в форме родительного падежа, которая приводится полностью.

§ 4. Заголовочная единица даётся в именительном падеже единственного числа с указанием ударения. После этого приводится форма родительного падежа единственного числа и родовая помета (*м.* — мужской род, *ж.* — женский род, *с.* — средний род), например:

КОНТРО́ЛЬ, *род.* контро́л|я, *только ед., м.*
ПОДОХО́ДНЫЙ НАЛО́Г, *род.* нало́г|а, *м.*

Пометой *нескл.* отмечаются несклоняемые существительные, например: СА́ЛЬДО, *нескл., с.*

Пометами *только ед.* и *только мн.* сопровождаются существительные, которые употребляются соответственно только в единственном или только во множественном числе, например:

И́МПОРТ, *род.* -а, *только ед., м.*
ДЕ́НЬГ|И, *род.* де́нег, *только мн.*

Если в качестве заголовка словарной статьи приводится форма множественного числа, за которой следует форма единственного числа, это означает, что заголовочная единица может употребляться как в единственном, так и во множественном числе, хотя в текстах по специальности формы множественного числа употребляются чаще. Например:

НОРМАТИ́В|Ы, *род.* -ов, *ед.* **нормати́в**, *род.* -а, *м.*

Указание при заголовочной единице только формы родительного падежа единственного числа свидетельствует о том, что формы других падежей образуются по регулярным моделям и с сохранением того же места ударения. Приведение других словоизменительных форм означает, что именно в этих формах наблюдаются отступления от регулярного словоизменения. При наличии словоизменительной нерегулярности отсечение изменяемой части с помощью чёрточки производится у той формы, от которой остальные формы образуются согласно норме, например:

ИЗДЕ́РЖК|И, *род.* изде́ржек, *ед.* **изде́ржк|а**, *род.*-и, *ж.*

СОПУТСТВУЮЩИЕ ЯЗЫКОВЫЕ ЯВЛЕНИЯ

§ 5. В Словаре отмечается способность заголовочных единиц вступать в синонимичные и антонимичные отношения с другими словами. Синонимы приводятся сразу после грамматической характеристики, предваряясь сокращением «Син.», антонимы — вслед за синонимами (сокращение «Ант.»), например:

НАРО́ДНОЕ ХОЗЯ́ЙСТВО < ... > *Син.* национа́льная эконо́мика страны.

СЕМАНТИЧЕСКАЯ СТРУКТУРА ЗАГОЛОВОЧНОЙ СТАТЬИ

§ 6. Каждый лексико-семантический вариант многозначного (в рамках данного подъязыка) термина нумеруется соответствующей арабской цифрой и разрабатывается по полной схеме, включающей в себя дефиницию и отражение сочетательных возможностей, например:

ПРОИЗВО́ДСТВ|О...

1. Общественный процесс создания материальных благ, который охватывает как производительные силы общества, так и производственные отношения людей. (Далее отражается сочетаемость этого термина в указанном значении и приводятся иллюстративные предложения.)

2. Изготовление, выработка, создание какой-л. продукции; отрасль, вид промышленности. (Далее отражается сочетаемость термина «производство» в этом значении и приводятся иллюстративные предложения).

3. Работа на предприятии, связанная с непосредственным изготовлением продукции, а ткж. (*разг.*) само такое предприятие. (Далее отражается сочетаемость термина в указанном значении и даются иллюстративные предложения).

§ 7. Если заголовочная единица кроме терминологического значения имеет широко употребительные нетерминологические значения, то её семантическая структура отражается так: под заголовочной единицей приводится весь набор соответствующих дефиниций, причём рассматриваемое терминологическое значение выделяется разрядкой, а перед цифрой ставится восклицательный знак; не рассматриваемые в Словаре значения заголовочной единицы иллюстрируются показательными речениями, набранными курсивом, например:

ПЛАН ...

1. Чертёж, изображающий в масштабе на плоскости местность, предмет, сооружение и т. п. с полным сохранением их пропорций. *Ср. п. здания*.

!**2.** Заранее намеченная система мероприятий, предусматривающая порядок, последовательность и сроки выполнения работ, операций и т.д., объединённых общей целью, а ткж. текст, документ с изложением такой системы.

3. Предположение, замысел, предусматривающие ход, развитие чего-л. *Ср. п. поездки.*

4. Определённый порядок, последовательность изложения чего-л. *Ср.п. урока.*

5. Та или иная область, сфера проявления чего-л. *Ср. актёр комедийного плана.*

Такой способ отражения неоднозначности заголовочной единицы позволяет, с одной стороны, напомнить учащимся известные им значения слова или, если оно им неизвестно, предотвратить заключение о его однозначности, а с другой стороны, ясно указать на тот лексико-семантический вариант, который является непосредственным объектом рассмотрения в данной словарной статье.

ОПРЕДЕЛЕНИЕ ЗНАЧЕНИЯ

§ 8. При определении значений заголовочных терминов используются дефиниции, даваемые им в стабильных учебниках по соответствующим научным дисциплинам, а также в авторитетных справочных изданиях. В Словаре практикуется разумная адаптация дефиниций, извлекаемых из указанных источников, причём адаптации подвергается не содержание дефиниции, а её словесное выражение.

§ 9. Если термин-словосочетание может быть представлен одним сложносокращенным словом любого типа образования, это последовательно отмечается либо после грамматической характеристики, либо непосредственно после такого термина. Соответствующее сложносокращенное слово приводится в круглых скобках и предваряется пометой *сокр.*, например:

> НАУ́ЧНАЯ ОРГАНИЗА́ЦИЯ ТРУДА́, *род.* организа́ци|и, *ж.* (*сокр.* НОТ).

§ 10. Главную часть словарной статьи составляет упорядоченный перечень словосочетаний, характеризующих сочетаемостные свойства заголовочной единицы.

§ 11. Указание на имеющиеся при заголовочной единице синтаксические позиции производится при помощи вопросительных местоимений, после чего ставится двоеточие, знак ~ (тильда), который является заместителем заголовочной единицы, и приводятся слова (сочетания слов), заполняющие выделенную синтаксическую позицию, например:

> **Воспроизводство** чего: ~ материальных благ, совокупного общественного продукта ...

§ 12. Если вопросительное слово выделяет позицию, обладающую грамматической неоднородностью, то однозначное соответствие между формой и содержанием синтаксической позиции устанавливается с помощью грамматических пояснительных помет, например: **Дохо́д** какой: (*предлог «от» с род.*) ~ от внедрения чего-л. ... ; (*предлог «на» с вин.*) ~ на душу населения ...

§ 13. Если слово в словосочетании способно употребляться в двух или нескольких соотносительных грамматических формах (несовершенный и совершенный вид глагола, единственное и множественное число существительного и т. п.) в Словаре может использоваться любая из этих форм. При этом предпочтение отдаётся тем формам, употребление которых делает словосочетание более естественным по звучанию и законченным по смыслу.

Отсутствие или невозможность употребления одной из соотносительных форм слова, сочетающегося с заголовочной единицей, неизменно отражается соответствующей ограничительной пометой, например: Взимать *несов.* ... **доходы.** Иметь *несов.* ... какие-л. **доходы**.

Помета *несов.* и помета *сов.* означают, что глагол вообще не имеет коррелята противоположного вида. Помета *зд. несов.* и помета *зд. сов.* означают, что в том значении, которое реализуется в приведенном словосочетании, глагол не имеет видового коррелята, хотя в других значениях видовая пара у него есть.

Если сочетающийся с заголовочной единицей глагол совмещает в себе значения несовершенного и совершенного вида, это отмечается пометой *несов. и сов.*, например: Авансировать *несов. и сов.* ... **деньги.** Использовать *несов. и сов.* ... **доходы.**

ПОРЯДОК ОПИСАНИЯ СОЧЕТАЕМОСТИ СУЩЕСТВИТЕЛЬНЫХ

§ 14. Сочетаемость существительных-терминов и номинативных терминологических словосочетаний описывается в следующей последовательности.

1. Сочетание заголовочной единицы с прилагательными и причастиями в функции согласованного определения, например:

Авансовый, банковский, безлимитный, вексельный ... **кредит.**

2. Сочетание заголовочной единицы с именами существительными:

а) Сочетание заголовочной единицы с зависимыми существительными и номинативными словосочетаниями, которые выступают в функции несогласованного определения или приложения, например.

Кредит какой: (*предлог «на» с вин.*) ~ на временные нужды, на выплату зарплаты, на контрактацию, на сезонное накопление ...

б) сочетания заголовочной единицы с зависимыми существительными и номинативными словосочетаниями, которые выступают в других функциях (дополнения, субъекта, объекта и т. п.), например:

Калькуляция чего: ~ затрат, нормативной себестоимости...

в) сочетания, в которых заголовочная единица является зависимым членом (сначала беспредложные в порядке падежей заголовочного слова, потом предложные в порядке алфавитного следования предлогов при нем), например: Сущность, содержание, форма, роль ... **налога**. Поступление ... **от налога.**

Состав лексико-семантических единиц последнего типа расширяется за счет словосочетаний, в которых в качестве опорных слов выступают существительные, находящиеся в непосредственной словообразовательной связи с управляющими заголовочной единицей глаголами — эти глаголы отмечаются направленной вверх стрелкой (*см.* п.3), хотя такие словосочетания в целях экономии места в Словаре не приводятся.

3. Сочетания заголовочной единицы с управляющими ею глаголами. Сначала даются беспредложные глагольные словосочетания в порядке падежей заголовочной единицы, причём винительный падеж — падеж прямого объекта — считается первым, затем предложные в алфавитном порядке предлогов при заголовочной единице.

Если от глагола, управляющего заголовочной единицей (*ср.* аккумулировать **доходы**) может быть образовано отглагольное существительное, которое также способно сочетаться с заголовочной единицей (*ср.* аккумулирование **доходов**), то после этого глагола ставится стрелка, направленная вверх. Стрелка, направленная вверх, может ставиться и после тех глаголов, которые сами образованы от существительных, т. е. являются не непосредственно мотивирующими, а непосредственно мотивированными. Сами соответствующие существительные в обоих указанных случаях не приводятся (правило распространяется на весь уровень «глагол плюс заголовочная единица», т. е. как на беспредложные, так и на предложные глагольно-именные словосочетания).

Если глагол, управляющий заголовочной единицей, может быть употреблен как в действительном,так и в страдательном залоге, в результате чего заголовочная единица из объекта действия—дополнения (*ср.* составлять **план**) превращается в объект действия — подлежащее (*ср.* **план** составляется), то после такого глагола ставится стрелка, направленная вниз.

Таким образом, запись «Аккумулировать ↑↓, взимать ↑↓, извлекать ↑↓, использовать ↑↓ ... **доходы**» означает, что можно сказать, с одной стороны, «Аккумулирование, взимание, извлечение, использование ... **доходов**», а с другой — «**Доходы** аккумулируются, взимаются, используются ...», хотя слов «аккумулирование», «взимание», «извлечение», «использование», «аккумулируются», «взимаются», «извлекаются», «используются» в статье нет.

Положение стрелки перед или после неопределенного местоимения (неопределенного наречия), указывающего на характер синтаксического распространения глаголов, значимо: если стрелка стоит перед неопределенным местоимением (неопределенным наречием), то соответствующее глаголу существительное управляет другой падежной формой, если после, то такое существительное распространяется той же самой падежной или предложно-падежной формой.

Если объектом действия, обозначенного глаголом, который управляет предложно-падежной формой, может быть только неодушевленный предмет, явление и т. п., то дается не инфинитив этого глагола, а предикативная конструкция, позволяющая отразить эту особенность, например: Развивать что-л., что-л. занимает какое-л. место ... **в политической экономии**.

4. Предикативные сочетания, в которых заголовочное существительное выступает в роли подлежащего, а в функции сказуемого употребляются глаголы в личной форме, краткие прилагательные и причастия, например: **Народное хозяйство** основывается *зд. несов.* на чём-л., формируется как-л., охватывает что-л. ...

К предикативному уровню относятся также словосочетания, которые получаются прибавлением к глаголам, отмеченным стрелкой, направленной вниз, постфикса -ся (см. выше), хотя такие словосочетания в целях компрессии Словаря на обсуждаемом уровне не отмечаются.

5. Словосочетания, реализующие сочинительные связи заголовочной единицы, если они характеризуются высокой степенью воспроизводимости в соответствующих научных текстах, например:

Спрос и предложения. Колхозы и совхозы. Рабочие и крестьяне.

§ 15. Знаком * (астериск) отмечаются в тексте словарной статьи такие словосочетания-термины, которые сами являются заголовочными единицами, например:

Социалистический *, государственный ... **бюджет**.

§ 16. Отсылка, вводимая сокращением *см.*, означает, что информация о сочетаемости данной заголовочной единицы содержится в указанной после сокращения словарной статье.

Отсылка, вводимая сокращением *см.ткж.* означает, что помимо приведенной в словарной статье сочетаемости, заголовочная единица обладает такими же сочетаемостными возможностями, что и указанное после сокращения слово.

ИЛЛЮСТРАТИВНОЕ ПРЕДЛОЖЕНИЕ

§ 17. В качестве иллюстративных предложений (они вводятся знаком ●— темный кружок) в Словаре используются главным образом фразы, извлеченные из стабильных учебников, справочных и учебных изданий.

СЛОВООБРАЗОВАТЕЛЬНОЕ ГНЕЗДО

§ 18. В словообразовательном гнезде (оно вводится знаком △— треугольник) помещаются широко употребительные в текстах по финансово-экономической литературе прилагательные, существительные и глаголы, находящиеся в непосредственной словообразовательной связи с заголовочным словом базовой словарной статьи.

Прилагательные, существительные и глаголы в словообразовательном гнезде сопровождаются грамматической характеристикой и показательными словосочетаниями, иллюстрирующими их употребление.

§ 19. Грамматическая характеристика прилагательного состоит в указании места ударения и в приведении форм женского и среднего рода, а также формы именительного падежа множественного числа, например:

Дохо́дн|ый, -ая, -ое, -ые.

Д. источник, отрасль *ж.*, счета, бизнес ...

§ 20. Соотносительные по виду глагольные образования считаются формами одного слова и рассматриваются вместе. Первым указывается глагол несовершенного вида. После неопределенной формы несовершенного вида приводятся формы 1-го и 2-го лица единственного числа и 3-го лица множественного числа настоящего времени и ставится помета *несов*. Затем после точки с запятой указывается неопределенная форма совершенного вида, формы 1-го и 2-го лица единственного числа и 3-го лица множественного числа будущего простого времени и ставится помета *сов*. Если глагол совмещает в себе значение несовершенного и совершенного видов, то ставятся пометы *несов. и сов*. После личных форм глагола приводятся, если есть особенности в образовании и месте ударения, формы прошедшего времени, предваряемые пометой *прош*.

Причастия и деепричастия (они даются после форм прошедшего времени) приводятся в Словаре только в том случае, если это обусловлено нерегулярностью их образования. В лексикографической интерпретации этих классов глагольных форм настоящий словарь следует сложившейся лексикографической традиции, зафиксированной в существующих толковых словарях русского языка.

Грамматическая характеристика причастия аналогична грамматической характеристике прилагательного.

Глаголы, управляющие существительными в винительном падеже, снабжаются пометой *перех*. Например:

Калькули́р|овать, -ую, -уешь, -уют, *несов. и сов*., *прич. страд.прош*. калькули́рованн|ый, -ая, -ое, -ые, *кр. ф*. калькули́рован, -а, -о, -ы, *перех*.

К. себестоимость, затраты, продукцию ...

УДАРЕНИЕ

§ 21. Ударение в заголовочных словах и в словах, размещенных в словообразовательных гнездах, указывается постановкой знака ´ над гласной. Буква Ё показывает одновременно и произношение, и место ударения, поэтому знак ударения над ней не ставится.

УСЛОВНЫЕ ЗНАКИ

§ 22. В Словаре используются два вида скобок — круглые и квадратные. В круглые скобки заключаются примеры лексического заполнения позиции, отмеченной неопределенным местоимением, грамматические и семантические пометы, сложносокращенные варианты некоторых терминов-словосочетаний.

В квадратные скобки заключаются элементы слов и словосочетаний, употребление или неупотребление которых зависит только от смыслового задания, т.е. от того, что хочет сказать говорящий.

§23. Общеупотребительные знаки (точка, запятая, двоеточие, точка с запятой, многоточие) выполняют в Словаре следующие функции.

Точкой разделяются сочетательные модели, в которые входит заголовочное слово. Например:

Переводить ↑↓, переадресовывать ↑↓... **аккредитив**. Указывать ↑ что-л. ... **в аккредитиве**.

Запятой разделяются слова, заполняющие одну и ту же синтаксическую позицию, например:

Аккордные, бумажные, военные ... **деньги**.

Точка с запятой используется:

а) для разделения разных значений одной и той же синтаксической позиции, а также для разделения вариантов грамматического выражения одной и той же семантической позиции, например:

> **Аукцион** какой: (*с род.*) ~ лошадей, пушнины ... ; (*предлог «по» с дат.*) ~ по продаже чего-л. ... ; (*предлог «с» с твор.*) ~ с понижением цен, с повышением цен ...

б) для разделения лексических рядов, заполняющих одну и ту же позицию при заголовочном слове, если само слово при этом употребляется в разных соотносительных формах, например:

> Размер, сумма, предел ... **пособия**; виды ... **пособий**.

в) для разделения лексических рядов, заполняющих одну и ту же позицию при заголовочном слове, если само слово при этом характеризуется разной степенью синтаксической свободы, например:

> Повышать ... **норму прибыли**; получать ... какую-л. **норму прибыли**.

г) для разделения оттенков значений при толковании термина. Кроме того, точка с запятой применяется в грамматической характеристике так, как это указано выше.

Двоеточие ставится после вопросительных местоимений, вводящих описываемые позиции, например:

> **Процент** какой: ~ по ссудам, по вкладам ...

Многоточие указывает, что соответствующий лексический ряд приводится не полностью, а с ограничениями, накладываемыми принципом учебно-методической целесообразности.

§ 23. В Словаре используются шесть условных знаков.

Знак ~ (тильда) заменяет заголовочное слово. Знак ● (темный кружок) предваряет иллюстративные предложения. Знак △ (треугольник) предваряет словообразовательное гнездо (см. §§ 18-20). Знаки ↑↓ используются, как указано в § 14, п. 3, знак * (астериск) — как описано в § 15, восклицательный знак — как указано в § 7.

УСЛОВНЫЕ СОКРАЩЕНИЯ И ОБОЗНАЧЕНИЯ

Ант. — антоним
вин. — винительный (падеж)
дат. — дательный (падеж)
деепр. — деепричастие
действ. — действительный залог
ед. — единственное (число)
ж. — женский род.
зд. — здесь
им. — именительный (падеж)
кр. ф. — краткая форма
л. лицо
-л. — либо
мн. — множественное (число)
наст. — настоящее (время)
неопр.ф. — неопределённая форма глагола
несов. — несовершенный вид
п. — падеж
предл. — предложный (падеж)
прич. — причастие
прош. — прошедшее (время)
разг. — разговорное выражение
род. — родительный (падеж)
с. — средний род
Син. — синоним
см. — смотрите
собир. — собирательное
сов. — совершенный вид
сокр. — сокращение
ст. — степень
страд. — страдательный залог
тв. — творительный (падеж)
ткж. — также
ч. — число

↑ указание на наличие однокорневого с данным глаголом и соответственного по значению существительного
↓ указание на возможность образования от данного глагола слова с частицей -ся.
~ знак, заменяющий собой заголовочную единицу
* указание на то, что данное словосочетание само является заголовочной единицей
● иллюстративные предложения
△ словообразовательное гнездо
! указание на то, что рассматривается именно это терминологическое значение заголовочной единицы

ИСПОЛЬЗОВАННАЯ ЛИТЕРАТУРА

а) Общеязыковые словари:

1. Ожегов С. И. Словарь русского языка. Под ред. Н. Ю. Шведовой. 9 изд. испр. и доп. М., 1972.

2. Словарь русского языка. В 4-х тт. Под. ред. А. П. Евгеньевой. 2 изд. М., 1981—1984.

3. Словарь сочетаемости слов русского языка. Под ред. П. Н. Денисова, В. В. Морковкина. 2 изд. М., 1983.

б) Специальные справочники, словари и энциклопедии:

4. Большая Советская Энциклопедия. 3 изд. М., 1970—1979.

5. Экономическая энциклопедия. Политическая экономия. М., 1972—1980.

6. Философский энциклопедический словарь. М., 1983.

7. Финансово-кредитный словарь. М., 1961—1964.

8. Финансово-кредитный словарь. 2 изд. М., 1984.

9. Политическая экономия. Словарь. 2 изд. М., 1981.

в) Учебники, учебные пособия:

10. Айрумов А. М. Анализ хозяйственной деятельности. Ташкент, 1978.

11. Денежное обращение и кредит СССР. М., 1976.

12. Денежное обращение и кредит СССР. М., 1979.

13. Марченко А. К. Бухгалтерский учёт в промышленности. Минск, 1972.

14. Организация, планирование и управление деятельностью промышленных предприятий. М., 1976.

15. Планирование народного хозяйства СССР. М., 1973.

16. Политическая экономия. Капиталистический способ производства. М., 1980.

17. Политическая экономия. Социализм — первая фаза коммунистического способа производства. М., 1982.

18. Сочетаемость слов и вопросы обучения русскому языку иностранцев. Сб. статей. Под ред. В. В. Морковкина. М., 1984.

19. Финансы СССР. М., 1971.

20. Финансы СССР. М., 1979.

21. Экономика сельского хозяйства. М., 1975.

РУССКИЙ АЛФАВИТ

Аа	Рр
Бб	Сс
Вв	Тт
Гг	Уу
Дд	Фф
Ее, Ёё	Хх
Жж	Цц
Зз	Чч
Ии	Шш
Йй	Щщ
Кк	Ъъ
Лл	Ыы
Мм	Ьь
Нн	Ээ
Оо	Юю
Пп	Яя

А

АБСОЛЮ́ТНАЯ РЕ́НТА, *род.* ре́нт|ы, *только ед., ж.*

Часть прибавочной стоимости, присваиваемая землевладельцами в силу монополии частной собственности на землю.

●1. Источником абсолютной ренты является излишек прибавочной стоимости над средней прибылью, образующийся в сельском хозяйстве из-за более низкого органического состава капитала. 2. Причиной образования абсолютной ренты является монополия частной собственности на землю, а создается она прибавочным трудом наёмных сельскохозяйственных рабочих. *См.* **Ре́нта**.

АВА НС, *род.* -а, *м.*

Деньги или товары, которые выдаются вперёд в счёт будущего расчёта.

Денежный, натуральный, покупательский, первоначальный, ежегодный, ежемесячный, ежеквартальный, [не]плановый, [не]использованный ... **аванс**.

Аванс какой: (*с твор.*) ~ деньгами, натурой; (*предлог «на» с вин.*) ~ на какие-л. расходы...; (*предлог «под» с вин.*) ~ под ценные бумаги...; (*предлог «при» с предл.*) ~ при переводе куда-л. (в другую местность...) ... **Аванс** чей: ~ бюджетных учреждений, импортёра... **Аванс** кому-чему: ~ подотчётному лицу, рабочим, колхозникам, служащим, организациям, предприятиям, совхозам, колхозам, поставщику, экспортёру ...

Размер, сумма, остатки ... **аванса**.

Вносить ↑↓, начислять ↑↓, выдавать ↑↓, выплачивать ↑↓, перечислять ↑↓, распределять ↑↓, использовать ↑↓ *несов. и сов.*, оформлять ↑↓, возвратить ↑↓ ... **аванс**. Ассигновать ↑ *несов. и сов.* что-л. ...**на аванс**.

Аванс представляет *зд. несов.* собой что-л. (одну из форм взаимного кредитования ...), подлежит *несов.* чему-л. ...

●1. По советскому законодательству выплата аванса в отношениях между гражданами определяется соглашением сторон. 2.В советском трудовом праве плановым авансом называют денежную сумму, выплачиваемую при сдельной оплате труда в счёт заработной платы до полного окончания указанной в наряде работы.

△**Ава́нсов|ый**, -ая, -ое, -ые.

А. вексель *м.*, кредит, отчёт *, выдача, получка, перечисление, деньги *мн.*, взносы, гарантия...

Аванси́рованн|ый, -ая, -ое, -ые.

А. капитал *, стоимость *ж.*, средства ...

Аванси́р|овать, -ую, -уешь, -уют, *несов. и сов., перех.*

А. деньги, капитал, предприятие, фабрику, заводы, стройку, капитальное строительство ...

АВАНСИ́РОВАННЫЙ КАПИТА́Л, *род.* капита́л|а, *м.*

Денежная сумма, которая вкладывается капиталистом в предприятие с целью получения прибыли.

●1. Авансированный капитал расходуется на приобретение средств производства (т.е. постоянного капитала) и на покупку рабочей силы (т. е. переменного капитала). 2. Первоначально авансированный капитал представлял собой форму движения купеческого и ростовщического капиталов; с возникновением капиталистического способа производства он выступает как форма движения любого капитала, в том числе и промышленного. *См.* **Капита́л**.

АВА́НСОВЫЙ ОТЧЁТ, *род.* отчёта|а, *м.*

Отчёт работника предприятия, учреждения или организации об использовании полученных им в виде аванса средств для выполнения определённого служебного поручения.

● 1. Авансовый отчёт составляется подотчётным лицом по типовой форме и сдаётся в бухгалтерию для обоснования фактических расходов. 2. В авансовом отчёте приводится перечень расходов, которые произведены подотчётным лицом, со ссылкой на первичные документы или другие основания. *См.* **Отчёт.**

АВИ́ЗО, *нескл., с.*

Извещение банка или предприятия, в котором уведомляют получателя о посылке векселя, товара, о переводе денег, открытии счёта или аккредитива.

Дебетовое, кредитовое, телеграфное, почтовое, сводное... **авизо.**

Авизо какое: (*с род.*) ~ банка, экспедитора, продавца...; (*предлог «по» с дат.*) ~ по каким-л. оборотам...

Перечень чего-л. ... **в авизо**.

Посылать ↑↓, отправлять ↑↓, отсылать ↓, направлять ↑↓, ожидать ↑↓, применять ↑↓, использовать ↑↓ *несов. и сов.*, составлять ↑↓, регистрировать ↑↓ ... **авизо.** Включать ↑ что-л., указывать ↑ что-л. ... **в авизо**. Прилагать что-л. ... **к авизо**. Перечислять что-л. ... **посредством авизо**.

Авизо представляет *зд. несов.* собой что-л. (письменное распоряжение ...) ...

● **1.** В авизо указываются его номер, дата записи операции и её характер, сумма, а также наименование плательщика или получателя. **2.** Авизо по межфилиальным оборотам бывают кредитовые и дебетовые. **3.** По способу отсылки авизо подразделяются на телеграфные и почтовые.

△ **Авизо́ванн|ый**, -ая, -ое, -ые.

Авиз|ова́ть, -у́ю, -у́ешь, -у́ют, *несов. и сов., перех.*

А. получателя, клиента ...

АВТОМАТИЗА́ЦИЯ БА́НКОВСКИХ ОПЕРА́ЦИЙ, *род.* автоматиза́ци|и, *только ед., ж.*

Использование электронных и механических устройств, экономико-математических методов и систем управления для обработки, накапливания, анализа и передачи на расстояние информации о денежных платежах, расчётах и других финансово-кредитных операциях.

Комплексная, частичная, полная ... **автоматизация банковских операций.**

Автоматизация банковских операций по чему: ~ по бухгалтерскому учёту, по кассовому исполнению бюджета, по денежному обращению, по учёту и анализу безналичного денежного оборота ... **Автоматизация банковских операций** где: (*предлог «в» с предл.*) ~ в каких-л.(социалистических, капиталистических ...) странах ...

Цель, необходимость, целесообразность, возможности, значение, степень, эффективность ... **автоматизации банковских операций**. Условия ... **для автоматизации банковских операций.** Работы ... **по автоматизации банковских операций**.

Предусматривать ↓, внедрять ↑↓, вводить ↑↓, производить ↑↓, осуществлять ↑↓, развивать ↑↓, совершенствовать ↑↓, обеспечивать ↑↓ ... **автоматизацию**

банковских операций. Разработать ↑ что-л. ...**для автоматизации банковских операций**. Решать ↑ что-л. ... **при помощи автоматизации банковских операций**.

Автоматизация банковских операций позволяет интегрировать что-л. (банковскую информацию ...), включает что-л., содействует *зд. несов.* чему-л., требует чего-л., повышает что-л., способствует *зд. несов.* чему-л. ...

● 1. Автоматизация банковских операций позволяет в сжатые сроки интегрировать банковскую информацию для целей управления экономикой, уменьшить трудоёмкость операций банков. 2. Для автоматизации банковских операций разработаны единые системы расчётно-денежной документации, классификации и кодирования банковской информации.

АВТОМАТИЗИ́РОВАННАЯ СИСТЕ́МА ФИНА́НСОВЫХ РАСЧЁТОВ, *род.* систе́м|ы, *ж.* (*сокр.* АСФР).

Комплексная система выполнения финансовых расчётов по составлению и исполнению государственного бюджета путём применения экономико-математических методов и вычислительной техники, предназначенная для проведения в заданный срок многовариантных расчётов проекта государственного бюджета с оптимизацией планово-экономических решений на базе достоверной и обоснованной информации.

Какая-л. (организационно-экономическая, информационная, техническая, математическая, правовая, кадровая...) подсистема, структура, данные, материальное обеспечение, информационный фонд, функционирование, взаимодействие... **автоматизированной системы финансовых расчётов.**

Проектировать ↑↓, планировать ↑↓ *зд. несов.*, разрабатывать ↑↓, создавать ↑↓, внедрять ↑↓, вводить в действие ↑↓, эксплуатировать ↑↓ *несов.* ... **автоматизированную систему финансовых расчётов**. Использовать ↑ *несов. и сов.* что-л. ... **в автоматизированной системе финансовых расчётов**.

Автоматизированная система финансовых расчётов обеспечивает что-л., создаёт что-л., включает что-л., состоит *несов.* из чего-л. ...

● 1. Автоматизированная система финансовых расчётов создаётся непосредственно в структуре финансовых органов и объединяет процессы разработки проекта государственного бюджета и его исполнения на всех уровнях. 2.Цель создания автоматизированной системы финансовых расчётов — повышение эффективности управления финансами, улучшение методов и качества планирования и исполнения государственного бюджета, сокращение сроков и трудоёмкости составления бюджета, относительное уменьшение численности финансовых работников и т. д.

АВТОМАТИЗИ́РОВАННЫЕ СИСТЕ́МЫ УПРАВЛЕ́НИЯ ФИНА́НСОВЫХ И КРЕДИ́ТНЫХ О́РГАНОВ, *род.* систе́м, *ед.* **автоматизи́рованная систе́ма управле́ния фина́нсовых и креди́тных о́рганов**, *род.* систе́м|ы, *ж.*

Совокупность экономико-математических методов, технических средств и организационных комплексов, которые обеспечивают автоматизированный сбор и обработку информации, необходимой для принятия эффективных решений в области финансирования и кредитования объектов народного хозяйства, выявление резервов в народном хозяйстве, оптимизацию управления в системе финансово-кредитных учреждений, ускоряют проведение и повышают качество расчётно-денежных операций, сдерживают рост численности работников финансовых и кредитных учреждений за счёт автоматизации наиболее трудоёмких процессов обработки информации.

Многоуровневые, типовые, интегрированные, самостоятельные... **автоматизированные системы управления финансовых и кредитных органов**.

Функциональные подсистемы, структура, состав, элементы, функции, мощность, эффективность ... **автоматизированных систем управления финансовых и кредитных органов**.

Планировать ↑↓ *зд. несов.*, разрабатывать ↑↓, создавать ↑↓, внедрять ↑↓, вводить ↑↓, эксплуатировать ↑↓ *несов.*, классифицировать ↑↓ *несов. и сов.*, типизировать ↑↓ *несов. и сов.*, объединять ↑↓ ... **автоматизированные системы управления финансовых и кредитных органов**. Использовать ↑ *несов. и сов.* что-л., выделять ↑ что-л. ... **в автоматизированных системах управления финансовых и кредитных органов.**

Автоматизированные системы управления финансовых и кредитных органов обеспечивают что-л., способствуют *зд. несов.* чему-л., состоят *несов.* из чего-л., управляют *несов.* чем-л., имеют *несов.* что-л. (разные уровни ...), предназначены для чего-л. ...

● 1. Функциональные подсистемы автоматизированных систем управления финансовых и кредитных органов — относительно автономные функциональные части систем, отражающие специализацию работ этих органов. 2. Автоматизированные системы управления финансовых и кредитных органов содействуют ускорению научно-технического прогресса, укреплению хозрасчёта, выполнению планов экономического и социального развития, повышению эффективности капиталовложений.

АВТОМАТИЗИ́РОВАННЫЙ БАНК ДА́ННЫХ АВТОМАТИЗИ́РОВАННОЙ СИСТЕ́МЫ ФИНА́НСОВЫХ РАСЧЁТОВ, *род.* ба́нк|а, *м.* (*сокр.* АБД АСФР).

Информационная система, которая предназначена для своевременного и эффективного обеспечения необходимыми данными расчётов, выполняемых ЭВМ по составлению и исполнению государственного бюджета СССР, а ткж. ответов на запросы Государственного вычислительного центра и Министерства финансов СССР.

Состав, базы данных, программное обеспечение, программные средства, система ... **автоматизированного банка данных автоматизированной системы финансовых расчётов.**

Создавать ↑↓, объединять ↑↓, соединять с чем-л. ↑↓ ... **автоматизированный банк данных автоматизированной системы финансовых расчётов.**

Автоматизированный банк данных автоматизированной системы финансовых расчётов осуществляет что-л., является *зд. несов.* чем-л. ...

● 1. В состав автоматизированного банка данных автоматизированной системы финансовых расчётов входят базы данных и программные средства. 2. Программные средства автоматизированного банка данных автоматизированной системы финансовых расчётов — это комплекс взаимосвязанных систем программ.

АГРА́РНО-ПРОМЫ́ШЛЕННЫЙ КО́МПЛЕКС, *род.* ко́мплекс|а, *м.*

То же, что **агропромы́шленный ко́мплекс.**

АГРА́РНЫЙ КРИ́ЗИС, *род.* кри́зис|а, *м.*

Капиталистический кризис перепроизводства в сельском хозяйстве.

● 1. Аграрный кризис проявляется в росте нереализуемых запасов сельскохозяйственных товаров, падении фермерских цен на них, уничтожении части не находящих спроса сельскохозяйственных товаров, ускорении процесса разорения и экспроприации средних и мелких производителей, росте безработицы и падении заработной платы сельскохозяйственных рабочих. 2. Особенность аграрных кризисов состоит в том, что они не являются строго периодическими и отличаются своей длительностью. *См.* **Кри́зис**.

АГРОПРОМЫ́ШЛЕННОЕ ОБЪЕДИНЕ́НИЕ, *род.* объедине́ни|я, *с.*

Крупное специализированное производственное сельскохозяйственное предприятие индустриального типа, которое создаётся с учётом территориального и отраслевого признаков на базе новой техники и на основе межхозяйственной кооперации.

● Агропромышленные объединения характерны для стран (социалистических и капиталистических) с высоким уровнем индустриализации сельского хозяйства. *См.* **Объедине́ние**.

АГРОПРОМЫ́ШЛЕННЫЙ КО́МПЛЕКС, *род.* ко́мплекс|а, *м.* (*сокр.* АПК).

Совокупность отраслей социалистического народного хозяйства, которая включает сельское хозяйство и связанные с ним сферы экономики, занимающиеся обслуживанием сельскохозяйственного производства и доведением его продукции до потребителя.

Народнохозяйственный, региональный, территориальный ... **агропромышленный комплекс**.

Агропромышленный комплекс чего: ~ страны, какого-л. региона, какой-л. республики ...

Возникновение, становление, состав, структура, инфраструктура, модель, черты, сферы, отрасли, материально-техническая база, основа, продукт, продукция, место в чём-л., какие-л. ресурсы, какие-л. фонды, какие-л. резервы, какие-л. предприятия, какие-л. учреждения, какие-л. организации ... **агропромышленного комплекса**.

Планировать ↑↓ *зд. несов.*, формировать ↑↓, создавать ↑↓, развивать ↑↓ ... **агропромышленный комплекс**. Включать ↑ что-л. ... **в агропромышленный комплекс**. Производить ↑ что-л. ... **в агропромышленном комплексе**. Относить ↑ что-л. ... **к агропромышленному комплексу**.

Агропромышленный комплекс включает в себя что-л., охватывает что-л., отличается *зд. несов.* чем-л. от чего-л. ...

● 1. Народнохозяйственный агропромышленный комплекс охватывает совокупность соответствующих отраслей в масштабе всей страны. 2. В рамках республики, области, района формируются региональные агропромышленные комплексы, которые включают в себя сельское хозяйство и обслуживающие его отрасли промышленности, транспорта, торговли. 3. Непременное условие социально-экономического прогресса — дальнейшее укрепление и повышение эффективности агропромышленного комплекса.

АККРЕДИТИ́В, *род.* -а, *м.*

Расчётный или денежный документ, который представляет собой поручение одного кредитного учреждения другому произвести за счёт специально забронированных средств оплату товарно-транспортных документов или выплатить предъявителю аккредитива определённую сумму денег.

Циркулярный, отзывный, безотзывный, переводный, *товарный, непосредственный, документарный, *денежный, почтовый, телеграфный, просроченный, резервный, транзитный ... **аккредитив**.

Аккредитив какой: (*предлог «с» с твор.*) ~ с рассрочкой платежа ... **Аккредитив** кого-чего: ~ банка, сберегательной кассы, покупателя, поставщика ... **Аккредитив** где:

(*предлог «в» с предл.*) ~ в СССР, в каких-л. странах ...

Деньги, сумма, остатки, условие, действие, сроки, прибытие, приказодатель, эмитент, бенефициар, ремитент, номер ... **аккредитива**. Наличие чего-л. ...**в аккредитиве**. Счёт-фактура, платёж, расчёты... **по аккредитиву**.

Открывать ↑↓, оформлять ↑↓, переводить ↑↓, переадресовывать ↑↓, передавать ↑↓, выставлять ↑↓, использовать ↑↓ *несов. и сов.*, применять ↑↓, получать ↑↓, аннулировать ↑↓ *несов. и сов.* ... **аккредитив**. Открывать ↑ что-л. ... **для аккредитива**. Выплачивать ↑ что-л. ... **по аккредитиву**. Указать ↑ что-л. ... **в аккредитиве**.

Аккредитив оплачивается кем-чем-л. (где-л., за счёт чего-л.), представляет *зд. несов.* собой что-л. (распоряжение банка...), предназначается *несов.* для чего-л. (для расчётов...) ...

● 1. Основными видами аккредитива являются денежный и товарный (документарный). 2. Выплата гражданам денег по аккредитиву производится в любой сберкассе единовременно или частями.

△ **Аккредити́вн|ый**, -ая, -ое, -ые.

А. бланк, письмо, поручение, форма расчётов *...

Аккредит|ова́ть, -у́ю, -у́ешь, -у́ют, *несов. и сов., перех.*

А. валюту, деньги, сумму ...

АККРЕДИТИ́ВНАЯ ФО́РМА РАСЧЁТОВ, *род.* фо́рм|ы, *ж.*

Форма безналичных иногородних расчётов за товары и услуги посредством аккредитивов как одна из форм безналичных расчётов в СССР.

Открывать ↑↓, вводить ↑↓, использовать ↑↓ *несов. и сов.*, применять ↑↓, закрывать ↑↓ ... **аккредитивную форму расчётов**.

Аккредитивная форма расчётов гарантирует *несов. и сов.* что-л.(немедленную оплату какой-л.продукции ...), связана с чем-л. ...

● Для покупателей аккредитивная форма расчётов связана с отвлечением из оборота на длительное время части денежных средств, а потому в большинстве случаев нежелательна.

АКТ РЕВИ́ЗИИ, *род.* а́кт|а, *м.*

Основной документ, в котором излагаются результаты обследования хозяйственно-финансовой деятельности предприятия, учреждения, организации или действий должностных лиц.

Содержание, форма, последствия ... **акта ревизии**.

Составлять ↑↓, заменять ↑↓, оформлять ↑↓, сдать ↑↓... **акт ревизии**. Включать ↑ что-л. ... **в акт ревизии**. Отражать ↑ что-л., указывать ↑ что-л. ... **в акте ревизии.** Возражать ↑ ... **по акту ревизии**.

Акт ревизии указывает на что-л., служит *зд. несов.* чем-л. (обоснованием чего-л.), устанавливает что-л. ...

● В акте ревизии отражаются недостатки, выявленные в работе, нарушения законодательства и злоупотребления, допущенные должностными лицами.

АКТИ́В, *род.* -а, *м. Ант.* пасси́в.

Одна из частей бухгалтерского баланса, которая характеризует состав, размещение и использование средств, сгруппированных по их роли в процессе воспроизводства.

Банковский ... **актив**.

Актив чего: ~ какого-л. раздела, баланса, счёта; **активы** ... банков ...

Название, денежные итоги, сумма, статья ... **актива**.

Затрагивать ↓, помещать куда-л. ↑↓, увеличивать ↑↓, уменьшать ↑↓ ... **актив**. Указывать ↑ что-л., показывать ↑ что-л., предусматривать что-л., что-л. отражается ... **в активе**. Устанавливать ↑ что-л. ... **по активу**.

Актив состоит *несов.* из чего-л. (из пяти разделов ...), показывает что-л., характеризует что-л. ...

●1. В активе баланса в разделе I отражаются основные фонды, отвлечённые средства, внутрисистемные расчёты по перераспределению оборотных средств и прибыли, расчёты с предприятиями по выделенным средствам и убытки. 2. В активе баланса в разделе II отражаются нормируемые оборотные средства (производственные запасы, незавершённое производство, расходы будущих периодов, остатки готовой продукции на складах и т. д.).

△ **Акти́вн|ый**, -ая, -ое, -ые.

А. счета *, сальдо, операции, разделы...

АКТИ́ВНЫЕ СЧЕТА́, *род.* счет|о́в, *ед.* **акти́вный счёт**, *род.* счёт|а, *м. Ант.* пасси́вные счет|а́.

Счета, которые служат для бухгалтерского учёта состояния и движения отдельных видов хозяйственных средств.

●1. В дебете активных счетов показывается остаток средств данного вида и их увеличение, а в кредите — их уменьшение. 2. В Госбанке СССР активные счета отражают размещение средств банка. *См.* **Счета́**.

АКЦЕ́ПТ, *род.* -а, *м.*

Согласие на оплату или гарантирование оплаты документов во внутреннем или в международном товарообороте.

Банковский, положительный, отрицательный, предварительный, последующий, частичный, вексельный, условный, чековый ...**акцепт**.

Акцепт чей: ~ банка, трассата, покупателя, плательщика... **Акцепт** чего: ~ векселя, счетов, платёжных поручений, товара ...

Срок, форма ... **акцепта.** Отказ ... **от акцепта.** Векселя ... **с акцептом.**

Давать↓, иметь *несов.*, применять↑↓, использовать↑↓ *несов. и сов.*... **акцепт.** Осуществлять↑ что-л. ...**без акцепта.** Пересылать↑ что-л., устанавливать↑ что-л. ... **для акцепта.** Выполнять↑ что-л. ... **независимо от акцепта.**

Акцепт связан с чем-л. (с переводными векселями ...), делается как-л. (в виде надписи акцептанта ...), представляет *зд. несов.* собой что-л. (согласие плательщика...), предшествует *несов.* чему-л., носит *несов.* какой-л. характер, введён когда-л. ...

●1. Акцепт Госбанка СССР означает гарантию платежа по чеку или платёжному поручению в установленный срок и в полной сумме. 2. В капиталистических странах акцепт связан прежде всего с переводными векселями (траттами).

△ **Акце́птн|ый**, -ая, -ое, -ые.

А. кредит...

Акцепто́ванн|ый, -ая, -ое, -ые.

А. вексель *м.*, чек, поручение, аккредитив, платёжные документы, счета, тратты...

Акцепт|ова́ть, -у́ю, -у́ешь, -у́ют, *несов. и сов., перех.*

А. вексель, чек, платёжное поручение, счёт, тратты, аккредитив...

А́КЦИ|И, *род.* -й, *ед.* **а́кци|я**, *род.* -и, *ж.*

Ценные бумаги, которые свидетельствуют об участии их владельца в капитале акционерного общества и дают ему право на получение некоторой части прибыли этого общества в виде дивиденда.

Именные, предъявительские, крупные, мелкие, учредительские, фиктивные, обыкновенные, привилегированные, плюральные, многоголосые, безголосые, чужие, депонированные, отсроченные, новые ... **акции.**

Акции чьи: ~ учредителей, участников акционерных обществ, треста, какой-л. компании, какого-л. (акционерного...) общества, предприятия, монополии ...

Часть, сумма, стоимость, курс, контрольный пакет, покупатели, владельцы, держатели, учредители, котировка, эмиссия ... **акций.** Контроль ... **над акциями.** Доход ...

от акций. Голосование, дивиденды ... **по акциям.**

Выпускать ↑↓, продавать ↑↓, сбывать ↑↓, реализовать ↑↓ *несов. и сов.*, скупать ↑↓, покупать ↑↓, приобретать ↑↓, использовать ↑↓ *несов. и сов.*, иметь ↓ *несов.*, концентрировать ↑↓, предъявлять ↑↓, депонировать ↑↓ *несов. и сов.*, сосредоточивать ↑↓ ... **акции.** Владеть ↑, торговать ↑, спекулировать ↑ ... **акциями.** Вкладывать что-л. (капитал...) ... **в акции.** Выплачивать ↑ что-л. ... **на акции.** Что-л. существует *несов.* ... **наряду с какими-л. акциями.**

Акции дают право на что-л. (на получение дохода), делятся на что-л. ...

● 1. Акции делятся по характеру распоряжения ими на именные и предъявительские. 2. По размерам приносимого дохода различаются обыкновенные и привилегированные акции.

△ **Акционе́рн|ый**, -ая, -ое, -ые.

А. капитал, компания, форма капитала, общество *, предприятие, страхование, банки *...

АКЦИОНЕ́РНОЕ О́БЩЕСТВО, *род.* о́бществ|а, *с.*

Форма централизации капитала и основная организационная форма капиталистического предприятия, которая предполагает объединение индивидуальных капиталов путём выпуска и продажи акций, а ткж. само такое капиталистическое предприятие.

Крупное, патронирующее, подчинённое, государственное, держательское, самостоятельное, головное, промышленное, страховое ...**акционерное общество.**

Акционерное общество какое: (*предлог «с» с твор.*) ~ с участием какого-л. капитала, с ограниченной ответственностью...

Возникновение, появление, цель, задача, деятельность, участие в чём-л., правление, хозяева, учредители, члены, пайщики, кредиторы, руководство, руководящие органы, устав, политика, представительство, прибыль, капиталы, займы, удельный вес, доля в чём-л., дивиденды, имущество ... **акционерного общества.**

Организовать ↑↓ *несов. и сов.* (*в прош. только сов., несов. ткж.* организовывать), образовать ↑↓ *несов. и сов.* (*в прош. только сов., несов. ткж.* образовывать), учреждать ↑↓, реорганизовать ↑↓ *несов. и сов.*, расширять ↓↑, закрывать ↑↓, ликвидировать ↑↓ *несов. и сов.*, ревизовать ↑↓ *несов. и сов.* ... **акционерное общество.** Предоставлять ↑ что-л. ... **акционерному обществу.** Вкладывать ↑ что-л. ... **в акционерное общество.** Господствовать ↑ *несов.* ... **в акционерном обществе.** Выходить ↑ ... **из акционерного общества.**

Акционерное общество возникло когда-л., приобретает что-л. (индивидуальные капиталы ...), становится чем-л., действует *зд. несов.* как-л., занимает какое-л. положение, функционирует *несов.* как-л., разоряется...

● Акционерное общество считается возникшим с момента регистрации его в торговом реестре.

АКЦИОНЕ́РНЫЕ БА́НКИ, *род.* ба́нк|ов, *ед.* **акционе́рный банк**, *род.* ба́нк|а, *м.*

Банки, которые организованы в форме акционерных компаний.

● Акционерные банки в современных условиях являются главной формой организации банков в капиталистических странах. *См.* **Ба́нки.**

АМАЛЬГАМА́ЦИЯ БА́НКОВ, *род.* амальгама́ци|и, *ж.*

Слияние двух или нескольких ранее самостоятельных банков в процессе конкурентной борьбы как одна из форм централизации банковского капитала.

Виды ... **амальгамации банков.**

Распространять ↑↓ ... **амальгамацию банков**. Сокращать ↑ что-л. ... **в результате амальгамации бан-**

ков. Поглощать ↑ что-л. ... **посредством амальгамации банков.**

Амальгамация банков происходит где-л., является *зд. несов.* чем-л., способствует чему-л. ...

● Амальгамация банков приводит к уменьшению числа банков при одновременном увеличении их капиталов и числа отделений.

АМОРТИЗАЦИО́ННЫЕ ОТЧИСЛЕ́НИЯ, *род.* отчисле́ни|й, *ед.* **амортизацио́нное отчисле́ние,** *род.* отчисле́ни|я, *с.*

Специальные денежные средства, которые включаются в издержки производства (себестоимость продукции) или обращения и предназначаются для финансирования затрат на замену средств труда.

● 1. Амортизационные отчисления производятся по установленным нормам. 2. В СССР устанавливались две самостоятельные нормы амортизационных отчислений: норма на полное восстановление (реновацию) и норма на капитальный ремонт основных фондов. *См.* **Отчисле́ния**.

АМОРТИЗАЦИО́ННЫЙ ФОНД, *род.* фо́нд|а, *м.*

Денежные средства, которые предназначены для воспроизводства производственных фондов.

● 1. Амортизационный фонд имеет двойственную экономическую природу, т. к. одновременно обслуживает процесс возмещения износа основных фондов и процесс расширенного воспроизводства. 2. Размеры амортизационного фонда зависят от уровня норм амортизационных отчислений, балансовой стоимости амортизируемых основных фондов, их видовой структуры. *См.* **Фонд**.

АМОРТИЗА́ЦИ|Я, *род.* -и, *только ед., ж.*

Объективный процесс постепенного перенесения стоимости средств труда по мере износа на производимый с их помощью продукт.

Годовая, [не]полная, ускоренная ... **амортизация**.

Процесс, сроки, система, функции, объекты, нормы, уровень, сумма, основа, воздействие ... **амортизации**. Расчёты ... **по амортизации**. Сходство чего-л. ... **с какой-л. амортизацией**.

Амортизация проходит что-л.(несколько стадий...), обеспечивает что-л., отражает что-л., служит *зд. несов.* чем-л., выполняет что-л. (функции измерителя...), позволяет что-л. ...

● 1. В капиталистических странах процессу амортизации присущ неравномерный и стихийный характер, в значительной мере обусловленный неравномерностью, стихийностью экономического развития отдельных стран, районов, отраслей производственных и непроизводственных сфер национального хозяйства. 2. Амортизация — непременный и важный момент в кругообороте основных фондов.

АНА́ЛИЗ ФИНА́НСОВОГО СОСТОЯ́НИЯ, *род.* ана́лиз|а, *только ед., м.*

Комплексное изучение финансовой деятельности объединений, предприятий, организаций с целью выявления резервов и определения путей лучшего использования собственных, заёмных и привлечённых средств.

Анализ финансового состояния чего: ~ какого-л. предприятия, какой-л. организации, какого-л. объединения, какой-л. (потребительской ...) кооперации ...

Цель, задачи, этап, направление, приёмы, методы, значение ...**анализа финансового состояния**. Данные, информация ... **для анализа финансового состояния.**

Начинать ↓, производить ↓, проводить ↑↓, осуществлять ↑↓, завершать ↑↓ ... **анализ финансового состояния**. Выяснять ↑ что-л., оценивать ↑ что-л., изучать ↑ что-л., определять ↑ что-л. ... **в процессе**

анализа финансового состояния. Выяснять↑ что-л., применять↑ что-л., обращать внимание на что-л., проводить↑ что-л. ... **при анализе финансового состояния**.

Анализ финансового состояния заключается *несов.* в чём-л., охватывает что-л., включает что-л. ...

● 1. Источниками данных для анализа финансового состояния являются бухгалтерский баланс, приложения к нему и формы отчётности, которые отражают движение уставного фонда, средств финансирования и специальных фондов, основных средств и амортизационного фонда. 2. Анализ финансового состояния производственных предприятий начинают с проверки обеспеченности хозяйства собственными оборотными средствами и их сохранности. 3. Анализ финансового состояния торговых объединений и предприятий включает комплексную оценку финансовой деятельности торговли в целом и отдельных её видов (розничная, оптовая торговля и общественное питание).

АНА́ЛИЗ ХОЗЯ́ЙСТВЕННОЙ ДЕ́ЯТЕЛЬНОСТИ СОЦИАЛИСТИ́ЧЕСКИХ ПРЕДПРИЯ́ТИЙ, *род.* ана́лиз|а, *м. Син.* экономи́ческий ана́лиз рабо́ты социалисти́ческих предприя́тий.

Комплексное изучение хозяйственной деятельности предприятий и их объединений с целью повышения её эффективности.

Полный, углублённый, тематический, оперативный, общеэкономический, финансово-экономический, статистико-экономический, технико-экономический ...**анализ хозяйственной деятельности**.

Анализ хозяйственной деятельности чего: ~ каких-л. (промышленных, сельскохозяйственных, торговых ...) предприятий, каких-л. (строительных, транспортных, снабженческих ...) организаций, каких-л. колхозов, каких-л. совхозов ... **Анализ хозяйственной деятельности** в чём: ~ в промышленности, в сельском хозяйстве, в строительстве, в торговле...

Задачи, цель, методы, содержание, программа, практика, материалы, этап, комплексность, результат ... **анализа хозяйственной деятельности**.

Проводить↑↓, производить↓, направлять↓, осуществлять↑↓, что-л. сопровождает↓ *зд. несов.* ...**анализ хозяйственной деятельности**. Сопоставлять↑ что-л., вскрывать что-л., определять↑ что-л., сравнивать↑ что-л. с чем-л., применять↑ что-л. ... **в анализе хозяйственной деятельности**. Выяснять↑ что-л., рассматривать↑ что-л., изучать↑ что-л. ... **в процессе анализа хозяйственной деятельности**. Применять↑ что-л., использовать↑ *несов. и сов.* что-л., группировать↑ что-л. ... **для анализа хозяйственной деятельности.**

Анализ хозяйственной деятельности определяет что-л., устанавливает что-л. ...

● При анализе хозяйственной деятельности социалистических сельскохозяйственных предприятий особое внимание уделяют анализу выполнения совхозами и колхозами планов продажи государству продукции и её себестоимости.

АНАЛИТИ́ЧЕСКИЙ УЧЁТ, *род.* учёт|а, *м. Ант.* синтети́ческий учёт.

Ведущаяся как в стоимостных, так и в натуральных показателях система бухгалтерских записей, которая даёт детальные сведения о движении хозяйственных средств и их источников и предназначается для оперативного руководства хозяйством и составления отчётности.

● Данные аналитического учёта отражаются в специальных книгах, карточках, журналах-ордерах, ведомостях и других учётных регистрах как ручным способом, так и с применением вычислительной техники. *См.* **Учёт**.

АРБИТРА́Ж, *род.* -а, *м.*

Разрешение спорных вопросов арбитрами (третейскими судьями), которые избираются в порядке, установленном законом; в СССР — основной орган по разрешению имущественных споров между государственными, кооперативными (кроме колхозов) и иными общественными организациями; международный орган по мирному разрешению споров между государствами.

Государственный, ведомственный ... **арбитраж**.

Система, задачи, органы, решения ... **арбитража**.

Создавать ↑↓, возглавлять ↓ ... **арбитраж**.

Арбитраж состоит *несов.* из чего-л., находится *зд. несов.* при каких-л. органах, рассматривает что-л., решает что-л. (какие-л. споры ...) ...

● 1. Систему арбитража возглавляет Государственный арбитраж при Совете Министров СССР. 2. Ведомственные арбитражи разрешают споры между подчинёнными отдельным министерствам и ведомствам предприятиями и организациями.

АРЕ́НД|А, *род.* -ы, *ж.*

Имущественный наём; договор, по которому арендодатель предоставляет арендатору имущество во временное пользование за определённое вознаграждение — арендную плату.

Денежная, натуральная, земельная, общинная, общественная, единоличная, крестьянская, отработочная, докапиталистическая, капиталистическая, крестьянская, краткосрочная, долгосрочная, пожизненная, продовольственная, трудовая ... **аренда**.

Аренда чего: ~ земли, предприятий, строений, каких-л. помещений, оборудования, какого-л. имущества ... **Аренда** чего-л. кем: ~ предпринимателями, капиталистами, собственниками, крестьянами ...

Договор, разновидность, виды, формы, цель, срок, объект ... **аренды**. Доход, прибыль ...**от аренды**.

Разрешать ↑↓, практиковать ↓ *зд. несов.*, использовать ↑↓ *несов. и сов.*, запрещать ↑↓ ... **аренду**. Сдавать ↑ что-л., брать что-л., передавать ↑ что-л., предоставлять ↑ что-л., снимать ↑ что-л. ... **в аренду.** Платить ↑ ... **за аренду**. Расширять ↑ что-л. ... **за счёт аренды**. Отпускать ↑ что-л. (средства...) ... **на аренду чего-л**.

Аренда служит *зд. несов.* чем-л. (средством извлечения нетрудового дохода ...), распространена где-л., существует *несов.* для чего-л., носит *несов.* какой-л. характер...

● 1. В СССР в период нэпа допускалась аренда предприятий, принадлежащих государству, капиталистами-предпринимателями. 2. Договор об аренде между социалистическими организациями может быть заключён на срок не более пяти лет при аренде строений и нежилых помещений и не более одного года при аренде оборудования и другого имущества. 3. Размер платы за аренду оборудования определяется в договоре и должен соответствовать размеру амортизационных отчислений по этому оборудованию.

△ **Аре́ндн|ый**, -ая, -ое, -ые.

А. договор, плата, цена, пользование, отношения ...

Арендо́ванн|ый, -ая, -ое, -ые.

А. земля, территория, имущество, помещение ...

Аренд|ова́ть, -у́ю, -у́ешь, -у́ют, *несов. и сов., перех.*

А. землю, территорию, имущество, помещение, дом, оборудование ...

АУКЦИО́Н, *род.* -а, *м.*

Продажа с публичного торга какого-л. имущества, вещей, при которой продаваемая вещь приобретается лицом, предложившим за неё наивысшую цену.

Внешнеторговый, международный, принудительный, добровольный, согласный, немой, заочный, пушной, товарный ... **аукцион**.

Аукцион какой: (*предлог «по» с дат.*) ~ по продаже чего-л. ...; (*предлог «с» с твор.*) ~ с понижением цен, с повышением цен, с подачей заявок ... **Аукцион** кого-чего: ~ лошадей, пушнины, каких-л. товаров...

Форма, условия, покупатели, бюро, программа ... **аукциона**.

Организовать ↑↓ *несов. и сов.* (*в прош. только сов., несов. ткж.* организовывать), проводить ↑↓ ... **аукцион**. Участвовать ↑ *несов.* ...**в аукционе**. Продавать ↑ что-л., покупать ↑ что-л. ... **на аукционе.**

Аукцион удобен чем-л., проходит где-л. ...

● 1. В капиталистических странах аукционы подразделяются на принудительные и добровольные. 2. Международные товарные аукционы организуются в основном 2—4 раза в год в крупных торговых центрах (Лондоне, Нью-Йорке, Ливерпуле, Кейптауне, Сиднее и т.д.). 3. С 1931 года в Ленинграде ежегодно организуются международные пушные аукционы, не имеющие себе равных как по количеству и разнообразию ассортимента пушно-меховых товаров, так и по числу участников.

△ **Аукцио́нн|ый**, -ая, -ое, -ые.

А. торг, продажа ...

Б

БАЛА́НС, *род.* -а, *м.*

Соотношение взаимно связанных показателей какой-л. деятельности; сравнительный итог прихода и расхода; сводная ведомость о состоянии приходо-расходных средств предприятия на определённую дату.

Экономический, технологический, народнохозяйственный, межотраслевой, межрайонный, региональный, территориальный, бухгалтерский, совокупный, материальный, финансовый, сводный, отчётный, сальдовый, оборотный, оборотно-сальдовый, предварительный, вступительный, заключительный, годовой, квартальный, месячный, плановый, расходный, платёжный, расчётный, эмиссионный ... **баланс.**

Баланс какой: (*с им.*) ~-брутто, ~-нетто... **Баланс** чей: ~ какого-л.(бюджетного ...) учреждения, Внешторгбанка СССР, Гострудсберкасс СССР, Государственного банка СССР *, Международного инвестиционного банка, Международного банка экономического сотрудничества, Стройбанка СССР ... **Баланс** чего: ~ народного хозяйства, предметов труда, орудий труда, предметов потребления, национального дохода, основных фондов *, оборотных средств, финансирования чего-л. (капитальных вложений ...), производства, потребления и накопления общественного продукта *, производства, распределения, перераспределения и использования общественного продукта и национального дохода *, производственных мощностей, трудовых ресурсов, рабочей силы, денежных доходов и расходов населения *, доходов и расходов *, остатков ...

Показатель, статья, сумма, состояние, структура, система, метод ... **баланса**. Стоимость чего-л.... **в балансе**. Материалы ... **по балансу.**

Составлять ↑↓, группировать ↑↓, рассчитывать ↑↓, характеризовать ↓ *несов. и сов.,* отражать ↑↓, сверять ↑↓ ... **баланс**. Вносить ↑ что-л. ... **в баланс.** Изменять ↑ что-л., показывать ↑ что-л., находить что-л. ... **в балансе**. Разрабатывать ↑ что-л., производить что-л. ... **на основе баланса**.

Баланс означает *несов.* что-л., представляет *зд. несов.* собой что-л., отражает что-л., показывает что-л., включает что-л., фиксирует что-л. ...

● 1. Баланс общественного продукта отражает процесс производства, накопления и потребления общественного продукта. 2. Баланс трудовых ресурсов характеризует воспроизводство рабочей силы. 3. Соотношение платежей, произведённых данной страной за границей, и поступлений, полученных ею из-за границы за определённый период, называется платёжным балансом.

△ **Бала́нсов|ый**, -ая, -ое, -ые.

Б. метод, отчёт, статистика, увязка, прибыль* *ж.*, обобщение, единство, расчёты, показатели ...

Баланси́р|овать, -ую, -уешь, -уют, *несов.*; **сбаланси́р|овать**, -ую, -уешь, -уют; *прич. страд. прош.* сбаланси́рованн|ый, -ая, -ое, -ые, *кр. ф.* сбаланси́рован, -а, -о, -ы, *сов.; перех.*

Б. доходы и расходы населения, поступления из финансовой системы, зарплату ...

БАЛА́НС БЮДЖЕ́ТНОГО УЧРЕЖДЕ́НИЯ, *род.* бала́нс|а, *м.*

Бухгалтерский баланс (квартальный, годовой), который характеризует состояние, размещение и источники образования средств учреждения и его расходы.

● По структуре баланс бюджетного учреждения отличается от баланса производственного объединения, предприятия, хозяйственной организации тем, что на все расходы, предусмотренные утверждённой сметой, бюджетные учреждения получают средства из государственного бюджета СССР. *См.* **Бала́нс**.

БАЛА́НС ГОСУДА́РСТВЕННОГО БА́НКА СССР, *род.* бала́нс|а, *м.*

Бухгалтерский баланс, который отражает состояние и размещение привлечённых и собственных средств Государственного банка СССР, источники образования этих средств и участие Банка в кредитных и других операциях.

● По данным баланса Государственного банка СССР осуществляется контроль за формированием и использованием банковских ресурсов, состоянием кредитных, расчётных, кассовых и других банковских операций, правильностью отражения их в бухгалтерском учёте. *См.* **Бала́нс**.

БАЛА́НС ДЕ́НЕЖНЫХ ДОХО́ДОВ И РАСХО́ДОВ НАСЕЛЕ́НИЯ, *род.* бала́нс|а, *м.*

Форма отражения процесса образования денежных доходов и расходов населения и их использования.

● 1. Баланс денежных доходов и расходов населения включает не только денежные доходы, но и натуральные выдачи и льготы, которые входят в фонд заработной платы, выдачу продуктов колхозникам в счёт денежной оплаты труда, денежные поступления, выражающие возмещение затрат на производство сельскохозяйственных продуктов, выручку от реализации ранее приобретённых материальных ценностей (вещей через комиссионные магазины или скупочные пункты, макулатуры, металлолома и т. д.). 2. Баланс денежных доходов и расходов населения разрабатывается по двум социальным группам: первая — рабочие и служащие, вторая — колхозники, и по двум разделам: А — денежные отношения между обобществлённым хозяйством и населением и Б — оборот между социальными группами населения. *См.* **Бала́нс**.

БАЛА́НС ДОХО́ДОВ И РАСХО́ДОВ, *род.* бала́нс|а, *м.*

Финансовый план объединения, предприятия, министерства, ведомства, который выражает в денежной форме результаты хозяйственной и финансовой деятельности.

● Баланс доходов и расходов предприятия отражает доходы, поступления, расходы и отчисления денежных средств, взаимоотношения с госбюджетом и кредитные отношения (получение и погашение долгосрочных ссуд и уплата процентов). *См.* **Бала́нс**.

БАЛА́НС НАРО́ДНОГО ХОЗЯ́ЙСТВА, *род.* бала́нс|а, *м.*

Система экономических таблиц и показателей, которые характеризуют основные пропорции, масштабы, темпы и результаты расширенного социалистического воспроизводства и взаимосвязаны по методологии и методике разработки.

Отчётный, плановый ... **баланс народного хозяйства**.

Данные, схема, показатели, таблицы, структура, методика разработки... **баланса народного хозяйства**.

Составлять ↑↓, разрабатывать ↑↓, использовать ↑↓ *несов. и сов.* ... **баланс народного хозяйства**. Определять ↑ что-л. ... **на основе баланса народного хозяйства**. Показывать что-л., выделять ↑ что-л., отражать ↑ что-л. ... **в балансе народного хозяйства**.

Баланс народного хозяйства показывает что-л., отражает что-л. ...

● 1. Схема баланса народного хозяйства представляет собой систему взаимосвязанных балансовых таблиц, каждая из которых характеризует какую-либо сторону единого процесса социалистического расширенного воспроизводства. 2. Баланс народного хозяйства показывает источники поступления ресурсов в народное хозяйство, объём, динамику и структуру производства, потребления и накопления общественного продукта и национального дохода, объём, структуру и рост личного и общественного потребления материальных благ.

БАЛА́НС ОСНОВНЫ́Х ФО́НДОВ, *род.* бала́нс|а, *м.*

Система показателей, которые характеризуют движение основных фондов по плану или по отчёту; составная часть баланса народного хозяйства.

● Баланс основных фондов необходим для расчёта фондоотдачи, обоснования заданий по вводу в действие основных фондов и повышению эффективности их использования. *См.* **Бала́нс**.

БАЛА́НС ПРОИЗВО́ДСТВА, ПОТРЕБЛЕ́НИЯ И НАКОПЛЕ́НИЯ ОБЩЕ́СТВЕННОГО ПРОДУ́КТА, *род.* бала́нс|а, *м.*

Раздел баланса народного хозяйства, который показывает пропорции и результаты воспроизводства общественного продукта как совокупности материальных благ (в денежном выражении).

● Баланс производства, потребления и накопления общественного продукта характеризует объём и источники поступления ресурсов в народное хозяйство, их распределение и использование в процессе расширенного воспроизводства на возмещение производственных затрат, на потребление и накопление. *См.* **Бала́нс, Бала́нс наро́дного хозя́йства.**

БАЛА́НС ПРОИЗВО́ДСТВА, РАСПРЕДЕЛЕ́НИЯ, ПЕРЕРАСПРЕДЕЛЕ́НИЯ И ИСПО́ЛЬЗОВАНИЯ ОБЩЕ́СТВЕННОГО ПРОДУ́КТА И НАЦИОНА́ЛЬНОГО ДОХО́ДА, *род.* бала́нс|а, *м.*

Раздел баланса народного хозяйства, характеризующий процесс создания в социалистическом хозяйстве национального дохода, формы и пропорции его распределения, образования и использования доходов трудящихся, социалистических предприятий и учреждений для удовлетворения текущих материальных потребностей членов общества, а ткж. на цели накопления.

●В практике планирования с помощью баланса производства, распределения, перераспределения и использования общественного продукта и национального дохода проводятся расчёты производства, первичного распределения (без показателей перераспределения) и конечного использования национального дохода в форме доходов общества по социальным секторам и сферам. *См.* **Бала́нс, Бала́нс наро́дного хозя́йства**.

БАЛА́НСОВАЯ ПРИ́БЫЛЬ, *род.* при́был|и, *ж.*

Общая сумма прибыли предприятия по всем видам производственной и непроизводственной деятельности, которая отражается в его балансе.

●В СССР балансовая прибыль включает прибыль от реализации товарной и прочей продукции, от оказания услуг непромышленного характера (автохозяйств, подсобных сельских хозяйств и других хозяйств, находящихся на балансе объединения, предприятия), а также сальдо внереализационных доходов и потерь. *См.* **При́быль**.

БАНК ДЛЯ ВНЕ́ШНЕЙ ТОРГО́ВЛИ СССР, *род.* ба́нк|а, *только ед., м.*

Акционерное общество, акции которого принадлежат советским государственным, кооперативным и общественным организациям (в 1987 году преобразован в Банк внешнеэкономической деятельности. *сокр.* Внешэкономбанк СССР).

●Банк для внешней торговли СССР предоставляет кредиты в советской и иностранной валюте советским внешнеторговым организациям, организует и осуществляет международные расчёты торгового и неторгового характера через широкую сеть банков-корреспондентов в большинстве стран мира, осуществляет все виды валютных операций, которые приняты в международной практике. *См.* **Ба́нки**.

БАНК ДОЛГОСРО́ЧНЫХ ВЛОЖЕ́НИЙ, *род.* ба́нк|а, *м.*

Кредитное учреждение, которое осуществляет финансирование и кредитование капитальных вложений.

●Основными функциями банков долгосрочных вложений являются финансирование и долгосрочное кредитование капитальных вложений, аккумуляция средств, предназначенных для воспроизводства основных фондов, проведение расчётов по капитальному строительству, контроль за своевременным взносом средств и т. д. *См.* **Ба́нки**.

БА́НК|И, *род.* -ов, *ед.* банк, *род.* ба́нк|а, *м.*

В социалистических странах: государственные экономические учреждения, которые осуществляют в соответствии с народнохозяйственным планом кредитование текущей деятельности предприятий и организаций и финансирование капиталовложений, организуют безналичные расчёты между предприятиями и хозяйственными организациями и централизованный кругооборот наличных денег; в капиталистических странах: учреждения, которые концентрируют ссудный капитал и предоставляют его в распоряжение капиталистов для получения прибыли и сверхприбыли.

Государственные, республиканские, общественные, национализированные, независимые, самостоятельные, * акционерные, неакционерные, кооперативные, муниципальные, коммунальные, смешанные, региональные межгосударственные, транснациональные, центральные, эмиссионные, коммерческие, депозитные, специальные, инвестиционные, сберегательные, сельскохозяйственные, строительные, промышленные, торгово-промышленные, торговые, внешнеторговые, экспортные, иностранные, капиталистические, частные, универсальные, ссудные, резервные, крупные, средние, мелкие ... **банки**; * Международный **банк** экономического сотрудничества; * Международный инвестиционный **банк**.

Банк какой: (*с им.*) ~-аутсайдер, -гарант, -гигант, -корреспондент, -эмитент ...; (*с род.*) ~ какого-л. развития, международных расчётов (*сокр.* БМР), долгосрочных вложений *, восстановления чего-л., какого-л. (долгосрочного...) кредитования, финансирования чего-л.(капитальных вложений...), какого-л. (коммунального...) хозяйства, промышленности, торговли и кооперации...; (*предлог «для» с род.*) ~ для обслуживания чего-л. (сельского хозяйства ...) ...

Деятельность, работа, операции, связи, балансы, структура, учреждения, конторы, отделения, аппарат, правление, директор, работники, инспекторы, функции, устав, активы, пассивы, прибыль, доходы, ссуда, ресурсы, резервы, деньги, капитал, валюта, золото, кредитные вложения, кредитная экспансия ... **банка;** виды, социально-экономическая роль, рост, эволюция, консорциум ... **банков**. Задолженность ... **по банку**. Положение ... **о банках**.

Создавать ↑↓, использовать ↑↓ *несов. и сов.*, превращать во что-л. ↑↓, укрупнять ↑↓, поглощать ↑↓, национализировать ↑↓ *несов.и сов.*, концентрировать ↑↓, специализировать ↑↓ *несов. и сов.*, универсализировать ↑↓ *несов. и сов.*, сливать ↑↓, сосредоточивать ↑↓ где-л.... **банки**. Сосредоточивать ↑ что-л., хранить ↑ *несов.* что-л. ... **в банках**. Проводить ↑ что-л., мобилизовать ↑ что-л. (капиталы ...) ... **через банки**.

Банки становятся чем-л. (акционерными обществами ...), производят что-л., собирают что-л., сосредоточивают что-л., осуществляют что-л., усиливают что-л., форсируют *несов.* что-л., выпускают что-л., кредитуют *несов. и сов.* что-л., обеспечивают кого что-л. чем-л., обслуживают кого что-л., управляют *несов.* чем-л. (денежными средствами ...), аккумулируют *несов. и сов.*, накапливают что-л., способствуют *зд. несов.* чему-л., перерастают во что-л., хранят *несов.* что-л....

● 1. Накануне Великой Октябрьской социалистической революции В. И. Ленин писал: «Без крупных банков социализм был бы неосуществим ... Единый крупнейший из крупнейших государственный банк, с отделениями в каждой волости, при каждой фабрике — это уже девять десятых социалистического аппарата. Это — общегосударственное счетоводство, общегосударственный учёт производства и распределения продуктов, это, так сказать, нечто вроде скелета социалистического общества» (ПСС, 5 изд., т. 34, с.307).2. В 1987 году в СССР создано 5 новых специализированных банков: Промышленно-строительный банк (Промстройбанк), Агропромышленный банк (Агропромбанк), Банк жилищно-коммунального хозяйства и социального развития (Жилсоцбанк), Банк трудовых сбережений и кредитования населения (Сберегательный банк) и Банк внешнеэкономической деятельности (Внешэкономбанк).

△ **Ба́нковск | ий**, -ая, -ое, -ие.

Б. аппарат, служащий, счёт, чек, билеты *, депозит, фонд, капитал, компания, концерн, консорциум, синдикат, акт, контроль *м.*, кредит *, перевод, политика, ссуда, прибыль *ж.*, система, статистика, документация, эмиссия, тайна, верхушка, дело, кредитование, обслуживание, активы, документы, инвестиции, операции *, ресурсы, учреждения, предприятия, монополии, работники, компьютеры...

БАНКНО́Т|Ы, *род.* банкно́т, *ед.* банкно́т|а, *род.* -ы. *Син.* ба́нковские биле́ты, креди́тные де́ньги.

Разновидность денежных знаков, которые выпускаются в обращение центральными эмиссионными банками.

Излишние, [не]разменные, долларовые, национальные ... **банкноты.**

Банкноты какие: (*с род.*) ~ какой-л. страны, какого-л. банка...

Эмиссия, появление, обращение, устойчивость, множественность, обратимость, конвертабельность, сумма ... **банкнот**.

Выпускать ↑↓, обменивать ↑↓, обеспечивать ↑↓, превращать во что-л. ↑↓, разменивать ↑↓, обесценивать ↑↓ ... **банкноты**. Заменить ↑ что-л. ... **банкнотами**. Что-л. обращается *зд. несов.* ... **наряду с банкнотами.**

Банкноты подлежат *несов.* чему-л. (оплате ...), приобретают что-л., становятся чем-л. ...

● 1. В социалистических странах банкноты являются кредитными деньгами, которые выпускаются в обращение эмиссионными банками планомерно, в порядке краткосрочного кредитования народного хозяйства. 2. В Советском Союзе билеты Госбанка СССР достоинством в 10, 25, 50 и 100 рублей в определённой части обеспечиваются золотом и другими драгоценными металлами, но основным их обеспечением являются товарные массы, находящиеся в распоряжении государства и поступающие в оборот по устойчивым ценам.

△ **Банкно́тн|ый**, -ая, -ое, -ые.
Б. эмиссия, обращение ...

БА́НКОВСКАЯ СИСТЕ́МА, *род.* систе́м|ы, *ж.*

Совокупность различных видов банков и банковских институтов в их взаимосвязи, существующая в той или иной стране; составная часть кредитной системы.

Социалистическая, капиталистическая ... **банковская система.**

Банковская система чего: ~ какой-л. (социалистической ...) страны ... **Банковская система** где: (*предлог «в» с предл.*) ~ в каких-л. (социалистических, капиталистических ...) странах, в СССР ...

Деятельность, цели, задачи, структура, отличительные черты ...**банковской системы.**

Создавать ↑↓, развивать ↑↓, реорганизовать ↑↓ *несов. и сов.*, характеризовать ↑↓, использовать ↑↓, *несов. и сов.*, возглавлять ↓... **банковскую систему.** Что-л. входит ... **в состав банковской системы.**

Банковская система включает что-л., выступает в роли чего-л. (экономического центра...), представлена чем-л., функционирует *несов.* в интересах кого-л. ...

● 1. Банковские системы социалистических стран характеризуются общими принципами организации банковского дела, единством целей и задач, решаемых путём сотрудничества банков отдельных стран, передачи ими друг другу передового опыта регулирования денежных и кредитных отношений. 2. В капиталистических странах банковская система используется для решения текущих и стратегических задач государственно-монополистического капитализма: обеспечения экономического роста, регулирования инфляции, платёжного баланса.

БА́НКОВСКИЕ БИЛЕ́ТЫ, *род.* биле́т|ов, *ед.* **ба́нковский биле́т,** *род.* биле́т|а, *м.*

Т о ж е, ч т о **банкно́ты.**

БА́НКОВСКИЕ ОПЕРА́ЦИИ, *род.* опера́ций, *ед.* **ба́нковская опера́ция,** *род.* опера́ци|и, *ж.*

Операции банков по привлечению денежных средств и их размещению, выпуску в обращение и изъятию из него денег, осуществлению расчётов и т. д.

Активные, пассивные, акцептные, вексельные, подтоварные, фондовые, комиссионные, инкассовые, эмиссионно-кассовые, кассовые... **банковские операции. Банковские операции** какие: (*предлог «по» с дат.*) ~ по безналичным расчётам, по кредитованию, по финансированию капитальных вложений, по кассовому исполнению государственного бюджета, по международным валютно-кредитным отношениям, по обслуживанию населения, по сберегательным кассам ...; (*предлог «с» с твор.*) ~ с ценными бумагами ... **Банковские операции** чего: ~ каких-л. стран, каких-л. банков ... **Банковские операции** где: (*предлог «в» с предл.*) ~ в сфере потребительского кредита, в СССР, в какой-л. стране...

Содержание, характер, сумма, объём, виды, разновидность, возможности ... **банковских операций.** Взаимосвязь ... **между банковскими операциями.**

Осуществлять ↑↓, производить ↑↓, проводить ↑↓, классифицировать ↑↓ *несов. и сов.*, подразделять ↑↓, совершать ↑↓, обслуживать ↑↓ ...**банковские операции.** Относить ↑ что-л. ... **к банковским операциям.**

Банковские операции обслуживают *зд. несов.* что-л., включают *зд. несов.* что-л. (оказание услуг населению...), тесно связаны с чем-л. ...

● 1. Банковские операции социалистических стран обслуживают движение производственных фондов и фондов обращения объединений, предприятий, организаций, формирование и использование средств госбюджета, а также включают оказание услуг населению. 2. Банковские операции капиталистических стран в основном обслуживают движение ссудного капитала, и их конечной целью является получение прибыли.

БА́НКОВСКИЙ КРЕДИ́Т, *род.* креди́т|а, *м.*

Основная форма кредита, при которой денежные средства предоставляются банками во временное пользование.

● 1. При социализме банковский кредит служит одним из важных инструментов расширенного воспроизводства, способствует планомерному кругообороту основных и оборотных фондов социалистических предприятий. 2. При капитализме банковский кредит выступает как предоставление банками денежного капитала в ссуду капиталистам, государству и населению. *См.* **Креди́т.**

БЕЗНАЛИ́ЧНЫЕ РАСЧЁТЫ, *род.* расчёт|ов, *ед.* **безнали́чный расчёт**, *род.* расчёт|а, *м. Ант.* нали́чные расчёты.

Денежные расчёты, при которых платежи осуществляются без участия наличных денег и завершаются путём зачёта взаимных требований или перечисления средств со счёта плательщика (должника) на счёт получателя (кредитора) в кредитном учреждении.

Иногородние, одногородние, местные, внутригородские, внутрирайонные ... **безналичные расчёты**.

Безналичные расчёты какие: (*предлог «с» с твор.*) ~ с применением чего-л. (векселей, чеков, клиринга...) ... **Безналичные расчёты** чем: ~ поручениями, чеками, векселями ... **Безналичные расчёты** где: (*предлог «в» с пред.*) ~ в каких-л. странах, в СССР ...

Центры, средства, система, формы, участники, объём, значение, сущность, принципы ... **безналичных расчётов**.

Организовать ↑↓ *несов. и сов.* (*в прош. только сов., несов. ткж.* организовывать), осуществлять ↑↓, производить ↑↓, проводить ↑↓, совершать ↑↓, применять ↑↓, монополизировать ↑↓ *несов. и сов.*, концентрировать ↑↓, именовать *несов.*, характеризовать ↓ *несов. и сов.* ...**безналичные расчёты**.

●1. Безналичные расчёты совершаются на основе письменных денежно-расчётных документов: счетов-платёжных требований, счетов-реестров, платёжных поручений, чеков, переводов, аккредитивных переводов и т. д. 2. Безналичные расчёты применяются при расчётах с отдельными гражданами, имеющими вклады в сберегательных кассах или банке.

БЕЗНАЛИ́ЧНЫЙ ДЕ́НЕЖНЫЙ ОБОРО́Т, *род.* оборо́т|а, *м.*

Часть денежного оборота, в которой движение денег осуществляется в виде перечислений по счетам в кредитных учреждениях и зачётов взаимных требований.

●Безналичный денежный оборот охватывает реализацию продукции социалистических предприятий и организаций, распределение и перераспределение национального дохода, получение и возврат банковских кредитов, внутриотраслевое перераспределение средств, выплату и использование части денежных доходов населения. *См.* **Де́нежный оборо́т**.

БИМЕТАЛЛИ́ЗМ, *род*, -а, *только ед., м. Ант.* монометалли́зм.

Денежная система, при которой за двумя металлами — обычно золотом и серебром — законодательно закрепляется роль всеобщего эквивалента, и монеты, отчеканенные из обоих металлов, выполняют без ограничений все функции денег и обращаются на равных основаниях.

Разновидности, распространение, ступень, противоречивость, непрочность ... **биметаллизма**.

Заменять ↑↓ ... **биметаллизм**.

Что-л. происходит ... **в условиях биметаллизма. При биметаллизме** что-то служит *зд. несов.* чем-л. ...

Биметаллизм [не] отвечает *зд.несов.* чему-л., противоречит *несов.* чему-л., существовал *несов.* когда-л., не соответствует *несов.* чему-л....

●1. Биметаллизм существовал в средневековье, но широкое распространение в Европе получил в эпоху первоначального накопления капитала. 2. Биметаллизм не соответствует потребностям развитого товарного хозяйства, т. к. противоречит самой природе денег как единственного товара, призванного выполнять роль всеобщего эквивалента. 3. Последней ступенью биметаллизма в Европе явилось создание Латинского монетного союза.

БИ́РЖ|А, *род.* -и, *ж.*

Регулярно функционирующий рынок, на котором совершается торговля ценными бумагами (фондовая биржа) или оптовая торговля товарами по стандартам и образцам (товарная биржа).

Товарная, фондовая, валютная, универсальная, специализированная, [не]официальная, зарегистрированная, объединённая, континентальная, чёрная, каучуковая, зерновая, хлебная, кожевенная, шёлковая, хлопковая ... **биржа**.

Биржа какая: (*с род.*) ~ кофе, сахара, какао, металла, ценных бумаг ...

Создание, появление, роль, отделы ... **биржи**; виды ... **бирж**. Необходимость ... **в бирже**. Какие-л. операции, какие-л.сделки, игра ... **на бирже**.

Организовать ↑↓ *несов. и сов.* (*в прош. только сов., несов. ткж.* организовывать), ликвидировать ↑↓ *несов. и сов.* ...**биржу**. Реализовать ↑ *несов. и сов.*что-л., наживать что-л., продавать ↑ что-л., покупать ↑ что-л., что-л. котируется *несов.и сов.*, что-л. обращается *зд. несов.*, что-л. существует *несов.* ... **на бирже**. Мобилизовать ↑ *несов. и сов.* что-л., что-л. происходит ... **через биржу**.

Биржа выполняет что-л., концентрирует что-л., функционирует *несов.* где-л. (как-л. и т. д.), существует *несов.* с каких-л. пор (где-л. и т. д.) ...

● 1. На товарных биржах осуществляется купля-продажа не только реально существующих товаров, но и товаров, которые будут произведены (например, пшеница будущего урожая). 2. Во многих странах существуют неофициальные, иногда называемые чёрными, биржи, где котируются любые ценные бумаги.

△ **Биржев|óй**, -áя, -óе, -ы́е.

Б. оборот, совет, комитет, агент, кризис, бюллетень *м.*, курс*, нотариус, торговля, прибыль *ж.*, корпорация, спекуляция, интервенция, комиссия, котировка, пошлина, паника, собрание, маклеры, посредники, операции, товары, сделки, дельцы, ценности ...

БИРЖЕВÓЙ КУРС, *род.* кýрс|а, *м.*

Продажная цена ценной бумаги (акции, облигации), которая сложилась в результате обращения на бирже.

● Биржевой курс акций находится в прямой зависимости от уровня ссудного процента на денежном рынке. *См.* **Курс**.

БРАК, *род.* брáк|а, *м.*

Изделия, полуфабрикаты, детали, узлы и т.д., которые изготовлены с нарушением или отступлением от стандартов, технических условий, а ткж. сами нарушения или отступления от стандартов, технических условий в изделиях.

Полный, частичный ... **брак**.

Брак какой: (*предлог «по» с дат.*) ~ по вине работника, по вине бригады ...

Количество, часть, процент ... **брака**. Потери ... **от брака**. Оплата труда ... **при браке**. Акт ... **о браке**.

Выпускать ↑↓, выявлять ↑↓, обнаруживать ↑↓, устанавливать ↑↓, оплачивать ↑↓, исправлять ↑↓, устранять ↑↓, учитывать ↑↓ ... **брак**. Бороться ↑ *несов*. ... **с браком**.

Брак влечёт за собой что-л., нарушает что-л., снижает что-л., ведёт *несов.* к чему-л., подлежит *несов.* чему-л. ...

● 1. Полный брак, происходящий по вине работника, оплате не подлежит. 2. Частичный брак по вине работника оплачивается в пониженном размере в зависимости от степени годности изготовленной продукции.

БРИГÁДНАЯ ФÓРМА ОРГАНИЗÁЦИИ ТРУДÁ, *род.* фóрм|ы, *ж.*

Форма организации и стимулирования коллективного труда на основе заинтересованности и ответственности всех членов коллектива за конечные результаты в работе.

Значение, характер, опыт ... **бригадной формы организации труда.**

Развивать ↑↓, внедрять ↑↓, практиковать ↓ ... **бригадную форму организации труда**. Переходить ↑ ...**к бригадной форме организации труда**. Решать ↑ что-л., укреплять ↑ что-л., усиливать ↑ что-л. (взаимопомощь...)... **при бригадной форме организации труда**. Перейти ↑ ... **на бригадную форму организации труда.**

Бригадная форма организации труда позволяет делать что-л., стала какой-л. ...

● 1. При бригадной форме организации труда вся бригада работает по единому наряду. 2. Бригадная форма организации труда воспитывает коллективизм, чувство товарищества, ответственность за свою работу, стремление к взаимопомощи.

БРИГÁДНЫЙ ПОДРЯ́Д, *род.* подря́д|а, *м.*

Разновидность бригадного хозяйственного расчёта, которая предусматривает развитие низового хозяйственного расчёта на основе научной организации труда и расширения участия коллективов рабочих в управлении производством.

Бригадный подряд где: (*предлог «в» с предл.*) ~ в строительстве, в промышленности, в сельском хозяйстве...; (*предлог «на» с предл.*) ~ на транспорте ...

Правовое регулирование ... **бригадного подряда**.

Организовать ↑↓ *несов. и сов.* (*в прош. только сов., несов. ткж.* организовывать), внедрять ↑↓, распространять ↑↓ ... **бригадный подряд.**

Бригадный подряд получил что-л. ...

● Правовое регулирование бригадного подряда в строительстве, где он получил наибольшее распространение, осуществляется на основе положения, утверждённого Госстроем СССР, Госпланом СССР, Госкомтрудом СССР, Минфином СССР, Стройбанком СССР.

БРО́СОВЫЙ Э́КСПОРТ, *род.* э́кспорт|а, *м.*

Т о ж е, ч т о **де́мпинг**.

БУМА́ЖНЫЕ ДЕ́НЬГИ, *род.* де́нег, *только мн.*

Знаки стоимости, которые замещают полноценные деньги в качестве средства обращения и средства платежа, имеют принудительный курс и выпускаются государством для покрытия своих расходов.

● 1. В эпоху империализма и общего кризиса капитализма выпуск бумажных денег стал частым явлением и принял всемирные масштабы, поскольку он использовался для финансирования колоссальных затрат на подготовку, ведение и ликвидацию последствий мировых войн. 2. В развивающихся странах бумажные деньги используются правительствами этих стран для финансирования затрат, связанных с антиимпериалистическими национально-освободительными войнами, с созданием независимой национальной экономики. *См.* **Де́ньги**.

БУХГА́ЛТЕР, *род.* -а, *м.*

Работник бухгалтерии предприятия, учреждения или организации, который выполняет учётно-финансовую работу, подготовку и выдачу зарплаты.

Главный, старший ... **бухгалтер**.

Бухгалтер чего: ~ какого-л. (расчётного...) отдела, какого-л. участка, предприятия, какой-л. организации, какого-л. учреждения, Госбанка СССР, системы сберегательных касс ...

Работа, должность, обязанности, права, ответственность, распоряжение ... **бухгалтера**.

Учить, готовить ↓, назначать ↑↓, проверять ↑↓, увольнять ↑↓ ... **бухгалтера**. Что-л. производится *несов.* ... **бухгалтером**. Возложить ↑ что-л. ... **на бухгалтера.**

Бухгалтер проверяет что-л., обрабатывает что-л., группирует что-л., подготавливает что-л. (какие-л. данные ...), выполняет что-л., составляет что-л. (отчёт ...), учитывает что-л., контролирует что-л. ...

● 1. Главный бухгалтер учреждения или предприятия отвечает за правильный и своевременный учёт денежных средств, товарно-материальных и других ценностей, хозяйственных операций и результатов финансово-хозяйственной деятельности. 2. В обязанности главного бухгалтера входит составление и анализ бухгалтерских отчётов и балансов и представление их в определённые сроки вышестоящим органам.

БУХГАЛТЕ́РИ|Я, *род.* -и, *ж.*

1. Ведение бухгалтерского учёта.

Двойная ... **бухгалтерия.**

Использовать ↑↓ *несов. и сов.*, совершенствовать ↑↓ ... **бухгалтерию**. Прибегать ... **к** какой-л. **бухгалтерии.**

● Двойная бухгалтерия — это метод учёта, при котором хозяйственные операции записываются в равновеликой сумме дважды в разных счетах бухгалтерского учёта.

2. Самостоятельное структурное подразделение предприятий и организаций, которое осуществляет бухгалтерский учёт всех хозяйственных операций, контроль за соблюдением финансовой и сметной дисциплины, а *ткж*. составление отчётности.

Центральная, централизованная, отраслевая ... **бухгалтерия.**

Бухгалтерия чего: ~ какого-л.предприятия, какой-л. организации, какого-л. участка ... **Бухгалтерия** где: (*предлог «в» с предл.*) ~ в колхозе, в совхозе, в объединении ...; (*предлог «на» с предл.*) ~ на фабрике, на заводе, на предприятии ...

Деятельность, работа, структура, штат, расчётный отдел ... **бухгалтерии**.

Возглавлять ↑ ... **бухгалтерию**.Возлагать что-л. ... **на бухгалтерию**.

Бухгалтерия ведает *несов*. чем-л., решает какие-л. вопросы, отвечает *зд. несов*. за что-л. ...

● В министерствах и ведомствах имеются центральные бухгалтерии, которые руководят всей работой по учёту и отчётности на предприятиях и объединениях отрасли и ведомства.

△ **Бухга́лтерск|ий**, -ая, -ое, -ие. **Б.** отчёт, баланс*, учёт*, отчётность*, экспертиза, работа, книги, журналы, документы, запись* *ж*. ...

БУХГА́ЛТЕРСКАЯ ЗА́ПИСЬ, *род*. за́пис|и, *ж*.

Бухгалтерская проводка с указанием дебетуемого и кредитуемого счёта и суммы отражаемой хозяйственной операции.

Простая, сложная, отрицательная, красная, исправительная, дополнительная, восстановительная, хронологическая, систематическая, [не]правильная ... **бухгалтерская запись.**

Бухгалтерская запись чего: ~ какой-л. операции ... **Бухгалтерская запись** где: (*предлог «в» с предл.*) ~ в каком-л. (учётном ...) регистре, в каком-л. (синтетическом, аналитическом ...) учёте...

Порядок, номер, дата ... **бухгалтерской записи**. Журналы ... **с бухгалтерскими записями**.

Составлять ↑↓, делать ↓, регистрировать ↑↓ ... **бухгалтерскую запись**. Присвоить ↑ что-л. (номер...) ... **бухгалтерской записи**. Сделать что-л.(исправление ...) ...**в бухгалтерской записи**.

Бухгалтерская запись является чем-л., состоит *несов*. из чего-л., отражает что-л., охватывает что-л., указывает на что-л. ...

● Бухгалтерские записи, затрагивающие два счёта, называются простыми, а затрагивающие три или больше счетов — сложными.

БУХГА́ЛТЕРСКАЯ ОТЧЁТНОСТЬ, *род*. отчётност|и, *только ед., ж*.

Система показателей, которая характеризует состояние средств и хозяйственно-финансовую деятельность предприятия, организации, учреждения за отчётный период (месяц, квартал, год); составляется по данным бухгалтерского учёта.

Месячная, квартальная, годовая, внутригодовая, периодическая, текущая ... **бухгалтерская отчётность.**

Бухгалтерская отчётность чего: ~ какого-л. (промышленного ...) предприятия, какой-л. (подрядной...) организации, совхоза... **Бухгалтерская отчётность** о чём: ~ о деятельности чего-л. (какого-л. предприятия, какого-л. учреждения...) ...**Бухгалтерская отчётность** где: (*предлог «в» с предл.*) ~ в банках...

Состав, формы, объём, сроки представления ... **бухгалтерской отчётности.**

Представлять ↑↓, использовать ↑↓ *несов. и сов*., составлять ↑↓ ... **бухгалтерскую отчётность.** Прилагать что-л. ... **к бухгалтерской отчётности.** Определять ↑ что-л., осуществлять ↑ что-л. ... **на основании бухгалтерской отчётности.**

Бухгалтерская отчётность состоит *несов.* из чего-л. (из бухгалтерского баланса и расшифровки отдельных его статей...), включает что-л. (ежемесячные отчёты ...)...

● Годовой отчёт и периодическая бухгалтерская отчётность представляются предприятиями и хозяйственными организациями вышестоящему органу, в ведении которого они состоят, кредитующим и финансирующим их учреждениям отраслевых банков, местному статистическому управлению и местному финансовому органу.

БУХГА́ЛТЕРСКИЙ БАЛА́НС, *род.* бала́нс|а, *м.*

Способ отражения средств объединений, предприятий, хозяйственных организаций, бюджетных учреждений по их состоянию, размещению, использованию и источникам; входит в бухгалтерскую отчётность.

Месячный, квартальный, самостоятельный ... **бухгалтерский баланс.**

Бухгалтерский баланс какой: (*предлог «по» с дат.*) ~ по капитальному вложению, по основной деятельности чего-л. (организации, какого-л. объединения, каких-л. предприятий), по розничным ценам... **Бухгалтерский баланс** чей: ~ объединения, организации, предприятия ...

Формы, статьи, разделы, схема, актив, пассив ... **бухгалтерского баланса.** Положение ... **о бухгалтерском балансе.**

Составлять ↑↓, отличать ↓ ... **бухгалтерский баланс.** Исключать ↑ что-л. ... **из бухгалтерского баланса.** Определять ↑ что-л. ... **по бухгалтерскому балансу.** Показывать что-л., отражать ↑ что-л. ... **в бухгалтерском балансе.**

Бухгалтерский баланс входит во что-л. (в бухгалтерскую отчётность...), характеризует *зд. несов.* что-л. ...

● 1. Бухгалтерский баланс составляется в виде двусторонней таблицы, разделённой на актив и пассив. 2. Формы бухгалтерского баланса для предприятий различных отраслей хозяйства (промышленность, сельское хозяйство, торговля, транспорт, связь и т. п.), для бюджетных учреждений устанавливают Министерство финансов СССР и Госкомстат СССР.

БУХГА́ЛТЕРСКИЙ УЧЁТ, *род.* учёт|а, *только ед.*, *м.*

Основанное на документах непрерывное, взаимосвязанное отражение средств и хозяйственных операций в денежной форме.

Организованный, синтетический, аналитический, производственный, суммовой, складской ... **бухгалтерский учёт.**

Бухгалтерский учёт чего: ~ материалов, заработной платы, труда, каких-л. средств, какой-л. продукции, каких-л. фондов, выхода продукции, оборота по реализации, издержек обращения, движения и состояния запасов, оборачиваемости товаров, каких-л. (товарно-материальных ...) ценностей, каких-л. операций, вложений, каких-л. ресурсов, каких-л. (производственных ...) затрат, эксплуатации чего-л. (жилищного хозяйства ...), деятельности чего-л. ... **Бухгалтерский учёт** где: (*предлог «в» с предл.*) ~ в каком-л. хозяйстве, в какой-л. отрасли, в какой-л. организации, в каком-л. учреждении, в промышленности, в строительстве, в совхозах, в колхозах, в Госбанке СССР, в каких-л. (потребительских...) обществах...; (*предлог «на» с предл.*) ~ на транспорте, на каких-л. предприятиях ...

Система счетов, данные, виды, показатели, регистры, объекты, метод ... **бухгалтерского учёта.** Ведомость ... **по бухгалтерскому учёту.**

Использовать ↑↓ *несов. и сов.*, централизовать ↑↓ *несов. и сов.*, децентрализовать ↑↓ *несов. и сов.* ... **бухгалтерский учёт.** Применять ↑ что-л., группировать ↑ что-л., выделять ↑ что-л., отражать ↑ что-л., использовать ↑ *несов. и сов.* что-л., регистрировать ↑ что-л. ... **в бухгалтерском учёте.** Систематизировать ↑ *несов. и сов.* что-л., регистрировать ↑ что-л. ... **с помощью/при помощи бухгалтерского учёта.**

Бухгалтерский учёт служит чем-л., представляет *зд. несов.* собой что-л. (систему различных способов регистрации ...) ...

● 1. Бухгалтерский учёт служит целям контроля за выполнением народнохозяйственных планов, за сохранностью и правильным использованием социалистической собственности. 2. При бухгалтерском учёте используются бухгалтерский баланс, документация и инвентаризация, счета и двойная запись, отчётность, оценка и калькуляция.

БЮДЖЕ́Т, *род.* -а, *м.*

!**1.** Смета денежных доходов и расходов государства, республики, области, города, сельского совета на определённый период (месяц, квартал, год и т.д.), утверждённая в законодательном порядке.

2. Совокупность личных доходов и расходов на определённый срок. *Ср. б. семьи.*

Социалистический, *государственный, народный, национальный, союзный, краевой, республиканский, областной, районный, городской, сельский, местный, капиталистический, дефицитный, *потребительский, реальный, устойчивый, дополнительный, самостоятельный, свободный ... **бюджет.**

Бюджет какой: (*с им.*) ~-брутто, -нетто ...; (*с род.*) ~ каких-л. (капитальных ...) вложений, какого-л. (социального ...) страхования, народного хозяйства ...; **бюджет** какого-л. (текущего ...) года ... **Бюджет** чего: ~ какой-л.страны, какой-л. (союзной ...) республики, какой-л. области, какого-л. края, города, сельского совета, какой-л. организации ... **Бюджет** где: (*предлог «в» с предл.*) ~ в какой-л. (общей...) системе планирования, в какой-л. стране ...

Содержание, назначение, сущность, развитие, рост, неустойчивость, средства, доходы, расходы, объём, удельный вес, роль, доля ...**бюджета**. Место чего-л. ... **в бюджете**. Сходство чего-л. ... **с бюджетом**.

Составлять ↑↓, разрабатывать ↑↓, распределять ↑↓, исполнять ↑↓, использовать ↑↓ *несов.и сов.* ... **бюджет**. Включать ↑ что-л., что-л. (платежи...) поступает ... **в бюджет.** Концентрировать ↑ что-л., отражать ↑ что-л., сосредоточивать ↑ что-л. ... **в бюджете.** Направлять ↑ что-л. куда-л. ... **при помощи бюджета.** Объединять ↑ что-л. ... **с бюджетом.** Мобилизовать ↑ *несов. и сов.* что-л., обеспечивать ↑ что-л., распределять ↑ что-л., воздействовать *несов. и сов.* на что-л. ... **через бюджет.**

Бюджет выступает как что-л., выражает что-л., отражает что-л., отличается *зд. несов.* чем-л., служит чем-л., играет какую-л. роль, способствует *зд. несов.* чему-л. ...

● 1. Сущность государственного бюджета каждой страны определяется экономическим строем общества, природой и функциями государства. 2. Главным источником доходов социалистического бюджета являются поступления от социалистического хозяйства — платежи государственных предприятий и организаций из прибыли, налог с оборота, взносы и т. д. 3. Рост бюджетов буржуазных государств ведёт к усилению налоговой эксплуатации трудящихся.

△ **Бюджéтн|ый,** -ая, -ое, -ые. **Б.** дефицит *, год, индекс, учёт *, контроль *м.*, период, процесс *, счёт, резерв, закон, дотация, инициатива, система *, статистика, классификация, комиссия, наценка, финансирование *, планирование *, право, ассигнование, бюро, поручение, послание, регулирование, устройство, доходы, расходы, комиссии, резервы, обследования, документы, законодательства, заказы, кредиты, организации, остатки, ресурсы, платы, средства, фонды, реформы, взаимоотношения...

БЮДЖЁТНАЯ СИСТЁМА, *род.* систéм|ы, *ж.*

Совокупность всех бюджетов страны.

Советская, социалистическая, капиталистическая ... **бюджетная система**.

Бюджетная система где: (*предлог «в» с предл.*) ~ в СССР, в каких-л. странах ...

Экономическая основа, характер, особенность, единство, структура, звенья, составная часть, черты ... **бюджетной системы**.

Формировать ↑↓, организовать ↑↓ несов. и сов. (*в прош. только сов., несов. ткж.* организовывать), базировать *несов.*, централизовать *несов. и сов.*, объединять ↑↓, строить ↑↓, перестраивать ↑↓, характеризовать *несов. и сов.* ... **бюджетную систему**. Изменять ↑ что-л. ... **в бюджетной системе**.

Бюджетная система складывается из чего-л., состоит *несов.* из чего-л., отражает что-л., включает что-л. ...

● 1. В СССР бюджетная система включает союзный бюджет и государственные бюджеты союзных республик, бюджет государственного социального страхования. 2. Общее количество бюджетов, объединяемых бюджетной системой СССР, составляет почти 50 тысяч. 3. В большинстве социалистических стран бюджетная система складывается из двух основных звеньев — центрального бюджета и местных бюджетов.

БЮДЖЁТНОЕ ПЛАНИ́РОВАНИЕ, *род.* плани́ровани|я, *только ед., с.*

Планомерный процесс составления, рассмотрения, утверждения и исполнения бюджета социалистического государства.

● Главная задача бюджетного планирования состоит в наиболее полном выявлении и мобилизации внутренних ресурсов хозяйства для обеспечения необходимыми денежными средствами высоких темпов развития социалистической экономики, систематического повышения жизненного уровня трудящихся, укрепления могущества государства. *См.* **Плани́рование**.

БЮДЖЁТНОЕ ФИНАНСИ́РОВАНИЕ, *род.* финанси́ровани|я, *только ед.*, с.

Предоставление в безвозвратном порядке средств из государственного бюджета предприятиям, учреждениям, организациям для полного или частичного покрытия их расходов, которые предусмотрены планом экономического и социального развития.

● 1. В социалистических странах бюджетное финансирование включает финансирование хозрасчётных предприятий и организаций и сметное финансирование бюджетных организаций. 2. Бюджетное финансирование строится на основе научно обоснованного определения величины затрат, строго целевого отпуска средств с учётом степени выполнения государственного плана, контроля за правильным и эффективным использованием средств. *См.* **Финанси́рование**.

БЮДЖЁТНЫЕ АССИГНОВА́НИЯ(В СССР), *род.* ассигнова́ний, *ед.* **бюджéтное ассигнова́ние**, *род.* ассигнова́ни|я, *с.*

Средства государственного бюджета, которые направляются на планомерное развитие народного хозяйства, повышение материального и культурного уровня жизни народа, оборону страны, содержание органов государственной власти и управления, суда и прокуратуры; распределяются на основе государственного плана экономического и социального развития СССР.

Плановые ... **бюджетные ассигнования**.

Бюджетные ассигнования на что: (*предлог «на» с вин.*) ~ на народное хозяйство, на социально-культурные мероприятия, на финансирование науки, на финансирование органов государственной власти и управления ...

Источники, размеры, сумма, доля, рост, падение ... **бюджетных ассигнований**.

Планировать ↑↓, утверждать ↑↓, распределять ↑↓, затрачивать ↓, расходовать ↑↓, увеличивать ↑↓, сокращать ↑↓ ... **бюджетные ассигнования**.

Бюджетные ассигнования играют какую-л. роль, остаются чем-л., растут, падают, дают какие-л. результаты...

● 1. Более половины бюджетных ассигнований составляют затраты на народное хозяйство, связанные с созданием материально-технической базы производства во всех отраслях хозяйства, строительством новых, реконструкцией и техническим перевооружением действующих предприятий. 2. Бюджетные ассигнования направляются на социально-культурные мероприятия: расширение сети учреждений просвещения и здравоохранения, повышение уровня пенсионного обеспечения, заработной платы работникам просвещения и здравоохранения и т. д.

БЮДЖЕ́ТНЫЙ ДЕФИЦИ́Т, *род.* дефици́т|а, *только ед.*, *м.*

Превышение расходов государственного бюджета над его доходами, которое свидетельствует о неустойчивом положении государственных финансов и развитии инфляции.

Хронический ... **бюджетный дефицит**.

Бюджетный дефицит где: (*предлог «в» с предл.*) ~ в каких-л. странах ...

Рост, увеличение, возрастание, появление, причины ... **бюджетного дефицита**.

Покрывать ↑↓, уменьшить ↑↓...**бюджетный дефицит**. Привести ... **к бюджетному дефициту**. Бороться ↑ *несов.* ... **с бюджетным дефицитом**.

Бюджетный дефицит приводит к чему-л., означает *несов.* что-л. ...

● 1. При социализме действие закона планомерного, пропорционального развития исключает причины для появления бюджетного дефицита. 2. Хронический бюджетный дефицит характерен для капиталистических стран в эпоху империализма.

БЮДЖЕ́ТНЫЙ ПРОЦЕ́СС, *род.* проце́сс|а, *м.*

Регламентированный законодательством порядок составления, рассмотрения, утверждения и исполнения государственного и местных бюджетов (в федеративных государствах и бюджетов членов федерации).

Бюджетный процесс где: (*предлог «в» с предл.*) ~ в каких-л. (социалистических, капиталистических ...) странах ...

Содержание, основа, стадии, участники ... **бюджетного процесса**. Права местных советов ... **в бюджетном процессе**.

Начинать ↓, завершать ↑↓ ...**бюджетный процесс**.

Бюджетный процесс отражает *зд. несов.* что-л., основывается *зд. несов.* на чём-л. (на принципах демократии...) ...

● 1. В СССР участниками бюджетного процесса являются высшие центральные и республиканские органы государственной власти и управления, Советы народных депутатов, министерства, ведомства, объединения, предприятия, организации, учреждения, широкие массы трудящихся, а также ВЦСПС. 2. В капиталистических странах деятельность государственных органов в области бюджетного процесса направлена на перераспределение национального дохода в интересах крупного монополистического капитала.

БЮДЖЕ́ТНЫЙ УЧЁТ, *род.*учёт|а, *только ед.*, *м.*

Бухгалтерский учёт исполнения бюджета и смет расходов бюджетных учреждений; составная часть единой системы народнохозяйственного учёта.

● 1. С помощью бюджетного учёта осуществляется плановое руководство процессом исполнения государственного бюджета и целевое расходование бюджетных ассигнований. 2. Бюджетный учёт способствует соблюдению финансово-бюджетной дисциплины, строжайшего режима экономии в расходовании государственных средств и охране социалистической собственности. *См.* **Народнохозя́йственный учёт**.

В

ВАЛОВА́Я ПРОДУ́КЦИЯ, *род.*проду́кци|и, *только ед.*, *ж.*

Показатель, который характеризует объём продукции, произведённой в той или иной отрасли материального производства, в стоимостном (денежном) выражении.

● 1. Валовая продукция в промышленности оценивается в оптовых ценах на продукцию промышленности. 2. Валовая продукция сельского хозяйства в целях сопоставимости оценивается в неизменных ценах, в качестве которых применяются средневзвешенные закупочные цены 1973 года. *См.* **Проду́кция**.

ВАЛОВО́Й ДОХО́Д, *род.* дохо́д|а, *м.*

Вновь созданная трудом стоимость, которая включает заработную плату и чистый доход; определяется как разница между выручкой и материальными затратами на производстве.

● Показатель валового дохода используется в планировании и при оценке результатов деятельности колхозов, заготовительных, снабженческих организаций. *См.* **Дохо́д**.

ВАЛЮ́Т|А, *род*, -ы, *ж.*

1. Денежная система определённой страны, а ткж. (*собир.*) денежные единицы этой системы (например, рубль в СССР, фунт стерлингов в Великобритании и т. д.).

Национальная, коллективная, международная, иностранная, социалистическая, капиталистическая, [не]устойчивая, падающая, твёрдая, свободная, золотая, серебряная, медная, бумажная, монометаллическая, биметаллическая, военная, оккупационная, полностью обратимая, свободно конвертируемая (= полностью обратимая), частично обратимая, частично конвертируемая (= частично обратимая), необратимая, неконвертируемая (= необратимая), замкнутая (= необратимая), * резервная, ключевая, клиринговая ... **валюта**.

Валюта чья: ~ какой-л. страны, экспортёра, импортёра, кредитора ... **Валюта** чего: ~ платежа, сделки, контракта...

Курс, золотое содержание, устойчивость, обратимость, конвертируемость (= обратимость), запасы... **валюты**. Поступления, платежи ... в какой-л. **валюте**.

Укреплять ⇅, ослаблять ⇅, вывозить ⇅, ввозить ⇅, покупать ⇅, продавать ↑↓, расходовать ↑↓, обменивать ↑↓, иметь *несов.*, использовать ↑↓ *несов. и сов.*, девальвировать ↑↓ *несов. и сов.*, ревальвировать ↑↓ *несов. и сов.* ... какую-л. **валюту**. Превращать ↑ что-л. ... **в** какую-л. **валюту**.

Валюта обесценивается...

● 1. В СССР и других социалистических странах устойчивость валюты обеспечивается в основном товарной массой, поступающей в обращение через государственную и кооперативную торговлю по плановым ценам. 2. Новым типом международной валюты является созданная в 1964 году коллективная валюта стран-членов СЭВ — переводный рубль.

2. Денежные знаки иностранных государств, а ткж. кредитные и платёжные документы, выраженные в иностранных денежных единицах.

Платить за что-л. **валютой**. Торговля ... **валютой**.

● В СССР монополия на совершение операций с валютой принадлежит Госбанку СССР и Внешэкономбанку СССР; курс иностранной валюты устанавливается Госбанком СССР.

△ **Валю́тн|ый**, -ая, -ое, -ые.

В. фонд, резервы *, план, планирование, монополия *, гегемония, интеграция, ценности, металл, операции, обмен, регулирование, рынок, биржа, интервенция, риск, ограничение, блокада, война, выручка, демпинг, клиринг, кризис *, союз, комитет, корзина (*финансовый жаргон*), спекуляция, сделка, соглашение, позиция, ликвидность *ж.*, напряжение, блоки, зоны, потрясения, потери, поступления, отношения, расчёты, счета, отчётность *ж.*, контроль *м.*, паритет, курс *, арбитраж, законодательство, оборот, оговорка, группировка, дипломатия, политика *, разница, система *, сфера, кредиты *, кассы, потери, поступления, коэффициент ...

ВАЛЮ́ТНАЯ МОНОПО́ЛИЯ, *род.* монопо́ли|и, *ж.*

Исключительное право социалистического государства на совершение операций с валютными ценностями, а ткж. на управление принадлежащими ему золотовалютными резервами.

● 1. В СССР валютная монополия существует со времени национализации внешней торговли (22 апреля 1918 года). 2. Валютная монополия в СССР распространяется на следующие операции: с иностранной валютой и платёжными документами (векселями, чеками, аккредитивами и др.), выписанными в иностранной валюте; с драгоценными металлами (золотом, серебром, платиной) в монетах, слитках и сыром виде; с иностранными фондовыми ценностями (акциями, облигациями и купонами к ним). *См.* **Монопо́лия.**

ВАЛЮ́ТНАЯ ПОЛИ́ТИКА, *род.* поли́тик|и, *ж.*

В социалистических странах — особая сфера деятельности социалистического государства, совокупность осуществляемых государством мер в области валютно-финансовых и кредитных отношений; в капиталистических странах — совокупность мер, осуществляемых государственно-монополистическими органами в сфере международных валютных и других экономических отношений в соответствии с текущими и стратегическими целями государственно-монополистического капитализма.

Текущая, долговременная, ограничительная, структурная, согласованная ... **валютная политика**.

Валютная политика чего: ~ каких-л. (социалистических, капиталистических ...) стран, государств, стран-членов СЭВ...

Задачи, цель, характер, направление, формы ... **валютной политики**.

Осуществлять ↑↓, проводить ↑↓,

реализовать ↑↓ *несов. и сов.* ... **валютную политику.**

Валютная политика служит чем-л., способствует *зд. несов.* чему-л. (расширению международных экономических связей...), направлена на что-л., преследует что-л., использует *несов. и сов.* что-л., содействует чему-л., подчинена чему-л. ...

● 1. Валютная политика социалистических стран направлена на содействие планомерной организации международных расчётов, сосредоточение непосредственно в распоряжении социалистического государства валютных ресурсов, обеспечение их экономически эффективного использования в интересах ускорения темпов социально-экономического развития, углубления международного разделения труда. 2. Валютная политика капиталистических стран подчинена задаче сохранения капиталистического способа производства и обеспечения сверхприбылей монополистической буржуазии.

ВАЛЮ́ТНАЯ СИСТЕ́МА, *род.* систе́м|ы, *ж.*

Совокупность экономических отношений, которые связаны с функционированием валюты, исторически сложившаяся на основе интернационализации хозяйственных связей; государственно-правовая форма организации валютных отношений.

Мировая социалистическая, международная социалистическая, мировая капиталистическая, национальная, Европейская, Бреттонвудская, Ямайская, централизованная ... **валютная система.**

Валютная система какая: (*с род.*) ~ социализма, капитализма ...; (*предлог «с» с твор.*) ~ с какой-либо (устойчивой ...) валютой ... **Валютная система** чья: ~ стран-членов СЭВ, какого-л. (социалистического ...) государства, СССР ...

Стабильность, эластичность, кризис, потрясение, состояние, сущность, формы организации, роль, черты, элементы, особенность, отличие, основа, органы ...**валютной системы**. Роль чего-л. ...**в валютной системе**.

Создавать ↑↓, организовать ↑↓ *несов. и сов.* (*в прош. только сов., несов. ткж.* организовывать), формировать ↑↓, развивать ↑↓, укреплять ↑↓, заменять ↑↓, ломать ↑↓, характеризовать *несов. и сов.* ↓ ... **валютную систему**. Что-л. играет какую-л. роль... в **валютной системе**. Что-л. отражается ... **на валютной системе**. Обособлять ↑ что-л., что-л. зависит *несов.* ... **от валютной системы**. Что-л. связано ... **с валютной системой**.

Валютная система сложилась как-л., закреплена чем-л., связана с чем-л., возникла в результате чего-л., служит *зд. несов.* кому-чему-л., функционирует *несов.* на основе чего-л. ...

● 1. Валютная система социализма включает национальные валютные системы социалистических государств, мировую социалистическую валютную систему, международную (региональную) валютную систему стран-членов СЭВ. 2. Валютную систему капитализма характеризуют следующие основные элементы: национальная валюта, состав официальных золотых и валютных резервов, валютный паритет и режим валютного курса, условия обратимости валют, наличие или отсутствие валютных ограничений, формы международных расчётов страны и др.

ВАЛЮ́ТНЫЕ КРЕДИ́ТЫ, *род.* креди́т|ов, *ед.* **валю́тный креди́т**, *род.* креди́т|а, *м.*

Разновидность международного кредита, предоставляемого в денежной форме; в СССР и других странах-членах СЭВ — внутренние кредиты в иностранной валюте, которые предоставляются банками, уполномоченными совершать валютные операции, предприятиям и организациям на оплату планового или сверхпланового импорта, развитие экспорта, производство новых экспортных товаров.

● 1. Валютные кредиты предоставляются социалистическими странами друг другу в переводных рублях и других валютах и используются для оплаты импорта. 2. Отличительной чертой валютных кредитов, которые предоставляются социалистическими странами, является их льготный характер. 3. В капиталистических странах валютные кредиты используются либо для приобретения товаров, либо для покрытия пассивного сальдо платёжного баланса. *См.* **Креди́ты**.

ВАЛЮ́ТНЫЕ ОПЕРА́ЦИИ, *род.* опера́ций, *ед.* **валю́тная опера́ция**, *род.* опера́ци|и, *ж. Син.* валю́тные сде́лки.

Вид банковской деятельности по купле-продаже иностранной валюты.

● 1. В социалистических странах порядок осуществления валютных операций обусловлен валютной монополией, в силу которой право на совершение сделок по купле-продаже иностранной валюты принадлежит центральным и другим уполномоченным банкам. 2. В СССР совершение операций по покупке у организаций и граждан, а также по продаже им иностранной валюты является исключительным правом Госбанка СССР. 3. В капиталистических странах валютные операции совершаются банками по поручению клиентов или по инициативе самих банков и обслуживают международную торговлю и движение ссудного капитала. *См.* **Опера́ция**.

ВАЛЮ́ТНЫЕ РЕЗЕ́РВЫ, *род.* валю́тных резе́рвов, *только мн.*

Официальные запасы иностранной валюты в центральном банке и финансовых органах страны или в международных валютно-кредитных организациях.

● 1. Валютные резервы социалистических стран используются главным образом для урегулирования расчётов с развитыми капиталистическими и развивающимися странами. 2. Валютные резервы развитых капиталистических или развивающихся стран представляют собой авуары в иностранных валютах в их центральных банках и на счетах в банках других стран или вложения в иностранные государственные ценные бумаги. *См.* **Резе́рвы**.

ВАЛЮ́ТНЫЕ СДЕ́ЛКИ, *род.* сде́лок, *ед.* **валю́тная сде́лка**, *род.* сде́лк|и, *ж.*

То же, что **валю́тные опера́ции**.

ВАЛЮ́ТНЫЙ КРИ́ЗИС, *род.* кри́зис|а, *м.*

Резкое обострение противоречий в валютной сфере капитализма, которое проявляется в резких колебаниях валютных курсов, быстрых и значительных по масштабам перемещениях валютных резервов, девальвациях и ревальвациях валют, ухудшении международной валютной ликвидности; сопровождается валютными и торговыми войнами, обострением межимпериалистических противоречий в валютно-финансовых отношениях.

● Современный валютный кризис выступает как характерная черта и составная часть общего кризиса капитализма, в форме глубокого расстройства и крушения международных валютных систем, как локальные кризисы отдельных национальных валют, как составная часть циклических экономических кризисов. *См.* **Кри́зис**.

ВАЛЮ́ТНЫЙ КУРС, *род.* ку́рс|а, *м. Син.* ве́ксельный курс.

Соотношение между денежными единицами разных стран, определяемое их покупательной способностью и рядом других факторов.

Основной, параллельный, заниженный, завышенный, фиксированный, фактический, рыночный, плавающий, официальный, паритетный... **валютный курс**.

Необходимость, сущность, форма, сфера действия, функциональные возможности, основа, уровень, колебания, стабильность, функционирование, режим ... **валютного курса**.

Устанавливать ↑↓, формировать ↑↓, определять ↑↓ котировать ↑↓ *несов. и сов.*, исчислять ↑↓, фиксировать ↑↓, использовать ↑↓ *несов. и сов.*, регулировать ↑↓, изменять ↑↓ ... **валютный курс**. Что-л. влияет ... **на валютный курс**.

Валютный курс отражает что-л., даёт возможность выявить что-л., маскирует что-л., базируется *несов.* на чём-л. (на золотом содержании валют...), играет какую-л. роль ...

● 1. Необходимость валютного курса при капитализме обусловлена прежде всего практической потребностью в обмене иностранных валют на национальную при экспорте, поступлении в страну капиталов и кредитов, доходов, выраженных в иностранных валютах, поскольку на территории любого государства валюты других стран не могут выступать в качестве законного покупательного и платёжного средства. 2. При социализме валютный курс одновременно выступает как объективная экономическая категория товарного производства и обмена, выходящих за пределы национальных границ, и как средство регулирования (управления) внешнеэкономическими связями, инструмент валютной политики социалистического государства.

ВЕ́КСЕЛЬ, *род.* ве́ксел|я, *м.*

Документ, который содержит безусловное обязательство уплатить определённую сумму денег в указанный срок.

Простой, переводный, предъявительский, частный, казначейский, коммерческий, финансовый, бронзовый, встречный, денежный, безденежный, долгосрочный, краткосрочный, [не]товарный, обратный, покрытый, фиктивный, домицилированный, акцептованный ... **вексель**.

Вексель какой: (*с род.*) ~ казначейства...

Бесспорность, подлинность, особенность, акцепт, протест, держатель, абстрактность ... **векселя**. Какая-л. подпись ... **на векселе**.

Распространять, выписывать ↓, выдавать ↑↓, передавать ↑↓, продавать ↑↓, получать ↑↓, предъявлять ↑↓, применять ↑↓, использовать ↑↓ *несов. и сов.*, подписывать ↑↓, учитывать ↑↓ ... **вексель**. Указать ↑ что-л. ... **в векселе**. Обозначать ↑ что-л. ... **на векселе**.

Вексель обращается *зд. несов.* где-л. (как-л. и т. п.), выступает в качестве чего-л. (орудия обращения ...), служит *зд. несов.*чем-л., не содержит *несов.* чего-л. ...

● 1. Вексель широко используется в расчётах и кредитных отношениях, возникающих в сфере экономического сотрудничества СССР с капиталистическими странами. 2. Особенностью векселя как орудия коммерческого кредита является его обращаемость.

△ **Ве́ксельн|ый**, -ая, -ое, -ые.

В. арбитраж, брокер, кредит, курс *, маклер, портфель *м.*, оборот, бумага, конвенция, обращение, право, законодательство, операции банков, ярмарки ...

ВЕ́КСЕЛЬНЫЙ КУРС, *род.* ку́рс|а, *м.*

То же, что **валю́тный курс**.

ВЗАИ́МНЫЕ РАСЧЁТЫ, *род.* расчёт|ов, *ед.* **взаи́мный расчёт**, *род.* расчёт|а, *м.* *Син.* кли́ринговые расчёты.

Расчёты по взаимным требованиям и обязательствам различного характера, в частности — безналичные денежные расчёты, которые основаны на зачёте взаимных требований и обязательств.

● 1. В условиях планового социалистического хозяйства созданы возможности для эффективного применения взаимных расчётов не только между банками, но и между хозяйственными организациями. 2. При постоянно действующих формах взаимных расчётов для осуществления зачётных операций каждому участнику обычно открывается отдельный счёт в банке, на который возложено проведение зачётов. *См.* **Расчёты.**

ВЗНО́СЫ СО́БСТВЕННЫХ СРЕДСТВ, *род.* взно́с|ов, *ед.* **взнос со́бственных средств**, *род.* взно́с|а, *м.*

Производимые государственными предприятиями и хозяйственными организациями перечисления в учреждения отраслевых банков амортизационных отчислений, прибыли и других собственных средств, предназначенных для финансирования капитальных вложений.

Централизованные, децентрализованные, плановые, фактические ... **взносы собственных средств.**

Взносы собственных средств чего: ~ учреждений, предприятий ...

Порядок, своевременность, полнота ... **взносов собственных средств.**

Перечислять ↑↓, перерассчитывать ↑↓ ... **взносы собственных средств.**

Взносы собственных средств составляют *зд. несов.* что-л., производятся *зд. несов.* как-л. (в плановом размере ...) ...

● 1. Различаются взносы собственных средств, перечисляемые на месте, и централизованные. 2. Взносы собственных средств на месте предназначены для финансирования капитальных вложений данного предприятия, а централизованные — для финансирования капитальных вложений других предприятий, подчинённых тому же тресту, комбинату или отделу исполкома.

ВЗЫСКА́НИЕ ССУД, *род.* взыска́ни|я, *только ед., с. Син.* погаше́ние ссуд.

Операции Госбанка СССР, которые связаны с возвратом средств, выданных клиентам в виде ссуд (кредитов).

Досрочное, срочное, просроченное ... **взыскание ссуд.**

Взыскание ссуд какое: (*предлог «по» с дат.*) ~ по какому-л. (спецссудному ...) счёту ... **Взыскание ссуд** путём чего: ~ путём зачёта обязательств, путём плановых платежей ...

Форма ... **взыскания ссуд.**

Производить ↓ ... **взыскание ссуд.** Отозвать ↑ что-л. ... **для взыскания ссуд.** Предъявлять что-л. ... **к взысканию ссуд.**

● 1. Различается взыскание срочных, просроченных ссуд, а также ссуд, не обеспеченных материальными ценностями или денежными (расчётными) документами. 2. У предприятий и организаций, кредитующихся по специальным ссудным счетам без зачисления на них выручки, основной формой взыскания ссуд являются плановые платежи.

ВКЛА́Д|Ы, *род.* -ов, *ед.* **вклад**, *род.* вкла́д|а, *м. Син.* депози́т.

При социализме денежные средства государственных предприятий, общественных организаций и населения, которые находятся на хранении в кредитных учреждениях; при капитализме — денежные средства частных компаний, государства на хранении в кредитно-финансовых учреждениях (банках, страховых компаниях и т. п.).

Сберегательные, *срочные, долгосрочные, бессрочные, вечные, неподвижные, выигрышные, условные, крупные, мелкис, именные, предъявительские, выморочные, личные, целевые, мнимые, ценные ... **вклады**.

Вклады какие: (*предлог «до» с род.*) ~ до востребования...; (*предлог «в» с предл.*) ~ в иностранной валюте ...; (*предлог «на» с вин.*) ~ на предъявителя, на текущий счёт ... **Вклады** чьи: ~ населения, трудящихся, рабочих, колхозников, несовершеннолетних, каких-л. организаций ...

Рост, движение, сумма, виды, тайна, сохранность ... **вкладов**. Безналичные перечисления ... **во вклады**. Тиражи, проценты ... **по вкладам**.

Вносить ↑↓, делать ↓, привлекать ↑↓, сосредоточивать ↑↓, принимать ↑↓, выдавать ↑↓ ... **вклады**. Распоряжаться ... **вкладами**. Получать ↑ что-л., начислять ↑ что-л., выплачивать ↑ что-л. ... **по вкладам**.

Вклады освобождены от чего-л.(от обложения налогами ...), способствуют *зд. несов.* чему-л. (централизации капитала ...) ...

● 1. Привлечение вкладов населения способствует укреплению денежного обращения и служит нуждам расширенного социалистического воспроизводства. 2. По выигрышным вкладам доход выплачивается в форме выигрышей. 3. Условные вклады выдаются вкладчикам при соблюдении определённых условий, например, при достижении совершеннолетия.

△ **Вкладн|ой**, -а́я, -о́е, -ы́е.

В. документ, книжка Госбанка СССР, суммы, операции, свидетельства...

ВНЕ́ШНИЕ ЗА́ЙМЫ, *род.* за́йм|ов, *ед.* **вне́шний заём**, *род.* за́йм|а, *м. Син.* иностра́нные за́ймы.

Займы, которые получены от зарубежных кредиторов или предоставлены иностранным заёмщикам, при осуществлении которых возникают кредитные отношения между государствами, банками, монополиями, учреждениями, международными организациями; основная форма международного кредита.

Государственные, частные, облигационные, безоблигационные, краткосрочные, среднесрочные, долгосрочные, двусторонние, гарантированные, евровалютные, иностранные, советские ... **внешние займы**.

Внешние займы какие: (*предлог «на» с предл.*) ~ на каких-л. (рыночных, коммерческих ...) условиях ... **Внешние займы** чьи: ~ каких-л. (развитых капиталистических, развивающихся, социалистических ...) стран, каких-л. государств, СССР ...

Сущность, отличительная черта, экономическое содержание, роль, формы, цель, результаты, сумма, рост ... **внешних займов**. Кредиторы, операции ... **по внешним займам**. Потребность ...**во внешних займах**. Соглашения ... **о внешних займах**.

Предоставлять ↑↓, привлекать ↑↓, распределять ↑↓, регулировать ↑↓, получать ↑↓, использовать ↑↓ *несов. и сов.*, размещать ↑↓, ограничивать, рассматривать ↑↓ как что-л., превращать во что-л. ↑↓ ...**внешние займы**. Вывозить ↑ что-л. ... **в форме внешних займов**. Выступать кредиторами ... **по внешним займам**.

Внешние займы возникли в процессе чего-л. (в процессе товарно-денежных отношений...), способствовали *зд. несов.* чему-л. (первоначальному накоплению капитала ...), представляют *зд. несов.* собой что-л., играют какую-л. роль, связаны с чем-л., содействуют *зд. несов.* чему-л., стали чем-л., служат чем-л....

● 1. Важнейшая отличительная черта внешних займов развитых капиталистических стран — политическая направленность и экспансионистско - империалистическая сущность, определяющие их условия, формы, цели и результаты. 2. Характерной чертой советских внешних займов являются их льготные условия: низкая процентная ставка (в отдельных случаях кредиты предоставляются без начисления процентов), длительные сроки кредитов с предоставлением в ряде случаев льготного периода, удобные и выгодные условия погашения (товарами традиционного экспорта стран-заёмщиков или продукцией предприятий, сооружённых при помощи СССР).

ВНЕ́ШНЯЯ ТОРГО́ВЛЯ, *род.* торго́вл|и, *ж. Ант.* вну́тренняя торго́вля.

Торговля одной страны с другими странами, которая состоит из ввоза (импорта) и вывоза (экспорта) товаров и услуг.

● 1. Внешняя торговля разных стран в своей совокупности представляет собой международную торговлю. 2. Характер, уровень развития и значение внешней торговли, как и товарного обмена вообще, определяются соответствующим способом производства. 3. При империализме внешняя торговля характеризуется ожесточённой конкуренцией за внешние рынки, торговой экспансией монополий, неэквивалентным обменом в торговле с развивающимися странами. *См.* **Торго́вля.**

ВНУ́ТРЕННЯЯ ТОРГО́ВЛЯ, *род.* торго́вл|и, *только ед., ж. Ант.* вне́шняя торго́вля.

Отрасль народного хозяйства, которая осуществляет реализацию товарной продукции различных отраслей производства на внутреннем рынке страны.

● 1. Внутренняя торговля включает в себя оптовую и розничную торговлю. 2. В СССР внутренняя торговля охватывает обращение на внутреннем рынке средств производства и предметов личного потребления. *См.* **Торго́вля.**

ВНУТРИЗАВОДСКО́Й ХОЗЯ́ЙСТВЕННЫЙ РАСЧЁТ, *род.* расчёт|а, *м.*

Метод организации работы структурных подразделений социалистических предприятий и отдельных производственных звеньев (цехов, служб, отделов, участков, бригад) на основе применения принципов хозяйственного расчёта.

● Основными элементами внутризаводского хозяйственного расчёта являются: а) установление для производственных цехов, участков, бригад планов по важнейшим показателям деятельности, а также лимитов затрат на производство по основным статьям себестоимости продукции; б) учёт фактических затрат отдельных производственных цехов, участков, бригад и сопоставление их с плановыми; в) материальное и моральное поощрение работников, добившихся наилучших результатов; материальная ответственность за невыполнение плана. *См.* **Хозя́йственный расчёт**.

ВНУТРИОТРАСЛЕВА́Я КОНКУРЕ́НЦИЯ; *род.* конкуре́нции, *только ед., ж. Ант.* межотраслева́я конкуре́нция.

Борьба между капиталистами одной отрасли за получение добавочной прибыли на вложенный капитал.

● В процессе внутриотраслевой конкуренции происходит образование единой рыночной цены товаров данной отрасли, в основе которой лежит рыночная стоимость. *См.* **Конкуре́нция.**

ВОСПРОИЗВО́ДСТВ|О, *род.* -а, *только ед., с.*

Непрерывное движение и возобновление процесса производства.

* Простое, * расширенное, * капиталистическое, * социалистическое, интенсивное, экстенсивное ... **воспроизводство**.

Воспроизводство чего: ~ материальных благ, совокупного общественного продукта, рабочей силы, производственных отношений, капитала, прибавочной стоимости, каких-л. фондов, какой-л. собственности ... **Воспроизводство** в чём: ~ в первом (втором) подразделении, в народном хозяйстве ...

Темп, особенность, тип, черты, закон, закономерности, противоречия, процесс, анализ, часть, предпосылки, схемы, механизм, фонд, условие, характер ... **воспроизводства**.

Осуществлять ↑↓, направлять, стимулировать ↑↓ *несов. и сов.*, возобновлять ↑↓, развивать ↑↓... **воспроизводство**. Обострять ↑ что-л.... **в ходе воспроизводства**. Увеличивать ↑ что-л. ... **при воспроизводстве**.

Воспроизводство включает что-л., представляет *зд. несов.* собой что-л., происходит где-л., служит чему-л. ...

● 1. В условиях социализма воспроизводство протекает без периодических кризисов, депрессий, спадов и обеспечивает возможность непрерывного подъёма экономики. 2. Капиталистическому воспроизводству присущи глубокие антагонистические противоречия. 3. Всякий процесс воспроизводства представляет собой единство воспроизводства производительных сил и производственных отношений.

△ **Воспроизводи́ть**, воспроизвожу́, воспроизво́|дишь, -дят, *несов.*; **воспроизвести́**, воспроизвед|у́, -ёшь, -у́т, *сов.*; *перех.*

В. какие-л. блага, рабочую силу, капитал, прибавочную стоимость *ж.*, какие-л. фонды ...

ВСТРЕ́ЧНЫЙ ПЛАН, *род.* пла́н|а, *м.*

План, принятый предприятием или производственным объединением с более высокими показателями по сравнению с первоначальными заданиями, установленными вышестоящей организацией.

Коллективный, личный ... **встречный план.**

Встречный план чей: ~ предприятия, объединения, коллектива, передовика производства ...

Формирование, особенность, срок выполнения ... **встречного плана**.

Разрабатывать ↑↓, составлять ↑↓, брать ↓, принимать ↑↓, утверждать ↑↓, выполнять ↑↓, проверять ↑↓ ... **встречный план**. Включать ↑ что-л. ... **во встречный план**. Отражать ↑ что-л. ... **во встречном плане.**

Встречный план возник когда-л. (где-л. и т. д.), является *зд. несов.* чем-л., учитывает что-л., вносит что-л., соединяет что-л. с чем-л., базируется *несов.* на чём-л. ...

● 1. Встречный план — это государственный план плюс социалистические обязательства коллектива. 2. Встречные планы органически соединяют процесс планирования и соревнования. 3. За выполнением встречных планов устанавливается систематический контроль со стороны вышестоящих органов, а также органов статистики.

ВЫВОЗНЫ́Е ПО́ШЛИНЫ, *род.* по́шлин, *ед.* **вывозна́я по́шлина**, *род.* по́шлин|ы, *ж.*

То же, что **тамо́женные по́шлины.**

ВЫЧИСЛИ́ТЕЛЬНЫЕ ЦЕ́НТРЫ, *род.* це́нтр|ов, *ед.* **вычисли́тельный центр,** *род.* це́нтр|а, *м.* (сокр. ВЦ).

Учреждение или структурное подразделение учреждения, предприятия, которое занимается обработкой информации с помощью ЭВМ.

Основные, базовые, крупные, малые, индивидуальные, кустовые ... **вычислительные центры.**

Вычислительные центры какие: (*с род.*) ~ коллективного пользования (сокр. ВЦКП) ... **Вычислительные центры** где: (*предлог «на» с предл.)* ~ на каком-л. (промышленном ...) предприятии ...

Назначение, структура, система, ядро, функции, функционирование, работа, кадры, начальник, руководство, программное обеспечение, технические средства, ресурсы, экономическая эффективность ... **вычислительного центра**.

Проектировать ⇅, создавать ⇅, оснащать ⇅, размещать ⇅, использовать ⇅ *несов. и сов.* ... **вычислительный центр**. Обмениваться данными ... **между вычислительными центрами.**

Вычислительный центр оборудован чем-л. ...

● Функции вычислительных центров по обработке информации следующие: сбор и подготовка данных на технических носителях, приём и передача данных по каналам связи, выполнение информационно-вычислительных работ (в режимах «пакетной обработки», «запрос-ответ» и диалога), хранение информации на машинных носителях, размножение и оформление выходных документов, передача результатов решения задач заказчикам.

Г

ГЕНЕРА́ЛЬНЫЙ ПОДРЯ́ДЧИК, *род.* подря́дчик|а, *м.*

Подрядная организация, которая заключает с заказчиком общий договор подряда, полностью отвечает за осуществление всего комплекса строительных работ на стройплощадке и имеет право передать в договорном порядке выполнение части работ (например, санитарно-технических, электротехнических и др.) специализированным подрядным организациям-субподрядчикам.

Функции, роль, права, ответственность ... **генерального подрядчика**. Договор ... **с генеральным подрядчиком**.

Выбирать ⇅, обвинять в чём-л. ⇅ ... **генерального подрядчика**. Что-л. выполняется ... **генеральным подрядчиком**. Выступать ... **в качестве генерального подрядчика.**

Генеральный подрядчик выполняет что-л., устанавливает что-л., снабжает кого-что чем-л., обеспечивает кого-что-л. чем-л., руководит *несов.* чем-л., несёт *несов.* ответственность за что-л. ...

Генеральный подрядчик и заказчик.

● 1. Перед заказчиком генеральный подрядчик несёт ответственность за сроки и качество выполнения всех предусмотренных технической документацией строительных работ, в том числе и осуществляемых субподрядными организациями. 2. Генеральный подрядчик обеспечивает выполнение строительно-монтажных работ в соответствии с графиком производства этих работ. 3. В отношении субподрядчиков генеральный подрядчик выполняет основные функции заказчика.

ГОДОВО́Й ОТЧЁТ, *род.* отчёт|а, *м.*

Отчёт, который содержит характеристику технико-экономических показателей работы предприятия или объединения и других организаций за год.

● В годовом отчёте имеются подробные сведения о производственных затратах, о выполнении плана выпуска продукции и реализации, о финансовых результатах и т. д. *См.* **Отчёт.**

ГОНОРА́Р, *род.* -а, *м.*

Вознаграждение, которое выплачивается автору произведения литературы, науки, искусства или его наследникам за использование этого произведения.

Авторский ... **гонорар**.

Гонорар за что: ~ за какую-л.

книгу, за статью, за издание чего-л. ...

Ставки, сумма, размер, виды ... **гонорара**.

Выплачивать ↑↓, исчислять ↑↓, получать ↑↓ ... **гонорар**. Отказываться ↑ ... **от гонорара**.

Гонорар составляет сколько-л. рублей ...

● Размер гонорара за издание зависит от вида произведения, его объёма, количества предшествующих изданий, а в определённых случаях также от тиража.

ГОСБА́НК СССР, *род.* Госба́нк|а, *м.*

Эмиссионный, кассовый и расчётный центр СССР, к-рый осуществляет централизованное управление денежно-кредитной системой страны и проведение единой кредитной политики государства, координацию деятельности специализированных банков и организацию расчётов между ними, обеспечивает организацию и укрепление денежного обращения, кассовое исполнение государственного бюджета и участвует в формировании сводного валютного плана страны, осуществляет финансирование и расчётное обслуживание отраслей непроизводственной сферы.

Структура, аппарат, учреждения, правление, устав, правовое положение, клиенты, директор, инспектор, задачи, роль, значение, связи, операции, функции, деньги, ссуды, ресурсы, валюта, кредитные вложения ... **Госбанка СССР.** Задолженность ... **Госбанку СССР.**

Использовать ↑↓ *несов. и сов.*, возглавлять ↓, превращать во что-л. ↑ ... **Госбанк СССР.** Предоставлять ↑ что-л., разрешать ↑ что-л. ... **Госбанку СССР.** Что-л. осуществляется ↑ ... **Госбанком СССР.** Что-л. поступает ↑ ... **в Госбанк СССР.** Возложить что-л. ... **на Госбанк СССР**. Что-л. проходит ... **через Госбанк СССР**.

Госбанк СССР регулирует что-л., аккумулирует *несов. и сов.* что-л., организует *несов. и сов.* (*в прош. только сов., несов. ткж.* организовывать), выполняет что-л., осуществляет что-л., направляет что-л., контролирует что-л., применяет что-л. (санкции ...), совершает что-л., выдаёт что-л., играет важную роль в чём-л. (в решении хозяйственно-политических задач...), имеет *несов.* что-л., сосредоточивает у себя что-л. (платёжный оборот ...), устанавливает что-л. (курс рубля ...), содействует *зд. несов.* чему-л. ...

● Госбанк СССР координирует деятельность специализированных банков: Промстройбанка СССР, Агропромбанка СССР, Жилсоцбанка СССР, Сберегательного банка СССР и Внешэкономбанка СССР.

△ **Госба́нковск|ий**, -ая, -ое, -ие.

Г. аппарат, служащий, работник, счёт, чек, акт, фонд, ссуда, документация, дело, кредитование, эмиссия, обслуживание, деньги *мн.*, ресурсы, документы ...

ГОСПЛА́Н СССР, *род.* Госпла́н|а, *м.*

Союзно-республиканский орган, который осуществляет перспективное и текущее планирование народного хозяйства СССР и контроль за выполнением планов.

Деятельность, работа, задачи, роль, функции, состав, структура, члены, председатель, аппарат, коллегия, отделы ... **Госплана СССР**.

Образовать ↑↓ *несов. и сов.* (*в прош. только сов., несов. ткж.* образовывать) ... **Госплан СССР.** Предложить что-л. ... **Госплану СССР**. Что-л. разрабатывается ↑, что-л. предусматривается ... **Госпланом СССР.** Направлять что-л. ... **в Госплан СССР.** Стоять *несов.* ... **во главе Госплана СССР.** Создавать ↑ что-л., иметь *несов.* что-л. ... **при Госплане СССР.**

Госплан СССР осуществляет что-л., готовит что-л., использует *несов. и сов.* что-л., разрабатывает что-л., (какие-л. балансы...), применяет что-л., изыскивает что-л., утверждает что-л., несёт *несов.* ответственность за что-л., издаёт что-л. (постановления...) ...

● 1. Главной задачей Госплана СССР в современных условиях является разработка в соответствии с Программой КПСС, директивами съездов КПСС, указаниями ЦК КПСС и решениями Совета Министров СССР государственных народнохозяйственных пятилетних планов, а также годовых планов экономического и социального развития СССР. 2. Госплан СССР осуществляет контроль за выполнением министерствами, ведомствами, союзными республиками, предприятиями и организациями народнохозяйственных планов, выявляет резервы для дальнейшего роста производства, систематически докладывает правительству СССР о ходе выполнения планов, разрабатывает мероприятия по предупреждению и устранению диспропорций в развитии народного хозяйства и т. д.

ГОСУДА́РСТВЕННОЕ СТРАХОВА́НИЕ, *род.* страхова́ни|я, *только ед., с.*

Одна из форм страхования, при которой в качестве страховщика выступает государство.

● 1. Советское государственное страхование отличается широким охватом различных видов имущества и объектов страхования. 2. Государственное страхование оказывает большую помощь страхователям при стихийных бедствиях и несчастных случаях путём выплаты страхового возмещения и страховых сумм. *См.* **Страхова́ние.**

ГОСУДА́РСТВЕННО - КОЛХО́ЗНЫЕ ОБЪЕДИНЕ́НИЯ, *род.* объедине́ний, *ед.* **госуда́рственно-колхо́зное объедине́ние**, *род.* объедине́ни|я, *с.*

В СССР предприятия и организации, которые создаются на основе долевого участия колхозов, государственных предприятий и хозяйственных организаций для строительства производственных и культурно-бытовых объектов, для заготовки и переработки сельскохозяйственной продукции и т. д.

● 1. Государственно-колхозные объединения обладают правами юридического лица и осуществляют свою деятельность на основе хозрасчёта. 2. Наиболее распространённой формой государственно-колхозных объединений являются колхозно-совхозные агропромышленные объединения. *См.* **Объедине́ние.**

ГОСУДА́РСТВЕННЫЕ ДОХО́ДЫ, *род.* дохо́д|ов, *ед.* **госуда́рственный дохо́д**, *род.* дохо́д|а, *м.* *Ант.* госуда́рственные расхо́ды.

Денежные или материальные ресурсы, которые поступают в доход государства в процессе распределения и перераспределения национального дохода и используются им для осуществления своих внутренних и внешних функций.

● 1. Государственные доходы при социализме формируются в основном за счёт отчислений от доходов и прибылей государственных предприятий и организаций, налогов на движимое и недвижимое имущество, поступлений от внутренней и внешней торговли, от государственных пошлин, а также за счёт части доходов кооперативно-колхозных организаций, налогов с населения. 2. Подавляющая часть государственных доходов при капитализме складывается из поступлений подоходного налога с заработной платы рабочих и служащих, косвенных налогов на предметы первой необходимости и других налоговых платежей населения. *См.* **Дохо́ды.**

ГОСУДА́РСТВЕННЫЕ ЗА́ЙМЫ, *род.* за́йм|ов, *ед.* **госуда́рственный заём**, *род.* за́йм|а, *м.*

Кредиты, получаемые государством или предоставляемые им.

Краткосрочные, среднесрочные, долгосрочные, бессрочные, процентные, выигрышные, беспроцентно-выигрышные, процентно-выигрышные, беспроигрышные, облигационные, безоблигационные, внутренние, внешние, международные, иностранные капиталистические, советские, золотые, денежные, крупные, гарантийные, рентные, кабальные, крестьянские ... **государственные займы**.

Государственный заём какой: (*с род.*) ~ восстановления и развития народного хозяйства, индустриализации народного хозяйства... **Государственный заём** для чего: ~ для финансирования чего-л. ... **Государственные займы** где: (*предлог «в» с предл.*) ~ в каких-л. странах (странах социалистического содружества ...), в СССР ...

Эмиссия, конверсия, назначение, облигации, сумма, социальное содержание, экономическая роль, значение, особенность, сущность, удельный вес, условие, сроки, держатели ... **государственных займов**. Необходимость ... **в государственных займах**. Подписчики ... **на государственный заём**. Доходы, средства, поступления ... **от государственных займов**. Расчёты, задолженность, кредиторы ... **по государственным займам**.

Выпускать ↑↓, покрывать ↑↓, консолидировать ↑↓ *несов. и сов.*, унифицировать ↑↓ *несов. и сов.*, репатриировать ↑↓ *несов. и сов.*, предоставлять ↑↓, погашать ↑↓, делить ↓, использовать ↑↓ *несов. и сов.*, подтверждать ↑↓, получать ↑↓, размещать ↑↓ ... **государственные займы**. Помещать ↑ что-л. ... **в государственный заём**. Оплачивать ↑ что-л. ... **за счёт государственного займа**. Прибегать ... **к государственным займам**. Выплачивать ↑ что-л. ... **по государственным займам.**

Государственные займы возникли когда-л., способствуют *зд. несов.* чему-л., играют какую-л. роль в чём-л., облегчают что-л. ...

● 1. Социалистическое государство через внутренние государственные займы мобилизует часть трудовых сбережений населения на хозяйственное и культурное строительство. 2. Буржуазные государства используют предоставление внешних государственных займов для захвата рынков сбыта.

ГОСУДА́РСТВЕННЫЕ РАСХО́ДЫ, *род.* расхо́д|ов, *обычно мн. Ант.* госуда́рственные дохо́ды.

Расходы государства, которые связаны с осуществлением его функций.

● 1. В социалистическом обществе при господстве общественной собственности на средства производства основное место в системе государственных расходов имеют расходы на развитие народного хозяйства и социально-культурные нужды. 2. Главной причиной роста государственных расходов в империалистических странах является милитаризация. *См.* **Расхо́ды.**

ГОСУДА́РСТВЕННЫЕ ФИНА́НСЫ, *род.* фина́нс|ов, *только мн.*

Система образования и распределения денежных ресурсов, которые необходимы государству для содержания его органов и выполнения присущих ему функций.

Сущность, назначение, содержание, связь с чем-л., система, сфера, база ... **государственных финансов**.

Использовать ↑↓ *несов. и сов.*, превращать ↑↓ во что-л., связывать ↑ с чем-л. ... **государственные финансы**. Повышать ↑ удельный вес чего-л. ... **в государственных финансах**. Обеспечивать ↑ что-л. ...

за счёт государственных финансов.

Государственные финансы служат *зд. несов.* чем-л., связаны с чем-л., включают что-л., сложились как что-л. (как система денежных отношений...), представляют *зд. несов.* собой что-л., играют какую-л. роль в чём-л., не имеют *несов.* чего-л. ...

● 1. Государственные финансы включают в себя общегосударственные финансы (государственный бюджет, государственное имущественное, личное и социальное страхование), а также финансы государственных предприятий и отраслей хозяйства. 2. Государственные финансы в условиях капитализма не имеют органической связи с материальным производством.

ГОСУДА́РСТВЕННЫЙ БАНК СССР, *род.* ба́нк|а, *м.*

То же, что **Госба́нк СССР**.

ГОСУДА́РСТВЕННЫЙ БЮДЖЕ́Т СОЮ́ЗНОЙ РЕСПУ́БЛИКИ, *род.* бюдже́т|а, *м.*

Основной годовой финансовый план образования и использования централизованного фонда денежных средств союзной республики.

● Государственные бюджеты союзных республик состоят из республиканских бюджетов союзных республик, за счёт которых осуществляется финансирование общереспубликанских мероприятий в области хозяйственного и культурного строительства, бюджета АССР и местных бюджетов. *См.* **Бюдже́т**.

ГОСУДА́РСТВЕННЫЙ БЮДЖЕ́Т СССР, *род.* бюдже́т|а, *м.*

Основной финансовый план образования и использования централизованного фонда денежных средств Советского государства.

Роль, значение, ресурсы, доходы, расходы, база, народнохозяйственный характер, составление, утверждение ... **государственного бюджета СССР**.

Составлять ↑↓, утверждать ↑↓, исполнять ↑↓ ... **государственный бюджет СССР.** Включать ↑ что-л., перечислять ↑ что-л. ... **в государственный бюджет СССР**. Что-л. занимает какое-л. место, что-л. возрастает ... **в государственном бюджете СССР**. Покрывать ↑ что-л., финансировать ↑ *несов. и сов.* что-л., выделять ↑ средства ... **из государственного бюджета СССР**.

Государственный бюджет СССР имеет *несов.* что-л., связан с чем-л., способствует *зд. несов.* чему-л. (коллективизации сельского хозяйства ...), оказывает что-л. (воздействие ...) на что-л. (на мобилизацию денежных ресурсов ...), характеризуется *несов.* чем-л., служит *несов.* чем-л. ...

● 1. При помощи государственного бюджета СССР происходит не только межотраслевое, но и межтерриториальное перераспределение части национального дохода СССР. 2. В государственном бюджете СССР сосредоточивается часть национального дохода Советского Союза, которая направляется на планомерное развитие промышленности, сельского хозяйства, транспорта и других отраслей народного хозяйства.

ГОСУДА́РСТВЕННЫЙ ДОЛГ, *род.* до́лг|а, *м.*

Общая сумма задолженности государства по непогашенным займам и невыплаченным процентам по ним.

Внутренний, внешний, капитальный, текущий ... **государственный долг**.

Государственный долг чей: ~ какой-л. страны, каких-л. государств, СССР ...

Возникновение, рост, особенность ... **государственного долга**. Проценты ... **по государственному долгу**.

Исчислять ↑↓, увеличивать ↑↓, погашать ↑↓, характеризовать ↑↓

несов. и сов. ... **государственный долг**.

Государственный долг выражается в чём-л., составляет какую-л. сумму, возникает в связи с чем-л., возрастает, способствует чему-л. ...

● В капиталистических странах государственный долг возникает вследствие выпуска буржуазными государствами займов или получения кредитов с целью покрытия бюджетных дефицитов.

ГОСУДА́РСТВЕННЫЙ КОМИТЕ́Т СССР ПО СТАТИ́СТИКЕ. *род.* комите́т|а, *м.* (*сокр.* Госкомста́т СССР).

Союзно-республиканский орган, к-рый осуществляет государственное управление делом статистики, учёта и отчётности во всех отраслях народного хозяйства, несёт всю полноту ответственности за создание и функционирование статистической информационной системы на общегосударственном, отраслевом и региональном уровнях.

Аппарат, работники, органы, вычислительный центр ... **Государственного комитета СССР по статистике.**

Создать ↑↓, проверять ↑↓, контролировать ↓ ... **Государственный комитет СССР по статистике.** Возложить что-л. ... на **Государственный комитет СССР по статистике.**

Государственный комитет СССР по статистике организует *несов. и сов.* (*в прош. только сов., несов. ткж.* организовывать) что-л., отменяет что-л., утверждает что-л., проводит что-л., руководит *несов.* чем-л., возглавляет что-л., выпускает что-л. ...

● 1. Государственный комитет СССР по статистике призван своевременно представлять Совету Министров СССР достоверные статистические данные о ходе выполнения государственных планов экономического и социального развития, росте народного хозяйства, наличии материальных, финансовых и трудовых ресурсов. 2. На Государственный комитет СССР по статистике возложено совершенствование учёта и статистики, руководство работами по механизации и автоматизации учёта, подготовка работников учётно-статистических специальностей.

ГОСУДА́РСТВЕННЫЙ КРЕДИ́Т, *род.* креди́т|а, *м.*

Совокупность кредитных отношений, в которых государство выступает в качестве заёмщика.

● Государственный кредит при капитализме имеет две формы: первая — когда государство выступает заёмщиком денежных средств, вторая — когда государство выступает в роли кредитора. *См.* **Креди́т**.

ГОСУДА́РСТВЕННЫЙ ПЛАН ЭКОНОМИ́ЧЕСКОГО И СОЦИА́ЛЬНОГО РАЗВИ́ТИЯ СССР, *род.* пла́н|а, *м.*

Заранее намечаемые Коммунистической партией и Советским государством перспективные и текущие программы мероприятий по развитию экономики СССР и подъёму благосостояния народа.

● Государственный план экономического и социального развития СССР разрабатывается на основе решений партийных съездов на 5 лет с разбивкой по годам, утверждается на сессии Верховного Совета СССР, после чего приобретает силу закона. *См.* **План**.

ГОСУДА́РСТВЕННЫЙ ПЛА́НОВЫЙ КОМИТЕ́Т СОВЕ́ТА МИНИ́СТРОВ СССР, *род.* комите́т|а, *только ед., м.*

То же, что **Госпла́н СССР**.

ГОСУДА́РСТВЕННЫЙ ФИНА́НСОВЫЙ КОНТРО́ЛЬ (В СССР), *род.* контро́л|я, *м.*

Один из важнейших видов государственного контроля, который основывается на использовании государством контрольной функции социалистических финансов.

● В СССР государственный финансовый контроль бывает

предварительным, текущим и последующим. *См.* **Контро́ль**.

Д

ДЕ́БЕТ, *род.* -а, *м. Ант.* кре́дит.

Условное обозначение левой части счетов бухгалтерского учёта, предназначенной для отражения остатков и увеличения хозяйственных средств (в активных счетах) или уменьшения источников этих средств (в пассивных счетах).

Дебет чего: ~ какого-л. счёта ...
Запись, отнесение чего-л. ... **в дебет**. Остатки, записи ... **по дебету**.
Заносить ↑ что-л. ... **в дебет** счёта. Записывать ↑ что-л. ... **в дебете** счёта.

Дебет означает *несов.* что-л., показывает что-л. ...

● Все хозяйственные операции в равновеликой сумме записываются по дебету одного и кредиту другого счёта.

△ **Дебето́в|ый**, -ая, -ое, -ые.
Д. сальдо *, авизо ...
Дебет|ова́ть, -у́ю, -у́ешь, -у́ют, *несов. и сов.*, *перех.*
Д. счёт ...

ДЕБЕТО́ВОЕ СА́ЛЬДО, *нескл.*, *с. Ант.* кре́дитовое са́льдо.

В бухгалтерском учёте: превышение итога записей по дебету над итогом записей по кредиту счёта за определённый период.

● Дебетовое сальдо в активных счетах отражает имеющиеся в хозяйстве средства, его дебиторскую задолженность или затраты по незаконченным операциям (например, затраты в незавершённом производстве), а в активнопассивных счетах — убытки, превышение дебиторской задолженности над кредиторской. *См.* **Са́льдо**.

ДЕБИТО́Р, *род.* -а, *м.*

Физическое или юридическое лицо, которое имеет задолженность данному объединению, предприятию, организации или учреждению.

Обязательство, задолженность ... **дебитора**. Требование ... **к дебитору**.
Выступать ... **в качестве дебитора**.

Дебитор является *зд. несов.* кем-л., исполняет что-л., выполняет что-л., оплачивает что-л. ...

● Дебитором может быть покупатель или заказчик, который не оплатил ещё отгруженные в его адрес товары или выполненные для него работы, рабочий или служащий, получивший аванс на командировку или на другие расходы, и не отчитавшийся за него.

△ **Дебито́рск|ий**, -ая, -ое, -ие.
Д. задолженность * *ж.* ...

ДЕБИТО́РСКАЯ ЗАДО́ЛЖЕННОСТЬ, *род.* задо́лженност|и, *ж. Ант.* кредито́рская задо́лженность.

Сумма долгов на определённую дату, которые причитаются объединению, предприятию, организации или учреждению от юридических или физических лиц в итоге хозяйственных взаимоотношений с ними.

● 1. Своевременное взыскание дебиторской задолженности — одно из важных средств обеспечения устойчивого финансового состояния предприятия или организации. 2. Увеличение дебиторской задолженности в большинстве случаев ухудшает финансовое положение предприятия и может привести к финансовым затруднениям. *См.* **Задо́лженность**.

ДЕВАЛЬВА́ЦИ|Я, *род.* -и, *ж. Ант.* ревальва́ция.

Обесценение национальной валюты, которое выражается в снижении её курса по отношению к иностранным валютам или международным счётным денежным единицам, ранее — и к золоту.

Массовая, открытая, скрытая, неожиданная ... **девальвация**.

Девальвация чего: ~ какой-л. валюты, франка, доллара ...**Девальвация** где: (*предлог «в» с предл.*) ~ в каких-л. странах ...

Выигрыш ... **от девальвации**.

Осуществлять ↑↓, проводить ↑↓, что-л. сопровождает *зд. несов.* ... **девальвацию**. Что-л. подвергается ... **девальвации**. Что-л. сопровождается *несов.* ... **девальвацией**. Призывать ↑ ... **к девальвации**. Настаивать ... **на девальвации**. Отказываться ↑ ... **от девальвации**.

Девальвация поощряет что-л., увеличивает что-л., усиливает что-л., удорожает *несов.* что-л., закрепляет что-л., служит чем-л., не обеспечивает чего-л. (восстановления устойчивости валюты ...), ведёт *несов.* к чему-л. ...

● 1. Девальвация поощряет экспорт, но увеличивает внешнюю задолженность государства, удорожает импортные товары. 2. До общего кризиса капитализма девальвация использовалась в качестве метода стабилизации национальной валюты.

△ **Девальвацио́нн|ый**, -ая, -ое, -ые.

Д. обеспечение, валюта ...

Девальви́р|овать, -ую, -уешь, -уют, *несов. и сов.*, *перех.*

Д. валюту, франк, доллар ...

ДЕВИ́З|Ы, *род.* девиз, *ед.* **деви́з|а**, *род.* -ы, *ж.*

Платёжные средства (вексель, чек ...) в иностранной валюте, которые используются в международных расчётах.

Девизы какие: (*предлог «при» с предл.*) ~ при каком-л. (золотодевизном...) стандарте, при расширении торговли ...

Операции, сделки ... **с девизами**.

Покупать ↑↓, продавать ↑↓ ... **девизы**. Торговать ↑ ... **девизами**. Относить ↑ что-л. ... **к девизам**.

Девизы выступают в виде чего-л., принимают форму чего-л., служат *зд. несов.* чем-л., представляют *несов.* собой что-л. ...

● 1. К числу девиз относятся переводы, чеки и аккредитивы, выставленные на иностранные банки, платёжные требования, платёжные поручения, векселя, подлежащие оплате за границей, а также иностранные банковские билеты и монеты. 2. Сделки банков с девизами производятся в основном в связи с расчётами по внешней торговле, с международным движением капиталов и частично в связи с иностранным туризмом и другими неторговыми платежами.

△ **Деви́зн|ый**, -ая, -ое, -ые.

Д. политика ...

ДЕ́МПИНГ, *род.* -а, *м.* *Син.* бро́совый э́кспорт.

Продажа товаров монополиями на внешних рынках по бросовым ценам, т. е. по ценам, более низким, чем на внутреннем рынке.

Товарный, коммерческий, валютный, легализованный ... **демпинг**.

Демпинг чего: ~ каких-л. продуктов, товаров ...

Экономическая природа, механизм, формы, методы, черты, признаки, объект, разновидность ... **демпинга**. Меры ... **против демпинга**.

Практиковать ↓ *зд. несов.*, осуществлять ↑↓, использовать ↑↓ *несов. и сов.* ... **демпинг**. Получать ↑ что-л. ... **при демпинге**. Подавлять ↑ кого-что-л. ... **посредством демпинга**. Что-л. свидетельствует *зд. несов.* ... **о демпинге**.

Демпинг обостряет что-л., нарушает что-л., усиливает что-л., ведёт *несов.* к чему-л. (к подрыву сложившегося уровня мировых цен ...), становится чем-л. ...

● 1. Отличительными чертами демпинга являются резкое различие между высокими внутренними и низкими экспортными ценами, экспансионистские методы подавления конкурентов, система вывоза по бросовым ценам. 2. Осуществляют демпинг монополии (картели), занятые сбытом товаров как внутри страны, так и за её пределами.

△ **Де́мпингов|ый**, -ая, -ое, -ые.

Д. цена, политика, товары ...

ДЕ́НЕЖНОЕ ОБРАЩЕ́НИЕ, *род.* обраще́ни|я, *с.* *Син.* обраще́ние де́нег.

Процесс непрерывного движения денег в качестве средства обращения и платежа; при капитализме — движение денег в наличной и безналичной формах, которое обслуживает кругооборот товаров, а ткж. нетоварные платежи и расчёты в хозяйстве; при социализме — движение наличных денег в связи с реализацией товаров, оплатой оказываемых услуг и совершением различных платежей.

Простое, инфляционное, устойчивое, золотое, наличное, безналичное ... **денежное обращение**.

Денежное обращение где: (*предлог «в» с предл.*) ~ в какой-л. стране, в СССР ...

Система, структура, каналы, сфера, процесс, масштабы, объём, рост, стабильность, расстройство, сезонные колебания, регулятор, законы, характеристика ... **денежного обращения**. Анархия ... **в денежном обращении**. Контроль ... **над денежным обращением**.

Планировать ↑↓, развивать ↑↓, размещать ↑↓, регулировать ↑↓ *зд. несов.,* упорядочивать ↑↓, концентрировать ↑↓, укреплять ↑↓, совершенствовать ↑↓, обслуживать ↑↓ *зд. несов.*, регламентировать ↑↓ *несов. и сов.* ... **денежное обращение**. Развивать ↑ что-л. ... **на основе денежного обращения**. Что-л. происходит ... **при денежном обращении**.

Денежное обращение обслуживает *зд. несов.* что-л., связано с чем-л., возникает когда-л., опосредствует что-л. (обращение и обмен...)...

● 1. Законы денежного обращения сохраняют силу в условиях социалистической экономики, где их используют в интересах всего общества в процессе народнохозяйственного планирования. 2. В условиях современного капитализма денежное обращение делится на две сферы — наличную и безналичную.

ДЕ́НЕЖНЫЕ НАКОПЛЕ́НИЯ СОЦИАЛИСТИ́ЧЕСКИХ ПРЕДПРИЯ́ТИЙ И ХОЗЯ́ЙСТВЕННЫХ ОРГАНИЗА́ЦИЙ, *род.* накопле́ний, *обычно мн.*

Стоимостное выражение созданного прибавочного продукта за определённый отрезок времени.

Денежные накопления социалистических предприятий и хозяйственных организаций где: (*предлог «в» с предл.*) ~ в каких-л. отраслях народного хозяйства, в промышленности, в торговле, в строительстве ...

Формы, рост, поступление, план, сумма, доля, удельный вес, размер ... **денежных накоплений социалистических предприятий и хозяйственных организаций**.

Формировать ↑↓ *зд. несов.*, устанавливать ↑↓, увеличивать ↑↓, планировать ↑↓, что-л. представляет *зд. несов.* собой ... **денежные накопления социалистических предприятий и хозяйственных организаций**.

Денежные накопления социалистических предприятий и хозяйственных организаций имеют *несов.* что-л., выступают *зд. несов.* как что-л., составляют что-л. (основу доходов государственного бюджета ...) ...

● Денежные накопления социалистических предприятий и хозяйственных организаций представляют собой денежные средства предприятий и организаций в двух основных формах: прибыли и налога с оборота.

ДЕ́НЕЖНЫЕ РЕФО́РМЫ, *род.* рефо́рм, *ед.* **де́нежная рефо́рма**, *род.* рефо́рм|ы, *ж.*

Осуществляемые государством преобразования в сфере денежного обращения, которые имеют целью упорядочение денежного обращения и укрепление всей денежной системы.

Частичные, кардинальные, сепаратные, буржуазные ... **денежные реформы**.

Тип, характер, направленность, цель, задача, этап, виды, метод, подготовка, результат ... **денежной реформы**.

Готовить ↓, проводить ↑↓, осуществлять ↑↓, что-л. сопровождает ↓ *несов.*, использовать ↑↓ *несов. и сов.* ... **денежную реформу**.Сокращать ↑ что-л. ... **в ходе денежной реформы**. Подготовить ↑ что-л. ... **к денежной реформе**.

Денежные реформы устанавливают что-л., направлены на что-л., выгодны кому-л. ...

● 1. В СССР денежные реформы были проведены в первый период нэпа в 1922—1924 годах и после окончания Великой Отечественной войны в 1947 и 1961 годах. 2. Денежные реформы, проведённые в странах социалистического содружества непосредственно после Второй мировой войны (1939—1945), имели своей целью упорядочить денежное обращение в этих странах. 3. Капиталистические государства путём денежных реформ пытаются уменьшить остроту проявлений общего кризиса капитализма в денежной системе, добиться упорядочения некоторых её элементов (валютного курса, объёма денежной массы и т. д.).

ДЕ́НЕЖНЫЕ СИСТЕ́МЫ, *род.* систе́м, *ед.* **де́нежная систе́ма**, *род.* систе́м|ы, *ж.*

Установленные государством формы организации денежного обращения в стране.

Капиталистические, национальные, неустойчивые, централизованные ... **денежные системы**; единая, унифицированная, общегосударственная, [не]эластичная, биметаллическая, монометаллическая ... **денежная система**.

Типы, виды, сущность, черты, роль, сдвиги [не]устойчивость, стабильность, элементы ...**денежных систем**. Требования ... **к денежным системам**. Структурные изменения ... **в денежной системе**.

Формировать ↑↓, создавать ↑↓, образовать ↑↓ *несов. и сов.* (*в прош. только сов., несов. ткж.* образовывать), использовать ↑↓ *несов. и сов.*, характеризовать ↑↓ *несов. и сов.*, развивать ↑↓, подрывать ↑↓, ограждать от чего-л. ↑↓, превращать во что-л. ↑↓ ... **денежную систему**. Что-л. лежит *несов.* ... **в основе денежной системы**.

Денежные системы включают в себя что-л., обеспечивают что-л., отражают что-л., обладают *несов.* чем-л. (устойчивостью и эластичностью ...) ...

● 1. Денежной системе социалистической страны присущи планирование денежного обращения и на этой основе управление денежными потоками в масштабах всей страны и отдельных её районов. 2. В современных капиталистических странах действуют неустойчивые денежные системы бумажно-денежного и банкнотного обращения.

ДЕ́НЕЖНЫЕ СРЕ́ДСТВА, *род.* средств, *только мн.*

Аккумулированные в денежной форме на банковских счетах разного рода доходы и поступления, которые находятся в постоянном хозяйственном обороте у объединений, предприятий, организаций и учреждений и используются ими для собственных целей или помещаются в качестве ресурсов банков.

Денежные средства какие: (*предлог «от» с род.*) ~ от продажи чего-л. (облигаций...) ... **Денежные средства** чьи: ~ бюджета, каких-л. (бюджетных ... учреждений, какого-л. объединения, какого-л. предприятия, какой-л. (хозяйственной ...) организации, Госстраха СССР, сберкасс, органов социального страхования...

Резервы, сумма, удельный вес ... **денежных средств**.

Формировать ↑↓ *зд. несов.*, образовать ↑↓ *несов и сов.* (*в прош. только сов., несов. ткж.* образовывать), подразделять на что-л. ↑↓, использовать ↑↓ *несов. и сов*., аккумулировать ↑↓ *несов. и сов*., сосредоточивать ↑↓, хранить ↑↓ *несов*. ... **денежные средства**.

Денежные средства находятся *зд. несов*. где-л., выступают в качестве чего-л. (резерва ...), состоят *несов*. из чего-л., поступают откуда-л. ...

● 1. Денежные средства Госстраха СССР образуются из страховых взносов совхозов, колхозов, потребительской кооперации и отдельных граждан. *См*. **Сре́дства**.

ДЕ́НЕЖНЫЙ АККРЕДИТИ́В, *род*. аккредити́в|а, *м*.

Именной денежный документ, который содержит распоряжение банка одному или нескольким банкам-корреспондентам выплатить держателю аккредитива указанную в нём сумму полностью или частями в течение определённого срока.

● 1. Денежным аккредитивом пользуются лица, которые совершают деловые или туристические поездки внутри страны и за границей. 2. В сфере международных расчётов банки выдают денежные аккредитивы на своих иностранных корреспондентов. *См*. **Аккреди́тив**.

ДЕ́НЕЖНЫЙ ОБОРО́Т, *род*. оборо́т|а, *м*.

Совокупность всех денежных расчётов, которые осуществляются наличными деньгами и путём безналичных перечислений по счетам в банках.

Безналичный, наличноденежный, внутрихозяйственный, внутрибанковский ... **денежный оборот**.

Денежный оборот какой: (*предлог «по» с дат*.) ~ по оплате труда, по реализации товаров ...; (*предлог «в» с предл*.) ~ в какой-л. (безналичной, наличной ...) форме ... **Денежный оборот** где: (*предлог «в» с предл*.) ~ в какой-л.(наличной, безналичной ...) сфере ...

Принципы организации, единство, бесперебойность, структура, составная часть, формы, объём, размер, сфера, характеристика, проблемы ... **денежного оборота**. Задержки ... **в денежном обороте**.

Планировать ↑↓, организовать ↑↓ *несов. и сов*. (*в прош. только сов*., *несов. ткж*. организовывать), ускорять ↑↓, увеличивать ↑↓, уменьшать ↑↓, экономизировать ↑↓ *несов. и сов*., делить ↑↓ ... **денежный оборот**.

Применять ↑ что-л. ... **в денежном обороте**. Высвобождать ↑ наличные деньги откуда-л. ... **из денежного оборота**.

Денежный оборот охватывает что-л. (процессы распределения и обмена ...), обслуживает что-л., опосредствует что-л., происходит *зд. несов*. как-л., связан с чем-л. (с кредитными отношениями ...)

● Денежный оборот делится на две сферы: внутрихозяйственный оборот и оборот денежных доходов населения.

ДЕ́НЕЖНЫЙ ПЕРЕВО́Д, *род*. перево́д|а, *м*.

Формы расчётов объединений, предприятий, организаций, учреждений между собой или с отдельными гражданами, а ткж. отдельных граждан между собой, осуществляемых через кредитные учреждения (банки, сберегательные кассы) или предприятия связи (почту, телеграф); соответствующее денежное отправление.

Одногородний, иногородний, почтовый, телеграфный, целевой, односторонний ... **денежный перевод**.

Сумма, отправитель, получатель ... **денежного перевода**. Операции ... **по денежному переводу**.

Осуществлять ↑↓, производить ↓, выплачивать ↑↓, получать ↑↓ ... **денежный перевод**. Взимать ↑ *несов*. что-л. ... **за денежный перевод**. Применять ↑ что-л., выдавать ↑ что-л. ... **при денежном переводе**.

Денежный перевод бывает *несов*. какой-л. ...

●1. Если денежный перевод осуществляют юридические лица, то кредитные учреждения и предприятия связи производят его в форме безналичных расчётов. 2. За выполнение операций по денежному переводу с частных лиц взимаются комиссионные, с юридических лиц плата взимается только за телеграфный денежный перевод.

ДЕНОМИНА́ЦИ|Я, *род.* -и, *ж.* Укрупнение национальной денежной единицы путём обмена по установленному соотношению старых денежных знаков на новые в целях упорядочения денежного обращения, облегчения учёта и расчётов в стране.

Результат ... **деноминации**. Коэффициент, укрупнения ... **при деноминации**.

Проводить ↑↓, производить ↓, осуществлять ↑↓ ... **деноминацию**. Подвергнуть что-л. ... **деноминации**. Что-л. сопровождается *несов.* ... **деноминацией**. Прибегнуть ... **к деноминации**. Обменивать ↑ что-л. ... **при деноминации**.

Деноминация сочетается *зд. несов.* с чем-л. (с денежной реформой...), ставит целью что-л., содействует *зд. несов.* чему-л. (упрощению счёта ...)...

●Последняя деноминация в СССР была проведена 1 января 1961 года, когда один новый рубль был приравнен к 10 старым рублям.

ДЕ́НЬГ|И, *род.* де́нег, *только мн.*

Особый товар, который выполняет роль всеобщего эквивалента при обмене товаров.

Всемирные, мировые, государственные, социалистические, континентальные, бумажные *, металлические *, золотые, медные, серебряные, аккордные, премиальные, прибыльные, добавочные, сверхурочные, действительные, символические, фальшивые, [не]полноценные, дешёвые, старые, новые, крупные, мелкие, авансовые, командировочные, кредитные *, реальные, устойчивые, [не]трудовые, наличные, военные, оккупационные, разменные, счётные, таможенные, подъёмные *, депортные ... **деньги**.

Деньги какие: (*предлог «для» с род.*) ~ для перевода, для покупки чего-л., для оплаты чего-л. ...; (*предлог «за» с вин.*) ~ за работу, за отпуск ... **Деньги** как что: ~ как эквивалент стоимости всех товаров, как средство платежа, как средство обращения, как средство образования сокровищ, как мера стоимости ... **Деньги** в функции чего: ~ в функции средства обращения, в функции средства платежа ... **Деньги** при чём: ~ при каком-л. (простом товарном...) производстве, при социализме, при капитализме...

Сущность, природа, форма, вид, функции, значение, власть, проблема, обращение, движение, кругооборот, эмиссия, наличие, устойчивость, содержание, стоимость, количество, избыток, инфляция, дефляция, владелец, противоречие, цена ... **денег**. Необходимость, потребность ... **в деньгах**. Противоречие ... **между деньгами** и чем-л.

Выпускать ↑↓, ассигновать *несов. и сов.* на что-л. ↑↓, давать ↑ (получать ↑↓, брать) в кредит, обменивать ↑↓, принимать ↑↓, выдавать ↑↓, применять ↑↓, переводить ↑↓, платить ↑↓, расходовать ↑↓, использовать ↑↓ *несов. и сов.,* копить/накапливать ↑↓, экономить ↓, авансировать ↑↓ *несов. и сов.,* зарабатывать ↓, удержать ↑↓, превращать во что-л. ↑↓, отменять ↑↓, стабилизировать ↓ *несов. и сов.,* хранить ↑↓, фетишизировать ↑↓ *несов. и сов.,* перераспределять ↑↓ ... **деньги**. Опосредовать ↑ *несов. и сов.* что-л., помогать кому-чему-л., владеть ↑, делиться с кем-чем-л., распоряжаться кому-чему-л., погашать ↑

что-л. ... **деньгами**. Превращается↑ что-л. ... **в** какие-л. **деньги**. Что-л. выделяется, что-л. выступает, что-л. функционирует↑ *зд. несов.* ... **в качестве денег**. Что-л. выражается *зд. несов.* ... **в деньгах**. Продавать↑ что-л., покупать↑ что-л. ... **за деньги**. Обменивать↑ что-л. ... **на деньги**. Осуществлять↑ что-л. ... **посредством денег**.

Деньги представляют *зд. несов.* собой что-л. (специфический товар ...), служат чем-л., обладают *несов.* чем-л., выполняют что-л., функционируют *несов.* как-л., выражают *зд. несов.* что-л. (стоимость товаров...), содействуют *зд. несов.* чему-л. (регулированию товарного производства...), предшествуют *несов.* чему-л., становятся чем-л., выступают в форме чего-л. ...

Деньги и кредит. Товар и **деньги**.

● 1. Объективная необходимость денег в социалистическом обществе обусловлена наличием товарного производства и товарного обращения, а также действием закона стоимости. 2. Деньги будут существовать и играть важную роль в течение всего периода строительства коммунистического общества; они отомрут лишь на высшей фазе коммунизма.

△ **Дéнежн|ый,** -ая, -ое, -ые.

Д. аванс, кризис, капитал, доходы, знак, товар, механизм, фетишизм, чек, оборот*, единица, масса, наличность, аккредитив*, начёт, перевод*, плата, помощь, экономия, премия, реформы*, средства*, расходы, системы*, обращение*, накопления*, политика, эмиссия, сумма, ссуда, прибыль *ж.*, выручка, форма стоимости, выражение, показатели, резервы, ресурсы, суррогаты, потоки, поступления, начёты, растраты, издержки ...

ДЕПОЗИ́Т, *род.* -а, *м.*

1. Материальная ценность (деньги или ценные бумаги), которая поступает в государственное учреждение (например, в нотариальную контору, сберкассу) и подлежит возврату внёсшему её лицу (или какому-л. другому по его указанию) по наступлении определённых условий.

[Не]востребованный, банковский, сберегательный ... **депозит.** **Депозит** какой: (*предлог «до» с род.*) ~ до востребования ... **Депозит** чей: ~ какой-л. (нотариальной...) конторы, какого-л. министерства, какого-л. (бюджетного...) учреждения ...

Распорядитель, сумма ... **депозита**. Операции ... **по депозиту**.

Хранить ↑↓, получать ↑↓, использовать ↑↓ *несов. и сов.,* перечислять ↑↓ ... **депозит**. Изымать↑ что-л. ... **из депозита**. Относить↑ что-л. ... **к депозиту**.

Депозиты находятся *зд. несов.* где-л., делятся на какие-л., представляют собой что-л. (вклады...), подлежат чему-л. ...

● 1. В СССР операции по депозиту осуществляются бюджетными, судебными, нотариальными, таможенными и некоторыми другими учреждениями. 2. Хранение депозитов ограничено определёнными сроками.

2. Вклады в банки и сберегательные кассы (в капиталистических странах).

Срочные, условные, привлечённые ... **депозиты**.

Сумма, владелец, вкладчик ... **депозита**.

Вносить ↑↓, привлекать ↑↓, принимать ↑↓, получать ↑↓, различать ↑↓ ... **депозиты**.

Депозит служит *зд. несов.* чем-л. ...

● Депозитные банки — распространённый вид капиталистических банков, которые осуществляют кредитно-расчётные и доверительные операции в основном за счёт привлечённых депозитов.

ДЕПОЗИ́ТОР, *род.* -а, *м.*

То же, что **депонéнт**.

ДЕПОНЕ́НТ, *род.* -а, *м. Син.* депози́тор.

Гражданское или юридическое

лицо, которое внесло ценности в депозит государственного учреждения, а также лицо, которому причитается денежная сумма, не выплаченная ему предприятием или учреждением по каким-л. причинам в установленный срок.

Деньги, заработная плата, карточка ... **депонента**.

Что-л. причитается *несов.*, что-л. принадлежит *несов.* ... **депоненту**. Относить↑ кого-л. ... **к числу депонентов**. Заводить↑ что-л. ... **на депонента**.

Депонент вносит что-л., получает что-л. ...

● К числу депонентов относятся рабочие и служащие, которые не получили своевременную заработную плату, и разные организации и лица, в пользу которых произведены удержания из заработной платы рабочих и служащих (например, удержания алиментов).

△ **Депоне́нтск|ий**, -ая, -ое, -ие. Д. счёт, сумма, деньги ...

ДЕФЛЯ́ЦИ|Я, *род.* -и, *ж. Ант.* инфля́ция.

Уменьшение денежной массы путём изъятия из обращения излишних бумажных денег.

Политика ... **дефляции**.

Использовать ↑↓ *несов. и сов.*, что-л. сопровождает *зд. несов.* ... **дефляцию**.

Дефляция предшествует *несов.* чему-л., принимает вид чего-л. ...

● 1. В условиях современного капитализма дефляция направлена на уменьшение темпов роста денежной массы, кредитов и цен на товары, сдерживание конъюнктурного бума, а также улучшение платёжного баланса. 2. Для проведения дефляции используются финансовые и денежно-кредитные рычаги: повышение налогового обложения в целях увеличения доходов государства и сокращения покупательной способности населения, уменьшение расходов на социально-культурные мероприятия, замораживание заработной платы, продажа государственных ценных бумаг на открытом рынке, повышение банковских учётных ставок, лимитирование кредитов и др.

△ **Дефляцио́нн|ый**, -ая, -ое, -ые. Д. политика ...

ДИСЦИПЛИНА́РНАЯ ОТВЕ́ТСТВЕННОСТЬ, *род.* отве́тственност|и, *только ед., ж.*

Форма воздействия на нарушителей трудовой дисциплины путём наложения на них дисциплинарных взысканий: замечания, выговора, строгого выговора, перевода на нижеоплачиваемую работу на срок до 3 месяцев или смещения на низшую должность на тот же срок, увольнения.

Регулировать ↑↓ **дисциплинарную ответственность**. Бояться *несов.* ... **дисциплинарной ответственности**. Привлекать↑ ... **к дисциплинарной ответственности**.

Дисциплинарная ответственность приводит к чему-л., влечёт *несов.* что-л., служит чем-л., выражается в чём-л. ...

● 1. Трудовым законодательством установлено, что нарушение трудовой дисциплины влечёт за собой привлечение к дисциплинарной ответственности. 2. Регулируется дисциплинарная ответственность типовыми правилами внутреннего распорядка.

ДОБРОВО́ЛЬНОЕ СТРАХОВА́НИЕ, *род.* страхова́ни|я, *только ед., с. Ант.* обяза́тельное страхова́ние.

Одна из форм страхования, которая возникает только на основе добровольно заключаемого договора между страховщиком и страхователем.

● Добровольное страхование в большинстве случаев носит выборочный характер и, как правило, развивается в большей степени там, где существует повышенная опасность возникновения стихийных бедствий, несчастных случаев и т. п. *См.* **Страхова́ние**.

ДОВЕ́РЕННОСТЬ, *род.* дове́ренност|и, *ж.*

Документ, которым одно лицо (доверитель) уполномочивает другое лицо (поверенного) выступать от его имени при совершении различных сделок.

Разовая, специальная, общая, генеральная ... **доверенность**.

Доверенность какая: (*предлог «по» с дат.*) ~ по вкладу ...; (*предлог «на» с вин.*) ~ на получение чего-л., на распоряжение чем-л. ...

Виды, форма, действие ... **доверенности**.

Написать, применять ↑↓, выдавать ↑↓, прекращать ↑↓, использовать ↑↓ *несов. и сов.* ... **доверенность**. Получать ↑ что-л. ... **по доверенности**.

Доверенность свидетельствует *несов.* о чём-л. ...

● Лицо, которому выдана доверенность, должно лично совершать те действия, на которые оно уполномочено.

ДОГОВО́РНАЯ ДИСЦИПЛИ́НА, *род.* дисципли́н|ы, *ж.*

Обязательный для всех предприятий и хозяйственных организаций порядок поставки и получения товарно-материальных ценностей и их оплаты, предусмотренный в специальных постановлениях правительства и в хозяйственных договорах.

Договорная дисциплина где: (*предлог «в» с предл.*) ~ в народном хозяйстве ...; (*предлог «на» с предл.*) ~ на производстве, на предприятии ...

Значение, необходимость ... **договорной дисциплины**.

Соблюдать ↑↓, укреплять ↑↓, нарушать ↑↓ ... **договорную дисциплину**. Требовать ... **договорной дисциплины**. Подчиняться ... **договорной дисциплине**.

Договорная дисциплина требует чего-л., служит чем-л., способствует *зд. несов.* чему-л., основывается *зд. несов.* на чём-л. ...

● Договорная дисциплина является важнейшим условием выполнения государственных планов, способствует ускорению оборота средств в хозяйстве, улучшению финансового состояния предприятий, укреплению платёжно-расчётной дисциплины, выполнению финансово-кредитных планов.

ДОКУМЕНТА́РНЫЙ АККРЕДИТИ́В, *род.* аккредити́в|а, *м.*

Т о ж е, ч т о **това́рный аккредити́в**.

ДОКУМЕНТООБОРО́Т, *род.* -а, *м.*

Движение документов в установленном порядке при оформлении хозяйственных, банковских и других операций с момента их выписки и до сдачи на хранение в архив.

Документооборот где: (*предлог «в» с предл.*) ~ в объединении, в организации, в банках, в бухгалтерском учёте ...

Срок, содержание, правила, типовые схемы, график ... **документооборота**.

Организовать ↑↓ *несов. и сов.* (*в прош. только сов., несов. ткж.* организовывать), контролировать ↑↓ ... **документооборот**. Передавать ↑ что-л., проверять ↑ что-л., осуществлять ↑ что-л. ... **в процессе документооборота**.

Документооборот обеспечивает что-л., направлен на что-л., служит *несов.* чем-л. ...

● В процессе документооборота посредством бухгалтерских документов передаются распоряжения о совершении определённых хозяйственных операций, проверяется целесообразность и своевременность их выполнения, осуществляется наблюдение за правильностью использования материальных и денежных средств.

ДОЛГОСРО́ЧНОЕ КРЕДИТОВА́НИЕ, *род.* кредитова́ни|я, *только ед., с.*

Предоставление банками ссуд государственным и кооперативным предприятиям, объединениям, организациям на техническое перевооружение, реконструкцию, расширение, новое строительство объектов, а ткж. населению на строительство жилых домов, хозяйственное обзаведение и другие нужды.

Долгосрочное кредитование кого-чего: ~ рабочих, служащих, капитальных вложений, каких-л. предприятий, объединений, организаций, колхозов, совхозов, каких-л. хозяйств, каких-л. отраслей, индивидуального жилищного строительства, жилищно-строительных кооперативов (ЖСК), потребительской кооперации...

План, условия, сроки, объекты, источники, фонд, лимиты... **долгосрочного кредитования**.

Организовать ↑↓ *несов. и сов.* (*в прош. только сов., несов. ткж.* организовывать), разрешать ↑↓, осуществлять ↑↓ ... **долгосрочное кредитование**. Проверять ↑ что-л. ...**в ходе долгосрочного кредитования**. Принимать что-л. ... **к долгосрочному кредитованию**.

Долгосрочное кредитование служит для чего-л. ...

● 1. Долгосрочное кредитование государственных капитальных вложений предприятий, объединений и организаций сельского, лесного и водного хозяйства осуществляет Госбанк СССР, а предприятий, объединений и организаций остальных отраслей народного хозяйства — Стройбанк СССР.

ДОЛГОСРО́ЧНЫЙ КРЕДИ́Т, *род.* креди́т|а, *м. Ант.* краткосро́чный креди́т.

Кредит, который предоставляется на длительный срок и обслуживает главным образом расширенное воспроизводство основного капитала (при капитализме) и основных фондов (при социализме).

● В странах социалистического содружества долгосрочный кредит охватывает государственное кредитование капитальных вложений в различных отраслях народного хозяйства, индивидуального жилищного строительства и предоставление кредитов иностранным государствам. *См.* **Креди́т**.

ДОТА́ЦИ|Я, *род.* -и, *ж.*

Вид пособия, безвозмездные ассигнования из государственного бюджета на покрытие плановых убытков и сбалансирование местных бюджетов.

Бюджетная, общая, целевая ... **дотация**.

Дотация как что: ~ как метод бюджетного регулирования ... **Дотация** для чего: ~ для покрытия плановых убытков, для сбалансирования местных бюджетов ... **Дотация** на что: ~ на покрытие плановых убытков, на возмещение издержек производства, на сбалансирование местных бюджетов ...

Сумма ... **дотации**; система, сфера применения ... **дотаций**.

Предоставлять чему-л. ↑↓, выделять чему-л. ↑↓, получать ↑↓, применять для чего-л. ↑↓, использовать ↑↓ *несов. и сов.,* увеличивать ↑↓, уменьшать ↑↓ ... **дотацию**. Выделять ↑ что-л. ...**на дотацию**.

● При социализме дотация выделяется из государственного бюджета для покрытия плановых убытков государственных предприятий и хозяйственных организаций, которые реализуют основную продукцию по ценам ниже плановой себестоимости.

△ **Дотацио́нн|ый**, -ая, -ое, -ые. **Д**. бюджет, фонд, сумма ...

ДОХО́Д, *род.* -а, *м.*

Денежные или материальные ресурсы, которые поступают государству, предприятиям, учреждениям и отдельным лицам в результате какой-л. деятельности.

Государственный, колхозный, личный, коллективный, индивидуальный, частный, предпринимательский, капитализированный, спекулятивный, централизованный, бюджетный, * валовой, совокупный, дополнительный, постоянный, первоначальный, первичный, вторичный, * национальный, реальный, фактический, централизованный, * чистый, основной, годовой, средний, номинальный, разностный, исчисленный, чрезвычайный, землевладельческий, окладной, денежный, натуральный, внереализационный, реализованный, нормативный, плановый, дифференциально-рентный, избыточный, налоговый, кассовый, купонный, [не]фундированный, фиксированный ... **доход**.

Доход какой: (*с род.*) ~ будущих периодов...; (*предлог «на» с вин.*) ~ на душу населения...; (*предлог «от» с род.*) ~ от внедрения чего-л., от освоения чего-л., от внешней торговли, от производства, от государственных предприятий и хозяйственных организаций, от займов, от колхозов, от промышленности, от реализации чего-л., от реализованной сельскохозяйственной продукции, от торговли, от капитала, от ценных бумаг ...; (*предлог «по» с дат.*) ~ по облигациям внутренних займов ... **Доход** кого-чего: ~ колхозников, потребителей, каких-л. работников, населения, трудящихся, социалистического общества, государства, социалистического хозяйства *, колхозов, завода, личного подсобного хозяйства, каких-л. предприятий, каких-л. организаций, Государственного бюджета СССР *...

Группы, объём, часть, доля, характер, источник, отличие от чего-л., устойчивость, природа, величина, сумма, статья, отсутствие, рост, сколько-л. рублей, сколько-л. процентов ... **дохода**.

Иметь *несов*., что-л. даёт, что-л. приносит, получать ↑↓, извлекать ↑↓, исчислять ↑↓, планировать ↑↓, использовать ↑↓ *несов. и сов*., учитывать ↑↓, повышать ↑↓, увеличивать ↑↓, уменьшать ↑↓, сокращать ↑↓, снижать ↑↓, понижать ↑↓, распределять ↑↓, скрывать ↓ ... **доход**. Включать ↑ что-л. ... **в доход**. Относить ↑ что-л., что-л. относится ... **к доходу**. Рассчитывать ↑ *зд. несов*. ... **на** какой-л. **доход**. Отчислять ↑, зависеть *несов*. ... **от дохода**.

Доход составляет столько-то рублей...

● 1. Классификация доходов, исходя из форм собственности, предполагает деление их на доходы от государственных предприятий и организаций и доходы от колхозно-кооперативных предприятий. 2. Первичные доходы образуются в сфере материального производства в процессе создания и распределения национального дохода. 3. Вторичными считаются доходы отраслей непроизводственной сферы (просвещения, здравоохранения, культуры, коммунальных услуг, управления, обороны и т. д.).

△ **Дохóдн|ый**, -ая, -ое, -ые.

Д. источник, отрасль *ж*., счета, бизнес...

ДОХÓДЫ СОЦИАЛИСТИ́ЧЕСКОГО ХОЗЯ́ЙСТВА, *род*. дохóд|ов, *ед*. **дохóд социалисти́ческого хозя́йства,** *род*.дохóд|а, *м*.

Денежные поступления объединений, предприятий, организаций от производственной и непроизводственной деятельности.

● В непроизводственной сфере доходы социалистического хозяйства формируются из выручки от оказания услуг и других поступлений путём перераспределения первичных доходов. *См*. **Дохóды**.

Е

ЕДИ́НЫЕ ЗАКУ́ПОЧНЫЕ ЦЕ́НЫ (в СССР), *род*. цен, *ед*. **еди́**

ная заку́почная цена́, *род.* цен|ы́, *ж.*

Цены, по которым государство закупает сельскохозяйственную продукцию у колхозов, совхозов и других сельскохозяйственных предприятий.

● По решению майского (1982 г.) Пленума ЦК КПСС с 1 января 1983 г. единые закупочные цены на сельскохозяйственную продукцию повышены. *См.* **Цена́.**

ЕДИ́НЫЙ ФОНД РАЗВИ́ТИЯ НАУ́КИ И ТЕ́ХНИКИ, *род.* фо́нд|а, *м.*

Централизованный денежный фонд, который создаётся в министерствах и ведомствах для финансирования работ по созданию, освоению и внедрению новой техники.

Нормативы, средства, наличие ... **единого фонда развития науки и техники**. Отчисления, поступления средств ... **в единый фонд развития науки и техники**.

Образовать ↑↓ *несов. и сов.* (*в прош. только сов., несов. ткж.* образовывать), создавать ↑↓ ... **единый фонд развития науки и техники**. Финансировать ↑ *несов. и сов.*, выполнять ↑ что-л. ... **за счёт единого фонда развития науки и техники**. Финансировать ↑ *несов. и сов.*, выделять ↑ что-л. (средства...), выплачивать ↑ что-л. ... **из единого фонда развития науки и техники**. Направлять ↑ что-л., перечислять ↑ что-л. (прибыль...), сконцентрировать что-л. (ресурсы...) ... **в единый фонд развития науки и техники**.

Единый фонд развития науки и техники является *зд. несов.* каким-л. (переходящим ...) ...

● В министерствах, предприятия которых переведены на полный хозяйственный расчёт, единый фонд развития науки и техники не создаётся; соответствующие расходы финансируются здесь за счёт средств фонда развития производства, науки и техники предприятий и централизованного фонда развития производства, науки и техники.

З

ЗАВЕЩА́НИ|Е, *род.* -я, *с.*

Письменное распоряжение гражданина относительно своего имущества на случай смерти, составленное в установленном законом порядке.

Завещание на что: (*предлог «на» с вин.*) ~ на какое-л. имущество, на какой-л. вклад, на какую-л. денежную сумму ...

Денежная сумма, дата ... **завещания**.

Составить ↑↓ , изменить ↑↓ , отменить ↑↓ ... **завещание**. Указать ↑ что-л. ... **в завещании**. Основываться *несов.* ... **на завещании**. Получить ↑ что-л. ... **по завещанию**. Получить ↑ что-л., действовать *зд. несов.* ... **согласно завещанию**.

Завещание охватывает что-л. ...

● 1. Завещание могут делать только дееспособные лица. 2. Завещатель имеет право отменить своё завещание, изменить его, составить новое, но не вправе лишать наследства несовершеннолетних или других нетрудоспособных наследников.

△ **Завеща́тельн|ый,** -ая, -ое, -ые.

З. документ, распоряжение, письмо ...

Завеща́|ть, -ю, -ешь, -ют, *несов. и сов., перех.*

З. вклад, облигации, деньги, имущество...

ЗАГОТОВИ́ТЕЛЬНЫЕ ЦЕ́НЫ, *род.* цен, *ед.* **заготови́тельная цена́,** *род.* цен|ы́, *ж.*

Цены, которые централизованно устанавливались государством на сельскохозяйственную продукцию, сдаваемую государству в порядке обязательных поставок и по контрактации (применялись до 1958 года).

● 1. Обязательные поставки зерна, картофеля, овощей, семян масличных культур, мяса, молока и шерсти осуществлялись по твёрдым заготовительным ценам. 2. Сельскохозяйственная продукция, сданная сверх этих поставок, оплачивалась по закупочным ценам, которые были выше заготовительных. *См.* **Цена́.**

ЗАДО́ЛЖЕННОСТЬ, *род.* задо́лженност|и, *ж.*

Долги государства (например, по внутренним и внешним займам), предприятий, учреждений, организаций (поставщикам, подрядчикам, покупателям, заказчикам, финансовым органам, профсоюзу и т. п.) и отдельных лиц (по квартирной плате, по ссудам банков, касс взаимопомощи и т. д.).

*Дебиторская, *кредиторская, просроченная, нормальная, законная (=нормальная)... **задолженность.**

Задолженность какая: (*предлог «по» с дат.*) ~ по ссудам, по недостачам, по растратам и хищениям, по акцептованным платёжным требованиям, по заработной плате, по налогу с оборота, по ссудам на что-л., по отчислениям на социальное страхование...; (*предлог «с» с твор.*) ~ с просроченным сроком исковой давности ... **Задолженность** кого-чего: ~ покупателей, рабочих, служащих, какого-л. отдела, каких-л. (бюджетных ...) учреждений ... **Задолженность** кому: ~ поставщикам, заказчикам, банкам, финансовым органам ...

Возникновение, наличие, источник, вид, сумма ... **задолженности.**

Объединять ↑↓, увеличивать ↑↓, взыскивать ↑↓, списывать ↑↓, погашать ↑↓ ... **задолженность**. Что-л. образуется *несов. и сов.* ... **из-за задолженности**. Относить ↑ что-л. ... **к** какой-л. **задолженности**.

Задолженность означает *несов.* что-л., возникает когда-л., подлежит *несов.* чему-л. (списанию...) ...

● 1. Предприятия, учреждения, организации обязаны строго соблюдать расчётную дисциплину, добиваться своевременного взыскания дебиторской задолженности и погашения причитающихся кредиторам сумм. 2. В хозяйственных отношениях предприятий и организаций задолженность является выражением незаконченных расчётов: обязательство платежа возникло, но фактически платёж ещё не произведён. 3. Предприятие должно стремиться к тому, чтобы его кредиторская задолженность была минимальной.

ЗАЁМ, *род.* за́йм|а, *м.*

Договор, по которому одна сторона (заимодавец) передаёт в собственность или оперативное управление другой стороне (заёмщику) деньги или вещи, определённые родовыми признаками (числом, весом, мерой), а заёмщик обязуется возвратить такую же сумму денег или вещи того же рода и качества.

*Государственный, советский, денежный, безоблигационный, облигационный, народнохозяйственный, долгосрочный ... **заём**; внешние, *иностранные ... **займы**.

Заём какой: (*предлог «между» с твор.*) ~ между гражданами...

Договор, сумма ... **займа**. Отношения, проценты ... **по займам**.

Передать ↑↓, использовать ↑↓ *несов. и сов.*, погашать ↑↓ ... **заём**. Что-л. поступает ... **по займу**.

Заём служит для чего-л. ...

● По советскому законодательству договор займа на сумму свыше 50 рублей должен быть совершён в письменной форме.

△ **Заёмн|ый,** -ая, -ое, -ые.

З. оборотные средства, отношения ...

ЗАКА́ЗЧИК (*в строительстве*), *род.* зака́зчик|а, *м.*

Предприятие, учреждение или организация, для которой предназначен строящийся объект.

Обязанности, функции, права,

обязательство ... **заказчика**. Стоимость чего-л. ... **для заказчика**. Договор ... **между заказчиком** и кем-л.

Обязать сделать что-л., заставить сделать что-л. ... **заказчика**. Сдать↑ что-л., направлять↑ что-л., планировать↑ что-л. ... **заказчику**. Что-л. оплачивается *зд. несов.*, что-л. выдаётся *несов.*, что-л. принимается *зд. несов.* у кого-л. ... **заказчиком**. Возложить↑ что-л. ... **на заказчика**.

Заказчик обеспечивает что-л., предусматривает что-л. (сроки разработки чего-л. ...), заключает что-л. ...

● 1. Заказчик обязан предоставлять подрядчику строительную площадку, осуществлять финансирование строительства, обеспечивать поставку предусмотренного проектом оборудования. 2. При новом строительстве функции заказчика выполняет дирекция строящегося предприятия, а при расширении, реконструкции и техническом перевооружении — дирекция действующего предприятия через создаваемый в нём отдел или управление капитального строительства (ОКС, УКС).

ЗАКУ́ПКИ СЕЛЬСКОХОЗЯ́ЙСТВЕННЫХ ПРОДУ́КТОВ, *род.* заку́пок, *ед.* **заку́пка сельскохозя́йственных проду́ктов,** *род.* заку́пк|и, *ж.*

В социалистических странах: приобретение за деньги сельскохозяйственных продуктов у колхозов, совхозов и населения как одна из форм экономической связи промышленности и сельского хозяйства, города и деревни, которая обеспечивает планомерно организованное снабжение народного хозяйства сельскохозяйственной продукцией.

Государственные, централизованные, децентрализованные ... **закупки сельскохозяйственных продуктов.**

Закупки сельскохозяйственных продуктов какие: (*предлог «по» с дат.*) ~ по каким-л. ценам ... **Закупки сельскохозяйственных продуктов** у кого-чего: ~ у колхозников, у населения, у предприятий, у колхозов, у совхозов ... **Закупки сельскохозяйственных продуктов** где: (*предлог «в» с предл.*) ~ в СССР, в каких-л. (социалистических ...) странах ...

Политика, формы, методы, система, план, стабильность, размеры, удельный вес, источник ... **закупок сельскохозяйственных продуктов.**

Планировать ↑↓, производить ↑↓, осуществлять ↑↓, упорядочивать ↑↓, увеличивать ↑↓, уменьшать ↑↓ ... **закупки сельскохозяйственных продуктов.** Что-л. состоит *несов.* ... **из закупок сельскохозяйственных продуктов.**

Закупки сельскохозяйственных продуктов предусматривают *зд. несов.* что-л. ...

● 1. В государственном плане размеры закупок сельскохозяйственных продуктов определяются с учётом роста производства и потребления каждого продукта. 2. Закупки сельскохозяйственных продуктов проводятся государственными и кооперативными заготовительными организациями.

ЗАЛО́Г, *род.* -а, *только ед.*, *м.*

Способ обеспечения обязательств, состоящий в передаче должником кредитору денег или иной имущественной ценности, из стоимости которой кредитор имеет преимущественное право удовлетворить своё требование при неисполнении должником обязательства.

Обеспеченный, твёрдый ... **залог.**

Залог чего: ~ каких-л. товаров, какого-л. имущества, каких-л. (товарно-материальных ...) ценностей, векселей, облигаций, банкнотов, вещей ...

Предмет, объект ... **залога.** Ссуды ... **под залог** чего-л. (облигаций ...). Договор ... **о залоге.**

Осуществлять ↑↓, применять ↑↓ ... **залог**. Выдавать ↑ что-л., предоставлять ↑ что-л. ... **под залог**. Отдать что-л. ... **в залог.**

Залог предусмотрен чем-л. (законом...) ...

●1. В СССР залогом могут быть обеспечены обязательства как граждан, так и социалистических организаций. 2. Предметом залога может быть всякое имущество, на которое по закону допускается обращение взыскания.

△ **Зало́гов|ый,** -ая, -ое, -ые.

З. квитанция, свидетельство, право, обязательство, операции ...

Закла́дыва|ть, -ю, -ешь, -ют, *несов*; **залож|и́ть,** -у́, зало́жишь, зало́жат, *сов*.; *перех*.

З. товар, ценности, вещи, облигации, банкноты, векселя ...

ЗАПА́СЫ ТОВА́РНО-МАТЕРИА́ЛЬНЫХ ЦЕ́ННОСТЕЙ, *род*. запа́с|ов, *ед*. **запа́с това́рно-материа́льных це́нностей,** *род*. запа́с|а, *м*.

Объём товарно-материальных ресурсов, которые обеспечивают непрерывность процесса общественного воспроизводства.

Производственные, постоянные, переходящие, текущие, оборотные, технологические, резервные, гарантийные, страховые, сезонные, транспортные, товарные, сверхнормативные, плановые ... **запасы товарно-материальных ценностей**.

Запасы товарно-материальных ценностей где: (*предлог «в» с предл.*) ~ в какой-л. промышленности, в какой-л. торговле, в объединении ... ; (*предлог «на» с предл.*) ~ на каком-л. предприятии...

Размеры, состав, часть, величина, состояние, нормативы ... **запасов товарно-материальных ценностей**.

Создавать ↑↓, образовать ↑↓ *несов. и сов.* (*в прош. только сов., несов. ткж.* образовывать), снижать ↑↓, превышать ↑↓, накапливать ↑↓ ... **запасы товарно-материальных ценностей**. Что-л. относится *зд. несов*. ... **к запасам товарно-материальных ценностей.**

Запасы товарно-материальных ценностей достигают чего-л., состоят *несов*. из чего-л., возникают как-л. ...

●1. К запасам товарно-материальных ценностей в промышленности относятся производственные запасы, в незавершённом производстве и запасы готовой продукции. 2. Технологические запасы товарно-материальных ценностей состоят из сырья, материалов, деталей и полуфабрикатов, находящихся непосредственно в процессе обработки (в аппаратах, печах, на станках и т. д.). 3. В советской торговле запасы товарно-материальных ценностей состоят преимущественно из товаров, которые предназначены для продажи.

ЗА́РАБОТНАЯ ПЛА́ТА, *род*. пла́т|ы, *только ед., ж*.

Плата за работу по найму.

Основная, дополнительная, ежемесячная, среднемесячная, годовая, средняя, тринадцатая, аккордная, бригадная, *сдельная, сдельно-премиальная, сдельно-прогрессивная, косвенно-сдельная, простая повременная, повременно-премиальная, номинальная, реальная, устойчивая, минимальная, максимальная ... **заработная плата**.

Заработная плата кого: ~ рабочего, колхозника, служащих, работников... **Заработная плата** когда: (*предлог «при» с предл.*) ~ при социализме*, при капитализме*...

Величина, рост, часть, размер, сумма, уровень, фонд, формы, система, показатель, минимум ... **заработной платы**. Налог ... **на заработную плату**.

Планировать ↑↓, начислять ↑↓, совершенствовать ↑↓ *зд. несов*., упорядочивать ↑↓, выдавать ↑↓, перечислять ↑↓, получать ↑↓, расходовать ↑↓, применять ↑↓, использовать ↑↓ *несов. и сов*., контролировать ↑↓, повышать ↑↓, понижать ⇅, устанавливать ⇅, что-л. составляет ... **заработную плату**.

Заработная плата выступает как что-л., служит *зд. несов.* мерой чего-л. (труда ...), заинтересовывает кого-л., обеспечивает что-л., указывает *зд. несов.* на что-л. ...

● 1. Номинальную заработную плату составляет сумма денег, которую получает работник за проделанную работу. 2. Реальная заработная плата показывает, какое количество предметов потребления и услуг трудящийся может купить на свою номинальную заработную плату.

ЗА́РАБОТНАЯ ПЛА́ТА ПРИ КАПИТАЛИ́ЗМЕ, *род.* пла́т|ы, *только ед., ж.*

Денежное выражение стоимости (цены) рабочей силы, продаваемой наёмным рабочим капиталисту.

● Как правило, заработная плата при капитализме опускается ниже стоимости рабочей силы, что служит дополнительным источником наживы капиталистов. *См.* **За́работная пла́та.**

ЗА́РАБОТНАЯ ПЛА́ТА ПРИ СОЦИАЛИ́ЗМЕ, *род.* пла́т|ы, *только ед., ж.*

Выраженная в денежной форме часть национального дохода, которая распределяется по количеству и качеству труда, затраченного каждым работником в общественном производстве, и поступает в их личное потребление (распоряжение).

● 1. Заработная плата при социализме не выступает как превращённая форма стоимости и цены рабочей силы, поскольку последняя при социализме не является товаром. 2. Выражая социалистические производственные отношения, заработная плата при социализме служит мерой труда и мерой потребления. *См.* **За́работная пла́та**.

ЗЕМЕ́ЛЬНАЯ РЕ́НТА, *род.* ре́нт|ы, *ж.*

Часть прибавочного продукта, создаваемая в отраслях, которые связаны с землепользованием, и присваиваемая собственниками земли.

Феодальная, продуктовая, отработочная, денежная, капиталистическая, абсолютная, дифференциальная, монопольная ... **земельная рента**.

Земельная рента как что: ~ как экономическая категория ...

Сущность, существо, источник, возникновение, появление, размеры, марксистско-ленинская теория, буржуазные теории ... **земельной ренты**. Вопрос ... **о земельной ренте**.

Порождать ⇅, образовать ⇅ *несов. и сов.* (*в прош. только сов., несов. ткж.* образовывать), создавать ⇅, развивать ⇅, составлять ⇅, выплачивать ⇅, получать ⇅, присваивать ⇅, превращать во что-л. ⇅, отождествлять с чем-л. ⇅, определять ⇅, анализировать ⇅, рассматривать ⇅, повышать ⇅, снижать ⇅ ... **земельную ренту**. Что-л. превращается ... **в земельную ренту**. Что-л. отражается ... в какой-л. (абсолютной...) **земельной ренте**. Выплачивать что-л. **в виде земельной ренты**.

Земельная рента предполагает *зд. несов.* что-л. (земельную собственность ...), выражает, отражает что-л. (классовые отношения ...), является *несов.* чем-л. (продуктом прибавочного труда ...), возникла когда-л. (с появлением земельной собственности ...), включает что-л. ...

● При феодализме земельная рента выступает в форме феодальной ренты; при капитализме — абсолютной, дифференциальной и монопольной ренты; при социализме сохраняется только дифференциальная рента.

ЗО́ЛОТ|О, *род.* -а, *только ед., с.*

!**1.** Благородный металл жёлтого цвета, который на протяжении длительных исторических периодов выступал в роли денежного товара, образуя основу денежных и валютных систем.

2. *Собир.* Изделия из этого металла, золотые вещи. *Ср. ходить в золоте.*

Дорогое, дешёвое, чистое, монетарное, тезаврированное ... **золото**.

Золото какое: (*с род.*) ~ какой-л. (высокой, низкой ...) пробы ...; (*предлог «в» с предл.*) ~ в слитках ...

Функции, роль, значение, назначение, сущность, свойства, сохраняемость, прочность, делимость однородность, какая-л. проба, сфера обращения, рынки, покупная сила, власть, стоимость, цена, курс, месторождения, запасы, слиток, утечка ... **золота**. Потребность ... **в золоте**. Украшения, изделия, монеты ... **из золота**. Цены ... **на золото**.

Искать *несов.*, добывать ↑↓, использовать ↑↓ *несов. и сов.*, применять ↑↓, хранить ↑↓ *несов.*, накапливать ↑↓, вывозить ↑↓, продавать ↑↓, покупать ↑↓, ввозить ↑↓, тезаврировать ↑↓ *несов. и сов.* ... **золото**. Владеть *несов.*, пользоваться, торговать ↑ *несов.*, спекулировать ↑ *несов.* ... **золотом**. Обменивать ↑ что-л. ... **на золото**.

Золото выполняет *зд. несов.* какие-л. функции, выражает *зд. несов.* что-л., приобретает что-л. (потребительскую стоимость ...), обладает *несов.* чем-л., служит чем-л., поддаётся *зд. несов.* чему-л.

● 1. Товарный мир выделил золото в качестве денег потому, что оно обладает наилучшими для денежного товара физическими и химическими свойствами: однородностью, делимостью, сохраняемостью, портативностью (большой стоимостью при небольших объёме и весе), легко поддаётся обработке. 2. Экономическое значение золота при социализме определяется использованием товарно-денежных отношений и хозяйственными связями социалистических стран с капиталистическим рынком.

△ **Золот|óй,** -áя, -óе, -ы́е.

3. запас, стандарт *, монометаллизм *, фетишизм, паритет, блок, слиток, рубль *м.*, песок, промышленность *ж.*, валюта, монета, содержание, обеспечение, обращение, богатства, цены, займы, пошлины, сертификаты, россыпи ...

ЗОЛОТÓЙ МОНОМЕТАЛЛИ́ЗМ, *род.* монометалли́зм|а, *м.*

То же, что **золотóй стандáрт**.

ЗОЛОТÓЙ СТАНДÁРТ, *род.* стандáрт|а, *м. Син.* золотóй монометалли́зм.

Форма организации денежно-валютных отношений, которая основана на использовании золота как денежного товара.

[Не]устойчивый ... **золотой стандарт**.

Золотой стандарт где: (*предлог «в» с предл.*) ~ в каких-л. странах ...

Основа, система, формы, особенность, крах ... **золотого стандарта**.

Ввести ↑↓, принять ↑↓, отменить ↑↓, ликвидировать ↑↓ *несов. и сов.*, восстановить ↑↓ ... **золотой стандарт**. Что-л. характерно ... **для золотого стандарта**.

Золотой стандарт получил распространение, существовал *несов.* в каких-л. формах, способствовал *зд. несов.* чему-л., соответствовал *несов.* чему-л. (потребностям капитализма...), характеризуется *несов.* чем-л. ...

● Золотой стандарт подразделяется на золотомонетный, золотослитковый и золотодевизный.

И

ИЗДÉРЖК|И, *род.* издéржек, *только мн.*

Затраченная на что-л. сумма, расходы, затраты.

Высокие, чистые, дополнительные, действительные, капиталистические, имманентные, частные, общественные, народнохозяйственные, торговые, транспортные, общие, денежные, ресурсные ... **издержки**.

Издержки какие: (*предлог «по» с дат.*) ~ по реализации стоимости, по перевозке чего-л. ...; (*предлог «на» с вин.*) ~ на перевозки чего-л. ... **Издержки** чего: ~ производства *, обращения *, каких-л. предприятий, каких-л. (снабженческих...) организаций, торговли, транспорта... **Издержки** где: (*предлог «в» с предл.*) ~ в торговле, в системе материально-технического снабжения ...

Часть, элементы, масса, формы, содержание, сущность, общие черты, структура, состав, уровень, сумма, величина, стоимость... **издержек**.

Планировать ⇅, определять ⇅, измерять ⇅, оплачивать ⇅, учитывать ⇅, возмещать ⇅, увеличивать ⇅, снижать ⇅ ... **издержки**. Включать ↑ что-л. ... **в издержки**. Относить ↑ что-л., сводить ↑ что-л. ... **к издержкам**.

Издержки обусловлены чем-л. (актом купли-продажи...), носят *несов*. какой-л. характер, прибавляют что-л. к чему-л., составляют что-л., включают что-л., растут, состоят *несов*. из чего-л. ...

● 1. В качестве транспортных издержек выступает совокупность затрат, которые связаны с перевозками грузов и пассажиров. 2. Чистые издержки носят непроизводственный характер, поскольку они не прибавляют к товару никакой стоимости.

ИЗДЕ́РЖКИ ОБРАЩЕ́НИЯ, *род*. издéржек, *только мн. Син*. торгóвые издéржки.

Затраты живого и овеществлённого труда в денежной форме, связанные с товарным обращением.

● В системе материального снабжения издержки обращения состоят из расходов по завозу, хранению, доработке и реализации товаров, непроизводственных и административно-управленческих расходов. *См*. **Издéржки**.

ИЗДЕ́РЖКИ ПРОИЗВО́ДСТВА, *род*. издéржек, *только мн*.

Совокупные затраты живого и овеществлённого труда на производство продукта.

● 1. В условиях хозрасчёта себестоимость выражает денежные издержки производства социалистических предприятий. 2. Опережающий рост производительности труда по сравнению с ростом зарплаты — необходимое условие систематического снижения общественных издержек производства. *См*. **Издéржки.**

ИМПЕРИАЛИ́ЗМ, *род*. -а, *только ед., м*.

Монополистический капитализм, высшая и последняя стадия капитализма, канун социалистической революции.

Империализм какой: (*с род.*) ~ эпохи общего кризиса капитализма... **Империализм** как что: ~ как высшая стадия капитализма, как монополистический капитализм, как загнивающий капитализм, как паразитический капитализм, как умирающий капитализм...

Черты, экономические признаки, природа, сущность, экономические особенности, эпоха, историческое место, ленинская теория, ленинская характеристика, ярмо, гнёт ... **империализма**. Противоречия ... **в системе империализма**. Борьба ... **в условиях империализма**. Переход ... **к империализму**. Экономические связи ... **при империализме**.

Анализировать ⇅, уничтожить ⇅ ... **империализм**. Противостоять ↑ *несов*. ... **империализму**. Что-л. обостряется, что-л. существует *несов*., что-л. господствует *несов*. ... **при империализме**.

Империализм доводит что-л. до чего-л., ускоряет что-л., угнетает *несов.*, порабощает кого-что-л., увеличивает, расширяет, повышает что-л., порождает что-л. ...

● Переход к империализму в промышленно развитых капиталистических странах произошёл на рубеже 19 и 20 веков.

△ **Империалисти́ческ|ий,** -ая, -ое, -ие.

И. лагерь *м.*, фронт, эксплуатация, эпоха, война, противоречия, страны, державы ...

И́МПОРТ, *род.* -а, *только ед.*, *м.* *Ант.* э́кспорт.

Ввоз товаров из-за границы для реализации их на внутреннем рынке ввозящей страны.

[Не]видимый, общий, массовый, широкий, советский ... **импорт.** **Импорт** чего: ~ какой-л. продукции, каких-л. товаров, каких-л. машин, какого-л. оборудования, средств производства, хлеба ... **Импорт** чего-л. куда: (*предлог «в» с вин.*) ~ в какую-л. страну, в СССР ..., (*предлог «на» с вин.*) ~ на Кубу ... **Импорт** чего-л. откуда: (*предлог «из» с род.*) ~ из каких-л. (развивающихся...) стран...; (*предлог «с» с род.*) ~ с Кубы ...

Структурные сдвиги, товарная структура, предметы, рост, объём, статья ... **импорта**. Доля чего-л. ...**в импорте**.

Финансировать ↑↓ *несов. и сов.*, кредитовать ↑↓ *несов. и сов.*, стимулировать ↑↓ *несов. и сов.*, планировать ↑↓, увеличивать ↑↓, расширять ↑↓, снижать ↑↓ ... **импорт**. Содействовать ↑ ... **импорту** чего-л.

Импорт свидетельствует *несов.* о чём-л., охватывает что-л., позволяет что-л. сделать, растёт, падает, составляет какую-л. величину, достигает какой-л. величины, включает в себя что-л. ...

● 1. Импорт товаров увеличивает рыночные фонды, расширяет их ассортимент, позволяет полнее обеспечить платёжеспособный спрос населения необходимыми продуктами. 2. Машины и оборудование — крупнейшая статья импорта социалистических стран.

△ **И́мпортн|ый,** -ая, -ое, -ые.

И. патент, контракт, выручка, лицензия, цены, товары, продукты, продукция, грузы, операции, ресурсы, пошлины ...

Импорти́р|овать, -ую, -уешь, -уют, *несов. и сов.*, *перех.*

И. капитал, какое-л. оборудование, сырьё, полуфабрикаты, какие-л. продукты, машины, материал, промышленные товары ...

ИМУ́ЩЕСТВЕННОЕ СТРАХОВА́НИЕ, *род.* страхова́ни|я, *только ед.*, *с.*

Отрасль страхования, в которой объектом страховых отношений выступает имущество в различных видах: здания, сооружения, оборудование, машины, скот, предметы домашнего обихода и др.

● 1. Экономическое назначение имущественного страхования — возмещение убытка. 2. В СССР имущественное страхование является основной отраслью государственного страхования, охватывает почти все виды имущества, находящегося в колхозно-кооперативной и личной собственности. 3. Имущественное страхование при капитализме выступает с одной стороны как средство создания страхового фонда, объективно необходимого для возмещения материальных потерь от стихийных бедствий и иных случайностей, а с другой стороны — как сфера весьма выгодного приложения капитала. *См.* **Страхова́ние.**

ИНВЕНТАРИЗА́ЦИ|Я, *род.* -и, *ж.*

Периодическая проверка наличия числящихся на балансе объединения, предприятия, учреждения ценностей, их сохранности и правильности хранения, обязательств и прав на получение средств, а ткж. ведения складского хозяйства и реальности данных учёта.

Полная, частичная, [не]плановая, внезапная, ежеквартальная, ежемесячная ... **инвентаризация**.

Инвентаризация чего: ~ каких-л. ценностей, денежных средств, какого-л. (незавершённого...) строительства, сырья, леса, каких-л. материалов, топлива, какого-л. инвентаря, какой-л. продукции, товаров, тары, расчётов с банками, каких-л. счетов, баланса, ресурсов... **Инвентаризация** где: (*предлог «в» с предл.*) ~ в каких-л. (сбытовых...) организациях, в учреждениях Госбанка СССР...; (*предлог «на» с предл.*) ~ на складах, на базе ...

Вид, характер, сроки, время, начало, конец, порядок проведения, результаты, объекты, материалы, акты ... **инвентаризации.** Положение ... **об инвентаризации**.

Подготовить ↑↓, проводить ↑↓, осуществлять ↑↓, оформлять ↑↓, заканчивать ↓ ... **инвентаризацию**. Что-л. подлежит ... **инвентаризации**. Устанавливать что-л ... **инвентаризацией**. Обнаружить ↑ что-л., вскрыть ↑ что-л. ... **при инвентаризации**.

Инвентаризация охватывает что-л., вскрывает что-л., уточняет что-л., выявляет что-л., служит чем-л. ...

● 1. Плановые инвентаризации проводятся в течение года по календарному графику, который утверждается руководителем предприятия или хозяйственной организации. 2. Внезапные инвентаризации проводятся для предупреждения растрат и хищений материальных и денежных средств.

△ **Инвентаризацио́нн|ый,** -ая, -ое, -ые.

И. итог, акт, опись *ж.*, ведомость *ж.*, комиссия ...

Инвентариз|ова́ть, -у́ю, -у́ешь, -у́ют, *несов. и сов.*, *перех.*

И. денежные средства, кассу, продукцию, склад, базу, сырьё, изделия, материальные ценности...

ИНВЕНТА́РЬ, *род.* инвентар|я́, *м.*

!1. С о в о к у п н о с т ь п р е д м е т о в х о з я й с т в е н н о г о о б и х о д а и п р о и з в о д с т в е н н о г о н а з н а ч е н и я, к о т о р ы е п р и н а д л е ж а т п р е д п р и я т и ю, у ч р е ж д е н и ю, о р г а н и з а ц и и.

2. Опись имущества, реестр. *Ср. составить и.*

Сельскохозяйственный, заводской, складской, больничный, живой, мёртвый, хозяйственный, торговый, мягкий, огородный ... **инвентарь**.

Инвентарь где: (*предлог «в» с предл.*) ~ в каких-л. отраслях хозяйства, в торговле, в сельском хозяйстве ...

Предметы, вещи, объекты, опись ... **инвентаря**.

Доставать, хранить ↑↓ *несов.*, беречь ↑ ... **инвентарь**. Относить что-л. ... **к инвентарю**.

● 1. Во всех предприятиях, учреждениях и организациях под хозяйственным инвентарём понимают предметы обстановки и повседневного хозяйственного и канцелярского обихода (столы, шкафы, пишущие машинки и т. п.). 2. Торговым инвентарём называют предметы материального оснащения торговых предприятий (кассовые аппараты, весы и др.).

△ **Инвента́рн|ый,** -ая, -ое, -ые.

И. номер, книга, стоимость *ж.*, правила ...

ИНВЕСТИ́РОВАНИ|Е, *род.* -я, *с.*

Т о ж е, ч т о **инвести́ция**.

ИНВЕСТИ́ЦИ|Я, *род.* -и, *ж.* *Син.* инвести́рование.

Долгосрочное вложение капитала в промышленность, сельское хозяйство, транспорт, строительство и другие отрасли хозяйства, а ткж. совокупность затрат, связанных с такими вложениями.

Финансовая, прямая, реальная, валовая, чистая, частная, государственная, внутренняя, внешняя, иностранная, заграничная, автономная, индуцированная, банковская, портфельная ... **инвестиция**.

Инвестиции чьи: ~ каких-л. компаний, капиталистов, каких-л. (финансово-монополистических ...) групп, каких-л. организаций ... **Инвестиции** чего: ~ какого-л. капитала ... **Инвестиции** во что: ~ в промышленность ...

Категории, часть, сумма, значение, появление ... **инвестиций**. Удельный вес государства ... **в инвестициях**. Прибыли ... **от инвестиций**.

● 1. Финансовая инвестиция — вложение капитала в покупку акций, облигаций и других ценных бумаг, которые выпускаются корпорациями или государством. 2. Реальная инвестиция — это вложение капитала в производственный основной капитал (здания, сооружения, оборудование), жилищное строительство, товарно-материальные запасы как внутри страны, так и за границей.

△ **Инвестицио́нн|ый,** -ая, -ое, -ые.

И. банки, тресты, компании, общества, политика ...

Инвести́р|овать, -ую, -уешь, -уют, *несов. и сов., перех.*

И. промышленность, сельское хозяйство, транспорт ...

ИНГОССТРА́Х СССР, *род.* Ингосстра́х|а, *м.*

Страховое акционерное общество в СССР, основными функциями которого являются страхование экспортных, импортных и каботажных грузов, страхование судов, туристов, автомашин, имущества иностранных фирм и организаций, рассмотрение претензий и оплата убытков, защита иностранных интересов по поручению иностранных фирм, проведение работы по предупреждению убытков в застрахованных грузах.

Устав, функции, представительства, превентивная работа, операции, правление ... **Ингосстраха СССР**.

Создать ↑ ... **Ингосстрах СССР**. Руководить ↑ *несов.* ... **Ингосстрахом СССР. Страховать** ↑ что-л., оформлять ↑ что-л. ... **в Ингосстрахе СССР.**

Ингосстрах СССР проводит что-л., владеет *зд. несов.* чем-л., определяет что-л., устанавливает что-л. (тарифы...), заключает что-л. (договоры ...), производит что-л. (расчёты...), открывает что-л. (отделения и представительства...), закрывает что-л. (счета...), осуществляет что-л. ...

● 1. Ингосстрах СССР проводит операции как непосредственно, так и через систему своих представительств, отделений и аварийных комиссаров за границей. 2. Ингосстрах СССР владеет контрольным пакетом акций ряда страховых обществ за рубежом.

ИНДОССАМЕ́НТ, *род.* -а, *м.* *Син.* переда́точная на́дпись.

Передаточная надпись на векселе, чеке и других ценных бумагах, которая удостоверяет переход прав по этим документам от одного лица к другому.

Именной, бланковый, предъявительский, ордерный... **индоссамент**.

Индоссамент какой: (*предлог «на» с вин.*) ~ на предъявителя...; (*предлог «по» с дат.*) ~ по векселю, по чеку... **Индоссамент** где: (*предлог «на» с предл.*) ~ на обороте, на полисе ...

Наличие ... **индоссамента.**

Делать ↓, совершать ↑↓ ... **индоссамент**. Осуществлять ↑ что-л. ... **без индоссамента**. Указывать ↑ что-л. ... **в индоссаменте**. Передавать ↑ что-л. ... **с индоссаментом**.

Индоссамент бывает *несов.* какой-л., возлагает что-л. на кого-л ...

● 1. Лицо, делающее индоссамент, называется индоссантом. 2. Индоссамент по векселю или чеку возлагает на индоссанта ответственность за платёж по этому документу.

ИНДУСТРИАЛИЗА́ЦИ|Я, *род.* -и, *только ед., ж.*

Процесс создания крупного машинного производства в народном хозяйстве, в отдельной отрасли производственной сферы.

Социалистическая, капиталистическая ... **индустриализация**.

Индустриализация какая: (*предлог «в условиях» с род.*) ~ в условиях социалистического развития ... **Индустриализация** чего: ~ каких-л. (развивающихся ...) стран, производства, народного хозяйства, какой-л. отрасли экономики, сельского хозяйства, строительства ... **Индустриализация** где: (*предлог «в» с предл.*) ~ в каких-л. странах, в СССР ...

Политика, путь, характер, масштабы, темпы, источники, основа, направления, цели и социальные последствия, предпосылки, этапы, уровень, трудности, процесс, значение... **индустриализации**. Условия, средства, база ... **для** какой-л. **индустриализации**. Курс ... **на индустриализацию**.

Проводить ↑↓, осуществлять ↑↓, тормозить ↑↓, ускорять ↑↓, завершать ↑↓ ... **индустриализацию**. Содействовать ↑ ... **индустриализации**. Выступать ↑, бороться ↑ *несов.* ... **за индустриализацию**. Приступать, переходить ↑ ... **к индустриализации**. Направлять ↑ что-л., мобилизовать ↑ *несов. и сов.* (*в прош. только сов., несов. ткж.* мобилизовывать) кого-что-л. ... **на индустриализацию**.

Индустриализация носит *несов.* какой-л. характер, предполагает *зд. несов.* что-л., затрагивает что-л., обеспечивает что-л., ведёт *несов.* к чему-л., способствует *зд. несов.* чему-л. ...

● 1. Для социалистической индустриализации в СССР было характерно ускоренное развитие тяжёлой промышленности, особенно производства машин и оборудования. 2. Индустриализация явилась мощным фактором хозяйственного и культурного подъёма ранее отсталых районов СССР.

ИНКАССА́ЦИ|Я, *род.* -и, *только ед., ж. Син.* инкасси́рование.

Осуществляемые банками по поручению объединений, предприятий, организаций и учреждений сбор и транспортировка поступивших к ним наличных денег и ценностей.

Инкассация чего: ~ наличных денег, ценностей, платежей населения, каких-л. (страховых ...) взносов, какой-л. (торговой...) выручки...

Порядок ... **инкассации**.

Поручать кому-чему-л. ↑↓, производить ↓ ... **инкассацию**.

Инкассация обеспечивает что-л. ...

● 1. В СССР инкассация производится учреждениями Госбанка СССР. 2. Инкассация обеспечивает максимальное привлечение наличных денег в кассы банка и ускорение оборачиваемости денег.

△ **Инкасса́торск|ий**, -ая, -ое, -ие.

И. пункт, аппарат ...

Инкасси́р|овать, -ую, -уешь, -уют, *несов. и сов., перех.*

И. деньги, ценности, платежи, выручку ...

ИНКАССИ́РОВАНИ|Е, *род.* -я, *только ед., с.*

То же, что **инкасса́ция**.

ИНКА́ССО, *нескл., с.*

Банковская операция, при посредстве которой банк по поручению клиента получает причитающиеся ему денежные суммы на основании денежных, товарных или расчётных документов.

Документальное ... **инкассо**.

Инкассо какое: (*предлог «с» с твор.*) ~ с немедленной оплатой ...; (*предлог «в» с предл.*) ~ в расчётах с иностранными государствами...

Система ... **инкассо**.

Применять ↑↓ ... **инкассо**. Принимать ↑ что-л., сдать ↑ что-л., предъявлять ↑ что-л. ... **на инкассо**.

Инкассо помогает чему-л. ...

● 1. В СССР инкассо применяется при осуществлении безналичных расчётов в акцептной форме за товары и услуги. 2. В расчётах СССР с другими социалистическими странами введена система инкассо с немедленной оплатой. 3. Банки капиталистических стран принимают на инкассо акции и облигации, а также иностранную валюту.

△ **Инка́ссов|ый**, -ая, -ое, -ые. **И.** операция, поручение, распоряжение ...

ИНОСТРА́ННЫЕ ЗА́ЙМЫ, *род.* за́йм|ов, *ед.* **иностра́нный заём**, *род.* за́йм|а, *м.*

Т о ж е, ч т о **вне́шние за́ймы**.

ИНТЕНСИ́ВНОСТЬ ТРУДА́, *род.* интенси́вност|и, *только ед., ж.*

Степень напряжённости труда, которая измеряется количеством труда, затрачиваемого работником в процессе производства за единицу времени.

Высокая, низкая, средняя, нормальная... **интенсивность труда**.

Интенсивность труда кого: ~ работника, какого-л. наёмного рабочего ... **Интенсивность труда** где: (*предлог «в» с предл.*) ~ в какой-л. отрасли, в колхозе, в совхозе ... ; (*предлог «на» с предл.*) ~ на каком-л. участке, на каком-л. предприятии...

Уровень, степень, динамика, рост, подъём, падение ... **интенсивности труда**.

Устанавливать ↑↓, повышать ↑↓, снижать ↑↓, нормализовать ↑↓ *несов. и сов.*, обеспечивать ↑↓ ... **интенсивность труда**. Достигать ↑ ... какой-л. **интенсивности труда**. Что-л. сказывается ... **на интенсивности труда**.

Интенсивность труда не изменяет чего-л., определяется *зд. несов.* чем-л., растёт, возрастает, падает, достигает какого-л. уровня ...

● 1. Интенсивность труда возрастает вследствие ускорения работы машин и конвейера, увеличения количества одновременно обслуживаемого оборудования, уменьшения потерь рабочего времени. 2. На интенсивности труда сказываются пол и возраст трудящихся, а также природно-климатические факторы.

ИНТЕНСИФИКА́ЦИ|Я, *род.* -и, *только ед., ж.*

Усиление, увеличение напряжённости, производительности чего-л.

Социалистическая, капиталистическая, всесторонняя, всемерная, планомерная, последовательная ... **интенсификация**.

Интенсификация чего: ~ труда, производства *, сельского хозяйства *, земледелия, животноводства, каких-л. процессов ... **Интенсификация** где: (*предлог «в» с предл.*) ~ в промышленности, в сельском хозяйстве, в строительстве ...

Социальные последствия, проблемы, пути, методы, способы, источники, уровень, показатели, формы, эффективность, степень ... **интенсификации**. База, основа, условия ... **для интенсификации**. Курс ... **на интенсификацию**.

Превращать во что-л. ↑↓, базировать *несов.* на чём-л. ↑↓, усиливать ↑↓, повышать ↑↓, снижать ↑↓, обеспечить ↑↓ чем-л. ... **интенсификацию**.

Интенсификация предполагает *зд. несов.*, предусматривает *зд. несов.* что-л., происходит в каких-л. условиях, охватывает что-л. (все отрасли хозяйства ...), становится *несов.* чем-л., зависит *несов.* от чего-л. ...

● 1. Интенсификация предполагает постоянное совершенствование техники, технологии и методов ведения хозяйства. 2. Эффективность интенсификации производства заключается в увеличении производства продукции и национального дохода при одновременном росте производительности труда и фондоотдачи и снижении материалоёмкости выпускаемой продукции.

△ **Интенсифици́р|овать** -ую, -уешь, -уют, *несов. и сов., перех.*

И. сельское хозяйство, производственные процессы, производительность труда, деятельность чего-л. (бригады ...) ...

ИНТЕНСИФИКА́ЦИЯ ПРОИЗВО́ДСТВА, *род.* интенсифика́ци|и, *только ед., ж.*

Развитие общественного производства на основе применения всё более эффективных средств производства и технологических процессов, передовых методов организации труда, достижений научно-технического прогресса, улучшения использования средств труда.

● Социалистическая интенсификация производства направлена на всемерное повышение эффективности общественного производства при одновременном повышении благосостояния и культурного уровня трудящихся, ликвидацию тяжёлого ручного труда, постепенное стирание различий между умственным и физическим трудом. *См.* **Интенсифика́ция**.

ИНТЕНСИФИКА́ЦИЯ СЕ́ЛЬСКОГО ХОЗЯ́ЙСТВА, *род.* интенсифика́ци|и, *только ед., ж.*

Увеличение производства продукции сельского хозяйства путём более продуктивного использования уже возделываемых земель благодаря применению новой техники, передовой технологии и более совершенных форм организации труда и производства.

● Основные пути интенсификации сельского хозяйства — комплексная механизация, мелиорация земель и химизация, использование достижений науки в растениеводстве и животноводстве. *См.* **Интенсифика́ция.**

ИНТЕРНАЦИОНАЛИЗА́ЦИЯ ПРОИЗВО́ДСТВА, *род.* интернационализа́ци|и, *только ед., ж.*

Установление таких производственных связей между предприятиями различных стран, при которых производство одной страны всё более становится частью мирового производственного процесса.

Интернационализация производства в условиях чего: ~ в условиях капитализма ... **Интернационализация производства** где: (*предлог «в» с предл.*) ~ в каком-л. обществе ...

Интернационализация производства возникла когда-л., приобретает что-л., выступает как что-л. ...

● При социализме интернационализация производства выступает в различных формах сотрудничества между странами: совместное создание различных производственных объектов, строительство международных транспортных магистралей (например, нефтепровод «Дружба»), объединение энергосистем ряда стран и т. д.

ИНФЛЯ́ЦИ|Я, *род.* -и, *только ед., ж.*

Обесценение бумажных денег вследствие выпуска их в обращение в размерах, которые превышают потребности товарооборота.

Длительная, хроническая, ползучая, галопирующая, мировая, локальная, импортируемая ... **инфляция**.

Инфляция где: (*предлог «в» с предл.*) ~ в каких-л. странах, в США ...

Предпосылки, причины, особенность, классовая сущность, проявление, рост, интенсивность, разгар, темпы, масштабы, влияние, последствия, необратимость ... **инфляции**. Потери ... **от инфляции**. Заработная плата ... **при инфляции**.

Что-л. порождает, что-л. вызывает, что-л. усиливает ↑, что-л. обостряет ↑, что-л. углубляет ↑, что-л. ограничивает ↑, использовать ↑↓ *несов. и сов.*, переживать, преодолеть ↑↓, приостановить ↓, ограничить ↑↓, исключить ↑↓ ... **инфляцию**. Что-л. вызывается *зд. несов*.... **инфляцией**. Повысить ↑ что-л., лишиться чего-л. ... **во время инфляции**. Увеличить ↑ что-л. ... **в результате инфляции**. Привести что-л. ... **к инфляции**. Влиять ↑, воздействовать ↑ *несов. и сов*. ... **на инфляцию**. Страдать ... **от инфляции**. Бороться ↑ *несов*. ... **с инфляцией**.

Инфляция возникает в связи с чем-л., происходит где-л., (когда-л. и т. п.), приводит к чему-л., подрывает что-л., вызывает что-л., порождает *зд. несов*. что-л. (расстройство торговли ...), достигает чего-л., способствует *несов*. чему-л. (концентрации и централизации капитала ...), разоряет кого-что-л. ...

● 1. Крупная буржуазия выигрывает от инфляции прежде всего потому, что с падением реальной заработной платы повышается степень эксплуатации рабочих, за счёт чего увеличиваются прибыли капиталистов. 2. Особые выгоды получают от инфляции капиталисты военной промышленности, поставляющие свою продукцию государству, которое с помощью выпуска бумажных денег увеличивает закупки вооружений по высоким ценам. 3. Инфляция приводит в расстройство весь процесс капиталистического воспроизводства, подрывает государственные финансы и вызывает обострение классовой борьбы.

△ **Инфляцио́нн|ый**, -ая, -ое, -ые.

И. выпуск бумажных денег, рост цен, процесс, конъюнктура, эмиссия бумажных денег, повышение цен, разбухание банковских депозитов, прибыли, разрывы цен, потрясения, факторы, процессы, явления ...

ИНФРАСТРУКТУ́Р|А, *род*. -ы, *только ед., ж.*

Комплекс отраслей, которые обслуживают промышленное и сельскохозяйственное производство (энергетика, транспорт, связь, водоснабжение, канализация, оборудование, здравоохранение и т. д.).

[Не]производственная, социальная, развитая ... **инфраструктура**.

Инфраструктура чего: ~ народного хозяйства ...

Отрасли, роль, двойственный характер ... **инфраструктуры**.

Формировать ↑↓, создавать ↑↓, развивать ↑↓, финансировать ↑↓ *несов. и сов*. ... **инфраструктуру**. Включать ↑ что-л. ... **в инфраструктуру**.

Инфраструктура обеспечивает что-л., формирует что-л., объединяет что-л., требует *зд. несов*. чего-л. ...

● В производственную инфраструктуру включаются транспорт, связь, складское хозяйство, материально-техническое снабжение, энергетика, водоснабжение, канализация и др., в непроизводственную (социальную) инфраструктуру — общее и профессиональное образование, здравоохранение.

△ **Инфраструкту́рн|ый**, -ая, -ое, -ые.

И. комплекс, отрасли ...

ИПОТЕ́К|А, *род*. -и, *ж.*

Ссуда, которая выдаётся в капиталистических странах под залог недвижимого имущества, а ткж. залог недвижимого имущества под такую ссуду.

Частная ... **ипотека**.

Существование, роль ...**ипотеки**. Ссуды ... **под ипотеку**.

Применять ↑↓, распространять ↑↓, развивать ↑↓ ... **ипотеку**. Устанавливать ↑ что-л. (контроль...) ... **благодаря ипотеке**. Что-л. происходит ... **посредством ипотеки**.

Ипотека позволяет что-л. делать, распространена где-л., способствует *несов*. чему-л., служит *зд. несов*. чем-л., возникла когда-л. ...

● 1. В социалистических странах земля не является объектом

купли-продажи и залога, поэтому ипотека не существует. 2. Ссуды под ипотеку способствуют разорению мелких заёмщиков (крестьян) и концентрации земли в руках монополий.

△ **Ипоте́чн|ый**, -ая, -ое, -ые.

И. кредит, банк, долг, задолженность *ж.*, система, ссуды, обязательства, книги ...

К

КАЛЬКУЛЯ́ЦИ|Я, *род.* -и, *ж.*

Счёт, исчисление себестоимости произведённой единицы продукции или выполненных работ (перевозок, ремонта и др.) по установленной номенклатуре затрат.

Индивидуальная, массовая, серийная, нормативная, плановая, сводная, простая, сложная, отчётная, текущая, последующая, предварительная, постатейная, сметная, фактическая, сортовая, объединённая, раздельная, параметральная, проектная, перспективная ... **калькуляция**.

Калькуляция чего: ~ себестоимости * чего-л., товара, затрат, продажных цен, продукции ... **Калькуляция** где: (*предлог «в» с предл.*) ~ в колхозах, в каких-л. отраслях народного хозяйства, в промышленности, в машиностроении ... ; (*предлог «на» с предл.*) ~ на каких-л. предприятиях...

Основа, вид, разновидность, данные, правильность, результат, способ, статьи, счета, раздел, особенности, итог, форма, методы, цель ... **калькуляции**.

Планировать ↑↓, составлять ↑↓, исчислять ↑↓, использовать ↑↓ *несов. и сов.* ... **калькуляцию**. Включать ↑ что-л. ... **в калькуляцию**. Выделять ↑ что-л., показывать что-л., отражать ↑ что-л. ... **в калькуляции**.

Калькуляция даёт возможность что-л. сделать, включает что-л., выявляет что-л., характеризует *несов. и сов.* что-л. (финансовое состояние...) ...

● 1. Составление плановых калькуляций на основе прогрессивных норм — необходимое условие установления обоснованных оптовых цен в промышленности и в других отраслях народного хозяйства. 2. В отчётной калькуляции выделяются непроизводственные расходы (потери от брака). 3. Калькуляции себестоимости продуктов сельского хозяйства используются для планирования закупочных цен.

△ **Калькуляцио́нн|ый**, -ая, -ое, -ые.

К. период, счёт, дело, единицы, листы, расчёты ...

Калькули́р|овать, -ую, -уешь, -уют, *несов.*; **скалькули́р|овать**, -ую, -уешь, -уют, *сов.*; *перех.*

К. себестоимость *ж.*, работу, цены, затраты, продукцию, продукты, сырьё ...

КАЛЬКУЛЯ́ЦИЯ СЕБЕСТО́ИМОСТИ, *род.* калькуля́ци|и, *ж.*

Исчисление затрат (в денежной форме) на производство единицы продукции, работ и услуг.

● 1. Без калькуляции себестоимости нельзя исчислить уровень цен на отдельные товары и услуги, знать, во что обходится предприятиям изготовление той или иной продукции. 2. В социалистической промышленности составляются калькуляции плановой, нормативной и фактической себестоимости. *См.* **Калькуля́ция.**

КАПИТА́Л, *род.* -а, *м.*

Стоимость, которая приносит капиталистам прибавочную стоимость в результате эксплуатации ими наёмных рабочих.

Международный, иностранный, экспортируемый, вывозимый, государственный, национальный, внутренний, общественный, общий, индивидуальный, собственный, государственно-монополистический, частномонополистический, монополистический, акционерный, инвестиционный, *авансированный, заёмный, торговый, ссудный, *постоянный, *переменный, первоначальный, *оборотный, *основной, чистый, дополнительный, добавочный, запасной, резервный, реальный, *фиктивный, мнимый, мёртвый, действительный, функционирующий, действующий, денежный, *финансовый, накопленный, наличный, потреблённый, производительный, промышленный, банковский, торговый, товарный, паевой, самостоятельный, совокупный, концессионный, ростовщический, уставный, вложенный, воспроизведённый ... **капитал**.

Капитал какой: (*предлог «в» с предл.*) ~ в каком-л. выражении, в какой-л. форме ... **Капитал** чей: ~ банка, компании, концерна ... **Капитал** как что: ~ как функция ...

Возникновение, сущность, природа, функция, оборот, кругооборот, метаморфоза, рост, возрастание, размер, величина, владелец, собственник, господство, форма, состав, элементы, часть, вкладчик, инвеститор, экспортёр, миграция, приток, отток, централизация *, [само]возрастание, масса, всеобщая формула (Д-Т-Д), удельный вес, раздвоение, органическое строение, структура, власть ... **капитала**; деление **капитала** на постоянный и переменный.

Затраты, прибыль, доходы, спрос ... **на** какой-л. **капитал**.

Накоплять/накапливать ↑↓, аккумулировать ↑↓ *несов. и сов.*, централизовать ↑↓ *несов. и сов.*, концентрировать ↑↓, сосредоточивать ↑↓, увеличивать ↑↓, уменьшать ↑↓, превращать во что-л. ↑↓, обращать ↑↓ *зд. несов.*, вкладывать во что-л. ↑↓, экспортировать ↑↓ *несов. и сов.*, вводить ↑↓, размещать ↑↓, получать ↑↓, потреблять ↑↓, расходовать ↑↓, использовать ↑↓ *несов. и сов.*, интернационализовать ↑↓ *несов. и сов.* ... **капитал**. Владеть ↑ *несов.* ... **капиталом**. Включать ↑ что-л. ... **в** какой-л. **капитал**. Относить ↑ что-л. ... **к капиталу**. Распределять ↑ что-л. ... **между капиталом** и чем-л.

Капитал зарождается когда-л., начинается с чего-л., возникает когда-л., представляет собой что-л. (орудие эксплуатации ...), принадлежит *несов.* кому-чему-л., обслуживает *зд. несов.* что-л. (обращение товаров...), существует *несов.* в виде чего-л. (в виде денег ...), меняет что-л. (свою вещественную форму ...), возрастает, господствует *несов.* над чем-л., оборачивается как-л. ...

● 1. Капитал возникает на такой ступени развития товарного производства, когда рабочая сила становится товаром. 2. Деньги, средства производства, жизненные блага превращаются в капитал тогда, когда их применяют для получения прибавочной стоимости, когда их используют как средство эксплуатации. 3. В результате социалистической революции средства производства становятся общественной собственностью трудящихся, и капитал как экономическая категория перестаёт существовать.

КАПИТАЛИ́ЗМ, *род.* -а, *только ед., м.*

Общественно - экономическая формация, которая основана на частной собственности на средства производства и эксплуатации наёмного труда капиталом.

Домонополистический, монополистический, государственно-монополистический, государственный, частномонополистический, загнивающий, современный, развитой, промышленный, финансовый, земледельческий, крестьянский ... **капитализм**.

Капитализм какой: (*с род.*) ~ свободной конкуренции, какого-л. века ... **Капитализм** где: (*предлог* *«в» с предл.)* ~ в каких-л. странах, в сельском хозяйстве ...

Основные признаки, особенность, генезис, возникновение, эволюция, какая-л. стадия, загнивание, относительная стабилизация, неустойчивость, господство, гнёт, иго, рост, формы, экономическая структура, система, основное противоречие, общий кризис, гибель, обречённость, место в чём-л., страны, позиции, эпоха ... **капитализма**. Прогресс ... **в условиях капитализма**. Переход ... **к капитализму**. Безработица, конкуренция, кризисы ... **при капитализме**.

Утверждать ↑↓, стабилизировать ↑↓ *несов. и сов.*, развивать ↑↓ *зд. несов.*, превращать во что-л. ↑↓, ослаблять ↑↓, ликвидировать ↑↓ *несов. и сов.* ... **капитализм**. Что-л. приходит на смену, что-л. присуще... **капитализму**. Эксплуатировать ↑ *несов.* кого-что-л. ... **при капитализме**. Бороться ↑ *несов.* ... **против капитализма**.

Капитализм проходит что-л. (несколько стадий ...), создаёт что-л., вступит во что-л., перерастает во что-л., загнивает *зд. несов.*, способствует *зд. несов.* чему-л., препятствует *зд. несов.* чему-л., увеличил что-л., уничтожил что-л., разрушил что-л., поднял что-л., использовал *несов. и сов.* что-л. ...

● 1. Основные признаки капитализма: господство товарно-денежных отношений и частной собственности на средства производства, наличие развитого общественного разделения труда, рост обобществления производства, превращение рабочей силы в товар, эксплуатация наёмных рабочих капиталистами. 2. Капитализм не может справиться с созданными им же производительными силами, которые переросли капиталистические производственные отношения, ставшие оковами их дальнейшего беспрепятственного роста. 3. «Капитализм — последний в истории человечества эксплуататорский строй» (Программа КПСС. Новая редакция. М.,1986).

△ **Капиталисти́ческ|ий**, -ая, -ое, -ие.

К. способ производства, мануфактура, фабрика, промышленность *ж.*, индустриализация, строй, уклад, сектор, тип, путь развития, процесс воспроизводства, воспроизводство*, рынок, мир, земельная рента, эксплуатация, собственность *ж.*, конкуренция, национализация, кооперация, интеграция, экономика, производство, воспроизводство, государство, производственные отношения, монополии, компании, хозяйство, фермерство, предприниматели, кредитная система, развитие, земледелие, предприятие, фирмы, фермы, крестьянство, обобществление, присвоение, накопление*, займы, издержки производства...

△ **Капитализи́р|овать**, -ую, -уешь, -уют, *несов. и сов., перех.*

К. колониальные страны, хозяйство, деревню ...

КАПИТАЛИСТИ́ЧЕСКОЕ ВОСПРОИЗВО́ДСТВО, *род.* воспроизво́дств|а, *только ед., с. Ант.* социалисти́ческое воспроизво́дство.

Непрерывное возобновление производства материальных благ в рамках капиталистических производственных отношений, а ткж. непрерывное возобновление самих отношений между классами рабочих и капиталистов.

● 1. Главной особенностью капиталистического воспроизводства является то, что оно представляет собой не только воспроизводство материальных благ, но и воспроизводство капитала и прибавочной стоимости. *См.* **Воспроизво́дство**.

КАПИТАЛИСТИ́ЧЕСКОЕ НАКОПЛЕ́НИЕ, *род.* накопле́ни|я, *с. Син.* накопле́ние капита́ла.

Ант. социалисти́ческое накопле́ние.

Превращение части прибавочной стоимости в капитал.

Первоначальное, всемерное, временное, беспрепятственное, денежное, внутреннее ... **капиталистическое накопление.**

Источник, предпосылки, путь, формы, методы, фонд, сфера, норма, размер, рост, следствие, условие, социальные последствия, эффективность ... **капиталистического накопления**. Возможности ... **для капиталистического накопления.**

Использовать ↑↓ *несов. и сов.*, повышать ↑↓, увеличивать ↑↓, сокращать ↑↓, понижать ↑↓ ... **капиталистическое накопление**. Заинтересовать кого-что-л. ... **в капиталистическом накоплении.** Содержать *несов.* что-л. ... **для капиталистического накопления**. Что-л. влияет ... **на капиталистическое накопление**.

Капиталистическое накопление зависит *несов.* от чего-л., растёт по мере чего-л., распадается на что-л., сопровождается *несов.* чем-л. ...

● 1. Источником капиталистического накопления является прибавочная стоимость, создаваемая неоплаченным трудом наёмных рабочих. 2. Капиталистическое накопление осуществляется в процессе капиталистического расширенного воспроизводства.

КАПИТА́ЛЬНЫЕ ВЛОЖЕ́НИЯ, *род.* вложе́ний, *ед.* **капита́льное вложе́ние**, *род.* вложе́ни|я, *с.*

Затраты труда, материально-технических ресурсов, денежных средств на строительство, реконструкцию, расширение, текущее совершенствование объектов производственной и непроизводственной сферы.

Государственные, дополнительные, валовые, сверхлимитные, иностранные, [не]централизованные, первоначальные, плановые, реальные, чистые, удельные, частные, крупные ... **капитальные вложения.**

Капитальные вложения чьи: ~ предприятий, учреждений, организаций, объединений, населения ... **Капитальные вложения** во что: ~ в сельское хозяйство, в промышленность, в строительство ... **Капитальные вложения** где : (*предлог «в» с предл.*) ~ в какой-л. промышленности, в какой-л. отрасли, в каком-л. хозяйстве, в СССР ...

Динамика, структура, лимит, объём, рост, прирост, приток, период, план, планирование, экономическая эффективность, окупаемость, результат, показатели, источники, пропорции, лаг ... **капитальных вложений.**

Планировать ↑↓, утверждать ↑↓, финансировать ↑↓ *несов. и сов.*, увеличивать ↑↓, уменьшать ↑↓, учитывать ↑↓, обосновывать ↑↓, осуществлять ↑↓, распределять ↑↓, направлять ↑↓, концентрировать ↑↓, требовать ↑↓, распылять ↑↓ ... **капитальные вложения**. Не включать ↑ что-л., что-л. не входит ... **в капитальные вложения.**

Капитальные вложения состоят *несов.* из чего-л., влияют на что-л. (на темпы и пропорции расширенного воспроизводства ...) ...

● 1. Основной формой планирования капитальных вложений является пятилетний план с разбивкой по годам. 2. Важный источник финансирования капитальных вложений — фонд развития производства и фонд социально-культурных мероприятий и жилищного строительства.

КАРТЕ́ЛЬ, *род.* карте́л|я, *м.*

Форма монополистического объединения, участники которого заключают соглашение о регулировании объёмов производства, условий сбыта продукции, найма рабочей силы в целях извлечения монопольной прибыли.

Международный, национальный, экспортный, банковский, судоходный, судовладельческий, калийный, азотный, нефтяной, содный, алюминиевый, медный, стальной, трубный ... **картель**.

Картель какой: (*предлог «по» с дат.*) ~ по удобрениям, по радиоаппаратуре, по каким-л. товарам, по металлам...

Возникновение, деятельность, функции, экономическая сила, политика, акции, доля в чём-л., форма, состав, участники, члены ...**картеля**. Соглашение ... **между картелями**.

Образовать ⇅ *несов. и сов.* (*в прош. только сов., несов. ткж.* образовывать), создавать ⇅, регистрировать ⇅, формировать ⇅ ... **картель**. Что-л. входит ... **в картель**.

● 1. Картели возникли в результате концентрации производства и централизации капитала в конце 19 века. 2. Международные картели выступают как международные соглашения капиталистов, направленные против трудящихся своих стран и народов других стран. 3. Картели в судоходстве существуют чаще всего в форме конференций и пулов.

△ **Карте́льн|ый**, -ая, -ое, -ые.

К. тип, форма монополистических объединений, цена, соглашение, объединение, функции ...

Картели́р|овать, -ую, -уешь, -уют, *несов. и сов.*, *перех.*

К. предприятия, промышленность, монополии, производство...

КА́ССОВЫЙ ПЛАН ГОСБА́НКА СССР, *род.* пла́н|а, *м.*

Документ, который устанавливает главные направления движения наличных денег, размеры и целевое назначение выдачи их из касс Госбанка СССР, а ткж. объём и источники поступления наличных денег в кассы банка.

● 1. Кассовый план Госбанка СССР состоит из двух частей — приходной и расходной. 2. В составлении и исполнении кассового плана участвуют все звенья системы Госбанка СССР, а также все предприятия, учреждения и организации, имеющие в банке расчётные или текущие счета. *См.* **План**.

КА́ЧЕСТВО ПРОДУ́КЦИИ, *род.* ка́честв|а, *с.*

Совокупность потребительских свойств продукции, которые обусловливают её способность удовлетворять определённые потребности народного хозяйства или населения.

Высокое, низкое ... **качество продукции**.

Показатель, знак, относительная характеристика, уровень, какая-л. (высшая, первая ...) категория, аттестация ... **качества продукции**.

Повышать ⇅, понижать ⇅, снижать ⇅, контролировать ⇅, характеризовать ⇅ *несов. и сов.*, обеспечивать ⇅ ... **качество продукции**. Отвечать ... **за качество продукции**. Обращать внимание ... **на качество продукции**. Судить *несов.* о чём-л. ... **по качеству продукции**.

Качество продукции охватывает *зд. несов.* что-л., зависит *несов.* от чего-л., растёт, соответствует *несов.* чему-л. ...

Количество и **качество продукции**.

● 1. Показатель качества продукции, который характеризует одно её свойство, называется единичным, два и более свойств — комплексным. 2. В условиях социалистического строя повышение качества продукции является ключевой проблемой экономического развития.

КВАЛИФИЦИ́РОВАННЫЙ ТРУД, *род.* труд|а́, *м. Син.* сло́жный труд. *Ант.* неквалифици́рованный труд, просто́й труд.

Труд работника, получившего специальную профессиональную подготовку, обладающего необходимыми знаниями, умением и навыками для выполнения определённых видов работ.

● 1. Квалифицированный труд выступает как умноженный или

возведённый в степень простой, неквалифицированный труд: один час квалифицированного труда в зависимости от уровня подготовки эквивалентен нескольким часам простого труда. 2. Квалифицированный труд оплачивается выше, чем неквалифицированный, т. к. создаёт в тот же отрезок времени бо́льшую стоимость, чем простой труд. *См.* **Труд**.

КЛАСС, *род.* кла́сс|а, *м.*

!**1.** Большая общественная группа людей с определённым положением в исторически сложившейся системе общественного производства и с определённой, обычно законодательно закреплённой ролью в общественной организации труда, объединённая одинаковым отношением к средствам производства, к распределению общественного богатства и общностью интересов.

2. Определённая ступень общеобразовательной школы, соответствующая какому-л. году обучения. *Ср. первый к.*

3. Группа школьников одного года обучения, постоянно занимающихся вместе, по одному расписанию. *Ср. дружный к.*

4. Комната для занятий в школе. *Ср. светлый к.*

5. В логике и математике: то же, что множество.

Господствующий, эксплуататорский, угнетаемый, эксплуатируемый, паразитический, землевладельческий, рабочий, передовой, революционный ... **класс**; общественные, [не]основные, второстепенные, переходные, противоположные, дружественные, социалистические, [не]имущие ... **классы**.

Класс кого: ~ эксплуататоров, эксплуатируемых, рабочих, пролетариев, крестьян, буржуазии, землевладельцев, помещиков, феодалов...; **классы** какого-л. общества...

Интересы, заинтересованность в чём-л., политика, отношение к чему-л., права, положение, власть, сила, господство, борьба, победа, поражение, организация, ядро, партия, идеология, дело, помощь, поддержка, значение, роль, историческое место, миссия... какого-л. **класса**; возникновение, зарождение, происхождение, существование, взаимоотношения ... **классов**; борьба, антагонизм, союз, сотрудничество ... каких-л. **классов**. Группы, слои ... **внутри классов**. Противоречия, гармония, борьба, отношения ... **между классами**. Деление, разделение ... **на классы**.

Эксплуатировать ⇅ *несов.*, ликвидировать ⇅ *несов и сов.*, уничтожать ⇅, преобразовать ⇅, вести *несов.* за собой ... какой-л. **класс.** Опираться ... **на** какой-л. **класс**; делиться ... **на** какие-л. **классы.**

Какой-л. **класс** борется *несов.*, побеждает, ведёт *несов.* за собой, возникает, растёт, проводит какую-л. политику, владеет *несов.* чем-л., создаёт что-л., эксплуатирует *несов.* кого-что-л. ...

● 1. Основным революционным классом современной эпохи был и остаётся рабочий класс. 2. «Важнейшая закономерность развития социальных отношений в СССР на современном этапе — сближение рабочего класса, колхозного крестьянства и интеллигенции, становление бесклассовой структуры общества при решающей роли в этом процессе рабочего класса» (Программа КПСС. Новая редакция. М., 1986).

△ **Кла́ссов|ый**, -ая, -ое, -ые.

К. антагонизм, борьба, эксплуатация, вражда, противоречия, различия, отношения, господство, интересы, точка зрения, признак, союз, солидарность *ж.*, подход, структура, сплочённость *ж.*, общество, самосознание, формации, точка зрения...

КЛИ́РИНГ, *род.* -а, *м.*

Система международных безналичных расчётов, которая основана на зачёте взаимных требований и обязательств.

Валютный, банковский, односторонний, двусторонний, трёхсторонний, многосторонний ... **клиринг**.

Клиринг какой: (*предлог «с» с твор.*) ~ с каким-л. (необратимым ...) сальдо ... **Клиринг** где: (*предлог «в» с предл.*) ~ в сфере международных расчётов ...

Особенность, форма ... **клиринга**. Итоги, расчёты ... **по клирингу**. Соглашение ... **о** многостороннем **клиринге**.

Распространять ↑↓, использовать ↑↓ *несов. и сов.*, применять ↑↓, осуществлять ↑↓ ... **клиринг**. Участвовать ↑ *несов.* ... **в** каком-л. **клиринге**. Вести *несов.* расчёты ... **в форме** какого-л. **клиринга, на основе клиринга**. Делить что-л. ... **на** какие-л. **клиринги**.

Клиринг выступает в какой-л. форме...

● 1. В социалистических международных отношениях клиринг из системы межбанковских расчётов превращается в одну из форм безналичных расчётов между предприятиями и организациями, основанную на зачёте взаимных требований. 2. Наибольшее применение в практике международных расчётов получили двусторонние клиринги, при которых зачёт встречных требований и обязательств происходит между двумя странами.

△ **Кли́рингов|ый**, -ая, -ое, -ые.

К. способ расчётов, расчёты, соглашение, счета *, операции...

КЛИ́РИНГОВЫЕ СЧЕТА́, *род.* счет| óв, *ед.* **кли́ринговый счёт**, *род.* счёт|а, *м.*

Счета, которые открываются банком одной страны банкам других стран для расчётов по взаимно поставляемым товарам и оказываемым услугам на основе клиринговых соглашений.

● В практике СССР различаются три вида клиринговых счетов: односторонние, когда счета открываются только в Госбанке СССР или Внешэкономбанке СССР; двусторонние, когда счета открываются в Госбанке СССР или Внешэкономбанке СССР и в центральном банке страны, которая заключила клиринговое соглашение; многосторонние, когда участниками клирингового соглашения являются несколько стран и клиринговые счета ведутся в Госбанке СССР или Внешэкономбанке СССР и в центральных банках этих стран. *См.* **Счёт**.

КОЛЛЕКТИВИЗА́ЦИЯ СЕ́ЛЬСКОГО ХОЗЯ́ЙСТВА, *род.* коллективиза́ци|и, *только ед., ж.*

Преобразование мелких, единоличных крестьянских хозяйств в крупные общественные социалистические хозяйства путём кооперирования.

Сплошная, массовая ... **коллективизация сельского хозяйства**.

Коллективизация сельского хозяйства где: (*предлог «в» с предл.*) ~ в Сибири, в какой-л. стране ... ; (*предлог «на» с предл.*) ~ на Украине ...

Идея, материальная база, политика, практика, этапы, задачи, темпы, ход ... **коллективизации сельского хозяйства**. Успехи ... **в коллективизации сельского хозяйства.** Внимание кого-чего-л. ... **к коллективизации сельского хозяйства.** Курс ... **на коллективизацию сельского хозяйства.**

Проводить ↑↓, развёртывать ↑↓, осуществлять ↑↓, завершать ↑↓, срывать ↑↓ ... **коллективизацию сельского хозяйства.** Противодействовать ↑ *несов.*, мешать ... **коллективизации сельского хозяйства.** Участвовать ↑ *несов.* ... **в коллективизации сельского хозяйства.** Экспроприировать ↑ *несов. и сов.*

что-л., определять ↑ что-л. ... **в процессе коллективизации сельского хозяйства, в ходе коллективизации сельского хозяйства.** Бороться ↑ *несов.* ... **за коллективизацию сельского хозяйства, против коллективизации сельского хозяйства.**

Коллективизация сельского хозяйства означает *несов.* что-л., создаёт что-л. ...

● В конце 1929 года в СССР начался этап сплошной коллективизации сельского хозяйства, который характеризовался массовым вступлением крестьян в колхозы.

КОЛЛЕКТИ́ВНЫЙ ДОГОВО́Р, *род.* догово́р|а, *м.*

Соглашение между коллективом работников в лице профсоюза и администрацией предприятий или представителями их различных объединений по основным вопросам применения и оплаты труда.

Социалистический, капиталистический, централизованный, конкретный ... **коллективный договор.**

Коллективный договор какой: (*предлог «в условиях» с род.*) ~ в условиях капитализма, в условиях научно-технической революции ... **Коллективный договор** где: (*предлог «в» с предл.*) ~ в каких-л. странах ...; (*предлог «на» с предл.*) ~ на каких-л. предприятиях ...

Юридическая сила, срок действия, социальная роль, значение, обязательство ... **коллективного договора.** Приложение ... **к коллективному договору.** Законодательство ... **о коллективном договоре.**

Разрабатывать ⇅, заключать ⇅, узаконить ⇅, превратить во что-л. ⇅, представить ⇅, использовать ⇅ *несов. и сов.* ... **коллективный договор.** Внести ↑, включать ↑ что-л. ... **в коллективный договор.** Иметь *несов.*, что-л., предусматривать ↑, что-л., отражать ↑ что-л. ... **в коллективном договоре.**

Коллективный договор исходит *зд. несов.* из чего-л., регулирует *зд. несов.* что-л. (чьи-л. интересы ...), занимает что-л. (важное место ...), включает что-л., обеспечивает что-л., состоит *несов.* из чего-л., становится чем-л., не подлежит *несов.* чему-л. (регистрации...), вступает во что-л. (в силу...)...

● 1. При капитализме коллективный договор регулирует антагонистические интересы владельцев средств производства и эксплуатируемых ими наёмных работников. 2. Коллективный договор на социалистическом предприятии выполняет важную роль по охране и реальному обеспечению прав и законных интересов трудящихся. 3. При социализме коллективные договора превратились в средство привлечения трудящихся к управлению производством.

КОЛХО́ЗНО-КООПЕРАТИ́ВНАЯ СО́БСТВЕННОСТЬ, *род.* со́бственност|и, *только ед., ж.*

Одна из форм общественной собственности на средства производства при социализме, на которой базируются коллективные сельскохозяйственные предприятия — колхозы.

● Объектами колхозно-кооперативной собственности являются средства производства и иное имущество, необходимое хозяйству для осуществления уставных задач, а также полученная продукция. *См.* **Со́бственность.**

КОМАНДИРО́ВОЧНЫЕ РАСХО́ДЫ, *род.* расхо́д|ов, *только мн.*

Затраты, которые связаны с переездами работников для выполнения служебных заданий вне места постоянной работы.

● Командировочные расходы включают оплату проезда к пункту командировки и обратно (проездные), найма жилых помещений (квартирные) и возмещение ежедневных личных расходов командированного работника (суточные). *См.* **Расхо́ды**.

КОМБИНА́Т, *род.* -а, *м.*

!1. Крупное промышленное предприятие, которое объединяет несколько связанных друг с другом по технологическому процессу предприятий, или административное объединение предприятий одной отрасли промышленности, технологически не связанных между собою.

2. Объединение мелких производств в местной промышленности или предприятий бытового обслуживания. *Ср. к. бытового обслуживания.*

3. Объединение учебных заведений разных ступеней при заводе, каком-л. предприятии. *Ср. учебный к.*

Продукция, оборудование, какой-л. цех, работа ... **комбината.**

Строить ↑↓, расширять ↑↓, реконструировать ↑↓ *несов. и сов.*, создавать ↑↓ ... **комбинат.** Работать ↑ *несов.* ... **на** каком-л. **комбинате.**

Комбинат производит что-л., выпускает что-л., объединяет что-л., включает *зд. несов.* в себя что-л., специализируется *несов. и сов.* на чём-л. ...

● 1. В СССР к комбинатам относят и административные объединения технологически не связанных между собой предприятий одной отрасли, например, комбинаты в угольной промышленности, а также объединения мелких разнородных производств, часто не связанных технологически, например, комбинаты коммунально-бытового обслуживания, райпромкомбинаты. 2. В капиталистических странах в условиях господства монополий комбинат, который создаётся могущественными концернами, носит ярко выраженный монополистический характер.

КОМБИНИ́РОВАНИЕ В ПРОМЫ́ШЛЕННОСТИ, *род.* комбини́ровани|я, *с. Син.* комбини́рование промы́шленного произво́дства.

Прогрессивная форма организации общественного производства, которая основана на технологическом и организационном соединении в одном предприятии различных производств.

Планомерное, рациональное, экономически целесообразное, социалистическое, коммунистическое ... **комбинирование в промышленности.**

Комбинирование в промышленности какое: (*предлог «на основе» с род.*) ~ на основе сочетания каких-л. стадий по обработке сырья, на основе использования отходов сырья...; (*предлог «на базе» с род.*) ~ на базе использования и переработки чего-л. ...

Предпосылки, процесс, основа, возможность, экономическая эффективность, преимущества, особенности, формы ... **комбинирования в промышленности.** База ... **для комбинирования в промышленности.**

Осуществлять ↑↓, применять ↑↓, развивать ↑↓ *зд. несов.* ... **комбинирование в промышленности.**

Комбинирование в промышленности возникло когда-л., получило распространение когда-л. (в эпоху империализма...), находится *зд. несов.* во взаимной связи с чем-л., способствует *зд. несов.* чему-л., создаёт что-л., позволяет обеспечить что-л. (непрерывность технологических процессов ...) ...

● 1. Комбинирование в промышленности осуществляется в трёх формах: на основе сочетания последовательных стадий обработки продукта, комплексного использования сырья, использования отходов. 2. Большие возможности для расширения комбинирования в промышленности имеются в лесной, деревообрабатывающей и целлюлозно-бумажной промышленности.

КОМБИНИ́РОВАНИЕ ПРОМЫ́ШЛЕННОГО ПРОИЗВО́ДСТВА, *род.* комбини́ровани|я, *с.*

То же, что **комбини́рование в промы́шленности.**

КОМИССИО́ННАЯ ТОРГО́ВЛЯ СЕЛЬСКОХОЗЯ́ЙСТВЕННЫМИ ПРОДУ́КТАМИ (В СССР), *род.* торго́вл|и, *ж.*

Торговля, осуществляемая потребительской кооперацией, которая принимает сельскохозяйственные продукты на комиссию от колхозов по ценам согласно договорённости, а у колхозников закупает их по ценам местных рынков.

● Комиссионная торговля способствует ослаблению сезонности в торговле, снижению издержек обращения, повышению культуры торгового обслуживания, улучшению ассортимента товаров. *См.* **Торго́вля**.

КОММУНИ́ЗМ, *род.* -а, *только ед., м.*

1. Коммунизм — это «бесклассовый общественный строй с единой общенародной собственностью на средства производства, полным социальным равенством всех членов общества, где вместе с всесторонним развитием людей вырастут и производительные силы на основе постоянно развивающейся науки и техники, все источники общественного богатства польются полным потоком и осуществится великий принцип «от каждого — по способностям, каждому — по потребностям». Коммунизм — это высокоорганизованное общество свободных и сознательных тружеников, в котором утвердится общественное самоуправление, труд на благо общества станет для всех первой жизненной потребностью, осознанной необходимостью, способности каждого будут применяться с наибольшей пользой для народа» (Программа КПСС. Новая редакция. М., 1986).

Полный, подлинный ... **коммунизм.**

Принцип, задачи, программа, цель, идеалы, строительство, построение, победа, торжество, строители, какая-л. фаза, материально-техническая база ... **коммунизма**. Перерастание социализма ... **в коммунизм**. Путь, движение ... **к коммунизму**; переход от социализма ... **к коммунизму**. Научное представление ... **о коммунизме**. Труд, жизнь ... **при коммунизме**.

Строить ... **коммунизм.** Перерастать ... **в коммунизм**. Бороться ↑ *несов.* ... **за коммунизм.** Идти *несов.*/прийти ... **к коммунизму.** Мечтать *несов.* ... **о коммунизме.** Жить *несов.*, работать *несов.*, творить *несов.* ... **при коммунизме.**

Коммунизм характеризуется *несов.* чем-л. ...

Социализм и **коммунизм.**

● 1. Политическая основа общества, строящего коммунизм,— союз рабочего класса и крестьянства. 2. Главное материальное условие реализации принципов коммунизма составляет высшая по сравнению с капитализмом производительность общественного труда.

2. Марксистско-ленинская теория создания и развития такой формации.

Научный ... **коммунизм.**

Идеи, теория, понятия, принципы, значение, роль, дело, сторонники ... **коммунизма.** Верность ... **коммунизму**.

Изучать ↑↓, пропагандировать ↓*несов.*, защищать ↑↓, принимать ... **коммунизм.** Быть *несов.* верным ... **коммунизму.** Верить ... **в коммунизм.**

● Основы научного коммунизма были разработаны К. Марксом и Ф. Энгельсом.

△ **Коммунисти́ческ|ий**, -ая, -ое, -ие.

К. образ жизни, принцип распределения, собственность *ж.*, мировоззрение, отношение к труду, общественное самоуправление, производственные отношения, формация, воспитание, равенство, общество, общность *ж.*, партия, субботник, труд *, город, хозяйство, строительство, равенство, воспитание ...

КОММУНИСТИ́ЧЕСКИЙ ТРУД, *род.* труд|а́, *м.*

Научно организованный, оснащённый самыми совершенными техническими средствами, обеспечивающий наивысшую производительность труд свободных и сознательных работников без расчёта на вознаграждение.

Черты, общий характер, будущее, проявление, бригада, коллектив, предприятие, ударник ... **коммунистического труда.**

Раскрывать ↑ что-л. ... **в коммунистическом труде.** Переходить ↑ ... **к коммунистическому труду.**

Коммунистический труд выступит как что-л. (как всеобщая научная и духовная деятельность ...), будет представлять *зд. несов.* собой что-л. (всеобщую свободную деятельность людей ...) ...

● «Коммунистический труд в более узком и строгом смысле слова есть бесплатный труд на пользу общества, труд, производимый не для отбытия определённой повинности, не для получения права на известные продукты, не по заранее установленным и узаконенным нормам, а труд добровольный, труд вне нормы, труд, даваемый без расчёта на вознаграждение, без условия о вознаграждении, труд по привычке трудиться на общую пользу и по сознательному (перешедшему в привычку) отношению к необходимости труда на общую пользу, труд как потребность здорового организма». (Ленин. ПСС, 5 изд., т. 40, с. 315).

КОМПЕНСАЦИО́ННЫЕ ВЫ́ПЛАТЫ, *род.* вы́плат, *ед.* **компенсацио́нная вы́плата**, *род.* вы́плат|ы, *ж.*

То же, что **компенса́ция.**

КОМПЕНСА́ЦИ|Я, *род.* -и, *ж.* *Син.* компенсацио́нные вы́платы.

Возмещение или вознаграждение за что-л., а ткж. сумма, которая выплачивается как возмещение или вознаграждение.

Денежная ... **компенсация**.

Компенсация какая: (*с твор.*) ~ деньгами ...; (*предлог «за» с вин.*) ~ за пользование чем-л., за какой-л. (неиспользованный ...) отпуск...; (*предлог «при» с предл.*) ~ при увольнении, при переводе на другую работу, при восстановлении на службе ... **Компенсация** чего: ~ расходов, убытка, ущерба, повышения цен на что-л. ...

Размер, сумма ... **компенсации**.

Предоставлять ↑↓, выплачивать ↑↓, получать ↑↓ ... **компенсацию.**

● 1. Компенсация означает выдачу денежных сумм и единовременных пособий трудящимся за неиспользованный отпуск, при увольнении, при переводе на другую работу. 2. Подъёмные представляют собой компенсацию расходов, связанных с переездом при переводе работников на работу в другую местность.

△ **Компенсацио́нн|ый**, -ая, -ое, -ые.

К. кредит, товар, операция, основа, сделка, средства, деньги *мн.*, выплаты *...

Компенси́р|овать, -ую, -уешь, -уют, *несов. и сов.*, *перех.*

К. убытки, потери, какие-л. работы, налоги, ущерб ...

КО́МПЛЕКС, *род.* -а, *м.*

Совокупность предметов, явлений или свойств, которые образуют одно целое.

Государственный, народнохозяйственный, колхозный, межколхозный, производственный, * производственно - территориальный, *территориально - производственный, *промышленный, агропромышленный, *аграрно-промышленный, отраслевой, межотраслевой, машинный, механизированный, высокоразвитый, оптимальный, мощный, строительный, топливно-энергетический, уборочно-транспортный, уборочный, откормочный, молочный, животноводческий, свиноводческий, хлопковый, специализированный, уникальный, экспериментальный ... **комплекс**.

Комплекс какой: (*предлог «для» с род.*) ~ для откорма, выращивания чего-л., для строительства ... **Комплекс** чего: ~ каких-л. хозяйств, какого-л. (общественного ...) питания, услуг, сооружений, застройки, зданий ...

Состав, экономическое единство, элементы, работа ... **комплекса**.

Формировать ↑↓, создавать ↑↓, организовать ↑↓ *несов. и сов.* (*в прош. только сов., несов. ткж.* организовывать), строить ↑↓, обеспечивать ↑↓, обслуживать ↑↓, снабжать чем-л. ↑, изготовлять ↑↓, использовать ↑↓ *несов. и сов.*, применять ↑↓ ... какой-л. **комплекс**.

Комплекс находится *зд. несов.* где-л., предназначен для чего-л., создаёт что-л., производит что-либо ...

● Животноводческие комплексы представляют собой крупные специализированные предприятия индустриального типа по производству продуктов животноводства на базе современной промышленной технологии.

△ **Ко́мплексн|ый**, -ая, -ое, -ые.

К. ввод мощностей, подход, интеграция, проверка, переработка чего-л., бригада, экспедиция, механизация и автоматизация, застройка, экономия, использование сырья, нагрузка, обследование, развитие экономического района, комбинированные нормы, ревизии ...

Комплекси́р|овать, -ую, -уешь, -уют, *несов. и сов., перех.*

К. промышленные, сельскохозяйственные, какие-л. (животноводческие ...) работы ...

КОНВЕ́РСИЯ ЗА́ЙМОВ, *род.* конве́рси|и, *ж.*

Замена ранее выпущенных государственных займов новыми с целью удлинения сроков кредита и изменения размера заёмного процента (как правило, его понижения).

Крупная, факультативная, обязательная, принудительная ... **конверсия займов**.

Результат ... **конверсии займов**.

Провести ↑↓, осуществлять ↑↓, практиковать *несов.* ... **конверсию займов**. Прибегать ... **к конверсии займов**.

Конверсия займов преследует *несов.* какую-л. цель, не затрагивает чего-л., направлена на что-л. ...

● 1. В СССР конверсия займов направлена на повышение покупательной силы советских денег и мобилизацию дополнительных средств для финансирования народного хозяйства. 2. В капиталистических странах конверсия займов проводится при избытке ссудного капитала.

КОНВЕРТИ́РУЕМОСТЬ ВАЛЮ́ТЫ, *род.* конверти́руемост|и, *ж.*

Т о ж е, ч т о **обрати́мость валю́ты**.

КОНГЛОМЕРА́Т, *род.* -а, *м.*

Монополистическое объединение, в котором под единым финансовым контролем сосредоточены компании, действующие в различных, технологически не связанных между собой, отраслях.

Крупный ... **конгломерат**.

Возникновение, состав, отделения, предприятия, капитал, акции, хозяева, члены ... **конгломерата**.

Образовать ↑↓ *несов. и сов.* (*в прош. только сов., несов. ткж.* образовывать), создавать ↑↓, расширять ↑↓ ... **конгломерат**. Входить ... **в конгломерат**. Что-л. характерно ... **для конгломерата**.

Конгломерат пользуется *зд. несов.* чем-л., получает что-л., проникает куда-л., платит за что-л. ...

● 1. Конгломерат объединяет широкий круг фирм, между которыми отсутствует какая-либо связь производственного или функционального характера. 2. Для конгломерата характерен высокий уровень децентрализации управления.

△ **Конгломера́тн|ый**, -ая, -ое, -ые.

К. слияния ...

КОНКУРЕ́НЦИ|Я, *род.* -и, *ж.*

1. Соперничество на каком-л. поприще, борьба за достижение лучших результатов. *Ср. к. за призовое место.*

!**2.** Борьба между частными производителями за более выгодные условия производства и сбыта товаров при товарном производстве; борьба между капиталистами за обеспечение наивысшей прибыли при капитализме.

Свободная, открытая, капиталистическая, монополистическая, * внутриотраслевая, межотраслевая, ведомственная, промышленная, рыночная, торговая, острая, ожесточённая ... **конкуренция**.

Конкуренция какая: (*предлог «в рамках» с род.*) ~ в рамках каких-л. хозяйств...; (*предлог «в масштабе» с род.*) ~ в масштабе какой-л. отрасли ... **Конкуренция** кого-чего: ~ товаропроизводителей, банков, монополий, концернов ... **Конкуренция** между кем-чем: ~ между товаропроизводителями, между какими-л. фирмами, между предприятиями ... **Конкуренция** где: (*предлог «в» с предл.*) ~ в какой-л. отрасли, в торговле ...; (*предлог «внутри» с род.*) ~ внутри какой-л. отрасли ...

Результат, противоположность, характер, экономический закон, формы, влияние на что-л. ... **конкуренции**. Основа, база ... **для конкуренции**.

Порождать ↓, обострять ↑↓, устранять ↑↓, сменять ↑↓, выдерживать ... **конкуренцию**.

Конкуренция возникает, исчезает, выступает как что-л., характеризуется *несов.*, ведёт *несов.* к чему-л., порождает что-л., тормозит что-л., ускоряет что-л., господствует *несов.* где-л. ...

● Конкуренция порождается частнокапиталистической собственностью на средства производства, когда между производителями не существует иной экономической связи, кроме рынка.

△ **Конкуре́нтн|ый**, -ая, -ое, -ые.

К. борьба, отношения, противоречия ...

Конкури́р|овать, -ую, -уешь, -уют, *несов.*, *неперех.*

Банки, предприятия, фирмы, товаропроизводители ... **конкурируют**.

КОНТОКОРРЕ́НТ, *род.* -а, *м.*

Единый счёт клиента в банке, на котором учитываются все операции банка с клиентами.

Разновидность, остаток ... **контокоррента**. Кредит, операции, расчёты, задолженность ... **по контокорренту**. Соглашение ... **о контокорренте**.

Открывать ↑↓, использовать ↑↓ *несов. и сов.*, применять ↑↓, заменять ↑↓ ... **контокоррент**. Сосредоточивать ↑ что-л., отражать ↑ что-л. ... **на контокорренте**.

Контокоррент способствует *зд. несов.* чему-л., выступает как что-л., распространён где-л. ...

● В СССР контокоррент применялся в 1930—1931 годах и был заменён расчётными счетами, которые банк открывает хозрасчётным предприятиям и организациям.

△ **Контокорре́нтн|ый**, -ая, -ое, -ые.

К. кредит ...

КОНТРА́КТ, *род.* -а, *м.*

То же, что **хозяйственный договор**.

КОНТРАКТАЦИ|Я, *род.* -и, *ж.* Государственные закупки сельскохозяйственной продукции на основе договоров заготовительных организаций с колхозами, совхозами и другими государственными хозяйствами.

Производственная ... **контрактация**.

Контрактация чего: ~ зерна, хлопка, урожая, сельскохозяйственных продуктов ...

План, система, метод, условия, договоры, особенность ... **контрактации**.

Планировать ↑↓, осуществлять ↑↓ ... **контрактацию**. Закупать ↑↓ что-л., заготовлять ↑ что-л. ... **в порядке контрактации**.

Контрактация применяется *зд. несов.* где-л., осуществляется *зд. несов.* на основе чего-л., содействует *несов. и сов.* чему-л., способствует *зд. несов.* чему-л. (вытеснению чего-л. ...), носит *несов.* какой-л. (торговый ...) характер ...

● 1. В условиях развитого социалистического хозяйства метод контрактации — наилучшее средство расширения и укрепления связи между сельским хозяйством и промышленностью, перерабатывающей сельскохозяйственное сырьё. 2. Посредством контрактации советское государство сосредоточивает в своих руках основную массу товарной продукции сельского хозяйства.

△ **Контрактационн|ый**, -ая, -ое, -ые.

К. план, договор, цены ...

КОНТРОЛЬ, *род.* контрол|я, *только ед.*, *м.*

!**1.** Наблюдение с целью проверки, а ткж. сама проверка.

2. *Собир.* контролёры. *Ср. выставить к.*

Государственный, *народный, рабочий, партийный, общественный, общий, ведомственный, вневедомственный, внутрибанковский, банковский, финансовый, бюджетный, денежный, экономический, технический, автоматический, систематический, постоянный, планомерный, предварительный, оперативный, текущий, последующий, ежедневный ... **контроль**.

Контроль какой: (*с твор.*) ~ рублём ...; (*предлог «по» с дат.*) ~ по государственному страхованию, по каким-л. доходам ... **Контроль** за чем: ~ за какими-л. операциями, за затратами на что-л., за расходованием чего-л., за использованием чего-л., за качеством чего-л., за производством и распределением продукта, за соблюдением какой-л. (финансовой ...) дисциплины, за сохранностью чего-л. (социалистической собственности...) ... **Контроль** чего: ~ качества продукции ...

Роль, значение, комитеты, органы, группы, посты, метод, принципы, действенность ... **контроля**.

Осуществлять ↑↓, производить ↓, вести ↑↓ *несов.*, обеспечивать ↑↓, организовать ↑↓ *несов. и сов.* (*в прош. только сов., несов. ткж.* организовывать), проводить ↑↓, усиливать ↑↓ ... **контроль**.

Контроль содействует *зд. несов.* чему-л., вскрывает что-л., построен на чём-л., охватывает что-л. (все операции ...), направлен на что-л. (на предупреждение чего-л. ...) ...

● 1. Контроль в сберегательных кассах СССР систематически осуществляется учреждениями Гострудсберкасс СССР. 2. Контроль в государственном страховании в СССР осуществляется финансовыми органами, управлениями и инспекциями Госстраха.

△ **Контрольн|ый**, -ая, -ое, -ые.

К. аппарат, пост, проверка, работа, кредитование, наблюдение, посещение, компании, обмеры, органы, палаты, функции ...

Контролир|овать, -ую, -уешь,

-уют, *несов.*; **проконтроли́р|овать,** -ую, -уешь, -уют, *сов.*; *перех.*

К. бесперебойность финансирования, деятельность кого-чего-л., поступление чего-л., правильность чего-л., работу, товарность платёжных требований ...

КОНФИСКА́ЦИ|Я, *род.* -и, *только ед., ж.*

Принудительное и безвозмездное изъятие денег, имущества и т. п. в собственность государства.

Незаконная ... **конфискация**.

Конфискация чего: ~ земли, имения, имущества, средств производства ...

Разновидность ... **конфискации**. Решение, постановление ... **о конфискации** чего-л.

Осуществлять ↑↓, производить ↓ как-л., применять ↑↓, использовать ↑↓ *несов. и сов.* ... **конфискацию**. Что-л. подлежит *несов.* ... **конфискации**. Призывать ... **к конфискации**. Настаивать ... **на конфискации**.

Конфискация происходит на основе чего-л. ...

● 1. Конфискация помещичьих имений явилась первым из аграрных преобразований Советской власти в 1917—1918 годах. 2. В СССР конфискация осуществляется по приговорам суда за наиболее тяжкие преступления (хищение, спекуляцию, бандитизм), как правило, в виде дополнения к основному наказанию.

△ **Конфиско́ванн|ый**, -ая, -ое, -ые.

К. банк, земля, имущество, золото, ценности, вещи ...

Конфиск|ова́ть, -у́ю, -у́ешь, -у́ет, -у́ют, *несов. и сов., перех.*

К. землю, имущество, деньги, ценности ...

КОНЦЕНТРА́ЦИ|Я, *род.* -и, *только ед., ж.*

Сосредоточение, скопление, насыщенность, объединение чего-л.

Монополистическая ... **концентрация**.

Концентрация чего: ~ промышленности, производства*, банков, банковского дела, бюджетных средств, ресурсов, капитала, капитальных вложений, аренды, какого-л. (краткосрочного ...) кредита, сельского хозяйства, земли ... **Концентрация** чего-л. где: (*предлог «в» с предл.*) ~ в каких-л. странах, в какой-л. промышленности, в народном хозяйстве, в какой-л. отрасли ...

Формы, уровень, фактор, ускоритель, рост, динамика, процесс, возможности, преимущества, материально-техническая основа ... **концентрации** чего-л. Взаимосвязь ... **между концентрацией** капитала и **концентрацией** производства.

Усиливать ↑↓, повышать ↑↓, регулировать ↑↓ *зд. несов.* ... **концентрацию** чего-л. Что-л. складывается ... **в ходе концентрации** чего-л.

Концентрация чего-л. приводит к чему-л., происходит, обостряет что-л., зависит *несов.* от чего-л., усиливает что-л. ...

● 1. Концентрация банков происходит как в результате ускоренного роста масштабов деятельности и массы капиталов более крупных банков за счёт накопления прибыли (собственно концентрация), так и путём присоединения к крупным банкам мелких. 2. В условиях социалистической экономической интеграции стран-членов СЭВ усиливается роль концентрации производства.

△ **Концентри́р|овать**, -ую, -уешь, -уют, *несов.*; **сконцентри́р|овать**, -ую, -уешь, -уют, *сов.*; *перех.*

К. капитал, какие-л. средства, производство, капитальные вложения ...

КОНЦЕНТРА́ЦИЯ ПРОИЗВО́ДСТВА, *род.* концентра́ци|и, *только ед., ж.*

Рост числа крупных предприятий и сосредоточение в них всё большей части производительных сил общества.

●1. Планомерное регулирование концентрации социалистического производства имеет различные формы: увеличение размеров действующих предприятий путём их расширения, реконструкции и модернизации, строительство новых крупных предприятий и создание производственных объединений. 2. При капитализме условием концентрации производства является концентрация и централизация капитала. *См.* **Концентра́ция.**

КОНЦЕ́РН, *род.* -а, *м.*

Монополистическое объединение, включающее предприятия промышленности, транспорта, торговли и банковской сферы.

Международный, крупный, банковский, авиастроительный ... **концерн**.

Руководящий орган, деятельность, интересы, капитал, акции, доход, прибыль ... **концерна**.

Создавать ⇅, образовать ⇅ *несов. и сов.* (*в прош. только сов., несов. ткж.* образовывать), представлять ⇅, обеспечивать ⇅, контролировать ⇅ ... **концерн**. Что-л. принадлежит *несов.* ... **концерну**. Кто-что-л. стоит *зд. несов.* ... **во главе концерна**.

Концерн возник когда-л., представляет *зд. несов.* собой что-л. (совокупность разнородных компаний ...), включает что-л. (предприятия различных отраслей ...), производит что-л., продаёт что-л., покупает что-л. ...

●1. Входящие в концерн предприятия подчиняются контролю финансовых магнатов, возглавляющих его, хотя сохраняют формальную самостоятельность. 2. Иногда в качестве руководящего органа концерна создаётся специальное общество — так называемая держательская компания.

КОНЦЕССИО́ННЫЙ ДОГОВО́Р, *род.* догово́р|а, *м.*

То же самое, что **конце́ссия**.

КОНЦЕ́ССИ|Я, *род.* -и, *ж. Син.* концессио́нный догово́р.

Договор на сдачу в эксплуатацию на определённых условиях природных богатств, предприятий и других хозяйственных объектов, которые принадлежат государству, а ткж. права, вытекающие из такого договора.

Международная, нефтяная, выгодная ... **концессия**.

Договор, цели, экономическая роль ... **концессии**.

Получать ⇅, предоставлять ⇅ кому-чему-л., использовать ⇅ *несов. и сов.*, ликвидировать ⇅ *несов. и сов.* ... **концессию**. Отказывать кому-чему-л. ... **в концессии**. Привлекать ↑ что-л. ... **посредством концессии**.

Концессия способствует *зд. несов.* чему-л. ...

●1. В эпоху империализма широкое распространение получили концессии, которые используются империалистическими державами для обеспечения себя сырьевыми ресурсами и для сохранения экономического влияния в развивающихся странах. 2. В капиталистических странах концессионерами преимущественно являются крупные монополии, которые используют концессии для получения монопольно высоких прибылей.

△ **Концессио́нн|ый**, -ая, -ое, -ые. **К.** договор, магазин, предприятие, платежи, соглашения ...

КОНЪЮНКТУ́Р|А, *род.* -ы, *только ед., ж.*

Совокупность признаков, которые характеризуют состояние товарного хозяйства (движение цен, курс ценных бумаг, размеры выпуска продукции и т. п.).

Хозяйственная, рыночная, товарная ... **конъюнктура**.

Конъюнктура какая: (*предлог «при» с предл.*) ~ при социализме, при капитализме ...

Движение, колебание, состояние, показатели ... **конъюнктуры**.

Воздействие чего-л. ... **на конъюнктуру**.

Формировать ↑↓, развивать ↑↓, изменять ↑↓, изучать ↑↓, анализировать ↑↓, прогнозировать ↑↓ *несов. и сов.* ... **конъюнктуру**.

Конъюнктура определяется *зд. несов.* чем-л. (соотношением спроса и предложения ...) ...

● 1. Конъюнктура при социализме — это складывающиеся на каждый данный момент и зависимые от хода выполнения народнохозяйственного плана конкретные условия реализации продуктов социалистического производства. 2. Конъюнктура при капитализме — процесс воспроизводства в конкретно-исторических условиях во всей его совокупности и рыночном проявлении.

КООПЕРАТИ́ВНЫЙ ПЛАН В. И. ЛЕ́НИНА, *род.* пла́н|а, *м.*

План социалистического переустройства мелкотоварного, прежде всего крестьянского, хозяйства через кооперацию путём постепенного добровольного объединения мелких частных хозяйств в крупные коллективные хозяйства.

● Кооперативный план В. И. Ленина определил реальный путь социалистического преобразования сельского хозяйства и вовлечения в социалистическое строительство многомиллионных крестьянских масс. *См.* **План.**

КООПЕРА́ЦИ|Я, *род.* -и, *ж.*

1. Форма организации труда, при которой значительное число людей совместно участвует в одном и том же или разных, но связанных между собой процессах труда.

Международная, социалистическая, капиталистическая, межхозяйственная, рабочая, технологическая, планомерная, интегральная ... **кооперация**.

Кооперация кого-чего: ∼ производителей, каких-л. предприятий, труда ... **Кооперация** кого-чего в условиях чего: ∼ в условиях социализма, в условиях капитализма, в условиях диктатуры пролетариата ... **Кооперация** кого-чего-л. где: (*предлог «в» с предл.*) ∼ в каких-л. странах, в СССР, в каких-л.отраслях хозяйства...; (*предлог «в масштабе» с род.*) ∼ в масштабе предприятия...

Сущность, содержание, классовая природа, система, место, роль, значение, тип, вид, форма, преимущество ... **кооперации**.

Поощрять ↑↓, осуществлять ↑↓, использовать ↑↓ *несов. и сов.*, поддерживать ↑↓, превращать во что-л. ↑↓ ... **кооперацию**. Руководить ↑ *несов.* ... **кооперацией**. Регулировать ↑ что-л. ... **через кооперацию**.

Кооперация представляет *зд. несов.* собой что-л., прививает *зд. несов.* что-л. (навыки коллективизма ...), подготовляет/подготавливает кого-л. к чему-л., ставит *зд. несов.* своей целью что-л., осуществляет что-л., преобразует *несов. и сов.* что-л. ...

● 1. В условиях обобществления средств производства кооперация становится социалистической, превращается в мощное орудие объединения и вовлечения широких масс трудящихся в социалистическое строительство. 2. Рабочая кооперация при капитализме является одной из сторон массового международного рабочего движения.

2. Производственное, жилищно-строительное, торговое и т. п. коллективное объединение, которое создаётся на средства его членов.

Жилищная, кредитная, *потребительская, коммунальная, промысловая, сбытовая, снабженческая, сельскохозяйственная ... **кооперация**.

Кооперация кого: ∼ каких-л. товаропроизводителей, крестьян, рабочих, учителей, рыбаков, инвалидов труда ...

7—70

Деятельность, функции, члены, управление, правление, высший орган, средства, собственность, розничный товарооборот ... **кооперации**.

Создать ↑↓, организовать ↑↓ *несов. и сов.* (*в прош. только сов.*, *несов. ткж.* организовывать), поддерживать ↑↓, использовать ↑↓ *несов. и сов.* ... **кооперацию**. Помогать ↑ ... **кооперации**. Руководить ↑ *несов.* ... **кооперацией**. Объединяться ↑ ... **в кооперацию**.

Кооперация ставит *зд. несов.* своей целью что-л., требует чего-л., существует *несов.* на что-л. ...

● 1. Жилищная кооперация представляет собой объединение граждан для строительства жилья на их средства и последующей эксплуатации построенных жилых домов. 2. Потребительская кооперация призвана совершенствовать торговлю на селе, организовать сбыт излишков сельскохозяйственных продуктов, имеющихся у колхозов и колхозников, развивать общественное питание, хлебопечение и т. д.

△ **Кооперати́вн|ый**, -ая, -ое, -ые.

К. план, кредит, альянс, труд, организация, артель *ж.*, система, форма организации чего-л. (банков ...), движение, крестьянство, население, производство, объединение, предприятие, банки, страхование, начала, связи, союзы, собственность, имущество, объединение, строительство, хозяйства, мастерские, товарищества, артели ...

Коопери́рованн|ый, -ая, -ое, -ые.

К. производство, поставки, производственные связи, предприятия ...

Коопери́р|овать, -ую, -уешь, -уют, *несов. и сов.*, *перех*.

К. труд, какое-л. хозяйство, население, учителей, крестьян, рабочих ...

КООПЕРИ́РОВАНИЕ В ПРОМЫ́ШЛЕННОСТИ, *род.* коопери́ровани|я, *только ед.*, *с.*

Организация производственных связей между предприятиями, которые совместно изготовляют определённую продукцию, но сохраняют самостоятельность.

Межрайонное, внутрирайонное, внутриотраслевое, межотраслевое, постоянное, временное ... **кооперирование в промышленности**. Экономическая целесообразность, уровень, основа, формы, процесс, показатели ... **кооперирования в промышленности**.

Организовать ↑↓ *несов. и сов.* (*в прош. только сов.*, *несов. ткж.* организовывать), осуществлять ↑↓, расширять ↑↓, развивать ↑↓, использовать ↑↓ *несов. и сов.* ... **кооперирование в промышленности**.

Кооперирование в промышленности способствует *зд. несов.* чему-л., ведёт *несов.* к снижению чего-л., играет какую-л. роль в чём-л., связано с чем-л. ...

● 1. В СССР кооперирование в промышленности организуется как по территориальному, так и по отраслевому принципу. 2. В условиях социалистической системы мирового хозяйства кооперирование в промышленности представляет собой прогрессивную форму международного социалистического разделения труда.

КОРПОРА́ЦИ|Я, *род.* -и, *ж.*

1. Совокупность лиц, которые объединились для достижения какой-л. цели и получили права юридического лица.

Замкнутая, цеховая, ремесленная, купеческая, рабочая ... **корпорация**.

Корпорация чего: ~ купцов, ремесленников, адвокатов, рабочих ...

Комитеты, средства ... **корпорации**.

Составлять ↑↓, ликвидировать ↑↓ *несов. и сов.* ... **корпорацию**. Зависеть ↑ *несов.* ... **от корпорации**.

Корпорация возникла когда-л. (где-л. и т. п.), стала чем-л., занимает что-л. ...

● Деятельность рабочих корпораций (профсоюзов и т. п.) в капиталистических странах ограничивается или запрещается.

2. Одна из главных форм монополистических объединений капиталистов в США, Канаде и некоторых других странах, а ткж. акционерное общество, соответствующее этой форме.

Международная, транснациональная, товарно-кредитная, кредитная, промышленная, нефтяная ... **корпорация**.

Ценные бумаги, прибыли ... **корпорации**. Налоги ... **с корпораций**.

Организовать ↑↓ *несов. и сов.* (*в прош. только сов., несов. ткж.* организовывать), укреплять ↑↓, расширять ↑↓, ликвидировать ↑↓ *несов. и сов.* ... **корпорацию**.

Корпорация получила что-л. (широкое распространение ...) ...

● В современных условиях корпорации занимают решающее положение во всех отраслях хозяйства США.

△ **Корпорати́вн|ый**, -ая, -ое, -ые.

К. борьба, движение, интересы, средства ...

КО́СВЕННЫЕ НАЛО́ГИ, *род.* нало́г|ов, *ед.* **ко́свенный нало́г**, *род.* нало́г|а, *м. Ант.* прямы́е нало́ги.

Налоги, которые включаются в продажную цену товаров массового потребления и выплачиваются косвенно потребителем при покупке товаров.

● 1. В систему косвенных налогов входят акцизы, казённая (фискальная) монополия и таможенные пошлины. 2. Косвенные налоги наибольшее распространение получили при капитализме, выступая одной из основных статей доходов в бюджетах буржуазных государств. *См.* **Нало́ги**.

КО́СВЕННЫЕ РАСХО́ДЫ, *род.* расхо́д|ов, *только мн. Ант.* прямы́е расхо́ды.

Затраты на производство, которые относятся одновременно к выработке нескольких видов продукции и распределяются между ними при исчислении их себестоимости.

● 1. Косвенные расходы распределяются между изделиями пропорционально другим затратам, избираемым в зависимости от характера производства. 2. Косвенными расходами являются, например, все затраты комплексных производств, где одновременно из одного сырья вырабатывается несколько продуктов (заводы цветной металлургии, нефтеперегонные заводы и др.). *См.* **Расхо́ды**.

КОТИРО́ВК|А, *род.* -и, *ж.*

Установление курсов иностранных валют, ценных бумаг (акций и облигаций) или цен товаров на бирже.

Прямая, обратная, [не]официальная, биржевая ... **котировка**.

Котировка чего: ~ иностранной валюты, акций, облигаций, ценных бумаг...

Метод, практика ... **котировки**.

Применять ↑↓, проводить ↑↓, практиковать ↓ *несов.* ... **котировку**. Допускать ↑ что-л. ... **к котировке**. Выражать ↑ что-л. ... **при** какой-л. (косвенной ...) **котировке**.

● В СССР котировка иностранных валют проводится Госбанком СССР и публикуется ежемесячно в курсовом бюллетене. Применяется прямая котировка.

△ **Котирова́льн|ый**, -ая, -ое, -ые.

К. бюллетень *м.*, комиссия ...

Коти́р|овать, -ую, -уешь, -уют, *несов. и сов., перех.*

К. иностранную валюту, ценные бумаги, акции, биржевую цену товаров ...

КРАТКОСРО́ЧНЫЙ КРЕДИ́Т, *род.* креди́т|а, *м. Ант.* долгосро́чный креди́т.

Кредит, который обслуживает в процессе производства и обращения кругооборот оборотного капитала (при капитализме) или кругооборот оборотных средств (в условиях социализма) и предоставляется, как правило, на срок до 1 года.

●1. При социализме краткосрочный кредит выступает в форме прямого банковского кредита. 2. В капиталистических странах краткосрочный кредит применяется либо в форме коммерческого кредита (товарная форма), либо в форме банковского кредита (денежная форма). *См.* **Креди́т**.

КРЕДИ́Т, *род.* -а, *м.*

Ссуда в денежной или товарной форме, которая предоставляется на условиях возвратности и с уплатой процента.

* Государственный, социалистический, * международный, внешний, иностранный, капиталистический, срочный, * долгосрочный, среднесрочный, * краткосрочный, * банковский, денежный, финансовый, бюджетный, авансовый, * потребительский, * товарный, подтоварный, спекулятивный, коммерческий, вексельный, прямой, косвенный, лимитный, безлимитный, взаимный, доверительный, льготный, земельный, сельский, производственный, технический, натуральный, локальный, ломбардный, банкирский, земский, синдикатский, фирменный, коммунальный, кооперативный, личный, ипотечный, компенсационный, плановый, целевой, расчётный, платёжный ... **кредит**; * валютные ... **кредиты**.

Кредит какой: (*предлог «на» с вин.*) ~ на выплату зарплаты, на внедрение новой техники, на какие-л. расходы, на покупку чего-л., на строительство чего-л., на текущий ремонт, на оплату оборудования, на формирование чего-л., на пополнение и перераспределение чего-л. (оборотных средств ...) ...; (*предлог «под» с вин.*) ~ под какие-л. (расчётные ...) документы в пути, под какие-л. (товарно-материальные ...) ценности, под какие-л. запасы ... **Кредит** чей: ~ каких-л. стран, Госбанка СССР, Стройбанка СССР ... **Кредит** для чего: ~ для приобретения чего-л., для покупки чего-л., для образования каких-л. (товарных ...) запасов ...

Необходимость, сущность, формы, функции, роль, значение, удельный вес, объём, размеры, сумма, зависимость от чего-л., экспансия, сила, динамика, участники ... **кредита**. Товары ... **в кредит**. Потребность ... **в кредите**. Роль государства ... **в сфере кредита**.

Предоставлять ↑↓, открывать ↑↓, получать ↑↓, использовать ↑↓ *несов. и сов.*, развивать ↑↓ *зд. несов.*, укрупнять ↑↓, концентрировать ↑↓, монополизировать ↑↓ *несов. и сов.*, регулировать ↑↓ *зд. несов.*, лимитировать ↑↓ *несов. и сов.*, ликвидировать ↑↓ *несов. и сов.* ... **кредит**. Продавать ↑ что-л., покупать ↑ что-л., оформлять ↑ что-л. ... **в кредит**. Кто-что-л. нуждается *несов.* ... **в кредите**. Производить ↑ что-л. ... **за счёт кредита**. Передавать ↑ что-л. ... **при помощи кредита**.

Кредит углубляет что-л., обостряет что-л., усиливает что-л., обслуживает что-л. (какое-л. производство ...), содействует *зд. несов.* чему-л., способствует *зд. несов.* чему-л., формирует что-л. (рост производства ...) ...

●1. Источниками кредита при социализме являются денежные средства, передаваемые на хранение банкам, которые используют их для кредитования народного хозяйства. 2. В эпоху империализма кредит используется финансовым капиталом для получения максимальных прибылей, в качестве средства финансового закабаления менее развитых в промышленном отношении стран.

△ **Креди́тн|ый**, -ая, -ое, -ые.

К. учёт, метод, план Госбанка СССР, аппарат, лимит, билет, заявка, рестрикция, экспансия, сделка, дискриминация, блокада, кооперация, система, политика, помощь *ж.*, канцелярия, сальдо, дисциплина, соглашение, планирование, вложение, разрешение, деньги *мн.*, операции, ресурсы, реформы, отношения, планы, ассоциации, орудия международных расчётов, санкции, товарищества, учреждения, теории ...

Кредит|ова́ть, -у́ю, -у́ешь, -у́ют, *несов. и сов., перех.*

К. банк, какие-л. хозяйства, предприятия, капитальные вложения, строительство, счёт, затраты ...

КРЕ́ДИТ, *род.* -а, *м. Ант.* де́бет.

Правая сторона бухгалтерских счетов.

Кредит чего: ~ какого-л. счёта ...

Записать ↑ что-л., отнести что-л. ... **в кредит.**

Кредит показывает что-л. ...

● В активных счетах запись в кредит показывает уменьшение, а в пассивных — увеличение средств.

△ **Кре́дитов|ый**, -ая, -ое, -ые.

К. отчёт, сальдо * ...

КРЕДИ́ТНАЯ СИСТЕ́МА, *род.* систе́м|ы, *ж.*

Совокупность форм и методов кредита в рамках одной страны, а ткж. совокупность кредитных учреждений страны (банки, страховые общества, сберегательные кассы, ломбарды и т. д.).

Капиталистическая, социалистическая, высокоразвитая, разветвлённая, современная ... **кредитная система.**

Кредитная система чья: ~ каких-л. (капиталистических, социалистических, развивающихся ...) стран, США, Великобритании ... **Кредитная система** где: (*предлог «в» с предл.*) ~ в СССР, в США ...

Элементы, состав, звенья, особенности, совокупные активы ... **кредитной системы**. Роль чего-л. (государства ...) ... **в кредитной системе**.

Создавать ⇅, развивать ⇅, совершенствовать ⇅, концентрировать ⇅, специализировать ⇅ *несов. и сов.,* универсализировать ⇅ *несов. и сов.,* использовать ⇅ *несов. и сов.* ... **кредитную систему**. Аккумулировать ↑ *несов. и сов.* сбережения, ликвидировать ↑ *несов. и сов.* что-л., что-л. функционирует *несов.* ... **с помощью кредитной системы.**

Кредитная система аккумулирует *несов. и сов.* что-л., растёт вместе с чем-л., сложилась где-л., концентрирует *несов.* что-л., имеет *несов.* что-л., охватывает, включает что-л., ведёт *несов.* к чему-л. ...

● 1. В условиях социалистической экономики кредитная система охватывает отношения государства (в лице государственной банковской системы) с государственными предприятиями и организациями, государства с кооперативами и государства с населением. 2. Кредитная система при капитализме обеспечивает функционирование механизма накопления денежного капитала и его превращение в функционирующий капитал, в результате чего происходит расширение производства, растёт его концентрация на крупных предприятиях, совершенствуется техника.

КРЕДИ́ТНЫЕ ДЕ́НЬГИ, *род.* де́нег, *только мн.*

То же, что **банкно́ты**.

КРЕ́ДИТОВОЕ СА́ЛЬДО, *нескл., с. Ант.* дебето́вое са́льдо.

Превышение итога по кре́диту над итогом по дебету счёта.

● Кредитовое сальдо в пассивных счетах отражает суммы фондов, созданных резервов или кредиторской задолженности, а в активно-пассивных счетах — прибыль, превышение кредиторской задолженности над дебиторской и т. п. *См.* **Са́льдо.**

КРЕДИТО́РСКАЯ ЗАДО́ЛЖЕННОСТЬ, *род.* задо́лженност|и, *ж. Ант.* дебито́рская задо́лженность.

Суммы, которые причитаются с данного предприятия, организации или учреждения в пользу других юридических или физических лиц.

● 1. Задержка средств в хозяйственном обороте в пределах действующих сроков оплаты счетов и обязательств образует нормальную (законную) кредиторскую задолженность. 2. Наличие просроченной кредиторской задолженности, например, по не выданной в установленный срок заработной плате служит признаком неудовлетворительного финансового положения предприятия. *См.* **Задóлженность.**

КРИ́ЗИС, *род.* -а, *м.*

1. Резкое изменение, крутой перелом, тяжёлое переходное состояние. *Ср. духовный к.*

!**2.** Периодическое относительное перепроизводство товаров в капиталистическом обществе как следствие обострения внутренних противоречий капитализма, ведущее к расстройству экономической жизни, к безработице и нищете трудящихся.

!**3.** Острый недостаток, недопроизводство чего-либо.

2. Промышленный, * аграрный, * валютный, финансовый, мировой, частичный, локальный, острый, разрушительный, периодический, циклический, хронический, длительный, современный, * общий ...**кризис.**

Кризис чего: ~ мировой экономики капитализма, экономики какой-л. страны ... **Кризис** где: (*предлог «в» с предл.*) ~ в какой-л. стране, в какой-л. отрасли ...

Начало, причины, симптомы, течение, развитие, этап, фаза, продолжительность, масштабы, последствия ... **кризиса.**

Порождать, вызывать↓, обострять ↑↓ ... **кризис**; различать *зд. несов.* ... какие-л. **кризисы**. Испытывать что-л. ... **под влиянием кризиса**.

● 1. Кризисы вызывают массовые разрушения производительных сил, приводят к массовой безработице. 2. Кризисы порождаются противоречием между общественным характером производства и частнокапиталистической формой присвоения продуктов производства. 3. Финансовый кризис проявляется в хроническом бюджетном дефиците, который вызывает инфляцию и расшатывает государственный кредит и налоговую систему.

3. Продовольственный, топливный, нефтяной, энергетический, сырьевой, жилищный ... **кризис**.

Предвестники, возможность, продолжительность ... какого-л. **кризиса**.

Порождать ↑↓, обострять ↑↓, повторять ↑↓, завершать ↑↓ ... какой-л. **кризис**.

Какой-л. **кризис** приводит к чему-л., показывает на что-л., вызывает что-л. ...

● 1. В развивающихся странах засухи часто ведут к продовольственным кризисам.

△ **Кри́зисн|ый**, -ая, -ое, -ые.

К. период, обстановка, явления, состояние, положение, последствия, время, год, затруднения...

КУПЮР|А, *род.* -ы, *ж.*

Нарицательная стоимость бумажных денег, облигаций и других ценных бумаг, а ткж. сам денежный знак, облигация и т. д. определённой нарицательной стоимости.

Крупные, мелкие ... **купюры**; трёхрублёвая ... **купюра**.

Количество ... каких-л. **купюр**.

Получать ↑↓, обменивать ↑↓, выпускать ↑↓ ... **купюры**. Выпускать↑ что-л. ... **в каких-л. купюрах.**

● В СССР и других социалистических странах соотношение в выпуске денежных знаков различных купюр устанавливается в плановом порядке.

КУРС, *род.* ку́рса, *м.*

1. Направление движения, путь (корабля, самолёта и т. п.). *Ср. взять к. на Ленинград.*

2. Направление, основная установка (в политике). *Ср. к. на индустриализацию.*

3. Систематическое изложение какой-л. науки или отдельной её части в высшей школе, а ткж. учебник, содержащий такое изложение. *Ср. к. истории партии.*

4. Законченный цикл обучения, весь объём какого-л. обучения. *Ср. к. средней школы.*

5. Год, ступень обучения в высших и специальных средних учебных заведениях, а ткж. студенты, слушатели, проходящие такую ступень обучения. *Ср. студент третьего курса.*

6. Законченный ряд, цикл лечебных процедур. *Ср. к. лечения.*

!**7.** а) В СССР: стоимость ценных бумаг, устанавливаемая специальными государственными нормативными актами; б) в капиталистических странах: цена, по которой на бирже покупаются и продаются акции, облигации, векселя и другие ценные бумаги.

7 а. Официальный, паритетный, твёрдый, высокий, * вексельный, валютный ... **курс.**

Курс какой: (*предлог «в» с предл.*) ~ в рублях ... **Курс** чего: ~ золотого рубля Госбанка СССР, ценных бумаг, облигаций ...

Бюллетень, таблица ... **курса** чего-л.

Устанавливать ↑↓, изменять ↑↓, повышать ↑↓, понижать ↑↓, определять ↑↓ ... **курс** чего-л. Исчислять ↑↓ что-л. ... **по** какому-л. **курсу**.

● 1. Исторически первым элементом системы валютного курса социалистических стран явился официальный (паритетный) валютный курс социалистического государства. 2. Публикуемые Госбанком СССР курсы обязательны для пересчёта иностранных валют в рубли, для учёта и отчётности всех советских государственных учреждений и хозяйственных организаций, при составлении платёжного баланса.

7 б. Фиксированный, подвижный, биржевой, рыночный, минимальный, максимальный, валютный, интервалютный ... **курс.**

Курс чего: ~ акций *, облигаций, ценных бумаг, валюты, доллара ... **Курс** чего-л. где: (*предлог «на» с предл.*) ~ на бирже ...

Непостоянство, таблица, бюллетень ... **курса** чего-л. Разница ... **между курсами** чего-л.

Устанавливать ↑↓, отменять ↑↓, повышать ↑↓, понижать ↑↓, изменять ↑↓ ... **курс** чего-л. Что-л. влияет ... **на курс** чего-л.

Курс чего-л. колеблется *несов.*, падает, влияет на что-л. ...

● 1. Падение курса ценных бумаг происходит не только в результате экономических, но и политических потрясений. 2. Рыночный курс ценных бумаг в каждый данный момент складывается и изменяется под влиянием соотношения спроса и предложения ценных бумаг.

△ **Курсов|óй**, -áя, -óе, -ы́е.

К. бюллетень *м.*, разница, цена акций, потеря, прибыль *ж.* ...

КУРС А́КЦИЙ, *род.* ку́рс|а, *м.*

Цена, по которой в капиталистических странах продаются акции.

● 1. Непостоянство курса акций является основой для биржевой игры. 2. Путём различных махинаций, вызывающих искусственное повышение или понижение курса акций, крупные их держатели наживаются, а мелкие теряют свои последние сбережения. *См.* **Курс**.

Л

ЛИМИ́Т, *род.* -а, *м.*

Норма, в пределах которой разрешено пользоваться чем-л., расходовать что-л.

Выходной, внутриквартальный, промежуточный, свободный, кассовый, снижающийся, твёрдый, установленный ... **лимит**.

Лимит чего: ~ продажи, ввоза, вывоза, каких-л. расходов, капитальных вложений, выдач, задолженности, кредитования, кассовой наличности, кассы, сметной стоимости строительства, страхования, финансирования* чего-л. ... **Лимит** на что: (*предлог «на» с вин.*) ~ на электроэнергию, на цены, на продажу чего-л. ...

Сумма, норма ... **лимита**.

Утверждать ↑↓, устанавливать ↑↓, выделять ↑↓, сопоставлять ↑↓, исчерпать ↓, превышать ↑↓, отменять ↑↓ ... **лимит**. Выдавать ↑ что-л. ... **в счёт лимита**. Довести ↑ что-л. ... **до** какого-л. **лимита**. Предоставлять ↑ что-л. ... **по** какому-л. **лимиту.**

Лимит определяет что-л., обеспечивает что-л. ...

● 1. Сопоставление лимита с фактическими затратами служит важнейшим мерилом для оценки хозяйственной деятельности строительных организаций. 2. Лимиты кредитования — предельные суммы кредитов, которые предусмотрены кредитными планами Госбанка СССР и Стройбанка СССР для предприятий, организаций и строек по отдельным объектам. 3. Для сберегательных касс лимит кассовой наличности представляет собой предельную сумму денежной наличности, которая может оставаться у них после окончания операционного дня.

△ **Лими́тн|ый**, -ая, -ое, -ые.

Л. ставка, дисциплина, извещение, письмо, цены* ...

Лимити́р|овать, -ую, -уешь, -уют, *несов. и сов., перех.*

Л. фонды...

ЛИМИ́Т ФИНАНСИ́РОВАНИЯ, *род.* лими́т|а, *м.*

Предельная сумма денежных средств, которая выдаётся банком финансируемым им стройкам в течение года.

● Лимит финансирования определяется исходя из объёма капиталовложений, который предусмотрен для стройки народнохозяйственным планом, и отражает сметную стоимость работ, которые должны быть выполнены в данном году. *См.* **Лими́т.**

ЛИМИ́ТНЫЕ ЦЕ́НЫ В СССР, *род.* цен, *ед.* **цен|а́**, *род.* -ы́, *ж.*

Верхний предел уровня цены на определённый вид продукции.

● 1. Лимитные цены устанавливаются на стадии проектирования новых видов изделий, материалов и нестандартизированного оборудования. 2. Лимитные цены являются важным экономическим показателем при создании новых изделий и материалов, принятии решений об организации производства и определении конечного уровня оптовых цен на данную продукцию. *См.* **Цена́.**

ЛИЦЕВЫ́Е СЧЕТА́, *род.* счет|о́в, *ед.* **лицево́й счёт**, *род.* счёт|а, *м.*

Счета аналитического учёта, которые предназначены для отражения расчётов предприятий с отдельными поставщиками, покупателями, подотчётными лицами, кредитных учреждений — с клиентами, финансовых органов — с плательщиками и др.

● 1. На предприятиях в лицевые счета заносятся сведения о характере хозяйственных операций, в результате которых возникла задолженность, и произведённых для её погашения платежах. 2. Лицевые счета в Госбанке СССР и других банках отражают все денежно-кредитные и расчётные отношения банка с его клиентами. *См.* **Счета́.**

ЛИЦЕ́НЗИ|Я, *род.* -и, *ж.*

1. Разрешение, которое выдаётся государственным органом на право ввоза и вывоза товаров, а ткж. документ, который удостоверяет это право.

Советская, экспортная, импортная ... **лицензия.**

Лицензия на что: ~ на ввоз чего-л., на вывоз чего-л., на получение чего-л. (посылки...) ...

Вид, приобретатель, получатель ... **лицензии**.

Выдавать ↑↓, получать ↑↓, применять ↑↓, предоставлять ↑↓, передавать ↑↓, использовать ↑↓ *несов.и сов.*, продавать ↑↓ ... **лицензию**.

● 1. В социалистических странах выдача лицензий — одна из форм реализации монополии внешней торговли. 2. В СССР создано специализированное экспортно-импортное объединение «Лицензинторг», которое осуществляет сделки по продаже советских лицензий.

2. Разрешение на использование изобретения или иного технического достижения, которое предоставляется на основании лицензионного договора либо судебного или административного решения компетентного государственного органа.

Патентная, беспатентная, принудительная, простая, исключительная, полная ... **лицензия.**

Лицензия на что: ~ на использование чего-л. (открытия, изобретения ...), на право производства чего-л. ...

Объект, вид, форма, стоимость, продавец, покупатель ... **лицензии**. Торговля ... **лицензиями**.

Выдавать ↑↓, продавать ↑↓, покупать ↑↓, использовать ↑↓ *несов. и сов.*, предоставлять ↑ ... **лицензию.**

● 1. Лицензия выдаётся на изобретение, по которому подана заявка на патент или получен этот документ. 2. Продажа лицензии является одной из самых прибыльных экономических операций, т. к. позволяет получать доходы, не производя каких-либо дополнительных вложений капитала. 3. Лицензии выдаются также на ведение какой-либо деятельности (например, торговли), на отстрел животных и др.

△ **Лицензио́нн|ый**, -ая, -ое, -ые.

Л. договор, система, соглашение, сбор, операции...

ЛИ́ЧНАЯ СО́БСТВЕННОСТЬ, *род.* со́бственност|и, *только ед., ж. Ант.* обще́ственная со́бственность.

Основная форма индивидуальной собственности членов социалистического общества на трудовые доходы и сбережения, предметы потребления, которые удовлетворяют личные потребности, а ткж. на некоторые средства производства, используемые в личном подсобном и домашнем хозяйстве.

● 1. Личная собственность граждан является составной частью национального богатства страны. 2. В условиях социализма личная собственность принципиально отличается от частной собственности: она не может превратиться в капитал, в средство эксплуатации чужого труда. 3. Источником личной собственности является труд работников в общественном производстве. *См.* **Со́бственность.**

ЛИ́ЧНОЕ СТРАХОВА́НИЕ, *род.* страхова́ни|я, *только ед., с.*

Вид страхования, при котором застрахованными считаются физические лица.

● При социализме целью личного страхования является охрана материальных интересов граждан, упрочение благосостояния семей трудящихся. *См.* **Страхова́ние.**

ЛОМБА́РД, *род.* -а, *м.*

Кредитное учреждение, которое выдаёт ссуды под залог движимого имущества.

Государственный, частный, муниципальный, городской, акционерный ... **ломбард.**

Ломбард какой: (*предлог «на» с предл.*) ~ на акционерных началах ...

Деятельность, функции, задачи, собственность ... **ломбарда.**

Создавать ⇅, организовать ⇅ *несов. и сов.* (*в прош. только сов., несов. ткж.* организовывать), открывать ⇅, ликвидировать ⇅ *несов. и сов.*, упразднять ⇅ ... **ломбард**. Предоставлять ↑ что-л. ... **ломбарду**. Что-л. выдаётся *зд. несов.* ... **ломбардом.** Заложить что-л. ... **в ломбард.**

Ломбард появился где-л. (когда-л. и т. п.), оказывает что-л. ...

● 1. Созданные в СССР ломбарды являются государственными учреждениями, которые организуются городскими Советами депутатов трудящихся. 2. Основная цель ломбардов в нашей стране состоит в предоставлении населению за небольшую плату возможности хранения предметов домашнего обихода и личного пользования. 3. Ломбарды оказывают трудящимся временную денежную помощь, предоставляя им ссуды под залог вещей.

△ **Ломба́рдн|ый**, -ая, -ое, -ые.

Л. кредит, билет, квитанция, дело, ссуды, операции, правила ...

М

МА́ССОВОЕ ПРОИЗВО́ДСТВО, *род.* произво́дств|а, *с.*

Тип производства, который характеризуется выпуском одноимённой продукции в больших количествах при достаточной устойчивости её номенклатуры.

● 1. Массовое производство отличается высоким уровнем механизации и автоматизации. 2. Массовое производство может быть организовано в рамках предприятий, отдельных цехов и участков путём стандартизации и нормализации полуфабрикатов, типизации технологических процессов, использования универсально-сборных приспособлений и др. *См.* **Произво́дство.**

МАТЕРИА́ЛЬНАЯ ОТВЕ́ТСТВЕННОСТЬ, *род.* отве́тственност|и, *ж.*

Ответственность, которая возлагается на социалистические предприятия и организации, а ткж. на отдельных работников за результаты хозяйственной деятельности, за сохранность социалистической собственности.

Хозрасчётная, ограниченная, повышенная, полная ... **материальная ответственность.**

Материальная ответственность какая: (*предлог «в пределах» с род.*) ~ в пределах 1/3 какой-л. (месячной тарифной ...) ставки...; (*предлог «при» с предл.*) ~ при обнаружении чего-л. (недостачи денег, фальшивых денежных билетов ...) ... **Материальная ответственность** кого-чего: ~ рабочих, служащих, работников инкассации, предприятий, организаций, учреждений ... **Материальная ответственность** за что: ~ за невыполнение какого-л. договора, за порчу какого-л. имущества ...

Размер, вид, принцип ... **материальной ответственности**.

Нести ⇅ *несов.*, возлагать ⇅ на кого-что-л. ... **материальную ответственность**. Что-л. находится *зд. несов.* ... **на материальной ответственности** кого-чего-л.

Материальная ответственность состоит *несов.* в чём-л., обеспечивает что-л., воспитывает что-л. (бережливость ...) ...

● 1. Размер материальной ответственности зависит от причины ущерба, обстоятельств, при которых он нанесён, и от видов повреждённого имущества. 2. Для работников Госбанка СССР материальная ответственность установлена в отношении денег и других ценностей, которые находятся в кладовых и хранилищах. 3. Материальная ответственность кассиров и инкассаторов оформляется специальным обязательством, которое они выдают Госбанку СССР при поступлении на работу.

МАТЕРИА́ЛЬНО - ТЕХНИ́ЧЕСКАЯ БА́ЗА КОММУНИ́ЗМА, *род.* ба́з|ы, *только ед., ж.*

Совокупность материальных, вещественных элементов производительных сил, которые соответствуют самым передовым достижениям науки и техники и обеспечивают наивысшую эффективность производства, полное удовлетворение разумных потребностей народа и всестороннее развитие личности.

Адекватная ... **материально-техническая база коммунизма**.

Зрелость, научный анализ, элементы, черты, соответствие чему-л., содержание и функции, социальная и культурная роль ... **материально-технической базы коммунизма**.

Характеризовать ↓ *несов. и сов.* (*сов. ткж.* охарактеризовать), совершенствовать ↑↓ *зд. несов.*, развивать ↑↓, формировать ↑↓, создавать ↑↓, построить ↑ ... **материально-техническую базу коммунизма**. Осуществлять ↑ что-л. (научно-технический прогресс ...) ... **на основе материально-технической базы коммунизма.**

Материально-техническая база коммунизма включает что-л., обладает *несов.* чем-л., реализует *несов. и сов.* что-л., отражает что-л. (высшую степень концентрации производства...), вырастает из чего-л., основывается *несов.* на чём-л., проходит что-л., характеризуется *несов.* чем-л. ...

● 1. Материально - техническая база коммунизма включает парк машин, механизмов, аппаратов, приборов материального производства и непроизводственной сферы, технологические процессы, формы организации управления общественным производством, производственные сооружения, транспортные средства, сырьё, используемые топливно-энергетические ресурсы. 2. «Материально-техническая база коммунизма предполагает создание таких производительных сил, которые открывают возможности полного удовлетворения разумных потребностей общества и личности» (Программа КПСС. Новая редакция. М., 1986).

МАТЕРИА́ЛЬНО-ТЕХНИ́ЧЕСКОЕ СНАБЖЕ́НИЕ, *род.* снабже́ни|я, *с.* (*сокр.* МТС).

Процесс планового распределения и организации обращения средств производства, который включает реализацию выпускаемой социалистическими предприятиями продукции производственно-технического назначения и обеспечение ею потребителей.

Материально-техническое снабжение чего: ~ народного хозяйства ...

Конторы, базы, склады, орган, управление, межотраслевая система, план, процесс, роль ... **материально-технического снабжения**. Сотрудничество ... **в области материально-технического снабжения**. Государственный комитет Совета Министров СССР ... **по материально-техническому снабжению**.

Организовать ↑↓ *несов. и сов.* (*в прош. только сов., несов. ткж.* организовывать), планировать ↑↓ *зд. несов.*, совершенствовать ↑↓ *зд. несов.* ... **материально-техническое снабжение**. Формировать ↑↓ что-л. ... **в процессе материально-технического снабжения.**

Материально-техническое снабжение обеспечивает что-л., оформилось во что-л. (в систему ...), связано с чем-л. (со всеми фазами социалистического воспроизводства ...), функционирует *несов.* где-л. (в фазах распределения и обращения ...), увязывает что-л., оказывает влияние на что-л. ...

● 1. Материально - техническое снабжение как планово-организованный процесс возможно только при социализме. 2. Материально-техническое снабжение призвано обеспечивать увязку производства и потребления продукции во взаимосвязанных отраслях народного хозяйства. 3. Одним из главных направлений совершенствования управления процессом материально-технического снабжения является развитие экономически целесообразных прямых длительных хозяйственных связей между предприятиями.

МАШИ́ННО - ТРА́КТОРНАЯ СТА́НЦИЯ, *род.* ста́нци|и, *ж.* (*сокр.* МТС).

Государственные социалистические предприятия в сельском хозяйстве СССР, которые осуществляли в 1928—1959 годах производственно-техническое обслуживание колхозов машинной техникой.

Государственные ... **машинно-тракторные станции.**

Машинно-тракторные станции как что: ~ как новая форма государственных сельскохозяйственных предприятий ...

Возникновение, становление, материально-техническая база, парк, деятельность, политотделы, рабочие, директора, показатели, этапы развития ... **машинно-тракторных станций**. Реорганизация ... **в машинно-тракторных станциях**.

Организовать ⇅ *несов и сов.* (*в прош. только сов., несов. ткж.* организовывать), создавать ⇅, восстанавливать ⇅, реорганизовать ⇅ *несов. и сов.* ... **машинно-тракторные станции**. Что-л. принадлежит *несов.* ... **машинно-тракторным станциям**. Работать ↑ *несов.* ... **в машинно-тракторных станциях**. Создавать ↑ что-л. ... **при машинно-тракторных станциях**. Обслуживать ↑ ... **через машинно-тракторные станции.**

Машинно-тракторные станции обслуживали что-л., получали что-л., функционировали *несов.* до каких-л. пор ...

● 1. Каждая машинно-тракторная станция обслуживала от 15 до 50 колхозов. 2. Тракторный парк машинно-тракторных станций делился на отряды (по 2—4 трактора в отряде), за которыми закреплялись определённые хозяйства. 3. С 1959 года машинно-тракторные станции реорганизованы в ремонтно-технические станции, а техника, главным образом мобильная, передана колхозам.

МЕЖДУНАРО́ДНОЕ СОЦИАЛИСТИ́ЧЕСКОЕ РАЗДЕЛЕ́НИЕ ТРУДА́, *род.* разделе́ни|я, *с. Ант.* междунаро́дное капиталисти́ческое разделе́ние труда́.

Межгосударственное разделение труда нового типа, которое формируется вместе с возникновением и развитием мировой социалистической системы хозяйства.

Межотраслевое, внутреннее ... **международное социалистическое разделение труда. Международное социалистическое разделение труда** в чём: ~ в сельском хозяйстве, в какой-л. (пищевой ...) промышленности... **Международное социалистическое разделение труда** в области чего: ~ в области научно-технической деятельности, в области машиностроения...

Принципы, эффективность, значение ... **международного социалистического разделения труда**.

Осуществлять ⇅, углублять ⇅ ... **международное социалистическое разделение труда**. Что-л. занимает какое-л. место ... **в международном социалистическом разделении труда.**

Международное социалистическое разделение труда содействует *зд. несов.* чему-л., повышает что-л., сплачивает что-л. (социалистические страны ...)...

● 1. Главная сфера международного социалистического разделения труда — материальное производство. 2. Международное социалистическое разделение труда повышает экономическую эффективность общественного производства и на этой основе содействует ускорению темпов роста народного хозяйства и благосостояния трудящихся во всех социалистических странах.

МЕЖДУНАРО́ДНОЕ ЭКОНОМИ́ЧЕСКОЕ СОТРУ́ДНИЧЕСТВО, *род.* сотру́дничеств|а, *с.*

Устойчивые и длительные экономические и научно-технические связи между отдельными странами и группами стран двух мировых социально-экономических систем (социалистической и капиталистической) на принципах независимости, равноправия и взаимной выгоды сторон.

Международное экономическое сотрудничество какое: (*предлог «в рамках» с род.*) ~ в рамках социалистического содружества...; (*предлог «внутри» с род.*) ~ внутри какой-л. (капиталистической ...) системы хозяйства ...; (*предлог «на базе» с род.*) ~ на базе международного разделения труда ...

Характер, формы ... **международного экономического сотрудничества**. Возможности ... **для международного экономического сотрудничества**.

Осуществлять ↑↓, развивать ↑↓ *зд. несов.*, углублять ↑↓ *зд. несов.* ... **международное экономическое сотрудничество**. Реализовать ↑↓ *несов. и сов.* что-л. ... **в международном экономическом сотрудничестве.**

Международное экономическое сотрудничество включает что-л. ...

● Международное экономическое сотрудничество включает внешнюю торговлю, кредитные отношения, кооперирование и сотрудничество стран в области освоения природных ресурсов, научно-техническое сотрудничество, осуществление крупных технических проектов, подготовку национальных кадров и т. п.

МЕЖДУНАРО́ДНЫЕ РАСЧЁТЫ, *род.* расчёт|ов, *ед.* **междунаро́дный расчёт**, *род.* расчёт|а, *м.*

Денежные расчёты между предприятиями, учреждениями, банками и отдельными лицами разных стран.

● Международные расчёты социалистических стран с капиталистическими странами производятся на базе двусторонних платёжных соглашений, устанавливающих порядок ведения расчётов, валюту расчётов, режим ведения счетов и т. п. *См.* **Расчёты.**

МЕЖДУНАРО́ДНЫЙ БАНК ЭКОНОМИ́ЧЕСКОГО СОТРУ́ДНИЧЕСТВА, *род.* ба́нк|а, *м.* (*сокр.* МБЭС).

Международный банк социалистических стран.

● Международный банк экономического сотрудничества осуществляет многосторонние расчёты, кредитует внешнюю торговлю, привлекает и хранит свободные средства в переводных рублях, производит расчётные, кредитные, депозитные, арбитражные, гарантийные и другие операции в свободно конвертируемой валюте стран-членов, а также в золоте, совершает другие банковские операции, соответствующие целям и задачам МБЭС. *См.* **Ба́нки.**

МЕЖДУНАРО́ДНЫЙ ИНВЕСТИЦИО́ННЫЙ БАНК, *род.* ба́нк|а, *м.* (*сокр.* МИБ).

Банк долгосрочного и среднесрочного кредитования социалистических стран.

● Основной задачей международного инвестиционного банка является предоставление долгосрочных (до 15 лет) и среднесрочных (до 5 лет) кредитов на осуществление мероприятий, связанных с международным социалистическим разделением труда, специализацией и кооперированием производства, расширением сырьевой и топливной базы и на другие цели. *См.* **Ба́нки.**

МЕЖДУНАРО́ДНЫЙ КРЕДИ́Т СОЦИАЛИСТИ́ЧЕСКИХ СТРАН, *род.* креди́т|а, *м.*

Предоставление одними социалистическими странами другим материальных ресурсов в товарной или денежной форме во временное пользование за определённую плату (процент) на условиях возвратности.

● Международный кредит социалистических стран выступает в трёх основных формах: товарного, инвестиционного и валютного (денежного) кредитов. *См.* **Креди́т.**

МЕЖРАЙО́ННЫЕ ЭКОНОМИ́ЧЕСКИЕ СВЯ́ЗИ В СССР, *род.* свя́з|ей, *ед.* **межрайо́нная экономи́ческая связь**, *род.* свя́з|и, *ж.*

Процесс планомерного обмена средств производства и предметов потребления, трудовых, научно-технических и финансовых ресурсов между центрами и районами производства и потребления на базе единой транспортной системы.

Рациональные, современные ... **межрайонные экономические связи.**

Система, объём, структура, радиусы, географические направления, рост ... **межрайонных экономических связей**.

Планировать ⇅ *зд. несов.*, формировать ⇅ *зд. несов.*, организовать ⇅ *несов. и сов.* (*в прош. только сов., несов. ткж.* организовывать), углублять ⇅, интенсифицировать ⇅ *несов. и сов.*, рационализировать ⇅ *несов. и сов.*, осуществлять ⇅ ... **межрайонные экономические связи.**

Межрайонные экономические связи включают что-л., отражают *зд. несов.* что-л., обеспечивают что-л., способствуют *зд. несов.* чему-л., характеризуются *несов.* чем-л. ...

● 1. Многие виды производства можно эффективно развивать, опираясь на территориальное расчленение производственных процессов, дальнейшее расширение межрайонных экономических связей. 2. Межрайонные экономические связи способствуют осуществлению режима экономии в процессе создания материальных благ и оказания услуг. 3. Материально-техническим средством осуществления межрайонных экономических связей является транспорт.

МЕНОВА́Я СТО́ИМОСТЬ, *род.* сто́имост|и, *ж.*

Количественное соотношение или пропорция, в которой обмениваются различные товары как форма проявления стоимости в акте обмена.

● 1. В социалистическом обществе меновая стоимость выражает социалистические производственные отношения, затраты социалистических предприятий на производство товаров. 2. Будучи формой проявления стоимости, меновая стоимость выражает производственные отношения людей; в простом товарном хозяйстве — отношения мелких товаропроизводителей, в капиталистическом — прежде всего отношения между капиталистами и наёмными рабочими, а также отношения между капиталистами. *См.* **Сто́имость.**

МЕТАЛЛИ́ЧЕСКИЕ ДЕ́НЬГИ, *род.* де́нег, *только мн.*

Т о ж е, ч т о **моне́ты.**

МИГРА́ЦИЯ НАСЕЛЕ́НИЯ, *род.* мигра́ци|и, *ж.*

Перемещение людей через границы определённых территорий в связи со сменой постоянного места жительства либо с возвращением к нему.

Чистая, валовая, внешняя, внутренняя, международная, межконтинентальная, внутриконтинентальная, заокеанская, постоянная, безвозвратная, сезонная, кочевая, маятниковая ... **миграция населения**.

Миграция населения какая: (*предлог «между» с твор.*) ~ между странами, между районами, между городами... **Миграция населения** куда: (*предлог «в» с вин.*) ~ в города, в удалённые районы, в Нечерноземье ...; (*предлог «на» с вин.*) ~ на север, на юг ... **Миграция населения** откуда: (*предлог «из» с род.*) ~ из Европы, из села, из отдалённых районов ...; (*предлог «с» с род.*) ~ с севера, с востока ... **Миграция населения** где: (*предлог «в» с предл.*) ~ в СССР, в капиталистических странах ...

Объём, масштабы, размах, причины, последствия, какие-л. (отрицательные, положительные) стороны, проблемы, статистика ... **миграции населения**.

Развивать ↑↓, оживлять ↑↓, направлять, прервать ↓ ... **миграцию населения**. Относить ↑ что-л. ... **к** какой-л. **миграции населения**.

Миграция населения связана с чем-л., достигла чего-л., пошла на убыль, происходит почему-л., обеспечивает что-л. (территориальное перераспределение населения ...) ...

● 1. Наиболее крупные межконтинентальные миграции населения были связаны с массовым переселением европейцев за океан в 19—20 веках. 2. К внутренней миграции населения относятся перемещения в пределах одной страны между административными или экономическими районами, населёнными пунктами и т. п.

МИРОВА́Я СИСТЕ́МА СОЦИАЛИ́ЗМА, *род.* систе́м|ы, *ж.* *Ант.* мирова́я систе́ма капитали́зма.

Социально-экономическая и политическая общность стран, которые идут по пути социализма и коммунизма.

Страны, государства, материальная основа, возникновение, сила, могущество, единство ... **мировой системы социализма**. Нормы чего-л. ... **внутри мировой системы социализма**.

Образовать ↑↓ *несов. и сов.* (*в прош. только сов., несов. тжж.* образовывать), развивать ↑↓ *зд. несов.*, формировать ↑↓ *зд. несов.* ... **мировую систему социализма**. Входить ... **в мировую систему социализма**.

Мировая система социализма противостоит *несов.* чему-л., оказывает влияние (воздействие) на что-л. ...

● 1. Страны мировой системы социализма имеют однотипную экономическую основу — общественную собственность на средства производства и однотипный государственный строй — власть народа во главе с рабочим классом и его авангардом — коммунистами и рабочими партиями. 2. Возникновение и развитие мировой системы социализма является результатом успехов международного революционного рабочего и коммунистического движения. 3. Мировая система социализма силой своего примера оказывает мощное воздействие на мировой революционный процесс.

МИРОВА́Я СОЦИАЛИСТИ́ЧЕСКАЯ СИСТЕ́МА ХОЗЯ́ЙСТВА, *род.* систе́м|ы, *ж.*

Система взаимосвязанных национальных хозяйств суверенных социалистических стран, постепенно сближающихся на основе единства производственных отношений и политического строя.

Существование, функционирование, производительные силы, мощь, преимущества, закономерности, планомерный характер, страны, часть ... **мировой социалистической системы хозяйства**.

Развивать ↑↓ ... **мировую социа-**

листическую систему хозяйства. Что-л. входит ... **в мировую социалистическую систему хозяйства**. Что-л. происходит ... **в рамках мировой социалистической системы хозяйства**.

Мировая социалистическая система хозяйства открывает что-л., служит *несов*. чем-л., вступила во что-л. (в новый этап своего развития...) ...

● 1. Целью развития мировой социалистической системы хозяйства является планомерное обеспечение общими усилиями социалистических стран перспективных и текущих экономических интересов каждой из них и всей мировой системы социализма в целом. 2. Мировая социалистическая система хозяйства открывает наибольший простор для интернационализации экономической жизни и превращается в определяющий фактор мирового экономического прогресса.

МОНЕ́Т | А, *род*. -ы, *ж*.

Денежный знак, который изготовлен из металла (золота, серебра, меди и сплавов меди, никеля и алюминия) и является средством обращения и платежа.

Лицевая, оборотная, древняя, старинная, современная, латунная, медная, серебряная, золотая, низкопробная, [не]полноценная, разменная, биллонная, сборная, основная, торговая, двуязычная, двух- (трёх-, пяти-, пятнадцати-, двадцати-, пятидесяти-) копеечная, стёртая, фальшивая, памятная, юбилейная ... **монета**.

Монета какая: (*с род.*) ~ какой-л. формы, пониженной пробы, уменьшенного веса ...; (*предлог «из» с род.*) ~ из золота, из серебра, из меди ...; **монеты** достоинством в три копейки (в пять пенсов ...)...

История, обращение, форма, вес, размер, диаметр, проба, стоимость, роль ... **монеты**; каталог ... **монет**. Содержание чего-л., качество и вес металла ... **в монете**. Надпись ... **на монете**.

Изъять из обращения ↑↓, исследовать ↑↓ *несов. и сов.* ... **монету**; чеканить ↑ *зд. несов.*, изготовлять/изготавливать ↑↓, отливать ↓, выпускать ↑↓, собирать ↓, коллекционировать ↑↓ *несов.* ... **монеты**. Датировать ↑ *несов. и сов.* что-л. ... **по** какой-л. **монете**. Различать ↑ что-л. ... **у монеты**.

Монета появилась где-л. (когда-л. и т. п.), рассказывает о чём-л....

● С появлением бумажных денег роль монеты как основного платёжного средства сходит на нет.

△ **Моне́тн | ый**, -ая, -ое, -ые.

М. двор, фонд, сплав, металл, паритет, доход, ценность *ж.*, эмиссия, чеканка, единица, контора, пошлина, система, дело, право, законодательство, клады, находки, документы, реформы, конвенции, союзы, штемпеля ...

МОНОМЕТАЛЛИ́ЗМ, *род.* -а, *только ед., м. Ант.* биметалли́зм.

Денежная система, при которой один металл служит всеобщим эквивалентом и основой денежного обращения.

Медный, серебряный, * золотой ... **монометаллизм**.

Монометаллизм какой: (*предлог «в виде» с род.*) ~ в виде какого-л. (золотодевизного ...) стандарта ...

Система, формы ... **монометаллизма**. Денежное обращение ... **при монометаллизме**.

Ввести ↑↓ ... **монометаллизм**. Перейти ↑ ... **к монометаллизму**.

Монометаллизм существовал *несов.* когда-л. ...

● Хотя при монометаллизме только один металл служит основой денежной системы, в обращении могут функционировать не только монеты из этого металла, но и из других металлов.

МОНОПО́ЛИ | Я, *род.* -и, *ж.*

1. Крупное капиталистическое объединение, которое возникло на основе концентрации капитала с целью установления господства в какой-л. области хозяйства и получения максимальной прибыли.

Международная, транснациональная, государственная, капиталистическая, иностранная, национальная, промышленная ... **монополия**.

Монополия чья: ~ какой-л. (развитой капиталистической страны ...), какого-л. государства ...

Возникновение, генезис, рост, деятельность, господство, сила, позиции, экономическая политика, универсальность, история, форма, значение ... **монополии**. Захват чего-л. ... **монополиями**. Конкурентная борьба ... **внутри монополий**. Конкуренция ... **между монополиями**. Зависимость ... **от монополии**.

Формировать ⇅, развивать ⇅ *зд. несов.* ... **монополию**. Что-л. устанавливается *зд. несов.* (цены) ... **монополиями**. Опираться ... **на монополии**.

Монополия оказывает влияние на что-л., создаёт что-л., задерживает что-л., усиливает что-л., охватывает что-л., занимает что-л. (какое-л. положение ...), подчинила себе что-л. ...

● 1. Развитие всех видов монополистической концентрации неуклонно ведёт к тому, что всё большая часть национального дохода и национального богатства капиталистических стран сосредоточивается в руках горстки крупнейших монополий. 2. Большинство капиталистических монополий в развивающихся странах в той или иной степени связаны с иностранным капиталом.

2. Исключительное право в определённой сфере деятельности государства, организации, фирмы и т. п. прежде всего на производство или продажу чего-л.

Государственная, частная, *валютная ... **монополия**.

Монополия чего: внешней торговли ... **Монополия** на что: ~ на землю, на золото, на валюту, на какие-л. (внешнеторговые ...) операции, на совершение каких-л. сделок...

Режим, значение ... **монополии**.

Вводить ⇅, осуществлять ⇅ ... **монополию**.

Монополия способствует *зд. несов.* чему-л., защищает что-л., обеспечивает что-л., имеет *несов.* что-л. ...

● Государственная монополия внешней торговли исторически явилась одной из важных предпосылок проведения индустриализации, достижения технико-экономической независимости нашей страны, успешного строительства и развития социализма.

△ **Монополисти́ческ|ий**, -ая, -ое, -ие.

М. капитализм, союз, капитал, тип, протекционизм, стадия, конкуренция, корпорация, структура, концентрация, буржуазия, объединение, компании, группы ...

МОРА́ЛЬНЫЙ ИЗНО́С, *род.* изно́с|а, *только ед., м.*

Снижение стоимости основного капитала (при капитализме) или основных фондов (при социализме) вследствие появления более совершенной техники и повышения производительности труда в отраслях, производящих средства производства.

Моральный износ чего: ~ основных производственных фондов, средств труда, основного капитала...

Причины, масштабы, формы, последствия ... **морального износа**. Потери ... **от морального износа**.

Учитывать ⇅, исключить ↓ ... **моральный износ**. Что-л. подвергается ... **моральному износу**.

Моральный износ происходит почему-л., уменьшается, увеличивается ...

Физический и **моральный износ**.

● 1. Главный путь существенного уменьшения потерь общества от морального износа — более интенсивное использование средств труда. 2. Физический и моральный износ учитываются при определении сроков функционирования основных фондов, установлении норм их амортизации.

МОРАТО́РИЙ, *род.* морато́ри|я, *м.*

Отсрочка платежей вследствие каких-л. чрезвычайных обстоятельств (войны, кризиса, стихийного бедствия), которая устанавливается правительством.

Генеральный, всеобщий, частный, специальный, банковский ... **мораторий**.

Мораторий какой: (*предлог «по» с дат.*) ~ по торговым обязательствам...

Объявлять ⇅, предоставлять ⇅, пролонгировать ⇅ *несов. и сов.*, применять ⇅, установить ⇅, ввести ⇅ ... **мораторий**. Прибегать ... **к мораторию**.

Мораторий даёт кому-чему-л. право на что-л. ...

● 1. Мораторий объявляется на определённый срок или на время действия каких-либо особых обстоятельств. 2. Наиболее широкое распространение мораторий получил во время острых экономических кризисов и других потрясений. 3. В СССР мораторий может быть установлен постановлением Совета Министров СССР или союзной республики, но общий мораторий никогда не объявлялся.

Н

НАКЛАДНЫ́Е РАСХО́ДЫ, *род.* расхо́д|ов, *только мн.*

Расходы на управление и хозяйственное обслуживание производства, которые, наряду с основными затратами, включаются в себестоимость продукции.

Административно - правленческие, общепроизводственные, непроизводительные, хозяйственные, телеграфные, транспортные, цеховые, общезаводские, [не]нормируемые ... **накладные расходы**.

Накладные расходы на что: ~ на содержание кого-чего-л., на охрану чего-л. ... **Накладные расходы** при чём: ~ при реализации чего-л. (продукции ...) ... **Накладные расходы** где: (*предлог «в» с предл.*) ~ в промышленности, в строительстве ...

Размер, часть, рост, норма, классификация, распределение, уровень, перерасход, состав ... **накладных расходов**. Удельный вес чего-л. ... **в накладных расходах**.

Увеличивать ⇅, регламентировать ⇅ *несов. и сов.*, планировать ⇅, регулировать ⇅ *зд. несов.*, снижать ⇅, списывать ⇅ ... **накладные расходы**.

Накладные расходы включают что-л. (ненормируемые расходы...), складываются *зд. несов.* из чего-л., состоят *несов.* из чего-л.(из цеховых, общезаводских расходов ...) ...

● Основным условием снижения накладных расходов является повышение производительности труда, увеличение объёма производства и уменьшение сроков строительства.

НАКОПЛЕ́НИЕ В СОЦИАЛИСТИ́ЧЕСКОМ О́БЩЕСТВЕ, *род.* накопле́ни|я, *с.*

То же, что **социалисти́ческое накопле́ние.**

НАКОПЛЕ́НИЕ КАПИТА́ЛА, *род.* накопле́ни|я, *с.*

То же, что **капиталисти́ческое накопле́ние.**

НАЛО́Г С ОБОРО́ТА, *род.* нало́г|а, *м.*

В социалистических странах — часть денежных накоплений предприятия, которая непосредственно обращается в доход государства; в капиталистических странах — вид косвенного налога, который выступает как надбавка к цене товара.

● Удельный вес налога с оборота в доходах Государственного бюджета СССР снижается. *См.* **Налоги.**

НАЛО́Г|И, *род.* -ов, *ед.* **нало́г**, *род.* -а, *м.*

Обязательные платежи, которые взимаются государством с физических и юридических лиц.

Государственный, личный, * прямой, * косвенный, денежный, натуральный, раскладочный, окладной, основной, дополнительный, массовый, * подоходный, земельный, [по]имущественный, продовольственный, сельскохозяйственный, чрезвычайный, прогрессивный, экспортный, импортный, таможенный ... **налог**.

Налоги на кого-что: (*предлог «на» с вин.*) ~ на каких-л. граждан, на холостяков и бездетных, на душу населения, на постройки, на какие-л. доходы, на сверхприбыль, на какой-л. капитал ... **Налоги** с кого-чего: (*предлог «с» с род.*) ~ с рабочих, со служащих, с колхозников, с холостяков, с бездетных, с каких-л. граждан, с населения, с предприятий, с колхозов, со строений ... ; **налоги** с чего: (*предлог «с» с род.*) ~ с дохода, с капитала, с оборота, с заработной платы, с земли, с имущества ...

Сущность, социально-экономическая природа, содержание, форма, функции, назначение, роль, уплата, размер, сумма, вид, поступление, недопоступление, распределение, расходование, рост, плательщики, субъект, объект, ставки ... **налогов**. Поступления ... **от налогов**. Переход ... **к** какому-л. **налогу**.

Устанавливать ↑↓, платить ↑↓, взимать ↑↓ *несов.*, взыскивать ↑↓, использовать ↑↓ *несов. и сов.*, вводить ↑↓, исчислять ↑↓, повышать ↑↓, увеличивать ↑↓, сокращать ↑↓, уменьшать ↑↓, снижать ↑↓ ... **налоги**. Облагать ↑ кого-что-л., что-л. облагается *зд. несов.* ... **налогами**. Превращать ↑ что-л. ... **в** какой-л. **налог**. Что-л. воплощается ... **в налогах**. Освобождать ↑ кого-что-л., освобождается *зд. несов.* ...**от** каких-л. **налогов**. Эксплуатировать ↑ *несов.* кого-что-л. ... **посредством налогов**. Реализовать ↑ *несов. и сов.* что-л., мобилизовать ↑ *несов. и сов.* что-л., перераспределять ↑ что-л., изымать что-л. ... **через налоги**.

Налоги служат чем-л., выступают чем-л. или в качестве чего-л., составляют какую-л. величину, выражают *зд. несов.* что-л., поступают куда-л., отличаются *зд. несов.* от чего-л., способствуют *зд. несов.* чему-л., ускоряют что-л.

● 1. При социализме налоги представляют собой одно из средств планового распределения и перераспределения части национального дохода. 2. В СССР налоги постепенно сокращаются: отменён подоходный налог с зарплаты 70 рублей в месяц и значительно сокращены ставки налога на зарплату до 90 рублей в месяц. 3. При капитализме налоги служат орудием классового господства буржуазии.

△ **Нало́гов|ый**, -ая, -ое, -ые.

Н. кадастр, платёж, иммунитет, период, участок, гнёт, политика, ставка, квота, система*, реформа, инспекция, разница, эксплуатация, право, изъятие, обложение, ограбление, комиссии, поступления, агенты, работники, льготы, доходы, конвенции, сертификаты, списки, тарифы, штрафы, инспекторы ...

НАЛО́ГОВАЯ СИСТЕ́МА, *род.* систе́м|ы, *ж.*

Совокупность налогов в той или иной стране, форм и методов их построения и организации взимания.

Единая ... **налоговая система**.

Налоговая система чья: ~ какой-л. (капиталистической...) страны ... **Налоговая система** где: (*предлог «в» с предл.*) ~ в какой-л. стране, в СССР ...

Сущность, черты, структура,

роль, задачи ... **налоговой системы**.

Организовать ↑↓ *несов. и сов.* (*в прош. только сов., несов. ткж.* организовывать), перестроить ↑↓ ... **налоговую систему**. Аккумулировать *несов и сов.* что-л., усиливать ↑ что-л. ... **через налоговую систему**.

Налоговая система содействует *зд. несов.* чему-л., становится *зд. несов.* чем-л., утрачивает что-л., включает *зд. несов.* что-л., имеет *несов.* что-л. ...

● 1. Отличительными чертами налоговых систем социалистических стран являются: отсутствие косвенного обложения, небольшой и постоянно снижающийся удельный вес налогов с населения в доходах бюджета, возвратность налогов, которая осуществляется через общественные фонды потребления. 2. Налоговые системы капиталистических стран включают прямые и косвенные налоги.

НАЛО́ЖЕННЫЙ ПЛАТЁЖ, *род.* платеж|а́, *м.*

Вид денежного расчёта, при котором стоимость товара взыскивается с получателя почтой, железной дорогой и т. п. для передачи её отправителю.

● Материальные ценности принимаются к отправке на основании свидетельства о наложенном платеже. *См.* **Платежи́.**

НАРО́ДНОЕ ХОЗЯ́ЙСТВО, *род.* хозя́йств|а, *с. Син.* национа́льная эконо́мика страны́.

Совокупность отраслей и сфер экономики страны, которые взаимосвязаны общественным разделением труда; включает отрасли материального производства и непроизводственной сферы.

Социалистическое ... **народное хозяйство**.

Народное хозяйство чего: ~ какой-л. страны, какой-л. республики, СССР ...

Социально-экономическая природа, основа, структура, пропорции, тип, характер, содержание, проблемы, потребность, первичная ячейка, сектор, отраслевое деление, какая-л. отрасль, какая-л. сфера, структурное подразделение, преимущество, связи, баланс, состояние ... **народного хозяйства**. Кругооборот чего-л., количественное соотношение кого-чего-л., потоки товаров, НОТ ... **в народном хозяйстве**.

Планировать ↑↓ *зд. несов.*, развивать ↑↓, балансировать ↑↓, оценивать ↑↓, характеризовать ↓ *несов. и сов.* (*сов. ткж.* охарактеризовать), обеспечивать ↑↓ чем-л. ... **народное хозяйство**. Разработать ↑ что-л. ... **для народного хозяйства**.

Народное хозяйство включает что-л., основывается *зд. несов.* на чём-л., базируется *несов.* на чём-л., формируется как-л., охватывает что-л., растёт и совершенствуется *зд. несов.* при каких-л. условиях ...

● 1. При социализме народное хозяйство базируется на общественной собственности на средства производства, свободном от эксплуатации труде работников, реальном осуществлении права на труд и всеобщности труда. 2. Народные хозяйства социалистических стран экономически связаны между собой, образуя мировую систему социализма.

НАРОДНОХОЗЯ́ЙСТВЕННЫЙ ПЛАН, *род.* пла́н|а, *м.*

Система взаимосвязанных, научно обоснованных, направленных на достижение единой цели плановых заданий, которые определяют порядок, сроки и последовательность осуществления программ работ или отдельных мероприятий.

● 1. Народнохозяйственный план — государственный документ, имеющий силу закона, обязательный для выполнения во всех звеньях народного хозяйства. 2. Разработка и осуществление народнохозяйственного плана возможны только в условиях социалистической системы хозяйства. *См.* **План.**

НАРОДНОХОЗЯ́ЙСТВЕННЫЙ УЧЁТ, *род.* учёт|а, *только ед., м.*

Система организованного систематического наблюдения, количественного измерения и отражения социально-экономических процессов во всех звеньях народного хозяйства в целях планового руководства социалистической экономикой.

Народнохозяйственный учёт где: (*предлог «в» с предл.*) ~ в СССР, в объединениях, в организациях, в учреждениях ...

Система, данные, показатели, принципы, единство ... **народнохозяйственного учёта**.

Организовать ↑↓ *несов. и сов.* (*в прош. только сов., несов. ткж.* организовывать), вести ↑↓ *зд. несов.* ...**народнохозяйственный учёт**.

Народнохозяйственный учёт включает что-л., способствует *зд. несов.* чему-л., приобретает что-л., основан на чём-л. ...

● 1. Единая система народнохозяйственного учёта включает три вида учёта: оперативный, бухгалтерский и статистический. 2. Народнохозяйственный учёт призван своевременно обеспечивать органы управления на всех уровнях научно обоснованными и достоверными данными.

НАРО́ДНЫЙ КОНТРО́ЛЬ, *род.* контро́л|я, *только ед., м.*

В СССР система органов, которые сочетают государственный контроль с общественным контролем трудящихся на предприятиях, в колхозах, учреждениях и организациях.

● Органы народного контроля контролируют выполнение государственных планов и заданий, ведут борьбу с нарушениями государственной дисциплины, проявлениями местничества, ведомственного подхода к делу, с бесхозяйственностью и расточительством, волокитой и бюрократизмом, способствуют совершенствованию государственного аппарата. *См.* **Контро́ль**.

НАРЯ́Д-ЗАКА́З, *род.* наря́д|а-зака́з|а, *м.*

Документ, на основании которого регулируются взаимоотношения между поставщиком и потребителем (покупателем) при поставках продукции производственно-технического назначения.

Государственный, рабочий, бригадный, отдельный ... **наряд-заказ.**

Наряд-заказ на что: ~ на какие-л. работы, на продукцию ...

Форма, номер, срок выполнения, технические условия, основание ... **наряда-заказа**. Учёт сметной стоимости ... **по наряду-заказу**.

Выписать ↑↓, дать ↓, выдать ↑↓ кому-л., отправить ↓, составить ↑↓, проверить ↑↓, оставить ↓, регистрировать ↑↓, получить ↑↓, принять к исполнению ↑↓... **наряд-заказ**. Охватить ↑ что-л., что-л. определяется ... **нарядом-заказом**. Внести ↑ что-л. ... **в наряд-заказ**. Указывать ↑ что-л. ... **в наряде-заказе**. Производить ↑ что-л. ... **на основании наряда-заказа**. Организовать ↑ *несов.и сов.* (*в прош. только сов., несов. ткж.*организовывать) что-л. ... **по наряду-заказу**.

Наряд-заказ заменяет что-л., определяет что-л., составляется *зд. несов.* в каком-л. количестве, остаётся где-л. (в отделе...), поступает куда-л., отличается *зд. несов.* от чего-л. ...

● 1. Наряд-заказ выдаётся поставщикам и покупателям органами снабжения и сбыта в соответствии с выделенными фондами. 2. В наряде-заказе указываются наименования сторон (поставщика, потребителя продукции), количество, общий срок поставки, технические условия, платёжные и транспортные реквизиты.

НАСЛЕ́ДОВАНИ|Е, *род.* -я, *только ед., с.*

Переход имущества умершего

(наследодателя) к его наследникам.

Наследование какое: (*предлог «по» с дат.*) ~ по закону, по завещанию ... **Наследование** чего: ~ личной собственности, вклада, имущества ...

Право, порядок, закон ... **наследования**.

Охранять ⇅ *несов.* чем-л., изменять ⇅ как-л., различать ↓ ... **наследование**.

Наследование имеет *несов.* место когда-л. ...

● 1. Различается наследование по закону (в законе указаны лица, являющиеся наследниками, и очерёдность призвания их к наследованию) и по завещанию. 2. Наследование по закону обычно имеет место при отсутствии завещания.

△ **Насле́д|овать,** -ую, -уешь, -уют; *прич. страд. прош.* насле́дованн|ый, -ая, -ое, -ые, *несов. и сов., перех.*

Н. обязательную долю, имущество, предметы домашней обстановки и обихода, имение ...

Насле́дственн|ый, -ая, -ое, -ые.

Н. доля, пошлина, имущество, право ...

НАУ́ЧНАЯ ОРГАНИЗА́ЦИЯ ТРУДА́, *род.* организа́ци|и, *только ед., ж.* (*сокр.* НОТ).

Процесс совершенствования организации труда на основе достижений науки и техники, физиологии и гигиены труда.

Высокая, чёткая, рациональная ... **научная организация труда**.

Научная организация труда где: (*предлог «в» с предл.*) ~ в каком-л. хозяйстве ...; (*предлог «на» с предл.*) ~ на предприятии...

Область, проблемы, пропаганда, система, звенья, элементы, план, центры, направление, значение, принципы, требования, методы, задачи, основы, уровень ... **научной организации труда**. Подход ... **к научной организации труда**. Мероприятия, совет ... **по научной организации труда**.

Внедрять ⇅, пропагандировать ⇅ *несов.*, распространять ⇅, совершенствовать ⇅ *несов. и сов.*, планировать ⇅ *зд. несов.*, осуществлять ⇅ ... **научную организацию труда**. Требовать ↑ ... **научной организации труда**.

Научная организация труда позволяет что-л. сделать, обеспечивает что-л., учитывает что-л., создаёт условия для чего-л., основывается *зд. несов.* на чём-л., направлена на что-л., выступает *зд. несов.* как что-л. ...

● При социализме с его тесным единством интересов общества, коллектива и каждого работника научная организация труда направлена на улучшение организационных форм использования живого труда, при капитализме — на повышение эксплуатации трудящихся.

НАУ́ЧНО - ТЕХНИ́ЧЕСКАЯ РЕВОЛЮ́ЦИЯ, *род.* револю́ци|и, *ж.* (*сокр.* НТР).

Коренное, качественное преобразование производительных сил на основе практического применения новейших крупных достижений науки, превращения науки в ведущий фактор развития общественного производства, непосредственную производительную силу.

Научно-техническая революция где: (*предлог «в» с предл.*) ~ в каких-л. сферах общества, в каких-л. странах ...

Достижения, возможности, основные черты, сущность, последствия, своеобразие, всемирный характер ... **научно-технической революции**. Обострение противоречий капитализма ... **в связи с научно-технической революцией**. Интернационализация производства ... **в условиях научно-технической революции**. Изменение чего-л. ...**в ходе научно-технической революции**.

Подготовить ⇅, развивать ⇅, ставить на службу ↑ чему-л., характеризовать↓ ... **научно-техническую революцию**.

Научно-техническая революция изменяет что-л. (содержание труда ...), ведёт *несов.* к чему-л. (к ускорению научно-технического прогресса ...), несёт *несов.* с собой что-л.(какие-л. изменения...), создаёт что-л., стала возможной благодаря чему-л. (развитию производительных сил ...) ...

● 1. «Научно-техническая революция при социализме оказывает мощное воздействие на все стороны современного производства, на всю систему общественных отношений, на самого человека и среду его обитания, открывает новые перспективы значительного повышения производительности труда и прогресса общества в целом» (Программа КПСС. Новая редакция. М., 1986). 2. Научно-техническая революция представляет собой длительный процесс, который имеет две главные предпосылки — научно-техническую и социальную.

НАУ́ЧНО - ТЕХНИ́ЧЕСКИЙ ПРОГРЕ́СС, *род.* прогре́сс|а, *только ед., м.*

Единое, взаимообусловленное, поступательное развитие науки и техники.

Быстрый ... **научно-технический прогресс.**

Научно-технический прогресс где: (*предлог «в» с предл.*) ~ в сфере какого-л. (материального...) производства, в промышленности, в какой-л. стране, в СССР ...

Истоки, формы, черты, возможности, задачи, роль, результаты, последствия, проявление, влияние, темпы, программа ... **научно-технического прогресса**.

Использовать ↑↓ *несов. и сов.*, направлять ↑↓, ускорять ↑↓, стимулировать ↑↓ *несов. и сов.*, тормозить ↑↓ ... **научно-технический прогресс**. Способствовать *зд. несов.*, содействовать ↑ *несов. и сов.* ... **научно-техническому прогрессу**.

Научно-технический прогресс служит чем-л., захватывает что-л., включает *зд. несов.* что-л., распространяется на что-л., обеспечивает что-л., ведёт *несов.* к чему-л., содействует *несов. и сов.* чему-л., воздействует *несов. и сов.* на что-л. ...

● 1. Современный этап научно-технического прогресса определяется научно-технической революцией и охватывает наряду с промышленностью сельское хозяйство, транспорт, связь, медицину, образование, быт. 2. При социализме научно-технический прогресс осуществляется в интересах всего народа, поскольку успешное развитие науки и техники содействует созданию материальных и духовных предпосылок для всестороннего и гармоничного развития личности.

НАЦИОНАЛИЗА́ЦИ|Я, *род.*-и, *только ед., ж.*

Переход частных предприятий и отраслей экономики в собственность государства.

Социалистическая, капиталистическая, безвозмездная, полная, частичная, немедленная, постепенная .... **национализация**.

Национализация какая: (*предлог «за» с вин.*) ~ за выкуп ... **Национализация** чего: ~ земли *, банков *, промышленности *, каких-л. объектов, отраслей, экономики, заводов, фабрик, каких-л. предприятий, шахт, железных дорог, связи, транспорта, внешней торговли, средств производства и обращения, какой-л. или чьей-л. собственности, каких-л. богатств... **Национализация** где: (*предлог «в» с предл.*) ~ в каких-л. (развивающихся ...) странах, в СССР, в Великобритании ...

Начало, ход, этапы, процесс, цель, размеры, размах, границы, результат, итоги, темпы, опыт, сущность, причины, программа, теория, практика, характер, особенность, требования, проблемы, невозможность, важность, целесообразность, социально-экономическое значение ... **национализации**. Борьба ... **вокруг национализации**. Борьба, движение ... **за национализацию**. Опыт, меры ... **по национализации**. Декрет, законопроект, постановление, вопрос ...**о национализации**.

Намечать ↓, подготавливать ↑↓, проводить ↑↓, распространять на что-л. ↑↓, осуществлять ↑↓, продолжать ↑↓, тормозить ↑↓, использовать ↑↓ *несов. и сов.* ... **национализацию**. Требовать... **национализации** *род.* Что-л. подлежит *несов.*, что-л. подвергается ... **национализации** *дат.* Готовить кого-что-л., призывать кого-что-л. ... **к национализации.**

Национализация способствует *зд. несов.* чему-л., содействует *зд. несов.* чему-л., наносит удар по чему-л. (по частной собственности), влияет на что-л. (на изменение классовой структуры общества...), создаёт предпосылки для чего-л., получила большое развитие где-л., затрагивает что-л. (собственность...), подрывает, расшатывает что-л., лишает чего-л., носит *несов.* какой-л. (антиимпериалистический ...) характер, укрепляет и расширяет что-л. (государственный сектор народного хозяйства...), приводит к чему-л., допускает что-л. ...

● 1. Социалистическая национализация ликвидирует частную собственность на средства производства, уничтожает эксплуататорские классы, создаёт социалистический уклад в экономике. 2. Национализация земли, заводов, фабрик, банков в нашей стране обеспечила необходимые предпосылки для утверждения и развития общественной социалистической собственности, организации плановой системы хозяйства. 3. Капиталистическая национализация не изменяет эксплуататорской сущности капиталистического строя, не устраняет конкуренции и анархии производства, экономических кризисов.

△ **Национализи́р|овать,** -ую, -уешь, -уют, *несов. и сов.*, *перех.*

Н. землю, банки, предприятия, фирмы, железные дороги, какой-л. (водный...) транспорт, какие-л.отрасли промышленности, собственность, добычу чего-л. ...

Национализи́рованн|ый, -ая, -ое, -ые.

Н. банк, предприятия, промышленность *ж.*, земля ...

НАЦИОНАЛИЗА́ЦИЯ БА́НКОВ, *род.* национализа́ци|и, *только ед., ж.*

Изъятие государственной властью банков из частной собственности и передача их в собственность государства.

● Национализация банков подрывает финансовую мощь буржуазии и является решающим условием превращения банков в аппарат общегосударственного учёта и контроля за производством и распределением. *См.* **Национализа́ция.**

НАЦИОНАЛИЗА́ЦИЯ ЗЕМЛИ́, *род.* национализа́ци|и, *только ед., ж.*

Отмена частной собственности на землю и переход её в собственность государства.

● 1. В СССР национализация земли была осуществлена в результате Великой Октябрьской социалистической революции: 26 октября (8 ноября) 1917 года на II Всероссийском съезде Советов был принят Декрет о земле.2. При капитализме буржуазия не осуществляет национализации земли, поскольку она сама является собственником значительной её части. *См.* **Национализа́ция.**

НАЦИОНАЛИЗА́ЦИЯ ПРОМЫ́ШЛЕННОСТИ, *род.* национализа́ци|и, *только ед., ж.*

Переход в государственную собственность отдельных промышленных предприятий и целых отраслей производства.

● 1. Важную роль в подготовке и осуществлении социалистической национализации промышленности в СССР сыграла национализация банков и введение рабочего контроля на промышленных предприятиях после Февральской революции 1917 года. 2. В капиталистических странах имеются экономические и социальные предпосылки для борьбы за национализацию промышленности, отвечающую интересам широких народных масс. *См.* **Национализáция**.

НАЦИОНÁЛЬНОЕ БОГÁТСТВО, *род.* богáтств|а, *с.*

Совокупность потребительных стоимостей, которые созданы и накоплены обществом за всё время его производственной деятельности как один из важнейших показателей экономической мощи страны.

Национальное богатство чьё: ~ СССР, какой-л. страны ... **Национальное богатство** где: (*предлог «в» с предл.*) ~ в СССР, в США, в капиталистических странах ...

Размеры, величина, объём, часть, состав, структура, рост, статистика, понятие ... **национального богатства**.

Исчислять ↑↓, исследовать ↑↓ *несов. и сов.*, определять ↑↓, оценивать ↑↓, создавать ↑↓, увеличивать ↑↓, уменьшать ↑↓, накапливать ↑↓, присваивать ↑↓ ... **национальное богатство**. Включать ↑ что-л. ... **в состав национального богатства.**

Национальное богатство включает *зд. несов.* в себя что-л., принадлежит *несов.* кому-л. (трудящимся...), составляет что-л., рассматривается *несов.* как что-л. (как богатство нации...) ...

● 1. В состав национального богатства СССР включаются следующие материальные блага: основные и оборотные производственные фонды, непроизводственные основные фонды, личное (потребительское) имущество населения, товарные запасы, государственные резервы, природные ресурсы, вовлечённые в процесс производства. 2. Наибольшую часть национального богатства составляют производственные основные фонды.

НАЦИОНÁЛЬНЫЙ ДОХÓД, *род.* дохóд|а, *только ед., м.*

Вновь созданная за год в сфере материального производства стоимость или соответствующая ей часть совокупного общественного продукта в натуральной форме, которая получается за вычетом всех материальных затрат на его производство.

Годовой ... **национальный доход.** **Национальный доход** какой: (*предлог «в расчёте» с вин.*) ~ в расчёте на душу населения... **Национальный доход** где: (*предлог «в» с предл.*) ~ в каком-л.(капиталистическом...) обществе, в какой-л. стране, в СССР ...

Социально-экономическое содержание, сущность, структура, источники, размер, величина, часть, рост, прирост, движение... **национального дохода**. Доля трудящихся ... **в национальном доходе**.

Создавать ↑↓, образовать ↑↓ *несов. и сов.* (*в прош. только сов., несов. ткж.* образовывать), распределять ↑↓, перераспределять ↑↓, использовать ↑↓ *несов. и сов.*, реализовать ↑↓ *несов. и сов.*, исчислять ↑↓ ... **национальный доход.** Получать что-л., кому-л. достаётся что-л. ... **из национального дохода**. Что-л. сказывается ... **на национальном доходе.**

Национальный доход состоит *несов.* из чего-л., отражает что-л., служит *зд. несов.* чем-л., воплощает в себе что-л. (общественно необходимый труд...), представляет *зд. несов.* собой что-л., равняется *несов.* чему-л. (части стоимости совокупного общественного продукта...)...

● 1. При социализме весь национальный доход принадлежит народу и планомерно используется в интересах всего общества. 2. Созданный за год национальный доход — это по существу тот экономический эффект, который СССР получает от социалистического производства. 3. Национальный доход в капиталистическом обществе образуется в результате эксплуатации трудящихся масс, причём значительная его часть идёт на паразитическое потребление.

НАЧЁТ|Ы, *род.* -ов, *ед.* **начёт,** *род.* -а, *м.*

Денежные суммы, которые взыскиваются с должностных лиц за действия, причинившие ущерб государству.

Начёты за что: ~ за какую-л. продукцию, за какие-л. потери сырья, за излишества в расходовании чего-л., за перерасход чего-л., за какую-л. (незаконную...) выдачу премий, за порчу и утрату чего-л.

Сумма ... **начётов**. Взыскания ...**в счёт начётов**. Основание... **для начётов**. Приказ ... **о начётах**.

Начислять ↑↓, взыскивать ↑↓, делать ↓, вносить ↑↓, перечислять ↑↓, платить ↓, погашать ↑↓, устанавливать ↑↓ ... **начёты**.

Начёты покрывают что-л., не превышают чего-л. (трёхмесячной суммы заработной платы...) ....

● 1. Основанием для начётов служат невыполнение без уважительных причин плановых заданий по поставкам продукции и материалов в другие экономические районы, выпуск и поставка недоброкачественной, некомплексной продукции и др. 2. Начёты устанавливаются также за перерасход фонда заработной платы на содержание аппарата управления и превышение административно-хозяйственных расходов, штатов и смет.

НЕДОЙМК|А, *род.* -и, *ж.*

Сумма налога или другого обязательного платежа, не внесённая в установленный государством срок.

Большая, растущая, уплаченная, повторная ... **недоимка**.

Недоимка какая: (*предлог «по» с дат.*) ~ по каким-л. налогам, по платежам...

Образование, возникновение, рост, размер, сумма, характер ... **недоимки**.

Уплачивать ↑↓, погашать ↑↓, взыскивать ↑↓, вносить ↑↓, требовать ↑↓ ... **недоимку**.

Недоимка возрастает за счёт чего-л., возникает почему-л. ...

● 1. В СССР в условиях неуклонного роста благосостояния трудящихся и небольших размеров налогового обложения отсутствуют экономические предпосылки для возникновения недоимок по платежам населения. 2. При уплате налогов трудящимися через предприятия и организации (при выдаче заработной платы) исключается возможность образования недоимок. 3. В капиталистических странах образование недоимок связано с огромным ростом налогового бремени, падающего на трудящихся.

НЕПЛАТЁЖЕСПОСО́БНОСТЬ, *род.* неплатёжеспосо́бност|и, *только ед., ж.*

Неспособность кого-л. или чего-л. своевременно платить по своим финансовым обязательствам.

Неплатёжеспособность кого-чего: ~ заёмщика, предприятия, организации, хозяйства, колхоза, совхоза ...

Наказание, ответственность ...**за неплатёжеспособность**.

Устанавливать ↑↓ ... **неплатёжеспособность**.

Неплатёжеспособность возникает в результате чего-л., ведёт *несов.* к чему-л., вызывается *зд. несов.* чем-л. ...

● 1. В социалистическом хозяйстве объявление предприятия неплатёжеспособным является мерой воздействия, кредитной санкцией банка в отношении плохо работающих предприятий. 2. В капиталистических странах в условиях анархии производства, конкуренции и экономических кризисов неплатёжеспособность (банкротство) носит массовый характер.

△ **Неплатёжеспосо́бн|ый,** -ая, -ое, -ые.

Н. предприятие, завод, заёмщик, фабрика, хозяйство, организации...

НЕПРОИЗВО́ДСТВЕННАЯ СФЕ́РА, *род.* сфе́р|ы, *ж. Син.* сфе́ра нематериа́льного произво́дства. *Ант.* произво́дственная сфе́ра, сфе́ра материа́льного произво́дства.

Совокупность отраслей экономики, которые не производят материальные блага.

Непроизводственная сфера где: (*предлог «в» с предл.*) ~ в каком-л. обществе, в какой-л. стране, в СССР ...

Характер, масштабы, рост, развитие, работники, отрасли, роль, учреждения, организации ... **непроизводственной сферы**. Работа... **в непроизводственной сфере**. Различия, соотношение ... **между непроизводственной сферой и производственной сферой**.

Охватить ↑↓, развивать ↑↓, расширять ↑↓, укреплять ↑↓, характеризовать ↓ *несов. и сов.* (*сов. ткж.* охарактеризовать) ... **непроизводственную сферу**. Направлять ↑ что-л. ... **в непроизводственную сферу**. Создавать ↑ что-л., развивать ↑ что-л., укреплять ↑ что-л., поддерживать ↑ что-л., иметь *несов.*что-л., бороться за что-л. ...**в непроизводственной сфере**. Относить что-л. ... **к непроизводственной сфере**. Отличать ↑ что-л. ... **от непроизводственной сферы**.

Непроизводственная сфера принимает *зд. несов.* какой-л. характер, объединяет что-л. (общественно полезные виды деятельности...) ...

Непроизводственная сфера и производственная сфера.

● В СССР к непроизводственной сфере относят жилищно-коммунальное и бытовое обслуживание населения, пассажирский транспорт, связь (по обслуживанию организаций и непроизводственной деятельности населения), здравоохранение, физическую культуру и социальное обеспечение, просвещение, культуру, искусство, науку и научное обслуживание, управление, общественные организации.

НО́РМ|А, *род.* -ы, *ж.*

1. Узаконенное установление, признанный обязательным порядок. *Ср. нормы права.*

!2. Установленная мера, величина чего-н.

Абсолютная, относительная, бюджетная, финансовая, материальная, отраслевая, групповая, общая, индивидуальная, факультативная, сменная, дневная, недельная, месячная, квартальная, годовая, сезонная, текущая, основная, дополнительная, высокая, низкая, завышенная, заниженная, средняя, твёрдая, фиксированная, обязательная, единая, жёсткая, типовая, прогрессивная, устаревшая, перспективная, дифференцированная, комбинированная, комплексная, опытно-статистическая, процентная, научно обоснованная, технико-экономическая, фактическая ... **норма**.

Норма чего: ~ отчислений, расходов, реализации чего-л., вывоза чего-л., обложения, питания, потребления, какого-л. (ссудного ...) процента, запаса чего-л., времени *, выработки *, численности персонала, прибыли, рентабельности *, какой-л. стоимости, накопления *, амортизации, выдачи чего-л. (средств ...), доходности, освоения чего-л., прибавочной стоимости...

Назначение, возрастание, прогрессивность, производственная

проверка, научная обоснованность, качество, уровень, база ... **нормы.** Положение ... **о норме** чего-л.

Разрабатывать ↑↓, устанавливать ↑↓, определять ↑↓, рассчитывать ↑↓, рассматривать ↑↓, повышать ↓↑, увеличивать ↑↓, уменьшать ↑↓, сокращать ↑↓, превышать ↑↓, анализировать ↑↓, дифференцировать ↑↓ *несов. и сов.*, внедрять ↑↓, уточнять ↑↓, распространять ↑↓, использовать ↑↓ *несов.и сов.*, применять ↑↓, выполнять ↑↓, перевыполнять ↑↓ ... **норму**. Закреплять ↑ что-л. ... **в норме**. Использовать ↑ *несов. и сов.* что-л., применять ↑ что-л. ... **в качестве нормы**. Исходить *зд. несов.* ... **из нормы**. Умножать ↑ что-л. ... **на норму**. Зависеть *несов.* ... **от нормы**. Исчислять ↑ что-л. ... **по норме**.

Норма выполняет что-л., определяет что-л., обеспечивает что-л., исчисляется *несов.* в чём-л., служит чему-л. ...

● 1. В зависимости от вида затрат и методов их расчёта нормы расходов бюджетных учреждений делятся на годовые, дневные, разовые и месячные. 2. Нормы вывоза и ввоза наличной национальной валюты — это устанавливаемые государствами предельные суммы вывоза из страны национальной валюты и ввоза её из-за границы.

△ **Нормиро́ванн|ый**, -ая, -ое, -ые.

Н. процесс производства, учёт доходов, труд, рабочий день *м.*, ставка, система оплаты, база, обложение, цены, активы, оборотные средства...

Нормир|ова́ть, -у́ю, -у́ешь, -у́ют, *прич. страд. прош.* нормиро́ванн|ый, -ая, -ое, -ые, *кр. ф.* нормиро́ван, -а, -о, -ы., *несов. и сов., перех.*

Н. труд, расход топлива, заработную плату, работу, время, цены, строительные материалы ...

НО́РМА ВРЕ́МЕНИ, *род.* но́рм|ы, *ж.*

Время, которое установлено на изготовление единицы продукции или выполнение определённого объёма работы одним рабочим или группой рабочих соответствующей квалификации в определённых организационно-технических условиях.

● 1. Норма времени исчисляется в человеко-часах или человеко-минутах. 2. Норма времени обратно пропорциональна норме выработки. *См.* **Но́рма.**

НО́РМА ВЫ́РАБОТКИ, *род.* но́рм|ы, *ж.*

Количество продукции в натуральном выражении (в тоннах, килограммах, метрах, штуках), которое должно быть произведено работником или бригадой соответствующей квалификации в единицу времени (час, рабочую смену, месяц) при определённых организационно-технических условиях.

● 1. В СССР нормы выработки устанавливают, как правило, в крупносерийном и массовом производствах, в которых в течение всей смены выполняется одна работа при постоянной численности исполнителей. 2. Наибольшее применение нормы выработки получили в угольной, металлургической, химической и пищевой промышленности. *См.* **Но́рма.**

НО́РМА НАКОПЛЕ́НИЯ, *род.* но́рм|ы, *ж.*

Показатель, который характеризует долю национального дохода, используемую на накопление.

Общая, оптимальная, высокая, низкая ... **норма накопления.**

Норма накопления чья: ~ производства ... **Норма накопления** где: (*предлог «в» с предл.*) ~ в объединении... ; (*предлог «на» с предл.*) ~ на предприятии ...

Показатель, уровень, подсчёт, величина, рост, неустойчивость ... **нормы накопления**.

Определять ↑↓, исчислять ↑↓, устанавливать ↑↓, использовать ↑↓ *несов. и сов.*, увеличивать ↑↓, уменьшать ↑↓, повышать ↑↓, понижать ↑↓, отражать ↑↓, превращать во что-л. ↑↓, ограничивать ↑↓, выражать ↑↓, стабилизировать ↑↓ *несов. и сов.* ... **норму накопления.**

Норма накопления складывается как-л., играет какую-л. роль...

● 1. Отличительной чертой нормы накопления социалистических стран является её относительная стабильность. 2. В современных условиях в капиталистических странах наряду с факторами, ограничивающими норму накопления, действуют и факторы, способствующие её росту, прежде всего научно-техническая революция.

НО́РМА РЕНТА́БЕЛЬНОСТИ, *род.* но́рм|ы, *ж.*

Уровень хозрасчётной рентабельности предприятия, объединения, отрасли.

● В СССР норма рентабельности рассчитывается как отношение прибыли к сумме производственных основных фондов и нормируемых оборотных средств. См. **Но́рма.**

НОРМАТИ́В СО́БСТВЕННЫХ ОБОРО́ТНЫХ СРЕДСТВ, *род.* нормати́в|а, *м.*

Минимальная, постоянно необходимая предприятиям и организациям для нормальной хозяйственной деятельности сумма собственных оборотных средств.

● Норматив собственных оборотных средств обеспечивает возможность выполнения плана и служит в то же время основой для контроля за использованием предприятиями выделенных им оборотных средств. *См.* **Нормати́вы.**

НОРМАТИ́ВНОЕ ПЛАНИ́РОВАНИЕ, *род.* плани́ровани|я, *только ед., с.*

Использование в плановом управлении социалистической экономикой системы научно обоснованных, прогрессивных норм и нормативов.

● Нормативное планирование опирается на дифференцированную систему экономических и технико-экономических нормативов. *См.* **Плани́рование.**

НОРМАТИ́В|Ы, *род.* -ов, *ед.* **нормати́в**, *род.* -а, *м.*

Расчётные величины затрат рабочего времени, материальных и денежных ресурсов или каких-л. платежей, которые применяются в нормировании труда, планировании производственной и хозяйственной деятельности социалистических предприятий и организаций, планировании и распределении ресурсов.

Оперативные, среднегодовые, годовые, квартальные, текущие, длительно действующие, отраслевые, ведомственные, межотраслевые, промышленные, народнохозяйственные, колхозные, совхозные, местные, районные, заводские, республиканские, общесоюзные, дифференцированные, укрупнённые, единые, типовые, комплексные, совокупные, частные, индивидуальные, основные, перспективные, прогрессивные, оптимальные, стабильные, плановые, технические, технико-экономические, финансово-экономические, экономические ... **нормативы**.

Нормативы чего: ~ оборотных средств, каких-л. отчислений, платы за что-л., периодичности чего-л., величины заделов, сменной работы, оборудования, продолжительности чего-л., освоения производственных мощностей, технологического проектирования, окупаемости затрат, режимов работы оборудования, времени, управления, бюджета рабочего времени, численности кого-чего-л., затрат, расхода чего-л., эффективности, обслуживания чего-л., рентабельности, распределения прибыли ... **Нормативы** для чего: ~ для каких-л. (машиностроительных...) предприятий ... **Нормативы** по чему: ~ по труду...

Система, группа, прогрессивность ... **нормативов**. Установление норм ... **на основе нормативов.** Рассчитывать ⇅, определять ⇅, вводить ⇅, устанавливать ⇅, использовать ⇅ *несов. и сов.,* применять ⇅, систематизировать ⇅ *несов. и сов.*, разрабатывать ⇅, утвердить ⇅, соблюдать ⇅, дифференцировать ⇅ *несов. и сов.* ... **нормативы.** Включать ↑ что-л. ... **в нормативы.** Использовать ↑ *несов.и сов.* что-л. ... **в качестве нормативов.** Сопоставлять ↑ показатели ... **с нормативами.**

Нормативы служат чем-л., способствуют *зд. несов.* чему-л., подразделяются *несов.* на что-л., существуют *несов.* для чего-л., обеспечивают что-л., учитывают что-л., зависят *несов.* от чего-л., определяют что-л. ...

● 1. «Хозрасчётные взаимоотношения всё в большей мере должны строиться на основе заданий пятилетнего плана и устанавливаемых экономических нормативов, увязывающих размеры оставляемых в распоряжении объединений и предприятий средств с результатами их работы» (Материалы XXVII съезда КПСС, М., 1986, с. 332). 2. По сфере использования нормативы разделяются на межотраслевые, которые применяются в различных отраслях народного хозяйства, отраслевые, используемые в пределах данной отрасли, и заводские, действующие на данном предприятии. 3. По срокам функционирования различают нормативы длительно действующие, применяемые в работе по перспективному планированию, и текущие.

△ **Нормати́вн|ый**, -ая, -ое, -ые. **Н.** акт, учёт чего-л., запас чего-л., стоимость чего-л., нагрузка, работа, обложение, величины, документы, затраты, материалы ...

НОРМИ́РОВАНИЕ ТРУДА́, *род.* норми́ровани|я, *только ед., с.* Установление норм затрат труда на выполнение определённой работы.

Тарифное, техническое, аналитическое, прогрессивное, планомерное ... **нормирование труда.**

Нормирование труда кого: ~ рабочих, инженерно-технических работников, служащих, учителей, научных сотрудников... **Нормирование труда** где: (*предлог «в» с предл.*) ~ в каком-л. хозяйстве, в каких-л. странах, в каком-л. обществе...; (*предлог «на» с предл.*) ~ на каких-л. предприятиях ...

Методы, методология, область, техника, принципы, организация, обоснованность, отличие, система, теория, формы, основа... **нормирования труда**. Мероприятия ... **по нормированию труда.**

Совершенствовать ⇅, обосновывать ⇅, пересматривать ⇅, развивать ⇅, изучать ⇅, разрабатывать ⇅, осуществлять ⇅ ... **нормирование труда.** Что-л. входит ... **в нормирование труда.** Учитывать ↑ что-л., устанавливать ↑ что-л. ... **при нормировании труда.**

Нормирование труда предусматривает что-л., обеспечивает что-л. (повышение интенсивности труда ...), влияет на что-л., способствует *зд. несов.* чему-л., устанавливает что-л., учитывает что-л., является *зд. несов.* чем-л. (составной частью НОТ ...)...

● 1. При социализме нормирование труда выражает экономические отношения тружеников как равноправных собственников средств производства и служит последовательному проведению в жизнь принципа: «от каждого по способностям, каждому — по труду». 2. В условиях капиталистического способа производства нормирование труда служит средством усиления его интенсификации, повышения степени эксплуатации трудящихся, создания потогонных систем заработной платы.

О

ОБЕСПЕ́ЧЕНИ|Е, *род*, -я, *только ед*., *с*.

Предоставление достаточных материальных средств, а ткж. деньги, материальные ценности, которые предоставляются кому-л. с целью обеспечить его существование.

Материальное, финансовое, денежное, страховое *, ресурсное, социальное * ... **обеспечение**.

Обеспечение кого: ~ трудящихся, нетрудоспособных, пенсионеров, граждан, престарелых, ветеранов труда ...; **обеспечение** чего: ~ ссуды, кредита, денег, исполнения обязательств ... **Обеспечение** в старости. **Обеспечение** в случае чего: ~ в случае болезни, в случае потери трудоспособности...

Уровень, нормы, размер, сумма, условие, порядок, система, организация, органы, совет, отдел, союзный фонд, внутриколхозный фонд ... какого-л. **обеспечения**. Расходы, право ... **на** какое-л. **обеспечение.**

Развивать ↑↓, организовать ↑↓ *несов. и сов*. (*несов. ткж*. организовывать), улучшать ↑↓, совершенствовать ↑↓ ... какое-л. **обеспечение**. Выделять ↑ что-л. ... **на** какое-л. **обеспечение**.

Какое-л. **обеспечение** распространяется на кого-что-л., представляет *зд. несов*. собой что-л. ...

● 1. Финансирование расходов на социальное обеспечение осуществляется из государственного бюджета, средств государственных предприятий, кооперативных организаций и колхозов. 2. В соответствии с Конституцией СССР граждане СССР имеют право на материальное обеспечение в старости, в случае болезни, полной или частичной утраты трудоспособности, а также потери кормильца.

△ **Обеспе́чива|ть**, -ю, -ешь, -ют, *несов*.; **обеспе́ч|ить**, -у, -ишь, -ат, *прич. страд. прош*. обеспе́ченн|ый, -ая, -ое, -ые, *сов*.; *перех*.

О. трудящихся, инвалидов, семью ...

ОБЕСЦЕ́НЕНИЕ ДЕ́НЕГ, *род*. обесце́нени|я, *только ед*., *с*.

Падение покупательной силы денег или их валютного курса.

Внутреннее, внешнее, частичное ... **обесценение денег**.

Обесценение денег в условиях какой-л. экономики ...

Причины ... **обесценения денег**. Роль чего-л. ... **в обесценении денег**.

Использовать ↑↓ *несов. и сов*. ... **обесценение денег.** Выигрывать ... **от обесценения денег**.

Обесценение денег проявляется в чём-л. (в повышении товарных цен ...), вызвано чем-л., обусловлено чем-л., сопровождается *несов*. чем-л., превышает что-л., наносит что-л., имеет *несов*. место где-л. ...

● 1. В СССР обесценение денег имело место в первые годы существования Советской власти, а также в годы Великой Отечественной войны. 2. В эпоху монополистического капитализма постоянно действующим фактором обесценения денег является повышение товарных цен монополиями. 3. Обесценение денег наносит большой ущерб рабочему классу и используется капиталистами для своего обогащения, поскольку повышение цен обычно опережает рост номинальной заработной платы.

ОБЛИГА́ЦИ|И, *род*. -й, *ед*. **облига́ци|я**, *род*. -и, *ж*.

Ценные бумаги, которые дают их владельцу право получать доход в виде фиксированного процента от их нарицательной стоимости или выигрыша.

Именные, [не]погашенные, процентные, выигрышные ... **облигации**.

Облигации какие: (*с род*.) ~ какого-л. (государственного...) займа, какого-л, банка, акционерного общества ...

Владелец, стоимость, серия, номер, курс ... **облигаций.** Спрос и предложение ... **на облигации.** Проценты, выигрыши ... **по облигациям.**

Выпускать ↑↓, продавать ↑↓, выкупать ↑↓, покупать ↑↓, предъявлять к оплате ↑↓ ... **облигации.** Уплачивать ↑, выигрывать ↑ что-л. ... **по облигациям.**

Облигации обращаются *несов.* где-л., утрачивают что-л., подлежат *несов.* чему-л. (погашению ...), служат чем-л. (объектом биржевой спекуляции ...)...

● 1. Облигации подлежат погашению (выкупу) в течение обусловленного при выпуске займа срока. 2. В СССР право выпуска облигаций по внутренним займам принадлежит государству. 3. В капиталистических странах облигации выпускают акционерные общества и государство.

△ **Облигацио́нн|ый**, -ая, -ое, -ые.

О. выигрыш, доход, заём ...

ОБЛОЖЕ́НИ|Е, *род.* -я, *с.*

Предусмотренная в законодательном порядке система исчисления и уплаты налогов и сборов.

[Не]пропорциональное, прогрессивное, регрессивное, косвенное, нормативное, индивидуальное, налоговое, прогрессивно-подоходное, подоходное, поимущественное, льготное, акцизное ... **обложение.**

Обложение какое: (*предлог «по» с дат.*) ~ по обороту* ... **Обложение** кого-чего: ~ врачей, юристов, кустарей, ремесленников, продуктов питания, доходов ... **Обложение** кого-чего-л. чем: ~ налогом, податью ...

Принцип, система, порядок, организация, субъект, объект, предмет, вид, сфера, единица, период, многократность, однократность, тяжесть ... **обложения**. Основание ... **для обложения**.

Производить ↓, применять ↑↓ ... **обложение.** Подлежать *несов.* ... **обложению.** Охватить ↑ кого-что-л. ... **обложением.** Освобождать ↑ кого-что-л. ... **от обложения.** Исключать ↑ что-л. ... **при обложении.** Протестовать *несов.* ... **против обложения.**

Обложение охватывает что-л. (все товары и услуги ...), используется *несов. и сов.* кем-чем-л., строится *зд. несов.* как-л. (по принципу однократности ...), основывается *зд. несов.* на чём-л. (на классовых принципах ...)...

● 1. Обложение в зависимости от построения ставок налога подразделяется на обложение в твёрдых ставках, пропорциональное обложение, прогрессивное и регрессивное обложение. 2. Обложение по обороту занимает важное место среди косвенных налогов и служит источником бюджетных доходов в условиях капитализма.

△ **Облага́|ть**, -ю, -ешь, -ют, *несов.;* **обложи́ть**, обложу́, обло́жишь, обло́жат, *прич. страд. прош.* обло́женн|ый, -ая, -ое, -ые, *сов.; перех.*

О. кого-что каким-л. налогом, акцизом ...

ОБЛОЖЕ́НИЕ ПО ОБОРО́ТУ, *род.* обложе́ни|я, *с.*

Развитая система акцизного обложения в капиталистических странах, которая принимает форму универсального акциза.

● 1. В отличие от индивидуальных акцизов объектом обложения по обороту служит не отдельный товар, а валовой оборот промышленных или торговых предприятий. 2. Сумма, которая уплачивается в бюджет в порядке обложения по обороту, включается в цену товаров и услуг и таким путём перелагается на конечного потребителя, являющегося фактическим плательщиком налога. *См.* **Обложе́ние.**

ОБМЕ́Н, *род.* -а, *только ед.*, *м.*

Предоставление чего-л. одного,

сопровождаемое получением чего-л. другого как фаза общественного воспроизводства, которая связывает производство и обусловленное им распределение, с одной стороны, и потребление — с другой.

Торговый, товарный, научно-технический, частный, внутренний, внутрипроизводственный, межхозяйственный, многосторонний, внешний, внешнеторговый, международный, взаимный, взаимовыгодный, стихийный, случайный, планомерный, равноценный, [не]эквивалентный, рыночный, специфический, непосредственный, регулярный, постоянный, экономический ... **обмен.**

Обмен чего: ~ каких-л. продуктов, денег, равных стоимостей, денежных доходов, потребительских стоимостей ... **Обмен** чего-л. на что: ~ на товары, на деньги, на акции, на валюту, на предметы потребления... **Обмен** чем: ~ деятельностью, продуктами, средствами труда, товарами, какими-л. ценностями ... **Обмен** где: ~ в экономике, в торговле ...

Необходимость, характер, формы, превращение, виды, тип, функции, связь, сфера, классовая суть, процесс, основа, предмет, акт, условия ... **обмена.** Посредник ... **в обмене.** Основа, производство чего-л. ... **для обмена.** Способность ... **к обмену.** Соотношение ... **между обменом** и чем-л. Соглашение, договор ... **об обмене.**

Совершать ↑↓, производить ↓, развивать ↑↓, превращать во что-л. ↑↓, использовать ↑↓ *несов. и сов.*, координировать ↑↓ *несов.* ... **обмен.** Реализовать ↑ *несов. и сов.* что-л. ... **в обмене.** Производить ↑ что-л., приготовить ↑ что-л., предназначать что-л., что-л. необходимо ... **для обмена**. Что-л. обнаруживается ... **через обмен.**

Обмен носит *несов.* какой-л. характер, основывается *несов.* на чём-л., подчинён чему-л., обслуживает *зд. несов.* что-л. (процесс социалистического воспроизводства), оказывает влияние на что-л. (на развитие производства ...)...

● 1. При социализме вследствие сохранения товарного производства существует обмен товаров. 2. На высшей фазе коммунизма товарного обмена не будет, но неизбежно сохранится обмен деятельностью между людьми. 3. Наивысшего своего развития обмен достигает в условиях капиталистического хозяйства, где товарное производство приобретает всеобщий характер.

△ **Обме́нива|ть**, -ю, -ешь, -ют, *несов.*; **обменя́|ть**, -ю, -ешь, -ют, *сов.*; *перех.*

О. товар, деньги, валюту, акции, облигации, вещи ...

Обме́нн|ый, -ая, -ое, -ые.

О. фонд, продукт, товар, сфера, операции ...

ОБОБЩЕСТВЛЕ́НИЕ ПРОИЗВО́ДСТВА, *род.* обобществле́ни|я, *только ед., с.*

Развитие общественного характера производства, которое обусловлено совершенствованием орудий труда, ростом производительных сил и масштабов производства.

Этапы, степень, уровень ... **обобществления производства.**

Осуществлять ↑↓ ... **обобществление производства.**

Обобществление производства проявляется в чём-л. (как-л. и т. п.), происходит как-л., охватывает что-л. ...

● 1. Обобществление производства охватывает при социализме все сферы производственной деятельности людей. 2. В капиталистическом обществе обобществление производства осуществляется в противоречивой форме, что связано с частной собственностью.

ОБОРА́ЧИВАЕМОСТЬ ОБОРО́ТНЫХ СРЕДСТВ, *род.* обора́чиваемост|и, *только ед., ж.*

Постоянно возобновляемое движение оборотных средств социалистических предприятий в сфере производства и обращения.

Оборачиваемость оборотных средств где: (*предлог «в» с предл.*) ~ в какой-л. отрасли, в какой-л. сфере ...; (*предлог «на» с предл.*) ~ на каком-л. предприятии, на каком-л. заводе ...

Скорость, коэффициент, ускорение ... **оборачиваемости оборотных средств.**

Планировать ↑↓, учитывать ↑↓, ... **оборачиваемость оборотных средств.**

Оборачиваемость оборотных средств представляет *зд. несов.* собой что-л. ...

● 1. Чем быстрее оборачиваемость оборотных средств при том же объёме реализуемой продукции, тем меньше требуется предприятию оборотных средств. 2. Ускорение оборачиваемости оборотных средств уменьшает потребность предприятий и объединений в оборотных средствах, позволяет использовать денежные и материальные ресурсы более эффективно.

ОБОРО́Т, *род.* -а, *м.*

1. Полный круг, совершаемый при вращении, круговой поворот. *Ср. о. колеса*; *количество оборотов в минуту.*

! 2. П о л н ы й, п о в т о р я ю щ и й с я ц и к л в к а к о м - л. п р о ц е с с е.

3. Торгово-промышленные, финансовые операции с целью воспроизводства, получения прибыли. *Ср. пустить деньги в о.*

4. Словесное выражение, группа слов, которые представляют собой некоторое единство. *Ср. деепричастный о.*

*Денежный, безналичный, наличноденежный, дополнительный, заключительный, внутризаводской, внутренний, [не]облагаемый, товарный, *платёжный, внешнеторговый, межколхозный, кассовый, экономический, внутренний, чековый, оптовый, торговый, рыночный, международный, товарно-денежный, мелкий, розничный, вексельный, мировой, банковский, хозяйственный, плановый, фактический, годовой, полный, текущий, месячный, дебетовый, кредитовый, полный, валовой, народнохозяйственный ... **оборот.**

Оборот чего: ~ денег, капитала *, средств, доходов, товаров, какого-л. сырья, топлива, каких-л. (материальных ...) ценностей, материалов, основных и оборотных фондов *... **Оборот** чего-л. в чём: ~ в промышленности, в торговле ...

Время, скорость, процесс, цикл, стадия, формула, формы, продолжительность, период ... **оборота**; число ... **оборотов.** Налог ... **с оборота.**

Делать ↓, совершать ↑↓, ускорять ↑↓, удлинять ↑↓, регистрировать ↑↓, составлять ↑↓ ... **оборот.** Произвести ↑ что-л. ... **в течение** скольких-то **оборотов.** Получать что-л. ... **за один оборот.**

Оборот заканчивается чем-л., совершается как-л., определяет что-л. (цикл связанных между собой оборотов капитала...), складывается из чего-л. ...

● 1. Ускорение оборота переменного капитала означает в то же время увеличение производства прибавочной стоимости. 2. За один оборот капитал переходит из денежной формы в производительную, затем в товарную, а из товарной — вновь в денежную.

△ **Оборо́тн|ый**, -ая, -ое, -ые.

О. капитал *, баланс, ведомость *ж.*, касса, кассовая наличность *ж.*, средства *, фонды *, активы, ведомости...

ОБОРО́Т КАПИТА́ЛА, *род.* оборо́т|а, *м.*

Кругооборот капитала, который взят не как отдельный акт, а как периодический процесс возобновления и повторения движения всего авансированного капитала.

● Реальный оборот капитала представляет собой возмещение всех составных его частей как по стоимости, так и по натурально-вещественному составу. *См.* **Оборо́т.**

ОБОРО́Т ОСНОВНЫ́Х И ОБОРО́ТНЫХ ФО́НДОВ, *род.* оборо́т|а, *м.*

Кругооборот совокупности производственных фондов, взятый не как отдельный акт, а как постоянно возобновляющееся движение материально-вещественных факторов воспроизводства в процессе хозяйственного использования фондов.

● Оборот основных и оборотных фондов включает в себя три стадии, которым соответствуют три функциональные постоянно сменяющиеся формы: денежная, производительная, товарная. *См.* **Оборо́т.**

ОБОРО́ТНЫЕ СРЕ́ДСТВА, *род.* средств, *только мн.*

Совокупность денежных средств, которые вложены в оборотные фонды и фонды обращения.

● 1. В производстве оборотные средства принимают форму производственных запасов и незавершённого производства, а в процессе обращения — форму готовых изделий и денежных средств. 2. Оборотные средства делятся на собственные и заёмные (кредиты банка), нормируемые и ненормируемые. *См.* **Сре́дства.**

ОБОРО́ТНЫЕ ФО́НД|Ы, *род.* фо́нд|ов, *только мн.*

Часть производственных фондов, которые, как правило, целиком потребляются в течение одного производственного цикла, изменяют свою натурально-вещественную форму и полностью переносят свою стоимость на изготовляемый продукт.

● В состав оборотных фондов входят предметы труда, которые находятся в сфере производства. К ним относятся сырьё, основные и вспомогательные материалы, незаконченная производством продукция, топливо. *См.* **Фо́нды.**

ОБОРО́ТНЫЙ КАПИТА́Л, *род.* капита́л|а, *м.*

Часть производительного капитала, которая включает элементы постоянного капитала (сырьё, материалы, топливо, незавершённое производство) и переменный капитал (затраты на рабочую силу).

● 1. Стоимость элементов оборотного капитала возвращается предпринимателю полностью при реализации продукта. 2. При реализации товаров стоимость оборотного капитала полностью возвращается из сферы обращения в денежной форме и может быть снова превращена в элементы производительного капитала. *См.* **Капита́л.**

ОБРАТИ́МОСТЬ ВАЛЮ́ТЫ, *род.* обрати́мост|и, *только ед.*, *ж. Син.* конверти́руемость валю́ты.

Возможность обмена (конверсии) валюты данной страны на валюты других стран или на золото по официально установленным паритетам (курсам).

Свободная, плановая, коммерческая, взаимная ... **обратимость валюты**.

Обратимость валюты во что: (*предлог «в» с вин.*) ~ в золото, в иностранные валюты...

Режим, проблемы ... **обратимости валюты**.

Вводить ↑↓, устанавливать ↑↓, расширять ↑↓, распространять ↑↓, ограничивать ↑↓ ... **обратимость валюты**.

Обратимость валюты действует *зд. несов.* где-л. ...

● В социалистических странах в рамках монополий внешней торговли и валютной монополии действует плановая обратимость валюты.

ОБРАЩЕ́НИ|Е, *род.* -я, *с.*

!**1.** *Зд. ед.* Характерная для товарного хозяйства форма обмена продуктов труда и иных объектов собственности путём купли-продажи.

2. *Зд. ед.* Поведение, поступки, действия по отношению к кому-л. *Ср. хорошее о., жестокое о.*

3. Просьба, призыв, речь, обращённые к кому-л., чему-л.; воззвание. *Ср. о. к народу.*

4. Слово или группа слов, называющие лицо, предмет, к которому обращаются с речью. *Ср. знаки препинания при обращении.*

* Денежное, товарно-денежное, товарное, бумажно-денежное, металлическое, кредитное, вексельное, банкнотное ... **обращение**.

Обращение чего: ~ предметов потребления, средств производства, денег *, чеков, товаров *, капитала, золота, советских знаков, прибавочной стоимости... **Обращение** чего-л. в чём: ~ в социалистическом хозяйстве, в экономике, в какой-л. (денежной ...) сфере, в торговле ...

Единство, время, скорость, издержки, формула, формы, закон, сфера, фазы, условия, каналы, стадия, фонды, процесс... **обращения**. Выпуск денег ... **в обращение**. Деньги, денежная масса, задержки, разрыв ... **в обращении**. Издержки ...**в области** какого-л. **обращения**.

Регулировать ↑↓, планировать ↑↓, анализировать ↑↓ *несов. и сов.*, развивать ↑↓, унифицировать ↑↓ *несов. и сов.* ... **обращение**. Что-л. находится *несов.* ... **в обращении**. Вытеснять ↑ что-л., изымать что-л.... **из обращения**. Сказываться как-л. ... **на обращении**.

Обращение отличается *зд. несов.* от чего-л., совершается как-л., приобретает какой-л. характер, выражается чем-л. (формулой...), охватывает что-л., выражает что-л., обеспечивает что-л., складывается из чего-л., завершается чем-л. ...

● 1. Обращение отличается от непосредственного обмена товаров тем, что совершается при посредстве денег. 2. В социалистическом обществе сфера товарного обращения охватывает обращение как средств производства, так и предметов потребления.

△ **Обраща́|ться,** *1 и 2 л. не употр.*, -ется, -ются, *несов.*, *неперех.*

Что-л. (товар, стоимость, какой-л. капитал ...) **обращается.**

ОБРАЩЕ́НИЕ ДЕ́НЕГ, *род.* обраще́ни|я, *только ед.*, *с.*

Т о ж е, ч т о **де́нежное обраще́ние**.

ОБРАЩЕ́НИЕ ТОВА́РОВ, *род.* обраще́ни|я, *только ед.*, *с.*

Т о ж е, ч т о **товарооборо́т**.

ОБСЛУ́ЖИВАНИ|Е, *род.* -я, *только ед.*, *с.*

Выполнение работы по удовлетворению чьих-л. нужд, потребностей.

Денежно-кредитное, кассовое, кредитное, банковское, плановое, расчётное, специализированное, инструментальное, техническое, бытовое ... **обслуживание**.

Обслуживание кого-чего: ~ населения, трудящихся, покупателей, заказчиков, клиентов, посетителей, отдыхающих, колхозов, совхозов, вычислительных центров, каких-л. хозяйств, каких-л. организаций, сферы торговли...

Характер, стадия, сфера, культура ... **обслуживания**.

Осуществлять ↑↓, организовать ↑↓ *несов. и сов.* (*несов. ткж.* организовывать), улучшать ↑↓, ухудшать ↑↓, начинать ↓, заканчивать ↓ ... **обслуживание**. Уделять внимание ... **обслуживанию**. Заниматься ... **обслуживанием**. Выделять ↑ средства ... **на обслуживание**.

Обслуживание заключается *несов.* в чём-л., даёт возможность сделать что-л., требует чего-л. (затрат...)...

● Обслуживание рабочего места — это комплекс мероприятий по обеспечению рабочего места всем необходимым для бесперебойного выполнения трудового процесса.

△ **Обслу́жива|ть,** -ю, -ешь, -ют, *несов.*; **обслужи́ть,** обслужу́, обслу́ж|ишь, -ат, *сов.*; *перех.*

О. население, клиентов, колхозы, совхозы, заводы, предприятия, заказчиков, работников, фермы, магазины, хозяйства...

ОБЩЕ́СТВЕННАЯ СО́БСТВЕННОСТЬ, *род.* со́бственност|и, *только ед.*, *ж.*

То же, что **социалисти́ческая со́бственность.**

ОБЩЕ́СТВЕННЫЕ ОТНОШЕ́НИЯ, *род.* отноше́ний, *только мн.*

Многообразные отношения, которые возникают между социальными группами, классами, нациями, а ткж. внутри них в процессе их экономической, социальной, политической, духовной жизни и деятельности.

Капиталистические, социалистические, коммунистические, материальные, базисные, производственные, экономические, идеологические, надстроечные, юридические, правовые, политические, нравственные ... **общественные отношения**.

Анализ, характер, противоречия, многообразие, система, совокупность, элементы ... **общественных отношений**.

Совершенствовать ↑↓ ... **общественные отношения**. Возникать ↑ ... **на базе** каких-л. **общественных отношений**.

Общественные отношения влияют на что-л., складываются где-л. (в сфере духовной деятельности...), перерастают в какие-л. ...

● 1. Идеологические общественные отношения — политические, правовые, нравственные и др. — возникают на базе материальных общественных отношений и складываются как надстройка над ними, проходя предварительно через сознание людей. 2. Каждой общественно-экономической формации соответствует своя специфическая система общественных отношений.

ОБЩЕ́СТВЕННЫЕ ФО́НДЫ ПОТРЕБЛЕ́НИЯ, *род.* фо́нд|ов, *ед.* **обще́ственный фонд потребле́ния,** *род.* фо́нд|а, *м.*

Часть национального дохода, которая используется для удовлетворения потребностей членов социалистического общества в виде бесплатных и льготных материальных благ и услуг.

● 1. Из общественных фондов потребления население получает выплаты в виде пособий, пенсий, оплаты отпусков, стипендий учащимся. 2. Использование общественных фондов потребления обеспечивает трудящимся нашей страны и членам их семей значительные льготы в виде бесплатного обучения, бесплатной медицинской помощи, самой низкой в мире квартирной платы. *См.* **Фо́нды.**

О́БЩЕСТВ|О, *род.* -а, *с.*

!**1.** Совокупность исторически сложившихся форм совместной деятельности людей, а ткж. исторически конкретный тип социальной системы, определённая форма социальных отношений.

2. Круг людей, объединённых общностью положения, происхождения, интересов. *Ср. дворянское о.*

3. Добровольное, постоянно действующее объединение людей для какой-л. цели. *Ср. спортивное о.*

4. Та или иная среда, компания. *Ср. душа общества.*

5. Совместное пребывание с кем-л. *Ср. не любить чьего-л. общества.*

Человеческое, первобытное, рабовладельческое, феодальное, буржуазное, капиталистическое, социалистическое, коммунистическое, развитое, прогрессивное, классовое, бесклассовое, индустриальное, постиндустриальное, *потребительское ... **общество**.

Общество какое: (*с род.*) ~ развитого социализма, нового типа, зрелых социалистических общественных отношений, подлинной демократии, социальной справедливости, равных возможностей, потребления ...

Возникновение, история, построение, строительство, устройство, какая-л. (политическая...) организация, какая-л. (социальная, классовая...) структура, основа, производительные силы, законы, условия, потребности, кризис, разложение, социально-политическое единство, правящие круги, члены ... какого-л. **общества**. Положение кого-чего-л., отношения, роль чего-л. ... **в обществе**. Ответственность ... **перед обществом**. Наука ... **об обществе**.

Изучать ↑↓, развивать ↑↓, преобразовывать ↑↓ ... **общество**. Служить ↑, приносить пользу ... **обществу**. Руководить *несов*. ... **обществом**. Жить *несов*. ... **в** каком-л. **обществе**. Делать что-л. ... **для общества**. Зависеть ↑ *несов*. ... **от общества**. Отвечать за что-л. ... **перед обществом**. Бороться *несов*. ... **против** какого-л. **общества**.

Какое-л. **общество** возникает, зарождается, формируется, изменяется, состоит *несов*. из кого-чего-л., осуществляет что-л. (строительство коммунизма ...), утверждает что-л., изменяет характер чего-л. (труда...), достигает чего-л., нуждается *несов*. в чём-л. ...

● Коммунизм — это высокоорганизованное общество свободных и сознательных тружеников, в котором утвердится общественное самоуправление, труд на благо общества станет для всех первой жизненной потребностью.

△ **Обще́ственн|ый,** -ая, -ое, -ые.

О. система, строй, формация, бытие, сознание, явления, отношения, производство, процессы, деятельность, развитие, прогресс, жизнь ж., идеи, науки, идеология, теории, законы, труд, разделение труда, организм, интересы, потребности, мнение, связи, группы, слои, институты...

О́БЩИЙ КРИ́ЗИС КАПИТАЛИ́ЗМА, *род*. кри́зис|а, *м*.

Необратимый революционный процесс распада мировой системы капитализма, который охватил его экономический и государственный строй, политику и идеологию.

Сущность, предпосылки, истоки, коренные причины, возникновение, нарастание, состояние, многообразие проявлений, черты, характеристика, эпоха, этапы ... **общего кризиса капитализма**. Учение ... **об общем кризисе капитализма**.

Углублять ↑↓, характеризовать ↑↓ *несов. и сов*. (*сов. ткж*. охарактеризовать) ... **общий кризис капитализма**. Реализовать ↑ *несов. и сов*. что-л. ... **в условиях общего кризиса капитализма.**

Общий кризис капитализма охватывает что-л., начался когда-л., развёртывается, длится *несов*. какое-л. время, означает *несов*. что-л., представляет *зд. несов*. собой что-л. (определённое состояние капитализма ...), включает *зд. несов*. в себя что-л., проходит через что-л. (через определённые этапы ...)...

● 1. Начало общему кризису капитализма положили Первая мировая война 1914—1918 годов и Октябрьская революция 1917 года (первый этап общего кризиса капитализма). 2. Второй этап общего кризиса капитализма начался в ходе Второй мировой войны 1939—1945 годов и социалистических революций в ряде стран Европы и Азии. 3. С конца 1950-х годов наступил третий (современный) этап общего кризиса капитализма, который характеризуется качественными изменениями в соревновании двух систем, превращением мировой социалистической системы в решающий фактор развития человечества.

ОБЪЕДИНЕ́НИ|Е, *род.* -я *с.*

1. *Зд. ед.* Образование целого из отдельных частиц, единиц; соединение воедино. *Ср. о. сил.*

!**2.** В СССР — производственно-хозяйственная единица, главной целью которой является изготовление продукции или выполнение работ и услуг, необходимых народному хозяйству и удовлетворяющих какую-л. общественную потребность.

Аграрно-промышленное, промышленное, * производственное, районно-производственное, территориально - производственное, научно-производственное, научно-учебно-производственное, швейно-производственное, производственно-конструкторское, отраслевое, межотраслевое, межколхозное, * государственно-колхозное, машиностроительное, мебельное, станкостроительное, промышленно-торговое, внешнеторговое, торговое, хозрасчётное, специализированное, крупное, среднее, мелкое, смешанное ... **объединение**.

Работа, деятельность, план работы, обязательство, коллектив, рабочие, служащие, руководитель, администрация, связи с чем-л., возникновение ... **объединения**: виды ... **объединений**.

Создавать ⇅, классифицировать ⇅ *несов. и сов.*, награждать ⇅, упразднять ⇅ ... **объединение**. Что-л. характерно ... **для объединения**.

Объединение осуществляет что-л., выполняет что-л., создаёт что-л., производит что-л., осваивает что-л., совершенствует что-л. (выпускаемые изделия...), поставляет что-л., обладает *несов.* чем-л. (производственно-техническим единством ...), состоит *несов.* из чего-л. ...

● 1. В отраслях лёгкой промышленности работают промышленно-торговые объединения, в состав которых наряду с производственными звеньями включаются торговые организации. 2. В отраслях с попередельным технологическим процессом (металлургия, текстильная промышленность и др.) и комплексным использованием сырья (нефтепереработка, цветная металлургия и т. п.) преобладают объединения типа комбината, в состав которых входят предприятия, связанные последовательностью переработки или комплексным использованием сырья.

ОБЯЗА́ТЕЛЬНОЕ СТРАХОВА́НИЕ, *род.* страхова́ни|я, *только ед., с. Ант.* доброво́льное страхова́ние.

Форма страхования, которая возникает в силу закона, основывается на принципе обязательности для страхователя и страховщика.

● 1. Обязательное страхование бессрочно и действует непрерывно. 2. Страхователями выступают все колхозы, а также граждане, которые имеют имущество, подлежащее обязательному страхованию. 3. Обязательное страхование при капитализме выступает в качестве инструмента дополнительной эксплуатации трудящихся. *См.* **Страхова́ние.**

ОБЯЗА́ТЕЛЬСТВ|О, *род.* -а, *с.*

1. Обещание, которое подлежит обязательному выполнению, а ткж. официальный документ, который содержит такое обещание.

* Социалистическое, повышенное, индивидуальное, коллективное, международное, взаимное ... **обязательство**.

Обязательство какое: (*с неопр. ф.*) ~ сделать что-л., выполнить что-л., заменить что-л., повысить что-л. (производительность труда...)...; (*предлог «по» с дат.*) ~ по производству чего-л., по выпуску чего-л., по совершенствованию чего-л., по повышению чего-л. ... **Обязательство** чьё: ~ рабочих, служащих, колхозников, работников чего-л., коллектива, отдела, цеха, завода ...

Текст, виды ... **обязательств**.

Взять [на себя], принять ↑↓, выполнить ↑↓, перевыполнить ↑↓ ... **обязательство**. Включить ↑ что-л. ... **в обязательство**. Предусмотреть что-л. ... **в обязательстве; в обязательстве** говорится *зд. несов.* о чём-л. ...

● 1. Первый договор о соревновании, содержавший социалистическое обязательство по перевыполнению плана, был заключён бригадой ленинградского завода «Красный выборжец» в начале 1929 года. 2. Проверка и взаимопроверка выполнения коллективных социалистических обязательств обычно проводится ежемесячно и ежеквартально.

2. Определённое правовое отношение, в котором участвуют две стороны — должник и кредитор, а ткж. денежный документ, который отражает такое отношение.

Срочное, денежное, договорное, залоговое, долговое, платёжное, финансовое, страховое, солидарное, долевое, дополнительное, просроченное ... **обязательство**.

Обязательство какое: (*предлог «по» с дат.*) ~ по ссудам банка...; (*предлог «с» с твор.*) ~ с установленными сроками погашения ...

Оплата, участник ... **обязательства**. Наличие чего-л. ... **в обязательстве**.

Применять ↑↓, погашать ↑↓, хранить ↑↓ *несов.*, исполнять ↑↓, прекращать ↑↓, оплачивать ↑↓, направлять ↑↓ ... **обязательство**. Указывать ↑ что-л. ... **в обязательстве**.

Обязательство возникает из чего-л. (из договора...), выписывается *зд. несов.* на какой-л. срок ...

● 1. Если каждый из участников обязательства обязан его исполнить в определённой (равной или неравной) доле, такое обязательство называется долевым. 2. Если кредитор вправе требовать от любого из должников исполнения обязательства полностью, такое обязательство называется солидарным.

△ **Обяза́тельственн|ый,** -ая, -ое, -ые.

О. документ, оплата, право, стороны...

ОКЛА́Д, *род.* -а, *м.*

Установленный размер регулярно выплачиваемой заработной платы (чаще за месяц).

Минимальный, максимальный, месячный, должностной, персональный, сметный ... **оклад**.

Оклад чей: ~ какого-л. работника, руководителя, преподавателя ...

Форма, размеры, схема, сумма ... **оклада**.

Устанавливать ↑↓, назначать ↑↓, увеличивать ↑↓, повышать ↑↓, уменьшать ↑↓, сокращать ↑↓, выплачивать ↑↓, получать ↑↓ ... **оклад**. Производить что-л. ... **по окладу**. Устанавливать ↑ что-л. ... **к окладу**.

Оклад определяется *зд. несов.* для кого-чего-л. (для какой-л. должности...), превышает что-л., равен чему-л. ...; **оклады** разделяются *зд. несов.* на что-л. ...

● 1. Оплата труда в форме должностного оклада устанавливается руководящим, инженерно-техническим работникам, служащим, младшему обслуживающему персоналу, работникам охраны, а также некоторым категориям рабочих. 2. Наиболее квалифицированным специалистам могут назначаться персональные оклады.

ОПЕРАТИ́ВНЫЙ УЧЁТ, *род.* учёт|а, *только ед.*, *м.*

Один из видов хозяйственного учёта, который используется для оперативного планирования и текущего наблюдения за ходом финансово-хозяйственной деятельности.

Оперативный учёт где: (*предлог «в» с предл.*) ~ в какой-л. (диспетчерской ...) работе ...

Отличительный признак, данные ... **оперативного учёта**.

Организовать ↑↓ *несов. и сов.* (*несов. ткж.* организовывать), вести ↑↓ *несов.*, осуществлять ↑↓ ... **оперативный учёт**. Пользоваться чем-л., использовать ↑ *несов. и сов.* что-л. ... **в оперативном учёте**. Черпать что-л. ... **из оперативного учёта**.

Оперативный учёт охватывает что-л., даёт что-л., отражает что-л., помогает в чём-л. ...

● 1. В оперативном учёте пользуются натуральными, трудовым и денежным измерителями. 2. Оперативный учёт ведут статистики, табельщики, бухгалтеры.

ОПЕРА́ЦИ|Я, *род.* -и, *ж.*

1. Механическое воздействие на ткани и органы тела (обработка ран, вскрытие и т. п.) с целью лечения. *Ср. о. под наркозом.*

2. Координированные военные действия, которые объединены единой целью. *Ср. наступательная о.*

!**3.** Очередное, периодически повторяющееся действие, которое входит в круг действий, задач данного учреждения, предприятия или отдела.

Производственные, трудовые, [не]однородные, сложные, основные, отдельные, простые, однообразные, вспомогательные, подразрядные, обслуживающие, машинные, ручные, транспортные, погрузочно-разгрузочные, строительные, внутрипромышленные, коммерческие, биржевые, товарообменные, вексельные, скупные, конверсионные, доверительные, валютные, финансовые, кредитные, денежные, [не]товарные, [не]торговые, торгово-промышленные, торгово-комиссионные, коммерческие, ростовщические, страховые, эмиссионные, кассовые, приходные, вкладные, аккредитивные, банковские, бухгалтерские, выкупные, гарантийные, активные, пассивные, расчётные, переводные, бюджетные, хозяйственные, складские, заготовительные, спекулятивные ... **операции**.

Операции какие: (*предлог «по» с дат.*) ~ по кредитованию, по финансированию, по расчёту, по заработной плате, по кассовому исполнению государственного бюджета, по выпуску и размещению акций, по выплате пенсий и пособий, по аккредитивам, по исполнению бюджета, по привлечению каких-л. средств предприятий и организаций, по ремонту чего-л., по экспорту ... **Какие-л. операции** чего: ~ какого-л. банка, какой-л. фирмы ... **Какие-л. операции** где: (*предлог «на» с предл.*) ~ на каком-л. рынке ...

Объём, сумма, масштабы, объект, элементы, набор, содержание, результат, программа, сочетание, план, значение ... **операций**. Контроль ... **за операциями**. Убытки ... **от** каких-л. **операций**. Балансы, расходы, счета ... **по** каким-л. **операциям.** Остатки средств на счёте... **после операций**.

Подготавливать/подготовлять ↑↓, начинать ↓, прекращать ↑↓, завершать ↑↓, выполнять ↑↓, совершать ↑↓, производить ↑↓, оформлять ↑↓, записывать ↑↓, контролировать ↓, регистрировать ↑↓, группировать ↑↓, расширять ↑↓, обслуживать ↑↓, отражать ↑↓ ... какие-л. **операции**. Способствовать *зд. несов.* ... каким-л **операциям**. Заниматься ... какими-л. **операциями**. Отнести что-л. ... **к операциям**. Связать что-л. ... **с** какими-л. **операциями**.

Операции делятся на что-л., осуществляются кем-чем-л. ...

● 1. Твёрдая советская валюта явилась прочной базой для расширения кредитных, расчётных и кассовых операций банков. 2. Кассовые операции — операции предприятий, учреждений, организаций, которые связаны с получением и выдачей наличных денег.

△ **Операцио́нн|ый**, -ая, -ое, -ые. **О.** план, дневник, день *м.* (в банке), техника (в банке), работа, аппарат, расходы, доходы, журналы ...

ОПЛА́ТА ТРУДА́, *род.* опла́т|ы, *только ед., ж.*

Выдача вознаграждения (обычно денежного) за произведённую работу, а ткж. само это вознаграждение.

Сдельная, прямая, неограниченная сдельная, сдельно-прогрессивная, сдельно-премиальная, аккордная, индивидуальная, коллективная, бригадная, прямая, косвенная, повременная, простая повременная, почасовая, окладная, повременно-премиальная, основная, дополнительная, высокая, низкая, минимальная, средняя, максимальная, повышенная, пониженная, недельная, месячная, годовая, гарантированная, денежная ... **оплата труда**.

Оплата труда какая: (*предлог «по» с дат.*) ~ по количеству проработанного времени, по количеству выработанной продукции, по трудодням, по тарифу ... **Оплата труда** кого-чего: ~ рабочих, колхозников, служащих, инженеров, преподавателей, шахтёров, подростков, какого-л. персонала, охраны... Какая-л. **оплата труда** где: (*предлог «в» с предл.*) ~ в колхозах, в промышленности, в каких-л. кооперативах, в какой-л. республике...; (*предлог «на» с предл.*) ~ на предприятиях, на уборке чего-л. ...

Разновидность, порядок, условие, сумма, размер, минимум, система, формы, уровень, рост, источник, фонд ... **оплаты труда**. Положение ... **об оплате труда**. Рекомендации ... **по оплате труда**.

Применять ↑↓, производить ↓, внедрять ↑↓, организовать ↑↓ *несов. и сов.* (*несов. ткж.* организовывать), совершенствовать ↑↓, увеличивать ↑↓, повышать ↑↓, понижать ↑↓, снижать ↑↓ ... **оплату труда**. Исходить *зд. несов.* ... **из** какой-л. **оплаты труда**.

Оплата труда развивается на основе чего-л., зависит *несов.* от чего-л. (от уровня развития экономики ...), переплетается с чем-л. (с системой тарифных расценок...), осуществляется за счёт чего-л. (за счёт валового дохода...), начисляется за что-л. ...

● 1. Оплата труда по количеству проработанного времени с учётом квалификации работника независимо от выработки называется повременной формой оплаты труда. 2. Оплата труда по количеству и качеству выработанной продукции и установленной расценки на единицу продукции (работы) называется сдельной формой оплаты труда. 3. Сдельная форма оплаты труда при определённых условиях способствует повышению производительности труда, ибо рост выработки продукции ведёт к увеличению заработной платы рабочих.

ОПТО́ВАЯ ТОРГО́ВЛЯ, *род.* торго́вл|и, *только ед., ж.* *Ант.* ро́зничная торго́вля.

Часть внутренней торговли, которая охватывает продажу крупных партий товаров предприятиями-производителями предприятиям розничной торговли или, в части средств производства, предприятиям-потребителям этой продукции.

● 1. Деятельность предприятий оптовой торговли основывается на договорных началах с производителями продукции и предприятиями розничной торговли. 2. К оптовой торговле относятся также закупки и сбыт сельскохозяйственных продуктов и сырья. *См.* **Торго́вля**.

ОПТО́ВАЯ ЦЕНА́, *род.* цен|ы́, *мн.* це́н|ы, *ж. Ант.* ро́зничная цена́.

При социализме — цена, по которой государственные производственные предприятия или сбытовые организации реализуют свою продукцию другим предприятиям и организациям.

● 1. Различают оптовую цену предприятия и оптовую цену промышленности. 2. Оптовая цена предприятия в СССР включает плановую среднеотраслевую себестоимость, которая отражает затраты на производство и сбыт данной продукции, а также нормативную прибыль. 3. Оптовая цена промышленности в СССР устанавливается на отдельные товары народного потребления, включает в себя оптовую цену предприятия, налог с оборота и отчисления на содержание сбытовых организаций. *См.* **Цена́**.

О́РДЕР, *род.* -а, *мн.* ордер|а́, *м.* Бухгалтерский документ, который содержит приказ на совершение той или иной операции с денежными средствами или материальными ценностями.

Кассовый, приходный, расходный, мемориальный, внебалансовый, типизированный, отдельный ... **ордер**.

Ордер на что: *(предлог «на» с вин.)* ~ на отпуск чего-л., на какую-л. операцию, на вселение куда-л., на изъятие чего-л., на приём и выдачу наличных денег ...

Реквизиты, экземпляр, форма, номер, дата ... **ордера**.

Выписывать ↑↓, выдавать ↑↓, получать ↑↓, составлять ↑↓, оформлять ↑↓, регистрировать ↑↓, предъявлять ↑↓ ... **ордер**. Закреплять ↑ что-л. ... **за ордером**. Подшить, приложить что-л. ... **к ордеру**. Отпускать ↑ что-л. ... **по ордеру**.

Ордер применяется *несов.* где-л. (в банковской практике...) ...; **ордера** различаются *зд. несов.* чем-л. ...

● 1. Обязательными реквизитами ордеров являются наименование предприятия или организации, номера счетов, их содержание, сумма. 2. Кассовые ордера связаны с оформлением приёма и выдачи наличных денег и ценностей, хранящихся в кассе. 3. Мемориальные ордера по операциям не связаны с кассой, они применяются при безналичных расчётах, оформлении приёма и выдачи товарно-материальных ценностей на складах и др.

△ **О́рдерн|ый**, -ая, -ое, -ые.

О. номер, форма, дата, реквизиты ...

ОРУ́ДИЯ ПРОИЗВО́ДСТВА, *род.* ору́дий, *ед.* **ору́ди|е**, *род.* -я, *с.*

Главная часть средств труда, которая играет решающую роль в процессе преобразования предметов труда.

Роль ... **орудий производства**.

Создавать ↑↓, развивать ↑↓, совершенствовать ↑↓, обновлять ↑↓ ... **орудия производства**. Что-л. принадлежит *несов.* ... **орудиям производства**. Относить что-л. ... **к орудиям производства**.

● 1. К орудиям производства относятся инструменты, машины и т. п. 2. Орудия производства являются главным показателем технического прогресса и производственных возможностей, которыми располагает общество.

ОСНОВНО́Е ПРОТИВОРЕ́ЧИЕ КАПИТАЛИ́ЗМА, *род.* противоре́чи|я, *с.*

Противоречие между общественным характером производства и частнокапиталистической формой присвоения результатов труда.

Формы проявления, острота ... **основного противоречия капитализма**.

Углублять ↑↓, обострять ↑↓, рассматривать ↑↓ ... **основное противоречие капитализма**.

Основное противоречие капита-

лизма проявляется в чём-л., носит *несов.* какой-л. (объективный...) характер, развивается из чего-л., пронизывает что-л. (всю систему буржуазного общества...), выражает что-л., выступает чем-л., подготавливает что-л. ...

● Основное противоречие капитализма выражает противоречия производительных сил и производственных отношений и проявляется в противоречии труда и капитала.

ОСНОВНО́Й КАПИТА́Л, *род.* капита́|ла, *только ед., м.*

Часть постоянного производительного капитала, которая выступает в форме средств труда и постепенно переносит свою стоимость на готовый продукт.

● 1. Стоимость основного капитала переносится на продукт труда в течение всего срока его службы: от нескольких лет до 40—50 и более лет. 2. Остаточная (чистая) стоимость основного капитала — разность между полной стоимостью и накопленным амортизационным фондом. 3. Восстановительная стоимость основного капитала — оценка действующих средств труда в ценах текущего года. *См.* **Капита́л.**

ОСНОВНО́Й ЭКОНОМИ́ЧЕСКИЙ ЗАКО́Н КАПИТАЛИ́ЗМА, *род.* зако́н|а, *м. Ант.* основно́й экономи́ческий зако́н социали́зма.

Закон движения капитала, состоящий в производстве максимума прибавочной стоимости путём усиления эксплуатации наёмных работников.

Содержание, формы проявления, механизм воздействия, действие, воздействие ... **основного экономического закона капитализма.**

Открыть ↑↓ ... **основной экономический закон капитализма.**

Основной экономический закон капитализма действует *зд. несов.*, обусловливает что-л. (существование капитализма...), ведёт *несов.* к чему-л., теряет что-л. ...

● 1. **Основной экономический закон** капитализма проявляется в различных формах: на домонополистической стадии — через норму прибыли и цену производства, на империалистической стадии — через монопольную прибыль и монопольные цены. 2. Результатом действия основного экономического закона капитализма являются структурные кризисы мирового капиталистического хозяйства, в том числе валютный, энергетический, сырьевой и экономический.

ОСНОВНО́Й ЭКОНОМИ́ЧЕСКИЙ ЗАКО́Н СОЦИАЛИ́ЗМА, *род.* зако́н|а, *м. Ант.* основно́й экономи́ческий зако́н капитали́зма.

Закон обеспечения благосостояния и всестороннего развития всех членов общества посредством наиболее полного удовлетворения их постоянно растущих материальных и культурных потребностей на основе непрерывного роста и совершенствования социалистического производства.

Действие, воздействие, требования ... **основного экономического закона социализма.**

Познавать ↑↓, использовать ↑↓ *несов.* и *сов.*, отрицать ↑↓ *несов.* ... **основной экономический закон социализма.** Что-л. находится *зд. несов.* ... **под воздействием основного экономического закона социализма.** Выражать ↑ что-л. ... **в основном экономическом законе социализма.**

Основной экономический закон социализма действует *зд. несов.*, выражает что-л., занимает что-л., определяет что-л. ...

● 1. Основной экономический закон социализма начинает действовать тогда, когда в результате социалистической революции устанавливается власть трудящихся и общественная собственность на средства производства, когда теряет силу основной экономический закон капитализма. 2. Основной экономический закон социализма выражает производственные отношения, которые основаны на общественной собственности на средства производства и специфический характер их воздействия на развитие производительных сил.

ОСНОВНЫ́Е НАПРАВЛЕ́НИЯ ЭКОНОМИ́ЧЕСКОГО И СОЦИА́ЛЬНОГО РАЗВИ́ТИЯ СССР, *род.* направле́ний, *только мн.*

Плановый программный документ на перспективный период, исходное звено взаимоувязанной системы народнохозяйственных планов; служит базой для разработки пятилетних планов.

Основные направления экономического и социального развития СССР на что: ~ на перспективный период, на длительную перспективу, на 15 лет ...

Проект, показатели, составная часть ... **основных направлений экономического и социального развития СССР**.

Определять ↑↓, обсуждать ↑↓, одобрять ↑↓, утверждать ↑↓ ... **основные направления экономического и социального развития СССР.**

Основные направления экономического и социального развития СССР призваны реализовать что-л., включают в себя что-л. (разделы...) ...

● Исходным материалом для разработки проекта основных направлений экономического и социального развития СССР на перспективный период служит комплексная программа научно-технического прогресса, которая разрабатывается на 20 лет (по пятилетиям) и является непрерывно действующим документом.

ОСНОВНЫ́Е СРЕ́ДСТВА, *род.* средств, *только мн.*

Денежные средства, которые вложены в имеющиеся основные фонды.

● Основные средства отражаются в балансе основных фондов и в бухгалтерском балансе. *См.* **Сре́дства**.

ОСНОВНЫ́Е ФО́НДЫ СОЦИАЛИСТИ́ЧЕСКОГО ХОЗЯ́ЙСТВА, *род.* фо́нд|ов, *зд. только мн.*

Совокупность произведённых общественным трудом материально-вещественных ценностей (в стоимостной оценке), которые действуют в течение длительного времени и утрачивают свою стоимость по частям.

● 1. Основные фонды, которые функционируют в сфере материального производства, называются производственными основными фондами, а в непроизводственной сфере — непроизводственными основными фондами. 2. Основные фонды в отраслях народного хозяйства подразделяются на следующие виды (группы): здания, сооружения, передаточные устройства, машины и оборудование, транспортные средства, рабочий и продуктивный скот и др. *См.* **Фо́нды**.

ОСТА́ТОК, *род.* оста́тк|а, *м.*

Оставшаяся неиспользованной, неизрасходованной часть чего-л.

Кассовый, дебетовый, кредитовый, сверхнормативный, нормативный, сверхплановый, плановый, свободный, стабильный, денежный, бюджетный, средний, временный ... **остаток.**

Остаток какой: (*с род.*) кассы ... **Остаток** чего: ~ сырья, топлива, средств, каких-л. ценностей, ссуд, вкладов, прибыли, денег ... **Остаток** на чём: ~ на каком-л. счёте ...

Покрытие, формирование, кредитование, наличие, прирост, инвентаризация, план, величина ... **остатка**. Данные ... **об остатках**.

Группировать ↑↓, изменять ↑↓, проверять ↑↓, изымать ↓, передавать ↑↓, иметь ↓ *несов.* ... **остаток**.

Производить что-л. ... **в пределах** какого-л. **остатка**. Кредитовать↑ *несов.* что-л. ... **по остатку**. Получать↑ что-л. ... **под остаток**.

Остаток возрастает, составляет какую-л. сумму, передаётся *зд. несов.* куда-л. (в поощрительные фонды...), увеличивается в связи с чем-л. (в связи с ростом производства...), исчисляется на основании чего-л., достигает какой-л. суммы ...

● Остаток денег в обращении (денежная масса в обращении) представляет собой сумму остатков наличных денег у населения, кассовых остатков учреждений, организаций и предприятий, кассовых остатков Госбанка СССР.

ОТНОШЕ́НИ|Е, *род.* -я, *мн.* отноше́ни|я, *род.* -й, *с.*

1. Взаимная связь, зависимость разных величин, предметов, явлений, соотношение между ними как одна из основных логико-философских категорий. *Ср. пространственные отношения.*

!**2.** *мн.* Взаимное общение, связь между кем-чем-л., которая образуется на какой-л. основе.

3. Тот или иной характер поведения, обращения кого-л. с кем-чем-л. *Ср. доброе о. к людям.*

4. Причастность к чему-л., связь с кем-чем-л. *Ср. иметь о. к какому-л. делу.*

5. Частное, получаемое от деления одного числа на другое, а ткж. запись соответствующего действия. *Ср. равенство двух отношений.*

Общественные, господствующие, экономические, социально-экономические, феодально-крепостнические, эксплуататорские, капиталистические, социалистические, коммунистические, производственные, торгово-экономические, товарно-денежные, рыночные, стоимостные, меновые, стихийные, товарные, кредитные, кредитно-расчётные, финансовые, денежные, валютно-финансовые, внешнеторговые, международные, внешнеэкономические, хозрасчётные, договорные, перераспределительные, страховые, имущественные ... **отношения**.

Отношения какие: (*с род.*) ~ собственности, купли-продажи рабочей силы, потребления, сотрудничества, взаимопомощи ... **Отношения** кого-чего: ~ людей, эксплуататоров и эксплуатируемых, рабочих и крестьян, капиталистов и пролетариев, классов... **Отношения** между кем-чем: ~ между эксплуататорами и эксплуатируемыми, между рабочими и крестьянами, между капиталистами и пролетариями, между классами...

Характер, существование ... каких-л. **отношений**.

Устанавливать ↑↓, поддерживать ↑↓ *зд. несов.*, фетишизировать ↑↓ *несов.*, обострять ↑↓, развивать ↑↓, использовать ↑↓ *несов. и сов.* ... какие-л. **отношения**. Вступать ... **в** какие-л. **отношения**. Оказывать влияние, воздействовать↑ *несов. и сов.* ... **на** какие-л. **отношения**.

Какие-л. **отношения** выражаются в чём-л., достигают чего-л. (известного развития...), соответствуют *несов.* чему-л., основаны на чём-л. ...

● 1. Производство при социализме носит непосредственно общественный характер, но и при этом существуют товарно-денежные отношения. 2. При империализме резко обостряется противоречие между производительными силами и производственными отношениями.

О́ТПУСК, *род.* -а, *предл.* в о́тпуске и *разг.* в отпуску́, *мн.* отпуск|а́, *м.*

Освобождение от работы, от службы на определённый срок для отдыха, лечения и т. п., а ткж. время такого освобождения.

Очередной, плановый, трудовой, декретный, дополнительный, ежегодный, оплачиваемый, двухнедельный, месячный, зимний, летний, [не]использованный, учебный, академический, творческий, кратковременный ... **отпуск**.

Отпуск какой: (*предлог «без» с род.*) ~ без сохранения содержания ...; (*предлог «для» с род.*) ~ для сдачи экзаменов, для поступления куда-л. ...; (*предлог «за» с вин.*) ~ за какой-л. год, за свой счёт ...; (*предлог «по» с дат.*) ~ по беременности и родам...; (*предлог «на» с вин.*) ~ на сколько-то дней, на сколько-то недель... **Отпуск** чей: ~ рабочих, колхозников, руководителей, служащих ...

Продолжительность, начало, середина, конец, время, замена, предоставление ... **отпуска**; график, время ... **отпусков**. Пребывание ...**в отпуске**. Право ... **на отпуск**. Компенсация ... **за отпуск**. Правила ... **об отпусках**.

Брать ↓, получать ↑↓, использовать ↑↓ *несов. и сов.*, проводить ↓, предоставлять ↑↓, планировать ↑↓, приурочивать к чему-л., переносить ↑↓, откладывать ↓, продлевать ↑↓ ... **отпуск**. Ждать *несов.*, дождаться ... **отпуска**. Пользоваться ... **отпуском**. Идти, уходить, отпускать кого-л., собираться ... **в отпуск**. Быть *несов.* ... **в отпуске**. Отдыхать где-л. ...: **во время отпуска**. Получать ↑ деньги ... **за отпуск**. Вернуться ... **из отпуска**. Готовиться, закончить что-л. ... **к отпуску**.

Отпуск распределяется как-л. (равномерно...), компенсируется когда-л. (при увольнении работника...)...

● 1. В СССР установлены оплачиваемые отпуска по временной нетрудоспособности, по беременности и родам, а также лицам, совмещающим работу с обучением. 2. Если очередной отпуск не был использован в данном году не по вине трудящегося и трудящийся не получил компенсации, то в следующем году отпуск может быть продлён на неиспользованный срок. 3. Дополнительный отпуск предоставляется работникам с ненормированным рабочим днём и работникам предприятий с вредными условиями труда.

△ **Отпускн|о́й**, -а́я, ,о́е, -ы́е.

О. период, время, дни, деньги *мн.* ...

О́ТРАСЛЬ, *род.* о́трасл|и, *ж.* Качественно однородная группа хозяйственных единиц, которая характеризуется особыми условиями производства в системе общественного разделения труда, однородной продукцией и играет специфическую роль в процессе расширенного воспроизводства.

Важная, главная, ключевая, ведущая, базисная, высококонцентрированная, укрупнённая, новая, прогрессивная, передовая, перспективная, производственная, топливно-энергетическая, добывающая, смежная, монополизированная, самостоятельная ... **отрасль**.

Отрасль чего: ~ народного хозяйства, экономики, производства, промышленности, индустрии, машиностроения, транспорта, услуг, какой-л. сферы ...

Значение, роль, важность, продукция, рентабельность, ресурсы, предприятие, плановые показатели ... какой-л. **отрасли**. Вложения ... **в** какую-л. **отрасль**. Планирование, хозяйственный расчёт, производительность труда ... **в** какой-л. **отрасли**. Ассигнования ... **на** какую-л. **отрасль**.

Создавать ↑↓, развивать ↑↓, обеспечивать ↑↓ чем-л., финансировать ↑↓ *несов. и сов.* ... какую-л. **отрасль**. Работать *несов.*, применять ↑ что-л., образовать ↑ *несов. и сов.* (*несов. ткж.* образовывать) что-л. ... **в** какой-л. **отрасли**.

Какая-л. **отрасль** входит в состав чего-л., даёт какую-л. продукцию, выполняет план, отстаёт в чём-л. ...

● 1. В СССР каждая отрасль

народного хозяйства расчленяется на укрупнённые отрасли и виды производства. 2. Наиболее сложной отраслью народного хозяйства является промышленность, в составе которой насчитывается много укрупнённых отраслей и подотраслей.

△ **Отраслев|óй**, -áя, -óе, ы́е.

О. институт, смета, экономика, структура, прибыль *ж.*, совещание, управление, производство, разделение промышленности, нормы, министерства, правила, план, планирование, хозрасчёт ...

ОТСРÓЧК|А, *род.* -и, *ж.*

Т о ж е , ч т о **пролонгáция**.

ОТЧЁТ, *род.* -а, *м.*

Официальное письменное или устное сообщение ответственному лицу, организации и т. п. о своей работе, о выполнении какого-л. задания, о результатах исследования чего-л. и т. п.

Периодический, квартальный, месячный, декадный, недельный, полугодовой, *годовой, финансовый, бухгалтерский, статистический, *авансовый, налоговый ... **отчёт**.

Отчёт чей: ~ какого-л. предприятия, Госбанка СССР, учреждения, организации, совхоза, колхоза, финансового органа ... **Отчёт** о чём: (*предлог «о» с предл.*) ~ о каких-л. расходах, о продукции, о наличии и движении каких-л. средств, о плате за фонды, о каких-л. отчислениях, о прибылях, об убытках, о командировке, о выполнении чего-л. (сметы, плана...), о поступлении платежей, об оборотах, о состоянии недоимок по платежам в бюджет... **Отчёт** по чему: (*предлог «по» с предл.*) ~ по каким-л. доходам, по качеству продукции, по труду, по себестоимости...

Качество, раздел, части, сроки ... **отчёта**. Заключение ... **по отчёту**.

Составлять ↑↓, сдавать ↑↓, принимать ↑↓, представлять ↑↓, проверять ↑↓, утверждать ↑↓, подписывать ↑↓, рассматривать ↑↓, изучать ↑↓ ... **отчёт**. Включать ↑ что-л. ... **в** какой-л. **отчёт**. Показывать ↑ что-л., отражать ↑ что-л., что-л. содержится *несов.* ... **в** каком-л. **отчёте**. Прилагать что-л. ... **к** какому-л. **отчёту**.

Отчёт включает что-л. (данные об использовании какой-л. сметы ...), показывает что-л. (стоимость основных средств...), составляется *несов.* кем-чем-л. как-л., когда-л. ...

● 1. Отчёт по себестоимости составляется по данным учёта о выпуске товарной продукции в натуральном выражении, калькуляций себестоимости всех её видов и по соответствующим плановым данным. 2. На основании проверенных годовых отчётов даётся оценка работы предприятия и принимаются конкретные меры по её улучшению, после чего распределяется прибыль предприятия.

△ **Отчётн|ый**, -ая, -ое, -ые.

О. период, баланс, год, месяц, показатель *м.*, ведомость *ж.*, калькуляция, данные, формы ...

ОТЧЁТНОСТЬ, *род.* отчётност|и, *только ед., ж.*

Система итоговых показателей, которые характеризуют выполнение плана предприятием и результаты его хозяйственной деятельности за определённый отрезок времени, а также документация по установленной форме, которая содержит отчёт о чём-л.

Государственная, социалистическая, капиталистическая, сводная, периодическая (ежедневная, пятидневная, десятидневная, декадная, месячная, квартальная, полугодовая), годовая, отраслевая, межотраслевая, статистическая, оперативная, бухгалтерская *, финансовая, банковская, кассовая, налоговая, внутрипроизводственная, внутризаводская ... **отчётность**.

Отчётность чья: ~ каких-л. предприятий и хозяйственных организаций *, объединений, бюджетных учреждений *, сберкасс, банков, министерств, заказчика, застройщика ... **Отчётность** о чём: ~ о выполнении какого-л. плана, об исполнении бюджета, о движении фондов, о затратах на что-л., о реализации чего-л. **Отчётность** по чему: ~ по финансированию чего-л., по каким-л. средствам, по налогам с кого-чего-л., по платежам в бюджет, по какому-л. строительству... **Отчётность** где: (*предлог «в» с предл.*) ~ в Госбанке СССР, в Стройбанке СССР, в каком-л. хозяйстве, в каких-л. организациях...

Цели, задачи, функции, показатели, данные, сведения, материал, система, особенности, черты, обязательность, необходимость, объективность, точность, сроки, формы, таблицы ... какой-л. **отчётности**. Приписки, излишества, искажения ... **в отчётности**. Требования ... **к отчётности**.

Составлять ↑↓, представлять ↑↓, обсуждать ↑↓, обрабатывать ↑↓, контролировать ↑↓, регламентировать ↑↓ *несов. и сов.*, использовать ↑↓ *несов. и сов.*, утверждать ↑↓ ... **отчётность**. Отражать ↑ что-л., указывать на что-л., оставлять что-л. ... **в** какой-л. **отчётности**. Прилагать ↑ что-л. ... **к** какой-л. **отчётности**. Контролировать ↑ что-л. (выполнение плана ...) ... **с помощью отчётности**.

Отчётность служит чем-л., имеет *несов.* что-л., контролирует *зд. несов.* что-л., включает что-л., содержит *несов.* что-л. (какие-л. сведения...)...

● 1. Существенной особенностью социалистической отчётности является то, что она строится на базе всех трёх видов учёта: оперативного, бухгалтерского и статистического. 2. Данные отчётности являются базой для составления народнохозяйственных планов и служат орудием контроля за их выполнением.

ОТЧЁТНОСТЬ БЮДЖЕ́ТНЫХ УЧРЕЖДЕ́НИЙ, *род.* отчётност|и, *только ед., ж.*

Отчётность, которая отражает расходы бюджетных учреждений, движение денежных и материальных ценностей, выполнение оперативного плана.

● Отчётность бюджетных учреждений используется для контроля за расходованием бюджетных средств и уточнения потребности в них с учётом выполнения оперативного плана работы. *См.* **Отчётность**.

ОТЧЁТНОСТЬ ПРЕДПРИЯ́ТИЙ И ХОЗЯ́ЙСТВЕННЫХ ОРГАНИЗА́ЦИЙ, *род.* отчётност|и, *только ед., ж.*

Система обобщённых показателей, которые характеризуют итоги работы предприятий (объединений) и хозяйственных организаций за определённый период.

● Отчётность предприятий (объединений) и хозяйственных организаций составляется на основе данных текущего учёта и используется для контроля за сохранностью социалистической собственности и выполнением государственного плана. *См.* **Отчётность**.

ОТЧИСЛЕ́НИ|Я, *род.* -й, *ед.* **отчисле́ни|е**, *род.* -я, *с.*

Отчисленные на что-л. суммы.

* Амортизационные, дифференциально-процентные, авансовые, местные, максимальные, минимальные ... **отчисления**.

Отчисления какие: (*предлог «в» с вин.*) ~ в какой-л. фонд, какой-л бюджет...; (*предлог «на» с вин.*) ~ на какое-л. строительство, на ремонт чего-л., на социальное страхование...; (*предлог «от» с род.*) ~ от какой-л. прибыли, от каких-л. (государственных...) доходов, от налогов, от каких-л. платежей ...

Система, порядок, взносы, роль, нормы, сумма, доля, размер, процент ... **отчислений**. Пересчёты, расчёты ... **по отчислениям**.

Устанавливать ↑↓, вносить ↑↓, уплачивать ↑↓, утверждать ↑↓, передавать ↑↓, списывать ↑↓, увеличивать ↑↓, уменьшать ↑↓ ... **отчисления**.

Отчисления составляют какую-л. сумму ...

● Существует два способа передачи отчислений в бюджеты: первый применяется для распределения общесоюзных доходов между союзным бюджетом и республиканскими бюджетами союзных республик, а второй — для передачи части этих доходов местным бюджетам.

△ **Отчи́сленн|ый**, -ая, -ое, -ые.

О. часть дохода, прибыль *ж.*, сумма, деньги *мн.* ...

Отчисля́|ть, -ю, -ешь, -ют, *несов.*; **отчи́сл|ить**, -ю, -ишь, -ят, *сов.*, *перех.*

О. что-л. (какую-л. сумму...) из заработной платы, из премии, из какого-л. дохода ...

ОХРА́НА ТРУДА́, *род.* охра́н|ы, *только ед., ж.*

Система технических, санитарно-гигиенических и правовых мероприятий, которые непосредственно направлены на обеспечение безопасных для жизни и здоровья человека условий труда.

Правовая ... **охрана труда**.

Охрана труда кого: ~ женщин, подростков, детей, больных... **Охрана труда** где: (*предлог «в» с предл.*) ~ в СССР, в каких-л. странах ...

Система, содержание, требование, нормы, уровень ... **охраны труда**. Надзор ... **за охраной труда**. Законы ... **об охране труда**. Требования, правила, нормы, мероприятия .... **по охране труда**.

Осуществлять ↑↓, ограничивать чем-л. ↑↓, регламентировать ↑↓ *несов. и сов.* ... **охрану труда**. Требовать ↑ ... **охраны труда**. Выделять ↑ что-л. ... **на охрану труда**.

Охрана труда включает в себя что-л. ...

● 1. На охрану труда и повышение его технической безопасности в СССР и других социалистических странах ежегодно выделяются значительные материальные средства. 2. Советское государство обязывает все предприятия, учреждения, организации соблюдать требования охраны труда.

П

ПАЙ, *род.* па́|я, *предл.* о па́е, в паю́ и в па́е, *мн.* па|и́, *м.*

В СССР — сумма взноса, который уплачивается членом кооперативной организации, являющейся низовым звеном кооперативной системы, а ткж. членами жилищно-, дачно- или гаражно-строительных кооперативов.

Кооперативный, индивидуальный, [не]полный, вступительный ... **пай**.

Размер, сумма ... **пая**.

Передавать ↑↓ кому-л., вносить ↑↓, перечислять ↑↓, возвращать ↑↓ кому-л., уплатить ↑↓ ... **пай**.

Пай принадлежит *несов.* кому-л., переходит по наследству кому-л. ...

● 1. Размер, порядок и сроки внесения пая определяются постановлением общего собрания членов кооператива в соответствии с уставом кооператива. 2. Право на пай — личное имущественное право члена кооператива.

△ **Паев|о́й**, -а́я, -о́е, -ы́е.

П. капитал, фонд, система, взносы ...

ПАРИТЕ́Т, *род.* -а, *м.*

Соотношение валют разных стран в золоте.

Монетный, валютный, золотой, официальный, твёрдый ... **паритет**.

Паритет чего: ~ покупательной силы, валют, фунта стерлингов ... **Паритет** где: (*предлог «в» с предл.*) ~ в торговле, в экономике, в каких-л. странах, в СССР...

Теория, понятие, система, принцип ... **паритета**. Приспособление валютных курсов ... **к** какому-л. **паритету**. Соответствие ... **между** каким-л. **паритетом** и чем-л. Отклонения ... **от** какого-л. **паритета**.

Заявлять ↑↓, фиксировать ↑↓, устанавливать ↑↓, заменять ↑↓, изменять ↑↓ ... **паритет**. Что-л. равняется *несов*. ... какому-л. **паритету**. Что-л. колеблется *несов*. ... **вокруг** какого-л. **паритета**. Что-л. влияет ... **на паритет**. Осуществлять ↑ что-л. ... **по** какому-л. **паритету**.

Какой-л. **паритет** отражает что-л., выражает что-л., подвержен чему-л., составляет что-л. ...

● В условиях социалистической экономики валютный паритет устанавливается государством на плановой основе, исходя из золотого содержания валют и сопоставления покупательной способности национальной валюты на внутреннем и мировом рынках.

△ **Парите́тн|ый**, -ая, -ое, -ые.

П. обмен, принцип, система, теория, начало, представительство...

ПАССИ́В, *род*. -а, *м*. *Ант*. акти́в.

Одна из двух сторон бухгалтерского баланса (обычно правая сторона), которая характеризует источники формирования средств социалистических предприятий и организаций по их составу, целевому назначению и размещению.

Краткосрочный, банковский, устойчивый ... **пассив**.

Пассив чего: ~ какого-л. раздела, баланса, счёта; **пассивы** банков ...

Название, денежные итоги, сумма, статья, элементы ... **пассива**. Равенство ... **между пассивом** и активом.

Помещать куда-л. ↑↓, подразделять на что-л. ↑↓, уменьшать ↑↓, увеличивать ↑↓ ... **пассив**. Показывать что-л., указывать на что-л. ↑, предусматривать что-л., что-л. отражается... **в пассиве**. Установить ↑ что-л. ... **по пассиву**.

Пассив состоит *несов*. из чего-л. (из пяти разделов...), показывает что-л. (источники средств хозяйства...), характеризует что-л. ...

● Пассив раздела I показывает источники собственных и приравненных к ним средств, в пассиве раздела II указываются кредиты банка под нормируемые оборотные средства и т. д.

△ **Пасси́вн|ый**, -ая, -ое, -ые.

П. сторона, статья, счета *, операции банков ...

ПАССИ́ВНЫЕ СЧЕТА́, *род*. счет|о́в, *ед*. **пасси́вный счёт**, *род*. счёт|а, *м*. *Ант*. акти́вные счета́.

Счета бухгалтерского учёта, на которых отражаются источники формирования средств предприятий и их целевое назначение.

● К пассивным счетам относятся: расчётные счета предприятий и хозяйственных организаций, текущие счета колхозов, бюджетных, профсоюзных, общественных организаций, вклады граждан, счета средств союзного, республиканского и местных бюджетов. *См*. **Счета́**.

ПАТЕ́НТ, *род*. -а, *м*.

! **1.** Документ, который удостоверяет государственное признание технического решения изобретением и закрепляет за лицом, которому он выдан, исключительное право на изобретение.

2. Документ на право заниматься торговлей или промыслом и т. д., а в некоторых буржуазных государствах — на занятие определённой должности. *Ср. п. на продажу лекарств*.

3. В СССР — документ на право заниматься индивидуальной трудовой деятельностью.

Зарубежный ... **патент**.

Патент на что: ~ на какое-л. изобретение, на обладание чем-л. ...

10*

Владелец, основание, действие ... **патента**. Заявка ... **на патент**. Права ... **по патенту**.

Выдавать ↑↓, получать ↑↓, иметь ↓ *несов*., аннулировать ↑↓ *несов. и сов*. ... **патент**; скупать ↑↓... **патенты.** Закреплять ↑ что-л. ... **патентом**.

Патент свидетельствует *несов*. о чём-л. ...

● 1. Действие патента распространяется на территорию того государства, где он выдан. 2. Срок действия патента устанавливается национальным законодательством, в некоторых странах предусматривается возможность продления этих сроков.

△ **Пате́нтн|ый**, -ая, -ое, -ые.

П. ведомство, пошлина, классификация, заявка, экспертиза, право, соглашение...

Пате́нтно-лицензио́нн|ый, -ая, -ое, -ые.

П. деятельность *ж*. предприятий и организаций ...

Патент|ова́ть, -у́ю, -у́ешь, -у́ют, *несов*. и *сов*., *перех*.

П. изобретение, открытие ...

ПЕ́НСИ|Я, *род*. -и, *ж*.

В социалистических странах — денежное обеспечение, которое получают граждане из общественных фондов потребления в старости, при потере трудоспособности, за выслугу лет и по случаю потери кормильца.

Государственная, персональная, общая, полная, [не]большая ... **пенсия**.

Пенсия какая: (*с род.*) ~ какого-л. (союзного, местного...) значения...; (*предлог «за» с вин.*) ~ за выслугу лет ...; (*предлог «по» с дат.*) ~ по инвалидности, по старости, по нетрудоспособности, по случаю потери кормильца ... **Пенсия** кому: ~ колхозникам, рабочим, служащим, инвалидам, учителям, Героям Социалистического труда ... **Пенсия** где: (*предлог «в» с предл.*) ~ в каких-л. странах, в СССР...; (*предлог «на» с предл.*) ~ на Кубе...

Размер ... **пенсии**; виды ... **пенсий**. Надбавка ... **к пенсии**. Право, расходы ... **на пенсию.** Закон ... **о пенсии.**

Ввести ↑↓, назначать ↑↓, начислять ↑↓ кому-л., устанавливать ↑↓, платить ↓ кому-л., выдавать кому-л. ↑↓, повышать кому-л. ↑↓, получать ↑↓ ... **пенсию**. Работать *несов*. кем-л. (где-л. и т. п.) ... **до пенсии**. Выйти ↑, уйти ... **на пенсию**. Быть *несов*. ... **на пенсии.**

Пенсия служит чем-л., не подлежит *несов*. чему-л. (обложению налогом ...)...

● 1. Пенсия по старости назначается рабочим, служащим и членам колхозов пожизненно, независимо от состояния трудоспособности. 2. Право на пенсию на льготных условиях имеют женщины, родившие пять или более детей и воспитавшие их до восьми лет. 3. Пенсия по инвалидности, наступившей вследствие трудового увечья или профессионального заболевания, устанавливается независимо от трудового стажа.

△ **Пенсио́нн|ый**, -ая, -ое, -ые.

П. лист, отдел, обеспечение, система, возраст, книжка, законодательство, льготы, деньги *мн*., фонды, кассы ...

ПЕ́Н|Я, род. -и, *ж*.

Штраф за невыполнение или просрочку принятых по договору или установленных законом обязательств.

Уплаченная, значительная ... **пеня.**

Размеры, срок уплаты ... **пени**. Исчислять ↑↓, начислять за что-л. ↑↓, взыскивать с кого-л. ↑↓, платить ↑↓ ... **пеню.**

● 1. Пеня является финансовой мерой воздействия в форме штрафа за неустойки. 2. Уплаченная пеня включается в общезаводские расходы предприятий и тем самым увеличивает их непроизводительные расходы и себестоимость продукции.

ПЕРЕВО́ДНЫЙ АККРЕДИТИ́В, *род.* аккредити́в|а, *м.*

Аккредитив, содержащий указание о том, что поставщик, в пользу которого он выставлен, уполномочен производить платежи путём переадресования аккредитива как в полной сумме, так и частями одному или нескольким лицам.

● 1. Переводный аккредитив применяется в тех случаях, когда бенефициар не является единственным или окончательным поставщиком товаров, а лишь посредником, передающим от себя заказ полностью или частями третьим лицам. 2. Переводный аккредитив может быть передан для исполнения в другие пункты как в стране бенефициара, так и в другой стране, если обратное не оговорено в условиях. *См.* **Аккредити́в**.

ПЕРЕВО́ДНЫЙ РУБЛЬ, *род.* рубл|я́, *м.*

Коллективная расчётная денежная единица во взаимных межгосударственных расчётах стран-членов СЭВ.

● Переводный рубль, золотое содержание которого определено в 0,987412 г чистого золота, начал функционировать с 1 января 1964 года. *См.* **Рубль.**

ПЕРЕДА́ТОЧНАЯ НА́ДПИСЬ, *род.* на́дпис|и, *ж.*

Т о ж е, ч т о **индоссаме́нт**.

ПЕРЕМЕ́ННЫЙ КАПИТА́Л, *род.* капита́л|а, *только ед., м. Ант.* постоя́нный капита́л.

Часть производительного капитала, которая составляет затраты капиталиста на приобретение рабочей силы.

● 1. В результате создания рабочими прибавочной стоимости, безвозмездно присваиваемой капиталистом, величина переменного капитала возрастает. 2. На величину переменного капитала влияет скорость оборота капитальной стоимости: чем продолжительнее период производства и реализации товаров, тем больший объём переменного капитала необходим предпринимателю. 3. В текущие издержки производства переменный капитал входит в виде номинальной заработной платы. *См.* **Капита́л**.

ПЕРЕОЦЕ́НК|А, *род.* -и, *ж.*

Корректировка денежной оценки, которая проводится государственными и кооперативными предприятиями, хозяйственными организациями (кроме колхозов) и стройками, вызываемая изменением цен на сырьё, материалы, топливо, готовую продукцию и др.

Общая, сплошная, большая, незначительная, частичная, ежегодная ... **переоценка**.

Переоценка чего: ~ каких-л. товаров, товарно-материальных ценностей, кредитов, вкладов, иностранной валюты, основных фондов, дома... **Переоценка** на основе чего: ~ на основе каких-л. данных ...

Сумма, объём, норма, порядок, особенность, результаты ... **переоценки**.

Практиковать ↓ *несов.*, производить ↓, что-л. вызывает ... **переоценку**. Подвергать что-л. ... **переоценке**. Отличать ↓ что-л. ... **от переоценки**.

Переоценка обеспечивает что-л., происходит как-л. ...

● 1. Переоценка средств на счетах в иностранной валюте — новая оценка в национальной валюте иностранных авуаров и обязательств фирм и банков в связи с изменением валютных курсов. 2. Переоценка товарно-материальных ценностей обеспечивает единство и сопоставимость плановых и отчётных данных, реальность отражения в учёте оборотных средств, затрат на производство продукции и результатов финансово-хозяйственной деятельности предприятий и организаций.

△ **Переоце́ночн|ый**, -ая, -ое, -ые.

П. товар, документация, сумма, комиссия, листы...

Переоце́нива|ть, -ю, -ешь, -ют, *несов.*; **переоцени́ть**, переоценю́, переоце́нишь, переоце́нят, *сов.*; *перех.*

П. вклады, деньги, валюту, товары, товарно-материальные ценности...

ПЕРЕРАСПРЕДЕЛЕ́НИ|Е, *род.*-я, *только ед.*, *с.*

Процесс дальнейшего распределения материальных и финансовых ресурсов.

Межкооперативное, межотраслевое, повторное, первичное ... **перераспределение**.

Перераспределение какое: (*предлог «через» с вин.*) ~ через механизм цен ... **Перераспределение** чего: ~ какого-л. (национального...) дохода, материалов, прибыли, имущества, лимитов, каких-л. средств, земли, территории, работы... **Перераспределение** где: (*предлог «в» с предл.*) ~ в какой-л. сфере (в сфере материального производства...)...

Необходимость, процесс, порядок, инструмент, каналы, право ... **перераспределения**.

Разрешать↓, согласовывать ↑↓ ... **перераспределение**. Что-л. подлежит *несов.* ... **перераспределению**.

Перераспределение ведёт *несов.* к чему-л. (к увеличению доходов ...), носит *несов.* какой-л. характер, диктуется *несов.* чем-л. ...

● 1. При социализме отношения перераспределения приобретают качественно новую социально-экономическую сущность, поскольку исчезают антагонистические классы и сам процесс перераспределения носит плановый характер. 2. Перераспределение национального дохода — процесс дальнейшего распределения национального дохода, который уже распределён в сфере материального производства. 3. При капитализме в процессе перераспределения происходит дополнительная эксплуатация трудящихся через налоги, повышение цен, инфляцию и др.

△ **Перераспредели́тельн|ый**, -ая, -ое, -ые.

П. процесс, пункт, комиссия, итог, прибыль *ж.*, доход...

Перераспределя́|ть, -ю, -ешь, -ют, *несов.*; **перераспредел|и́ть**, -ю́, -и́шь, -я́т, *сов.*, *перех.*

П. лимиты, сырьё, доход, землю, территорию...

ПЕРЕРАСХО́Д ФО́НДА ЗА́РАБОТНОЙ ПЛА́ТЫ, *род.* перерасхо́д|а, *только ед.*, *м.*

Превышение начисленной суммы заработной платы над утверждённым фондом, скорректированным на процент выполнения производственной программы.

Абсолютный, относительный ... **перерасход фонда заработной платы**.

Перерасход фонда заработной платы где: (*предлог «в» с предл.*) ~ в каких-л. отраслях материального производства, в строительстве, в торговле...

Причины, размер, сумма ... **перерасхода фонда заработной платы**. Борьба ... **с перерасходом фонда заработной платы**.

Определять ↑↓, исчислять ↑↓, рассчитывать ↑↓, допускать ↓, возмещать ↑↓, предотвращать ↑↓, покрывать ↓ ... **перерасход фонда заработной платы**.

Перерасход фонда заработной платы приводит к чему-л. ...

● Основными причинами перерасхода фонда заработной платы являются недостатки в планировании и организации труда, излишняя численность работающих, непроизводительные потери рабочего времени, применение заниженных норм выработки, излишества в оплате труда и премировании.

ПЕРЕЧИСЛЕ́НИ|Е, *род.* -я, *с.*

Перевод денежных сумм с одного счёта на другой; перечисленная сумма.

Безналичное ... **перечисление**.

Перечисление чего: ~ денег, каких-л. расчётов... **Перечисление** на что: ~ на текущий счёт ...

Совершать ↑↓, осуществлять ↑↓ ... **перечисление**. Произвести что-л. ... **путём перечисления**.

● 1. Денежные расчёты между хозяйственными организациями совершаются путём безналичных перечислений или путём применения зачётов взаимных требований. 2. Платежи предприятий и организаций и подоходный налог с колхозов поступают в госбюджет в порядке безналичных перечислений с расчётных и текущих счетов предприятий и колхозов в банк. 3. Расчёты социалистических предприятий и организаций друг с другом, с государственным бюджетом и кредитной системой осуществляются главным образом путём безналичных перечислений через банки.

△ **Перечи́сленн|ый**, -ая, -ое, -ые.

П. деньги ...

Перечисля́|ть, -ю, -ешь, -ют, *несов.*; **перечи́сл|ить**, -ю, -ишь, -ят, *сов., перех.*

П. деньги, какие-л. расчёты ...

ПЛАН, *род.* пла́н|а, *м.*

1. Чертёж, изображающий в масштабе на плоскости местность, предмет, сооружение и т. п. с полным сохранением их пропорций. Ср. *план здания.*

!**2.** З а р а н е е н а м е ч е н н а я с и с т е м а м е р о п р и я т и й, п р е д у с м а т р и в а ю щ а я п о р я д о к, п о с л е д о в а т е л ь н о с т ь и с р о к и в ы п о л н е н и я р а б о т, о п е р а ц и й и т. д., о б ъ е д и н ё н н ы х о б щ е й ц е л ь ю, а т к ж. т е к с т, д о к у м е н т с и з л о ж е н и е м т а к о й с и с т е м ы.

3. Предположение, замысел, предусматривающие ход, развитие чего-л. *Ср. п. поездки.*

4. Определённый порядок, последовательность изложения чего-л. *Ср. п. урока.*

5. Та или иная область, сфера проявления чего-л. *Ср. актёр комедийного плана.*

*Народнохозяйственный, производственный, единый, генеральный, централизованный, эмиссионный, кассовый, валютный, материальный, финансовый, сводный, комплексный, синтетический, отраслевой, межотраслевой, долгосрочный, среднесрочный, краткосрочный, координационный, ориентировочный, личный, цеховой, *встречный, дневной, недельный, декадный, месячный, квартальный, годовой, текущий, оперативный, перспективный, предварительный, счётный, расчётный, *пятилетний, операционный, твёрдый, стабильный, реальный, напряжённый, согласованный, обоснованный, экспортно-импортный, инфляционный, антиинфляционный, репарационный, кооперативный, строительный ... **план**; *Государственный **план** экономического и социального развития СССР.

План чей: ~ какого-л. предприятия, какого-л. министерства, бригады, цеха, завода, банка ... **План** чего: ~ народного хозяйства, реализации чего-л., капитальных вложений, финансирования чего-л., ремонта чего-л., строительства чего-л., каких-л. работ, развития народного хозяйства, выпуска продукции, продажи чего-л., платежа, каких-л. закупок, поставок чего-л., заготовок чего-л., распределения ресурсов, координации чего-л., прибыли, накопления, доходов, расходов, счетов*, какой-л. пятилетки, каких-л. оборотов, какого-л. товарооборота, распределения, кредитования, снабжения чего-л., реконструкции чего-л., материально-технического обеспечения чего-л., экономического развития ...

Форма, вид, задачи, цели, значение, роль, основа, параметры, цифры, направленность, сбалансированность ... **плана**; система ... каких-л. **планов**. Закон ... **о** каком-л. (пятилетнем ...) **плане**.

Подготавливать ↑↓, намечать ↓, предлагать↓, составлять ↑↓, разрабатывать ↑↓, корректировать ↑↓, *несов. и сов.*, изменять ↑↓, обсуждать ↑↓, утверждать ↑↓, принимать ↑↓, одобрять ↑↓, претворять в жизнь ↑↓, выполнять ↑↓, реализовать ↑↓ *несов. и сов.*, обосновывать ↑↓, увеличивать ↑↓, уменьшать ↑↓ ... **план**. Включать ↑ что-л., вносить ↑ что-л. ... **в план**. Предусматривать что-л., учитывать ↑ что-л., что-л. содержится ... **в плане**. Опираться ... **на** какой-л. **план**. Осуществлять ↑ что-л. ... **на основе** какого-л. **плана**. Работать ↑ *несов.* ... **над** каким-л. **планом**. Работать ↑ *несов.*, вести ↑ *несов.* хозяйство ... **по плану**. Производить ↑ что-л., выпускать ↑ что-л. ... **сверх плана**.

План отражает что-л., предусматривает что-л., учитывает что-л., обеспечивает что-л., уточняет что-л., носит *несов.* какой-л. характер...

● 1. Планомерное развитие общественного производства осуществляется на основе единого хозяйственного плана. 2. Первичное звено всей системы народнохозяйственного планирования — план производственного предприятия. 3. Практика социалистического планирования выработала три формы народнохозяйственных планов (по длительности планового периода): долгосрочный, охватывающий 10—15 лет, среднесрочный, как правило, пятилетний, и текущий — годовой.

△ **Пла́нов|ый**, -ая, -ое, -ые.

П. орган, комитет, период, аппарат, порядок, баланс, производство, система, комиссия, дисциплина, норма, основа, организация, номенклатура, работа, прибыль * *ж.*, перспектива, единица, хозяйство *, развитие, задание, решение, начало, кредитование, управление, ведение чего-л., платежи, показатели *, ссуды, убытки, доходы, расходы, деньги *мн.*, нормативы...

Плани́р|овать, -ую, -уешь, -уют, *несов.*; **сплани́р|овать**, -ую, -уешь, -уют, *сов.*; *перех.*

П. денежное обращение, какие-л. фонды, производство, распределение чего-л., работу, цены, народное хозяйство, выпуск чего-л., прибыль, себестоимость чего-л., эмиссию Госбанка СССР, заготовки чего-л., экономику, доход, расход ...

ПЛАН СЧЕТО́В, *род.* пла́н|а, *м.*

Система бухгалтерских счетов, которая предусматривает их количество, группировку и цифровое обозначение в зависимости от объёмов и целей учёта.

● В план счетов включаются синтетические (счета первого порядка) и связанные с ними аналитические счета (субсчета), или счета второго порядка. *См.* **План**.

ПЛАНИ́РОВАНИ|Е, *род.* -я, *только ед., с.*

Составление, организация проверки и обеспечение выполнения планов.

Государственное, народнохозяйственное, централизованное, территориальное, оптимальное, встречное, директивное, * бюджетное, кредитное, валютное, производственное, финансовое, социальное, годовое, полугодовое, квартальное, календарное, текущее, перспективное, оперативное, * нормативное, функциональное, долгосрочное, пятилетнее, комплексное, синтетическое, сетевое, межотраслевое ... **планирование**.

Планирование какое: (*предлог «по» с предл.*) ~ по регионам, по республикам, по территориально-климатическим зонам, по отраслям, по министерствам ... **Планирование** чего: ~ народного хозяйства *, экономики, научно-технического прогресса, эмиссии Госбанка СССР, денежного обращения *, кредита, цен *, объёма товаров, спроса, себестоимости, экономического развития, прибыли, продуктов, заготовок, какого-л. производства, каких-л. фондов, промышленности, сельскохозяйственного производства, развития науки и техники ... **Планирование** где: (*предлог «в» с предл.*) ~ в каких-л. странах, в каком-л. хозяйстве, в какой-л. сфере, в каком-л. обществе ...

Сущность, характер, роль, задачи, направление, органы, функции, практика, методы, непрерывность, научность, реальность, демократизация, техническая база ... **планирования**. Демократический централизм ... **в планировании**. Контроль ... **за планированием**. Требования ... **к планированию**.

Организовать ↑↓ *несов. и сов.* (*в прош. только сов., несов. ткж.* организовывать), сочетать *несов. и сов.* с чем-л. ↑↓, корректировать ↑↓, изменять ↑↓, улучшать ↑↓, совершенствовать ↑↓ ... **планирование**. Сочетать ↑ *несов. и сов.* что-л. ... **в** каком-л. **планировании**.

Планирование включает в себя что-л., учитывает что-л., носит *несов.* какой-л. характер, оказывает воздействие на что-л., обеспечивает что-л., охватывает что-л. ...

● 1. Планирование призвано быть активным рычагом ускорения социально-экономического развития страны, интенсификации производства на базе научно-технического прогресса, осуществления прогрессивных хозяйственных решений, обеспечения сбалансированного и динамичного роста экономики. 2. Практика социалистического планирования опирается на перспективные (пятилетние) и текущие (годовые) планы, разрабатываемые на базе основных направлений экономического и социального развития страны.

ПЛАНИ́РОВАНИЕ ДЕ́НЕЖНОГО ОБРАЩЕ́НИЯ, *род.* плани́ровани|я, *только ед., с.*

Регулирование количества денег в обращении в соответствии с потребностями социалистического расширенного воспроизводства.

● 1. Планирование денежного обращения является одним из видов синтетического планирования, поскольку в плане денежного обращения отражаются различные показатели народнохозяйственного плана. 2. Материальной основой планирования денежного обращения служит планирование производства и распределения общественного продукта. *См.* **Плани́рование.**

ПЛАНИ́РОВАНИЕ НАРО́ДНОГО ХОЗЯ́ЙСТВА (В СССР), *род.* плани́ровани|я, *только ед., с.*

Разработка комплекса показателей развития социалистического общественного производства, непроизводственной сферы и их отдельных составных частей, а ткж. система мер по выполнению этих показателей, которая обеспечивает согласование деятельности трудящихся и достижение намеченных целей с наименьшими затратами трудовых, материальных и финансовых ресурсов.

Социалистическое, общегосударственное, централизованное, территориальное, перспективное, годовое ... **планирование народного хозяйства**.

Планирование народного хозяйства какое: (*предлог «на базе» с род.*) ~ на базе единого плана...; (*предлог «по» с дат.*) ~ по отраслям ... **Планирование народного хозяйства** где: (*предлог «в» с предл.*) ~ в СССР ...

Теория, практика, методология, предпосылки, основы, формы, техническая база, сроки, процесс, система, составная часть, значение, международный характер, задачи ... **планирования народного хозяйства**. Работа ... **по планированию народного хозяйства**. Балансовый метод ... **в планировании народного хозяйства**. Ленинское учение ...

о планировании народного хозяйства.

Моделировать ↑↓, разрабатывать ↑↓, развивать ↑↓, демократизировать ↑↓ *несов. и сов.* ... **планирование народного хозяйства**. Управлять ↑ чем-л. ... **с помощью (посредством) планирования народного хозяйства**. Сочетать что-л. ... **в планировании народного хозяйства**.

Планирование народного хозяйства опирается *несов.* на что-л., осуществляется *зд. несов.* кем-чем-л. (Госпланом СССР, министерствами и ведомствами СССР...), охватывает что-л., направлено на что-л. (на развитие производительных сил общества...) ...

● К числу важнейших задач планирования народного хозяйства в СССР относятся: создание материально-технической базы коммунизма, повышение эффективности общественного производства, улучшение качества выпускаемой продукции, обеспечение высоких темпов роста производства и опережающих темпов роста прогрессивных отраслей с целью достижения наилучшей структуры производства, концентрация капитальных вложений на важнейших объектах, учёт в планах последних достижений науки и техники, расчёт плановых заданий на основе прогрессивных норм использования материальных, трудовых и финансовых ресурсов, опыта передовых коллективов и новаторов производства, координация планов развития народного хозяйства социалистических стран, их совместная плановая деятельность.

ПЛАНИ́РОВАНИЕ ЦЕН, *род.* плани́ровани|я, *только ед.*, *с.*

Обоснование и определение уровней и соотношений цен на предстоящий период.

● Важным этапом планирования цен является их прогнозирование, которое даёт необходимую информацию об уровне и соотношении в перспективе по отраслям и основным видам (группам) продукции для обоснования плана и прогноза развития народного хозяйства. *См.* **Плани́рование**.

ПЛА́НОВАЯ ПРИ́БЫЛЬ, *род.* при́был|и, *ж.*

Прибыль, которая предусматривается в балансе доходов и расходов (финансовом плане) предприятия; представляет собой один из важных показателей хозяйственной деятельности предприятий и хозяйственных организаций.

● Сумма полученной предприятием прибыли используется для удовлетворения собственных потребностей хозяйства (капитальные вложения, прирост собственных оборотных средств, образование поощрительных фондов) и формирования доходов государственного бюджета. *См.* **При́быль**.

ПЛА́НОВОЕ ХОЗЯ́ЙСТВО, *род.* хозя́йств|а, *с.*

Высокоорганизованная экономическая система, которая охватывает все стороны социалистического народного хозяйства, функционирующего на основе единого общегосударственного плана.

ПЛА́НОВЫЕ ПОКАЗА́ТЕЛИ, *род.* показа́тел|ей, *ед.* пла́новый показа́тель, *род.* показа́тел|я, *м.*

Числовые величины, которые выражают конкретные задания и связанные с ними расчёты как важнейший инструмент планирования народного хозяйства.

● Плановые показатели делятся на утверждаемые, т.е. обязательные для всех предприятий и организаций, и расчётные, используемые для обоснования и увязки плановых заданий. *См.* **Показа́тели**.

ПЛА́Т|А, *род.* -ы, *ж.*

Денежное возмещение за пользование чем-л., за какие-л. услуги.

Арендная, квартирная, проездная, умеренная, [не]большая... **плата**.

Плата чем: ~ золотом, серебром, деньгами, чеками ... **Плата** за что: ~ за труд, за работу, за проезд, за оборотные средства, за фонды ...

Норма, нормативы, размер, величина, взнос ... **платы**.

Перечислять ↑↓ куда-л., взимать ↑↓ *несов.*, вводить ↑↓, нормировать ↑↓ *несов. и сов.*, исчислять ↑↓ как-л., вычитать ↑↓, рассчитывать ↑↓, вносить ↑↓ ... **плату**.

Плата составляет какую-л. сумму ...

● 1. Банк проверяет своевременность взыскания задолженности по квартирной плате и другим платежам. 2. Объектом обложения подоходным налогом является арендная плата за сдачу внаём жилья и др.

△ **Пла́тн|ый**, -ая, -ое, -ые.

П. проезд., лечение, услуги ...

Плати́ть, плачу́, пла́т|ишь, -ят, *несов.*; **заплати́ть**, заплачу́, запла́т|ишь, -ят, *прич. страд. прош.* запла́ченн|ый, -ая, -ое, -ые, *кр. ф. запла́чен*, -а, -о, -ы, *сов.; перех.*

П. деньги, долги, налоги, штраф, пени ...

ПЛА́ТА ЗА ФО́НДЫ (В СССР), *род.* пла́т|ы, *только ед., ж.*

Распределение прибыли между хозрасчётными предприятиями и государством, которое зависит от величины производственных фондов предприятия (объединения).

● 1. Плата за фонды призвана способствовать рациональному использованию производственных фондов, усилению экономической заинтересованности предприятий в увеличении фондоотдачи и повышении эффективности капитальных вложений. 2. Плата за фонды взимается с первоначальной (т. е. без вычета износа) стоимости основных производственных фондов. *См.* **Пла́та**.

ПЛАТЁЖЕСПОСО́БНЫЙ СПРОС, *род. спро́с|а, только ед., м.*

Реальный спрос на товары, услуги, который определяется наличием денежных средств у покупателей.

● 1. При социализме платёжеспособный спрос выступает как общественная потребность, наиболее полное удовлетворение которой составляет цель социалистического производства. 2. Важную роль в плановом регулировании платёжеспособного спроса и товарооборота играет баланс денежных доходов и расходов населения. *См.* **Спрос**.

ПЛАТЕЖ|И́, *род.* -е́й, *ед.* **платёж**, *род.* платеж|а́, *м.*

Сумма, которая должна быть выплачена.

Денежные, натуральные, текущие, срочные, просроченные, ближайшие, декадные, ежемесячные, разовые, взаимные, взаимопогашающиеся, международные, концессионные, [не]торговые, обязательные, регламентированные, первоочередные, * наложенные, фиксированные, рентные, дифференциальные, промежуточные, обязательные, добровольные, страховые, авансовые, выкупные, налоговые, репарационные ... **платежи**.

Платежи какие: (*предлог «без» с род.*) ~ без гарантии банка...; (*предлог «из» с род.*) ~ из прибыли в бюджет *; (*предлог «между» с твор.*) ~ между странами ...; (*предлог «по» с дат.*) ~ по какой-л. прибыли, по клирингам, по какому-л. страхованию, по процентам, по счетам, по банковским ссудам, по кредитам, по каким-л. операциям ...; (*предлог «под» с вин.*) ~ под гарантию банка ...;(*предлог «при» с предл.*) ~ при каких-л. расчётах ...; (*предлог «с» с твор.*) ~ с рассрочкой ...**Платежи** чьи: ~ населения, каких-л. (заготовительных ...) организаций, предприятий ... **Платежи** чего: ~ налогов ...

Возникновение, сумма, взносы, порядок, сроки ... **платежей**. Соотношение ... **между платежами** и поступлениями. Превышение поступлений ... **над платежами**. Льготы ... **по** каким-л. **платежам**.

Осуществлять ↑↓, взыскивать ↑↓, балансировать ↑↓, гарантировать ↑↓ *несов. и сов.*, зачислять ↑↓, перечислять ↑↓, отражать ↑↓ ... **платежи**. Применять ↑ что-л., устанавливать ↑ что-л., использовать ↑ *несов. и сов.* что-л. ... **для платежей**.

Платежи поступают куда-л., возрастают на какую-л. сумму ...

● 1. Существуют три вида платежей, осуществляемых путём безналичных расчётов: платежи без предварительного бронирования денежных средств и без гарантии банка, платежи под ограниченную гарантию банка, платежи, полностью гарантированные банком.

△ **Платёжн|ый**, -ая, -ое, -ые.

П. баланс, оборот *, кредит, календарь *м.*, союз, ведомость *ж.*, дисциплина *, способность *ж.*, поручение, требование, извещение, средство, соглашения *, обязательство, отношения ...

ПЛАТЕЖИ́ ИЗ ПРИ́БЫЛИ В БЮДЖЕ́Т, *род.* платеж|е́й, *ед.* **платёж из при́были в бюдже́т**, *род.* платеж|а́, *м.*

Платежи в государственный бюджет СССР, которые до 1966 года вносились в виде отчислений от прибыли, а с 1966 года — в виде платы за фонды, фиксированных (рентных) платежей, взносов свободного остатка прибыли и отчислений от прибыли.

● Удельный вес осуществляемых государственными предприятиями и организациями платежей из прибыли в бюджет незначительно возрастает (с 30,2% в 1965 году до 30,6% в 1985 году) при значительном увеличении их абсолютных размеров (с 30,9 млрд. рублей до 119,5 млрд. рублей). *См.* **Платежи́.**

ПЛАТЁЖНАЯ ДИСЦИПЛИ́НА, *род.* дисципли́н|ы, *только ед.*, *ж.*

Строгое соблюдение социалистическими предприятиями, объединениями и организациями сроков и очерёдности платежей.

Платёжная дисциплина где: (*предлог «в» с предл.*) ~ в каком-л. звене народного хозяйства...

Нарушители ... **платёжной дисциплины**. Борьба ... **за платёжную дисциплину.**

Соблюдать ↑↓, укреплять ↑↓, нарушать ↑↓ ... **платёжную дисциплину.**

Платёжная дисциплина находится *зд. несов.* в прямой зависимости от чего-л. (от финансового состояния предприятия...) ...

● 1. За нарушение платёжной дисциплины банк применяет финансовые санкции. 2. В целях укрепления платёжной дисциплины разрешено сокращать размер премий или лишать премий работников, виновных в образовании несвоевременно взысканной дебиторской задолженности.

ПЛАТЁЖНЫЕ СОГЛАШЕ́НИЯ, *род.* соглаше́ний, *ед.* **платёжное соглаше́ние**, *род.* соглаше́ни|я, *с.*

Соглашения между государствами, а ткж. между отдельными фирмами и организациями, которые устанавливают условия и порядок платежей и расчётов по внешнеторговым и другим операциям.

Международные, межправительственные, двусторонние, трёхсторонние, клиринговые, действующие, самостоятельные ... **платёжные соглашения**.

Платёжные соглашения какие: (*с род.*) ~ какого-л. типа, какого-л. характера... **Платёжные соглашения** чего с чем: ~ СССР с какими-л. странами ... **Платёжные соглашения** между кем-чем: ~ между какими-л. фирмами, между какими-л. странами ...

Цель, особенность, формы ... **платёжных соглашений**. Расчёты ... **по платёжным соглашениям**.

Применять ↑↓, заключать ↑↓ ... **платёжные соглашения**. Регулировать ↑ что-л. ... **платёжными соглашениями**. Осуществлять ↑ что-л. ... **на основе** каких-л. **платёжных соглашений**.

Платёжные соглашения заключаются *зд. несов.* между кем-чем-л., преследуют *несов.* какую-л. цель, носят *несов.* какой-л. характер, направлены на что-л. (на достижение платёжных балансов...), регулируют что-л., устанавливают что-л. (клиринговую форму расчётов...)...

● 1. Платёжные соглашения СССР с другими социалистическими странами ставят своей целью регулирование внешних расчётов по товарообороту и неторговым платежам. 2. Платёжные соглашения устанавливают перечень платежей, порядок открытия счетов и их режим, валюту расчётов, способ погашения задолженности, осуществление расчётов банками, на которые возлагается открытие счетов и т. д.

ПЛАТЁЖНЫЙ ОБОРО́Т, *род.* оборо́т|а, *м.*

Денежный оборот страны, в котором деньги функционируют как средство платежа.

● 1. По характеру платежей платёжный оборот подразделяется на налично-платёжный и безналичный. 2. В хозяйственной и банковской практике обычно под платёжным оборотом понимается оборот, который охватывает только безналичные платежи.

См. **Оборо́т.**

ПОГАШЕ́НИЕ ССУД, *род.* погаше́ни|я, *с.*

То же, что **взыска́ние ссуд**.

ПОДГОТО́ВКА РАБО́ЧИХ КА́ДРОВ (в СССР), *род.* подгото́вк|и, *только ед., ж.*

Государственная система мероприятий по подготовке высококвалифицированных специалистов для различных отраслей народного хозяйства.

Подготовка рабочих кадров какая: (*предлог «через» с вин.*) ~ через индивидуальное ученичество, через какое-л. (бригадное, курсовое ...) обучение ... **Подготовка рабочих кадров** где: (*предлог «в» с предл.*) ~ в СССР ...; (*предлог «на» с предл.*) ~ на предприятиях, на заводах, на фабриках ...

Формы, система ... **подготовки рабочих кадров в СССР.**

Осуществлять ↑↓ ... **подготовку рабочих кадров в СССР**. Специализироваться ... **на подготовке рабочих кадров в СССР.**

Подготовка рабочих кадров в СССР ведётся *несов.* через что-л. ...

● Основной формой подготовки рабочих кадров в СССР является среднее профессионально-техническое училище.

ПОДОТЧЁТНЫЕ СУ́ММЫ, *род.* сумм, *ед.* **подотчётная су́мма,** *род.* су́мм|ы, *ж.*

Суммы, которые выдаются штатным работникам предприятий, объединений и организаций на административно-хозяйственные и оперативные расходы, а ткж. на служебные командировки и за которые в установленные сроки они представляют документально обоснованный отчёт.

● В случае нарушения сроков представления отчёта об израсходовании подотчётных сумм, а также возвращения в кассу остатков неиспользованных авансов предприятие вправе удержать из заработной платы задолженность по подотчётным суммам. *См.* **Су́ммы.**

ПОДОХО́ДНЫЙ НАЛО́Г, *род.* нало́г|а, *м.*

Основной вид прямых налогов, которые взимаются с доходов физических и юридических лиц (заработной платы, прибыли и т. д.).

● В СССР подоходный налог изымается в двух основных формах: подоходный налог с населения и подоходный налог с кооперативных и общественных организаций. *См.* **Нало́г.**

ПОДРЯ́ДНЫЙ СПО́СОБ СТРОИ́ТЕЛЬСТВА, *род.* спо́соб|а, *м.*

Основная организационная форма строительства, при которой строительно-монтажные работы выполняются специальными строительно-монтажными организациями на основе подряда.

Преимущества, значение ... **подрядного способа строительства**.

Осуществлять ↑↓, расширять ↑↓, увеличивать ↑↓, уменьшать ↑↓ ... **подрядный способ строительства**. Выполнять ↑ что-л. ... **подрядным способом строительства**.

Подрядный способ строительства охватывает какой-л. объём ...

● Преимущества подрядного способа строительства перед хозяйственным способом заключаются в том, что он создаёт благоприятные условия для широкой индустриализации строительства, использования новейшей техники и прогрессивных методов технологии и организации строительного производства, внедрения наиболее рациональных поточных методов сборки и монтажа зданий и сооружений, комплексной механизации и автоматизации производственных процессов.

ПОДЪЁМН|ЫЕ, *род.* -ых, *только мн.*

Т о ж е, ч т о **подъёмные де́ньги**.

ПОДЪЁМНЫЕ ДЕ́НЬГИ, *род.* де́нег, *только мн. Син.* подъёмные.

Деньги, которые выдаются на переезд к новому месту работы.

● 1. Постановлением ЦИК и СНК от 23 ноября 1931 года работникам при переезде к новому месту работы во всех случаях, кроме перевода их по собственному желанию, администрация выплачивает подъёмные деньги. 2. Работник должен вернуть подъёмные деньги, выплаченные в связи с переездом в случае, если он до окончания срока, предусмотренного законом или обусловленного при переезде, уволился по собственному желанию или был уволен за нарушение трудовой дисциплины. *См.* **Де́ньги.**

ПОКАЗА́ТЕЛ|И, *род.* -ей, *ед.* **показа́тель**, *род.* показа́тел|я, *м.*

Наглядное выражение в цифрах результатов работы производства, объединения, предприятия и др.

Производственные, технико-экономические, хозрасчётные, экономические, *плановые, сальдирующие, синтетические, директивные, централизованные, фондообразующие, денежные, финансовые, натуральные, качественные, количественные, результативные, обобщающие, сводные, статистические ... **показатели**.

Показатели чего: ~ плана, премирования, эффективности чего-л., кризиса, потребления чего-л., благосостояния, стабилизации, роста чего-л., укрепления чего-л., выполнения чего-л. ...

Уровень, система ... **показателей**.

Устанавливать ↓ ... **показатели**. Что-л. выступает, что-л. служит ... **показателем** чего-л. Премировать ↑ *несов. и сов.*, выплачивать ↑ что-л. ... **по** каким-л. **показателям**.

Показатели служат чем-л., свидетельствуют *несов.* о чём-л. ...

● 1. При премировании по социалистическому соревнованию основным показателем оценки хозяйственной деятельности предприятий служит выполнение и перевыполнение плана по снижению себестоимости продукции. 2. Выбор показателей и условий премирования осуществляет администрация по согласованию с фабрично-заводским комитетом.

ПОКУПА́ТЕЛЬНАЯ СИ́ЛА ДЕ́НЕГ, *род.* си́л|ы, *только ед., ж.* То же, что **покупа́тельная спосо́бность де́нег**.

ПОКУПА́ТЕЛЬНАЯ СПОСО́БНОСТЬ ДЕ́НЕГ, *род.* спосо́бност|и, *только ед., ж. Син.* покупа́тельная си́ла де́нег.

Способность денежной единицы обмениваться на определённое количество товаров.

Высокая, низкая ... **покупательная способность денег**.

Покупательная способность денег при чём: ~ при социализме, при капитализме ...

Связь с чем-л., зависимость от чего-л. ... **покупательной способности денег**.

Понижать ⇅, повышать ⇅, определять ⇅, изменять ⇅ ... **покупательную способность денег**. Влиять ↑ ... **на покупательную способность денег**. Зависеть *несов.* ... **от покупательной способности денег**.

Покупательная способность денег выражается в чём-л. (в меновых пропорциях ...), зависит *несов.* от чего-л., связана с чем-л. (с платёжеспособным спросом населения), падает ...

● 1. Чем ниже уровень товарных цен, тем выше покупательная способность денег, и наоборот. 2. При социализме планомерный характер процесса ценообразования означает и планомерное определение покупательной способности денег. 3. В эпоху монополистического капитализма существенное влияние на снижение покупательной способности денег оказывает установление монополиями высоких цен на товары.

ПОЛИТИ́ЧЕСКАЯ ЭКОНО́МИЯ, *род.* эконо́ми|и, *только ед., ж.* (*сокр.* политэконо́мия).

Наука, которая изучает общественно-производственные (экономические) отношения, складывающиеся в процессе производства, распределения, обмена и потребления материальных благ, и экономические законы, управляющие их развитием в исторически сменяющих друг друга общественно-экономических формациях.

Марксистская, марксистско-ленинская, классическая буржуазная, вульгарная, мелкобуржуазная, современная ... **политическая экономия**.

Политическая экономия какая: (*с род.*) ~ социализма, капитализма, докапиталистических формаций...

Возникновение, развитие, формирование, предмет, метод, методология, проблемы, положения, принципы, законы, выводы, сущность, классовая партийность, истоки, источники, область, данные, роль, значение, успехи, основоположник, сторонник, теоретик, классовый характер, функции, кризис ... **политической экономии**. Какие-л. направления ... **в** какой-л. **политической экономии**.

Создавать ⇅, развивать ⇅, формировать ⇅, обогащать ⇅, изучать ⇅, отрицать ⇅ *несов.* ... **политическую экономию**. Что-л. изучается *несов.* ... **политической экономией**. Занимать какое-л. место ... **в политической экономии**.

Политическая экономия достигла чего-л. (своего высшего развития...) где-л. (в трудах кого-л. ...), выражает что-л. (идеологию кого-л. ...), отказывается от чего-л. (от анализа каких-л. законов ...), становится какой-л., переживает что-л. (глубокий кризис...), ограничивается чем-л., имеет *несов.* какой-л. (классовый) характер, исследует *несов. и сов.* что-л., описывает что-л., анализирует *несов. и сов.* что-л., изучает что-л. (какой-л. процесс ...), раскрывает что-л. ...

● 1. Подлинно научная политическая экономия создана К. Марксом и Ф. Энгельсом как одна из составных частей марксизма. 2. Отстаивая марксизм в борьбе с ревизионизмом, В. И. Ленин развил марксистскую теорию империализма и заложил основы политической экономии социализма. 3. Политическая экономия социализма раскрывает экономические закономерности перехода от капитализма к социализму, пути и методы становления коммунизма.

ПО́ЛНЫЙ ХОЗЯ́ЙСТВЕННЫЙ РАСЧЁТ, *род.* расчё|та, *м.*

Общий метод хозяйствования социалистических предприятий, цель которого — обеспечить рентабельную работу, платежи в бюджет по установленным нормативам и финансирование расширенного воспроизводства продукции и производственных фондов за счёт оставленных в распоряжение предприятия собственных средств.

● Партия считает необходимым дальнейшее развитие и повышение действенности хозяйственного расчёта, последовательный перевод предприятий и объединений на полный хозрасчёт при усилении экономических рычагов и сокращение числа устанавливаемых вышестоящими организациями показателей. *См.* **Хозя́йственный расчёт.**

ПОЛУПРОДУ́КТ, *род.* -а, *м.*

То же, что **полуфабрика́т.**

ПОЛУФАБРИКА́Т, *род.* -а, *м.* *Син.* полупроду́кт.

Продукт труда, который должен пройти одну или несколько стадий обработки, прежде чем стать готовым изделием, годным для личного или производственного потребления.

Покупной, готовый ... **полуфабрикат.**

Полуфабрикат какой: (*с род.*) ~ своего производства ...

Качество, вид... **полуфабриката.** Использовать ↑↓ *несов. и сов.*, подготовить ↑↓, сдать ↑↓, переработать ↑↓ ... **полуфабрикат.** Относить ↑ что-л. ... **к полуфабрикату.** Снабжать ↑ кого-что-л., обеспечивать ↑ кого-что-л. ... **полуфабрикатом.**

● 1. Различают полуфабрикаты своего производства и со стороны (покупные). 2. К полуфабрикатам своего производства относятся все незаконченные обработкой продукты труда, т. е. изделия, которые изготовлены в одном цехе и должны обрабатываться в других. 3. К покупным полуфабрикатам относятся изделия, получаемые по кооперативным поставкам.

ПОСО́БИ|Е, *род.* -я, *с.*

В СССР—денежная выплата, которая производится гражданам в предусмотренных законодательством случаях как форма материального обеспечения в старости, по болезни и потере трудоспособности и т. п.

Государственное, ежемесячное, единовременное, выходное, семейное, безвозмездное ... **пособие.**

Пособие какое: (*с дат.*) ~ престарелым, инвалидам, каким-л. больным, временно нетрудоспособным, каким-л. (беременным ...) женщинам, рабочим, служащим, колхозникам, многодетным, одиноким матерям...; (*предлог «для» с род.*) ~ для каких-л. (многодетных ...) семей ...; (*предлог «на» с вин.*) ~ на рождение ребёнка ...; (*предлог «по» с дат.*) ~ по болезни, по переквалификации, по какой-л. (временной...) нетрудоспособности, по уходу за кем-л., по беременности и родам, по трудовому увечью ...

Размер, сумма, предел ... **пособия**; виды ... **пособий.** Право ... **на пособие.**

Ввести ↓, назначать ↑↓, выплатить ↑↓, получить ↑↓, выдать ↑↓, начислить ↑↓, делить ↓ ... **пособие.** Вычесть что-л. ... **из пособия.**

Пособие составляет какой-л. процент чего-л., выражает *зд. несов.* что-л. ...

● 1. В отличие от пенсии назначение и выплата пособий не обусловлены прежней трудовой или иной общественно полезной деятельностью. 2. Пособия устанавливаются лишь в связи с наступлением нетрудоспособности с тем, чтобы материально обеспечить граждан, которые по каким-либо причинам не получают пенсию, но в силу старости или плохого состояния здоровья нуждаются в заботе общества. 3. При временной нетрудоспособности вследствие бытовой травмы пособие выплачивается с шестого дня нетрудоспособности.

ПОСТА́ВК|А, *род.* -и, *ж.*

Снабжение какими-л. товарами на определённых условиях.

Государственная, кооперативная, взаимная, обязательная, неотфактуренная, встречная ... **поставка.**

Поставка чего: ~ продукции, товаров, хлеба, мяса, молока, хлопка ...

Договор, срок ... **поставки.** Положение, договор ... **о поставке.**

Регулировать ↑↓, просрочить ↓ ... поставку. Что-л. подлежит *несов.* ... **поставке.** Освобождать ↑ кого-что-л. ... **от поставки** чего-л.

● 1. В силу договора о поставке поставщик обязуется передать в определённые сроки покупателю (заказчику) в собственность (если покупатель — государственная организация — в оперативное управление) конкретную продукцию согласно обязательному для обеих сторон плановому акту её распределения (наряду, разнарядке и т. п.). 2. Споры, связанные с поставкой, в том числе и преддоговорные, разрешаются в органах арбитража.

△ Поставля́/ть, -ю, -ешь, -ют, *несов.*; **поста́вить,** поста́влю, поста́в|ишь, -ят, *прич. страд. прош.* поста́вленн|ый, -ая, -ое, -ые, *кр. ф.* поста́влен, -а, -о, -ы, *сов.*; *перех.*

П. продукцию, товары народного потреблния, хлопок...

ПОСТОЯ́ННЫЙ КАПИТА́Л, *род.* капита́л|а, *только ед., м. Ант.* переме́нный капита́л.

Часть авансированной первональной капитальной стоимости, которая вложена в средства производства.

● 1. Постоянный капитал, не будучи источником прибавочной стоимости, является условием её производства и присвоения капиталистом. 2. Стоимость постоянного капитала в процессе производства остаётся неизменной и конкретным трудом рабочего переносится на вновь произведённый товар. 3. Отдельные части постоянного капитала переносят свою стоимость на вновь создаваемый товар по мере того, как средства производства изнашиваются в процессе труда или входят в новый продукт. *См.* **Капита́л.**

ПОТО́ЧНОЕ ПРОИЗВО́ДСТВО, *род.* произво́дств|а, *с.*

Прогрессивный метод организации производства, который характеризуется расчленением производственного процесса на отдельные, относительно короткие операции, выполняемые на специально оборудованных, последовательно расположенных рабочих местах — поточных линиях.

● Поточное производство обеспечивает оптимальные условия для изготовления однородной продукции. *См.* **Произво́дство.**

ПОТРЕБИ́ТЕЛЬНАЯ СТО́ИМОСТЬ, *род.* сто́имост|и, *только ед., ж.*

Полезность, способность вещи или услуги удовлетворять какую-л. потребность человека или общества.

● Особенностью потребительной стоимости товара является то, что она должна обладать свойством удовлетворять потребности покупателей данного товара, т. е. выступать как общественная потребительная стоимость. *См.* **Сто́имость.**

ПОТРЕБИ́ТЕЛЬСКАЯ КООПЕРА́ЦИЯ, *род.* коопера́ци|и, *ж.*

Кооперация, которая объединяет потребителей для совместных закупок, производства и продажи потребительских товаров.

● В СССР потребительская кооперация осуществляет торговлю на селе, заготовки сельскохозяйственного сырья и продуктов, производит некоторые товары народного потребления. *См.* **Коопера́ция.**

ПОТРЕБИ́ТЕЛЬСКИЙ БЮДЖЕ́Т, *род.* бюдже́т|а, *м.*

Баланс доходов и расходов семьи, который характеризует сложившийся или расчётный уровень жизни различных групп семей трудящихся.

● Потребительский бюджет показывает доходы семей по источникам поступлений и расходы по их назначению. *См.* **Бюдже́т.**

ПОТРЕБИ́ТЕЛЬСКИЙ КРЕДИ́Т, *род.* креди́т|а, *м. Син.* това́рный креди́т.

Кредит, который предоставляется населению для покупки потребительских товаров или оплаты бытовых услуг.

● 1. При социализме потребительский кредит предоставляется государственными, кооперативными и торговыми организациями населению для покупки предметов личного потребления (холодильников, телевизоров, ковров и др.). 2. Разновидностями потребительского кредита являются ломбардный кредит, а также кредит через кассы взаимопомощи. *См.* **Креди́т.**

ПОТРЕБИ́ТЕЛЬСКОЕ О́БЩЕСТВО, *род.* о́бществ|а, *с.*

Низовое звено потребительской кооперации в СССР, которое осуществляет торговое обслуживание населения страны.

● Потребительские общества объединяются в районные, областные и республиканские потребсоюзы; последние входят в Центральный союз потребительских обществ (Центросоюз). *См.* **О́бщество.**

ПОТРЕБЛЕ́НИ|Е, *род.* -я, *только ед., с.*

Использование общественного продукта в процессе удовлетворения экономических потребностей, представляющее заключительную фазу процесса воспроизводства.

Государственное, общественное, национальное, народное, коллективное, совместное, массовое, среднедушевое, личное, индивидуальное, военное, паразитическое, [не]производственное, [не]производительное... **потребление.**

Потребление какое: (*предлог «в» с предл.*) ~ в какой-л. форме, в расчёте на душу населения ... **Потребление** кого-чего: ~ населения, народа, каких-л. классов, групп, семей, лиц, трудящихся ...; **потребление** чего: ~ какого-л. дохода, зданий, сооружений, каких-л. благ, услуг, каких-л. продуктов, одежды, каких-л. ценностей... **Потребление чего-л.** кем-чем: ~ представителями кого-чего-л., какими-л. классами, населением, народом, рабочими, колхозниками... **Потребление** где: (*предлог «в» с предл.*) ~ в стране, в СССР ...

Отношения, динамика, рост, объём, фонды, показатели, способ, предметы, процесс, уровень, структура, характеристика ... **потребления.**

Расширять ↑↓, дифференцировать ↑↓ *несов. и сов.,* характеризовать ↑↓ *несов. и сов.* связывать с чем-л. ↑↓ ... **потребление.** Увеличивать ↑ что-л. ... **в целях потребления.** Что-л. (производство...) первенствует *несов.* ... **над потреблением.**

Потребление делится на что-л., связано с чем-л., вызывает к жизни что-л. (новое производство...), зависит *несов.* от чего-л. (от распределения...) ...

● 1. Производственное потребление в СССР представляет собой процесс производства, когда потребляются средства производства (орудия труда, сырьё, материалы и т. д.), а также рабочая сила человека. 2. Непроизводственное потребление — это использование материальных благ и услуг населением (личное потребление), учреждениями и организациями непроизводственной сферы (управление, наука, оборона).

△**Потребля́|ть,** -ю, -ешь, -ют, *несов.*; **потреб|и́ть,** потреблю́, потреб|и́шь, -я́т, *прич. страд. прош.* потреблённ|ый, -ая,-ое, -ые, *кр. ф.* потреблён, потреблен|а́, -о́, -ы́, *сов.; перех.*

П. средства производства, предметы потребления, какие-л. продукты, товары ...

ПОТРЕ́БНОСТ|И, *род.* -ей, *ед.* **потре́бность,** *род.* потре́бност|и, *ж.*

Нужда или недостаток в чём-л. необходимом для поддержания жизнедеятельности и развития организма, человеческой личности, социальной группы, общества в целом, являющиеся внутренним побудителем активности.

Общегосударственные, общественные, социальные, общенародные, экономические, общие, коллективные, групповые, индивидуальные, личные, собственные, фактические, реальные, действительные, искусственные, абсолютные, объективные, человеческие, материальные, физические, духовные, интеллектуальные, культурные, бытовые, жизненные, разумные, рациональные, сезонные, постоянные, плановые, текущие, годовые, растущие, изменяющиеся, кредитные, внутренние ... **потребности.**

Потребности кого-чего: ~ общества, каких-л. классов, каких-л. (социальных ...) групп, населения, народного хозяйства, сельского хозяйства, страны, промышленности, каких-л. отраслей, предприятий... **Потребность** в чём: ~ в благах, в товарах, в продуктах, в продукции какого-л. качества, в услугах, в каких-л. (заёмных ...) средствах, в кредите, в рабочей силе ... Размер, часть ... **потребностей.**

Удовлетворять ↑↓, развивать ↑↓, реализовать ↑↓ *несов. и сов.*, что-л. изменяет ↑↓, что-л. формирует ↑↓, что-л. определяет ↓, изучать ↑↓ ... **потребности.**

Потребности выступают в качестве чего-л., обусловлены чем-л., стимулируют *несов. и сов.* что-л., возникают как-л., включают в себя что-л. (появление новой объективной цели ...), опережают что-л. (производство чего-л. ...) ...

●1. В условиях товарного хозяйства подлежащие удовлетворению экономические потребности выступают в форме платёжеспособного спроса, а фактически удовлетворяемые экономические потребности — в форме удовлетворённого спроса. 2. «Материально-техническая база коммунизма предполагает создание таких производительных сил, которые открывают возможности полного удовлетворения разумных потребностей общества и личности» (Программа КПСС. Новая редакция. М., 1986).

ПО́ШЛИН|А, *род.* -ы, *ж.*

Денежные сборы, которые взимаются соответствующими государственными органами при выполнении ими определённых функций в суммах, предусмотренных законодательством данной страны.

Государственная, гербовая, почтовая, судебная, наследственная, *таможенная, вывозная, экспортная, преференциальная, предпочтительная, покровительственная, дифференциальная, простая, обычная, пропорциональная, антидемпинговая, компенсационная, запретительная, наступательная, единая, смешанная, специфическая ... **пошлина.**

Пошлина какая: (*предлог «по» с дат.)* ~ по каким-л. делам ... **По-**

шлина за что: ~ за выдачу чего-л. (паспортов...), за прописку, за регистрацию чего-л., за услуги каких-л. органов... **Пошлина** на что: ~ на ввоз чего-л., на вывоз чего-л., на какие-л. товары, на какие-л. изделия ... **Пошлина** с чего: ~ с какого-л. наследства... **Пошлины** где: (*предлог «в» с предл.*) ~ в Госарбитраже, в каких-л. странах, в СССР...

Размер, сумма, ставки, виды ... **пошлин.** Льготы ... **по пошлинам.** Положение ... **о** единой государственной **пошлине.**

Взимать ↑↓ *несов.*, взыскивать ↑↓, ввести ↑↓, применять ↑↓, использовать ↑↓ *несов. и сов.*, исчислять ↑↓, установить ↑↓, уплачивать ↑↓, принимать ↑↓ ...**пошлину.** Что-л. входит ... **в пошлину.** Взимать ↑ что-л. ... **в виде пошлины.** Что-л. освобождается *зд. несов.* ... **от пошлины.** Поддерживать ↑ что-л. (цены...) ... **с помощью пошлин.**

Пошлина служит чем-л. ...

● 1. В социалистических странах пошлины представляют собой оплату за определённые действия или услуги, оказываемые органами государственного арбитража, судом, нотариатом, загсом, милицией. 2. В современных капиталистических странах пошлины имеют обязательный, публично-правовой характер.

△ **По́шлинн|ый,** -ая, -ое, -ые.

П. тариф, доход, сбор, номенклатура, марка, сборы, деньги *мн.*, средства ...

ПОЯСНЫ́Е ЦЕ́НЫ, *род.* цен, *ед.* **поясна́я цена́,** *род.* цен|ы́, *ж.*

В СССР—вид цен, по которым продукт реализуется в пределах данного территориального пояса (района страны).

● 1. Необходимость поясных цен вызывается различиями в уровне издержек производства, а также в дальности перевозок товаров из районов производства в районы потребления. 2. Для большинства продовольственных товаров установлено три пояса цен, наиболее низкие — цены 1-го пояса (районов массового производства данного товара). *См.* **Цена́.**

ПРЕДЛОЖЕ́НИ|Е, *род.* -я, *только ед., с. Ант.* спрос.

1. То, что предложено, предлагается. *Ср. рационализаторское п.*

2. Просьба мужчины, обращённая к женщине, вступить с ним в брак. *Ср. сделать п.*

!3. Поступление товаров на рынок.

4. Высказывание, которое является сообщением о чём-л. *Ср. простое п., сложное п.*

Товарное ... **предложение.**

Предложение чего: ~ каких-л. товаров, продуктов, изделий, рабочей силы ... **Предложение** где: (*предлог «в» с предл.*) ~ в каком-л. обществе, в СССР ...

Возможности, сбалансированность, структура, объём, механизм ... **предложения;** единство ... спроса и **предложения.** Соотношение, пропорция, диспропорция, соответствие, противоречия ... **между предложением** и спросом.

Превышать ↑↓, изучать ↑↓, характеризовать ↓ *несов. и сов.*, определять ↑↓ ... **предложение.** Что-л. зависит *несов.* ... **от предложения.**

Предложение включает что-л., обусловлено чем-л. (развитием производства ...), находится *зд. несов.* в какой-л. связи с чем-л. (со спросом...), обладает *несов.* чем-л. (относительной самостоятельностью...), растёт как-л., формирует *зд. несов.* спрос...

Спрос и **предложение**.

● 1. При социализме существуют объективные возможности планомерного обеспечения соответствия между спросом и предложением. 2. Предложение в капиталистическом обществе в силу ограниченности платёжеспособного спроса трудящихся, инфляции и безработицы превышает спрос.

△ **Предлага́|ть,** -ю, -ешь, -ют, *несов.;* **предложи́|ть,** предложу́, предло́ж|ишь, -ат, *сов.; перех.*

П. товары, продукты, рабочую силу, какие-л. материалы ...

ПРЕДМЕ́ТЫ ПОТРЕБЛЕ́НИЯ, *род.* предме́т|ов, *ед.* **предме́т,** *род.* предме́т|а, *м.*

Продукты труда для непроизводственного, прежде всего личного, потребления.

Специфические ... **предметы потребления.**

Использовать ↑↓ *несов. и сов.,* предлагать ↑↓, покупать ↑↓ ... **предметы потребления.** Что-л. является *зд. несов.* ... **предметами потребления.** Относить ↑ что-л. ... **к предметам потребления.** Выделять ↑ что-л. ... **среди предметов потребления.**

Предметы потребления используются *несов. и сов.* кем-л., служат чем-л. ...

● 1. Предметы потребления делятся по назначению на продукты питания, одежду, обувь, топливо, воду, газ, мебель, книги, предметы для спорта, для гигиены, медикаменты и т. д. 2. Предметами потребления являются все материальные блага, которые потребляются в учреждениях сферы обслуживания, а также в отраслях, которые удовлетворяют общественные потребности (управление, наука, оборона).

ПРЕЙСКУРА́НТ, *род.* -а, *м.*

Систематизированный сборник цен (тарифов) по группам и видам товаров и услуг.

Общесоюзный, республиканский, действующий ... **прейскурант**.

Прейскурант чего: ∼ каких-л. цен на что-л., тарифов на что-л. (на услуги транспорта...) ...**Прейскурант** на что: ∼ на какие-л. товары ... Стоимость чего-л. ... **по прейскуранту**.

Издавать ↑↓, утверждать ↑↓, изучать ↑↓, составлять ↑↓, проверять ↑↓, использовать ↑↓ *несов. и сов.* ... **прейскурант**. Что-л. соответствует *несов.* ... **прейскуранту**. Включать ↑ что-л. ... **в прейскурант**. Приводить ↑ что-л., указывать ↑ что-л. ... **в прейскуранте**.

Прейскурант включает что-л., содержит несов. что-л., даёт что-л. ...

● 1. В СССР издаются прейскуранты оптовых, розничных и закупочных цен, тарифов на услуги транспорта, предприятий бытового и коммунального обслуживания. 2. В прейскуранте приводится наименование изделия (продукции) по стандарту или техническим условиям, присвоенная марка, номер стандарта, краткая технологическая характеристика изделия, продукции, единица измерения и цена. 3. Общесоюзные прейскуранты оптовых цен утверждаются Госкомитетом цен СССР.

△ **Прейскура́нтн|ый**, -ая, -ое, -ые.

П. список цен, показатель *м.*, данные, цены ...

ПРЕМИРОВА́НИ|Е, *род.* -я, *с.*

В СССР — форма материального поощрения работников и коллективов за успешный труд.

Текущее, коллективное, индивидуальное, денежное, натуральное ... **премирование**.

Премирование кого: ∼ работников, колхозников, передовиков чего-л., новаторов, рационализаторов, рабочих, строителей ... **Премирование** за что: ∼ за какие-л. работы, за перевыполнение какого-л. плана, за ввод чего-л. ... **Премирование** где: (*предлог «в» с предл.*) ∼ в промышленности, в сельском хозяйстве, в сфере торговли, в сфере услуг ...; (*предлог «на» с предл.*) ∼ на каком-л. предприятии ...

Роль, принципы, система, условия, порядок, показатели, фонд, средства ... **премирования**. Положение ... **о премировании**. Основной показатель ... **при премировании**.

Производить ↓, осуществлять ↑↓, распространять ↑↓ ... **премирование**. Использовать ↑ *несов. и сов.* что-л. ... **для премирования, на премирование**.

Премирование обеспечивает что-л., направлено на что-л. ...

● 1. Премирование служит не только материальным, но и моральным поощрением. 2. Кроме фонда заработной платы, для премирования используется фонд материального поощрения. 3. Порядок индивидуального премирования рабочих определён типовыми положениями о сдельно-премиальной и повременно-премиальной системах оплаты труда в каждой отрасли народного хозяйства.

ПРЕ́МИ|Я, *род.* -и, *ж.*

1. Награда (денежная, в виде ценной вещи и т. п.) за успехи, заслуги в какой-л. области деятельности.

Нобелевская, международная, Ленинская, Государственная, национальная, специализированная ... **премия**.

Премия какая: (*с род.*) ~ Ленинского комсомола, какого-л. конкурса, Академии наук, имени какого-л. учёного, мира ...; (*предлог «в области» с род.*) ~ в области литературы ... **Премия** за что: ~ за создание и внедрение чего-л., за открытие чего-л., за усовершенствование чего-л. ...

Размер, сумма ... **премии**.

Учредить ↑↓, установить ↓, присудить ↑↓, выплатить ↑↓, выдать ↑↓, получить ↑↓ ... **премию**.

● В СССР, кроме Ленинской и Государственной премий, учреждены премии имени выдающихся русских и советских учёных.

2. Дополнительное денежное вознаграждение, выдаваемое сверх заработной платы за качественное выполнение плана, за превышение обязательных производственных норм, снижение себестоимости продукции и т. п.

Коллективная, индивидуальная, месячная, квартальная, единовременная, разовая, специальная, почётная ... **премия**.

Премия какая: (*предлог «для» с род.*) ~ для поощрения кого-л. ...; (*предлог «из» с род.*) ~ из какого-л. фонда ... **Премия** за что: ~ за выполнение и перевыполнение плана ...

Размер, сумма ... **премии**.

Установить ↑↓, выдать ↑↓, выплатить ↑↓, получить ↑↓ ... **премию.**

● 1. Премия выдаётся за выполнение и перевыполнение количественных и качественных показателей планов, за создание и внедрение новой техники, за содействие внедрению изобретений и рационализаторских предложений. 2. Размер премии зависит от личного трудового вклада работника, степени выполнения предприятиями количественных и качественных показателей плана.

△ **Премиа́льн|ый**, -ая, -ое, -ые.

П. фонд, часть заработной платы, система, деньги *мн.*, ведомость *ж.* ...

Премир|ова́ть, -у́ю, -у́ешь, -у́ют, *несов. и сов.*, *прич. страд. прош.* премиро́ванн|ый, -ая, -ое, -ые, *кр. ф.* премиро́ван, -а, -о, -ы, *перех.*

П. рабочих, колхозников, ИТР ...

ПРЕТЕ́НЗИ|Я, *род.* -и, *ж.*

Требование кредитора к должнику об уплате долга, возмещении причинённых убытков, уплате штрафа, устранении недостатков поставленной продукции, проданной вещи или выполненной работы.

[Не]обоснованная, своевременная ... **претензия**.

Претензия кого-чего: ~ покупателя, заказчика, кредитора, пассажиров, какого-л. предприятия, какой-л. организации... **Претензия** к кому-чему: ~ к должнику, к поставщику, к подрядчику, к перевозчику, к органам связи, к какой-л. организации... **Претензия**

о чём: ~ об уплате чего-л., о возмещении чего-л., об устранении каких-л. недостатков ...

Ответ ... **на претензию**.

Заявлять ↑↓, иметь ↓ *несов.*, предъявлять ↑↓, удовлетворять ↑↓ ... претензию. Отвечать ↑ ... на претензию. Обращаться к кому-чему-л. ↑ ... **с претензией**.

Претензия служит чем-л. ...

●1. В отношениях между социалистическими организациями предъявление претензии должно предшествовать передаче спора в арбитраж. 2. Претензии о возмещении стоимости недостающей или некомплектной продукции рассматриваются в течение одного месяца.

△ **Претензио́нн|ый**, -ая, -ое, -ые. **П.** порядок, споры, правила, дела, сроки ...

ПРИБА́ВОЧНАЯ СТО́ИМОСТЬ, *род.* сто́имост|и, *ж.*

Стоимость, которая создаётся неоплаченным трудом наёмных рабочих сверх стоимости их рабочей силы и безвозмездно присваивается капиталистом.

Абсолютная, относительная, избыточная ... **прибавочная стоимость**.

Теория, закон, природа, источник, норма, масса, оборот, форма ... **прибавочной стоимости**. Погоня ... **за прибавочной стоимостью**. Разность ... **между прибавочной стоимостью** и чем-л. Учение ... **о прибавочной стоимости**.

Приобретать ↑↓, создавать ↑↓, получать ↑↓, присваивать ↑↓, извлекать ↑↓ ... **прибавочную стоимость**.

Прибавочная стоимость выражает *зд. несов.* что-л., [не] возникает из чего-л., выступает в виде чего-л. (прибыли...), возрастает в результате чего-л., соответствует *несов.* чему-л., [не] связана с чем-л., носит *несов.* какой-л. характер, распадается на что-л. (на прибыль, процент и ренту ...)...

●1. Труд наёмного рабочего является единственным источником прибавочной стоимости. 2. Абсолютная прибавочная стоимость образуется в результате удлинения рабочего дня сверх необходимого рабочего времени, в течение которого рабочий воспроизводит стоимость своей рабочей силы.

ПРИБА́ВОЧНЫЙ ПРОДУ́КТ, *род.* проду́кт|а, *только ед., м.*

Часть совокупного общественного продукта, которая создаётся непосредственными производителями в сфере материального производства сверх необходимого продукта, предназначенного для содержания самих производителей и их семей, а ткж. для подготовки и обучения работников.

Прибавочный продукт в чём: ~ в каком-л. (общественном...) продукте ...

Условия производства, доля, часть, содержание ... **прибавочного продукта**.

Производить ↑↓, распределять ↑↓, создавать ↑↓, извлекать ↑↓, использовать ↑↓ *несов. и сов.*, составлять ↓, образовать ↑↓ *несов. и сов.* (*в прош. только сов., несов. ткж.* образовывать)... **прибавочный продукт**.

Прибавочный продукт выступает как-л. или чем-л., составляет что-л., отражает что-л. (антагонизм классовых интересов буржуазии и пролетариата ...), распадается на что-л., поступает кому-л., идёт *несов.* кому-л., служит чем-л. (источником социалистического накопления...)...

●1. При социализме уничтожается антагонистический характер деления общественного продукта на необходимый и прибавочный. 2.В эксплуататорских формациях прибавочный продукт безвозмездно присваивается господствующими классами и служит источником их обогащения и паразитического существования.

ПРИБА́ВОЧНЫЙ ТРУД, *род.* труд|а́, *м.*

Труд, который затрачивается работниками сферы материального производства на создание прибавочного продукта.

● 1. При социализме прибавочный труд превращается в одно из важнейших средств удовлетворения растущих материальных и духовных потребностей членов социалистического общества. 2. При капитализме деление труда на необходимый и прибавочный внешне затушёвывается формой заработной платы. *См.* **Труд**.

ПРИ́БЫЛЬ, *род.* при́был|и, *ж.*

Экономическая категория, которая выражает финансовые результаты хозяйственной деятельности предприятий; при капитализме выступает как превращённая форма прибавочной стоимости, являющейся результатом труда наёмных рабочих, а при социализме — как конкретная форма стоимости прибавочного продукта или чистого дохода предприятия.

Социалистическая, капиталистическая, промышленная, банковская, монопольная, финансовая, торговая*, денежная, высокая, низкая, наивысшая, максимальная, средняя, добавочная, плановая*, валовая, расчётная, балансовая*, чистая ... **прибыль**.

Прибыль какая: (*предлог «от» с род.*) ~ от реализации чего-л., от каких-л. операций ... **Прибыль** чья: ~ капиталиста, предпринимателя, предприятия, банка ... **Прибыль** в чём: ~ в промышленности, в торговле ... **Прибыль в условиях** чего: ~ в условиях социалистической экономики ... **Прибыль** при чём: ~ при социализме, при капитализме ...

Сущность, функция, величина, сумма, норма, форма, распределение, остаток, динамика, вывоз, деление на что-л. ... **прибыли**; выравнивание ... **прибылей**. Погоня ... **за прибылью**. Отчисления ... **от прибыли**. План ... **по прибыли**.

Планировать ↑↓, формировать ↑↓ *зд. несов.*, создавать ↑↓, распределять ↑↓, использовать ↑↓ *несов. и сов.*, отчислять ↑↓, обеспечить ↑, определять ↑↓, учитывать ↑↓, увеличивать ↑↓, уменьшать ↑↓, терять ↓, приносить ... **прибыль**. Маскировать что-л.; участвовать *несов.* ... **в прибыли**. Делить что-л. ... **на прибыль** и что-л. Отчислять ↑, отличать ↑ *зд. несов.* что-л. ... **от прибыли**.

Прибыль представляет *зд. несов.* собой что-л., приобретает что-л. (новое содержание ...), выступает *зд. несов.* чем-л., определяет что-л. (вклад предприятия в национальный доход...) ...

● 1. В социалистическом обществе прибыль создаётся планомерно организованным трудом свободных от эксплуатации людей и служит одним из важных показателей качества работы предприятий. 2. В капиталистическом обществе прибыль — цель производства, основной стимул его развития.

△ **При́быльн|ый**, -ая, -ое, -ые.

П. предприятие, хозяйство, дело, сделки, акции ...

ПРОДУ́КТ, *род.* -а, *м.*

1. Предмет как результат приложения человеческих усилий, результат труда.

Валовой, совокупный, *прибавочный, валовой общественный, *совокупный общественный, конечный общественный, валовой национальный, необходимый, избыточный, чистый, разностный, промежуточный, годовой, воспроизведённый, товарный ... **продукт**.

Продукт чего: ~ какого-л. земледелия, какого-л. труда, какого-л. производства, обмена ...

Природа, структура, строение, стоимость, собственники ... **продукта**. Обмен ... **продуктами**.

Создавать ↑↓, производить ↑↓,

изготовлять ⇅, распределять ⇅, получать ⇅, обменивать ⇅, использовать ⇅ *несов. и сов.*, присваивать ⇅ ... **продукт**. Что-л. превращается ... **в продукт**.

Продукт представляет *зд. несов.* собой что-л., включает *зд. несов.* в себя что-л., распадается *зд. не сов.* на что-л., пригоден для чего-л., принадлежит кому-л. ...

● 1. Предметы труда подвергаются обработке в процессе производства и превращаются в продукты труда, которые распадаются на средства производства и предметы потребления. 2. Продукт труда в условиях товарного производства изготовляется для продажи, т. е. становится товаром. 3. Продукт труда, существующий в готовой для потребления форме, может вновь стать сырьём для производства другого продукта, как например, виноград — для производства соков, вин и т. д.

2. *Обычно мн.* Предметы питания, съестные припасы.

Полноценные, высококачественные, сельскохозяйственные, свежие, скоропортящиеся, замороженные, калорийные, необходимые, молочные, мясные, рыбные ... **продукты**.

Количество, качество, стоимость ... **продуктов**.

Хранить ⇅ *несов.*, подвергать чему-л., замораживать ⇅, закупать ⇅, покупать ⇅, запасать ⇅, подвозить ↑, перевозить ⇅, распределять ⇅, продавать ⇅ ... **продукты**. Обеспечить кого-что-л., снабжать кого-что-л. ... **продуктами**. Нуждаться *несов.* ... **в продуктах**.

Продукты дешевеют, дорожают ...

● В XII пятилетке намечено обеспечить дальнейшее улучшение питания населения за счёт роста потребления наиболее ценных в питательном отношении продуктов.

△ **Продукто́в|ый**, -ая, -ое, -ые. **П.** магазин, склад, обмен, база, запасы, отходы ...

ПРОДУ́КЦИ|Я, *род.* -и, *только ед., ж.*

Совокупность продуктов производства, а ткж. отдельный продукт производства.

Промышленная, производственная, химическая, сельскохозяйственная, военная, гражданская, колхозная, народнохозяйственная, малотоннажная, многотоннажная, плановая, сверхплановая, нормативная, чистая, энергоёмкая, бракованная, совершенная, высококачественная, [не]качественная, * валовая, однородная, основная, дополнительная, [не]заказанная, годовая, товарная, натуральная, стандартная, специализированная, первоклассная, [не]реализованная, конфискованная, добротная, животноводческая ... **продукция**.

Продукция какая: (*с род.*) ~ какого-л. (хорошего, плохого ...) качества ... **Продукция** чего: ~ народного хозяйства, какой-л. промышленности, сельского хозяйства, какой-л. отрасли, какого-л. предприятия, какого-л. колхоза ...

Характер, объём, количество, качество, себестоимость, *потребительная стоимость, виды, номенклатура, прирост, план реализации, остатки, конкурентоспособность ... какой-л. **продукции**. Спрос ... **на** какую-л. **продукцию**.

Производить ⇅, изготовлять/изготавливать ⇅, вырабатывать ⇅, выпускать ⇅, поставлять ⇅, обменивать на что-л. ⇅, реализовать ⇅ *несов. и сов.*, увеличивать ⇅, уменьшить ⇅, учитывать ⇅, оплачивать ⇅ ... какую-л. **продукцию**. Отвечать ... **за** какую-л. **продукцию**.

Какая-л. **продукция** представляет *зд. несов.* собой что-л., удовлетворяет какие-л. потребности, пользуется *зд. несов.* спросом у кого-чего-л. ...

● 1. Главное направление совершенствования отраслевой структуры промышленного производства в СССР — возрастание в общем объёме валовой продукции доли отраслей, обеспечивающих научно-технический прогресс в народном хозяйстве. 2. Конечная продукция агропромышленного комплекса — высококачественные продукты питания.

ПРОИЗВОДИ́ТЕЛЬНОСТЬ ТРУДА́, *род.* производи́тельност|и, *только ед., ж.*

Продуктивность производственной деятельности людей, которая измеряется количеством продукции, произведённой за единицу рабочего времени.

Общественная, индивидуальная, локальная, высокая, средняя, низкая, капиталистическая, социалистическая, коммунистическая, дневная, суточная, месячная, годовая ... **производительность труда**.

Производительность труда кого: ~ рабочих, колхозников, служащих ... **Производительность труда** где: (*предлог «в» с предл.*) ~ в промышленности, в сельском хозяйстве, в строительстве, в каких-л. отраслях ...; (*предлог «на» с предл.*) ~ на каком-л. предприятии ...

Подъём, повышение, рост, динамика, уровень, значение ... **производительности труда**.

Планировать ⇅ *зд. несов.*, анализировать ⇅ *несов. и сов.*, измерять ⇅, определять ⇅, учитывать ⇅, повышать ⇅, стимулировать ⇅ *несов. и сов.*, снижать ⇅ ... **производительность труда.** Добиваться, достигать ... какой-л. **производительности труда**. Что-л. зависит *несов.* ... **от производительности труда**. Превосходить кого-что-л. ... **по производительности труда.**

Производительность труда растёт, падает, воздействует *несов.* на что-л., зависит *несов.* от чего-л. ...

● 1. Производительность труда измеряется количеством продукции, произведённой работником в сфере материального производства за единицу рабочего времени (час, смену, месяц, год), или количеством времени, которое затрачено на производство единицы продукции. 2. Общественная производительность труда определяется как результат деления всего физического объёма национального дохода на общее число работников, занятых в сфере материального производства. 3. Резервы роста производительности труда подразделяются на внутрипроизводственные, отраслевые и народнохозяйственные.

ПРОИЗВОДИ́ТЕЛЬНЫЕ СИ́ЛЫ, *род.* сил, *только мн.*

Люди, которые обладают знаниями, производственным опытом, навыками к труду, и средства труда, которые используются людьми для производства материальных благ.

Развитые, главные, массовые, естественные, общественные, всеобщие, первичные, вторичные, непосредственные, новые ... **производительные силы**.

Производительные силы чего: ~ какого-л. общества, какой-л. эпохи...

Возникновение, развитие, прогресс, диалектика, рост, система, часть, элементы, формы, антагонизм, структура, состав, характер, теория ... **производительных сил**. Конфликт, противоречия ... **между производительными силами** и чем-л. Соответствие чего-л. ... **производительным силам**.

Развивать ⇅, создавать ⇅, размещать ⇅ ... **производительные силы**. Превращать ↑ что-л. ... **в производительную силу**. Менять что-л. ... **в системе производительных сил**.

Производительные силы выражают *несов.* что-л., образуют *несов. и сов.*, приходят в противоречие с чем-л. (с существующими производственными отношениями ...), возникают в результате чего-л. (исторического развития ...), приходят во что-л. (в противоречие с чем-л. ...) ...

Производительные силы и производственные отношения.

● 1. Одной из главных движущих сил развития производительных сил в антагонистическом обществе является классовая борьба, социальные революции и творчество масс. 2. В социалистическом обществе противоречия между производительными силами и производственными отношениями не носят антагонистического характера и разрешаются в процессе планомерной производственной деятельности трудящихся, направленной на наиболее полную реализацию экономических (материальных) интересов общества, трудовых коллективов и их членов. 3. «Первая производительная сила всего человечества есть рабочий, трудящийся» (В. И. Ленин). 4. Составной частью экономической стратегии партии было и остаётся ускоренное развитие производительных сил Сибири и Дальнего Востока.

ПРОИЗВОДИ́ТЕЛЬНЫЙ ТРУД, *род.* труд|á, *только ед., м.*

Труд, в процессе которого реализуется цель способа производства.

● При капитализме сущность производительного труда заключается в производстве прибавочной стоимости. *См.* **Труд**.

ПРОИЗВО́ДСТВЕННАЯ БРИГА́ДА, *род.* брига́д|ы, *ж.*

Коллектив рабочих одинаковых или различных профессий, который совместно выполняет единое производственное задание и несёт общую ответственность за результаты работы.

Специализированная, комплексная, сменная, сквозная, рабочая, временная, современная, подрядная, хозрасчётная, строительная, животноводческая, овощеводческая ... **производственная бригада**.

Производственная бригада какая: (*с род.*) ~ узкой специализации ... **Производственная бригада** как что: ~ как форма организации ... **Производственная бригада** где: (*предлог «в» с предл.*) ~ в каком-л. хозяйстве, в колхозе ...; (*предлог «на» с предл.*) ~ на предприятиях, на заводах ...

Состав, члены, рабочие, совет, работа ... **производственной бригады**.

Создавать ↑↓, организовать ↑↓ *несов. и сов.* (*в прош. только сов., несов. ткж.* организовывать), формировать ↑↓ ... **производственную бригаду**. Руководить ↑ *несов.* ... **производственной бригадой**. Кооперировать ↑ что-л., разделять ↑ что-л. (труд...) ... **в производственной бригаде**. Закреплять ↑ что-л. ... **за производственными бригадами**.

Производственная бригада носит *несов.* какой-л. (отраслевой ...) характер, состоит *несов.* из чего-л., возглавляет что-л., организует *несов. и сов.* (*в прош. только сов., несов. ткж.* организовывать) что-л. (работу...)...

● 1. Специализированная производственная бригада состоит из рабочих одной профессии, которые выполняют однородные технологические процессы, например, бригада сборщиков в сборочном цехе. 2. Комплексная производственная бригада организуется из рабочих различных профессий для выполнения комплекса технологически разнородных работ, которые объединяются общностью предмета труда или орудия труда.

ПРОИЗВО́ДСТВЕННАЯ ОПЕРА́ЦИЯ, *род.* опера́ци|и, *ж.*

Элемент производственного процесса, который является объектом проектирования и организации, включая планирование, учёт, контроль и т. д.

● 1. Технологические производственные операции представляют собой планомерное изменение формы, размеров, состояния сырья или полуфабрикатов, их структуры, механических, физических или других свойств. 2. Вспомогательными являются производственные операции по изготовлению предприятием для собственных нужд технологической оснастки и инструмента, по ремонту оборудования, зданий и сооружений и т.д. 3. Обслуживающие производственные операции обеспечивают основные и вспомогательные производственные процессы материалами, полуфабрикатами, энергией, транспортом и др. *См.* **Опера́ции**.

ПРОИЗВО́ДСТВЕННАЯ СФЕ́РА, *род.* сфе́р|ы, *ж.*

То же, что **сфе́ра материа́льного произво́дства**.

ПРОИЗВО́ДСТВЕННОЕ ОБЪЕДИНЕ́НИЕ, *род.* объедине́ни|я, *с.*

Единый специализированный производственно - хозяйственный комплекс, в состав которого входят фабрики, заводы, научно-исследовательские, конструкторские, технологические, проектные и другие организации, имеющие между собой производственные связи и объединённые общим руководством как основное звено производственной сферы в СССР.

● 1. Производственное объединение развивается по единому плану, подчинено общей цели — своевременному выпуску нужной народному хозяйству продукции при рациональном использовании всех производственных ресурсов. 2. В производственном объединении выделяется головное предприятие, вокруг которого формируется и на которое накладывается обязательство общего руководства объединением. *См.* **Объедине́ние**.

ПРОИЗВО́ДСТВЕННО-ТЕРРИТОРИА́ЛЬНЫЙ КО́МПЛЕКС, *род.* ко́мплекс|а, *м.*

То же, что **территориа́льно-произво́дственный ко́мплекс**.

ПРОИЗВО́ДСТВЕННЫЕ ОТНОШЕ́НИЯ, *род.* отноше́ний, *только мн.*

Совокупность материальных экономических отношений между людьми в процессе общественного производства и движения общественного продукта от производства до потребления.

Социалистические, коммунистические, капиталистические, феодальные, рабовладельческие, первобытнообщинные, переходные, господствующие, основные, частнособственнические, новые, устаревшие, экономические ... **производственные отношения**.

Производственные отношения какие: (*с род.*) ~ какого-л. строя, какой-л. формации ...

Основа, социально-экономическая природа, характер, типы, система, соответствие чему-л., зависимость от чего-л. ... **производственных отношений**; единство **производственных отношений** и производительных сил. Изменения ... **в производственных отношениях**. Противоречие ... **между производственными отношениями** и производительными силами.

Формировать ↑↓ *зд. несов.*, утверждать ↑↓, развивать ↑↓ *зд. несов.*, совершенствовать ↑↓, преобразовывать ↑↓, изменять ↑↓ ... **производственные отношения**. Что-л. присуще ... **производственным отношениям**. Что-л. перерастает ... **в производственные отношения**. Что-л. характерно ... **для производственных отношений**. Что-л. отличается *зд. несов.* ... **от производственных отношений**.

Какие-л. **производственные отношения** возникают, основываются *несов.* на чём-л., сочетают *несов.* что-л., превращаются во что-л. (в тормоз...), отличаются *зд. несов.* чем-л., складываются между кем-л. (между членами общества ...), воздействуют *несов. и сов.* на что-л., влияют на что-л. ...

● 1. Производственные отношения отличаются от производственно-технических тем, что они выражают отношения людей через их отношения к средствам производства, т. е. отношения собственности. 2. Социалистические производственные отношения характеризуются наличием двух форм общественной собственности на средства производства — государственной и кооперативной.

ПРОИЗВО́ДСТВЕННЫЕ ФО́НДЫ, *род.* фо́нд|ов, *только мн.* Совокупность созданных трудом средств и предметов труда при социализме, которые необходимы для материального производства.

● По характеру участия в производственном процессе и способу перенесения стоимости на производимый продукт производственные фонды делятся на производственные основные и оборотные. *См.* **Фонд**.

ПРОИЗВО́ДСТВ|О, *род.* -а, *с.* **1.** Общественный процесс создания материальных благ, который охватывает как производительные силы общества, так и производственные отношения людей.

Общественное, обобществлённое, коллективное, материальное, товарное, мелкотоварное, мелкое, крупное, незавершённое, расширенное, промышленное, сельскохозяйственное, капиталистическое, социалистическое, коммунистическое ... **производство**.

Стадия, период, ход, процесс, характер, элементы, сфера, способ, орудия, средства, сырьевая база, продукты, концентрация, масштабы, объём, уровень ... **производства**. Место человека ... **в производстве**. Противоречие, соотношение ... **между производством** и потреблением.

Организовать ↑↓ *несов. и сов.* (*в прош. только сов., несов. ткж.* организовывать), совершенствовать ↑↓ *зд. несов.*, расширять ↑↓, увеличивать ↑↓, развивать ↑↓, кооперировать ↑↓ *несов. и сов.*, специализировать ↑↓ *несов. и сов.*, концентрировать ↑↓, интенсифицировать ↑↓ *несов. и сов.*, комбинировать ↑↓ *несов. и сов.*, сокращать ↑↓, свёртывать ↑↓ ... **производство**. Воздействовать ↑ *несов. и сов.*, влиять ↑ ... **на производство**.

Производство представляет *зд. несов.* что-л., отличается *зд. несов.* от чего-л. (от других видов человеческой деятельности ...), состоит *несов.* из чего-л., развивается *зд. несов.* в соответствии с чем-л., базируется *несов.* на чём-л., предполагает *зд. несов.* что-л., имеет *несов.* что-л. (две стороны: производительные силы и производственные отношения...), прерывается чем-л. (экономическими кризисами...)...

● 1. В СССР к сфере материального производства относятся такие отрасли хозяйства, как промышленность, сельское хозяйство, лесное хозяйство, водное хозяйство, грузовой транспорт, связь, строительство, торговля и общественное питание, материально-техническое снабжение и сбыт, заготовки и некоторые другие виды деятельности. 2. В социалистическом обществе производство развивается непрерывно, планомерно, в интересах всего общества, в целях удовлетворения постоянно растущих потребностей общества и каждого его члена.

2. Изготовление, выработка, создание какой-л. продукции; отрасли, вид промышленности.

Фабричное, заводское, колхозное, сельскохозяйственное, крестьянское, кустарное, серийное, *поточное, *массовое, налаженное, местное, промышленное, советское, отечественное ... **производство**.

Производство чего: ~ средств производства, предметов потребления, каких-л. товаров, какой-л. продукции, стали, чугуна, проката, электроэнергии, каких-л. машин, каких-л. приборов, автомобилей, обуви, бумаги ... **Производство** чего-л. на душу населения. **Производство** чего-л. где: (*предлог «в» с предл.*) ~ в какой-л. стране ...; (*предлог «на» с предл.*) ~ на Украине ...

Технологическая подготовка, процесс, рост, качество, план, эффективность ... **производства** чего-л.; товары ... какого-л. (советского, отечественного ...) ... **производства**. Затраты, издержки ... **на производство** чего-л. Отходы, доходы, прибыль ... **от производства** чего-л. Предприятия ... **с** каким-л. (ручным ...) **производством** чего-л.

Организовать ↑↓ *несов. и сов.* (*в прош. только сов., несов. ткж.* организовывать), осваивать ↑↓, налаживать ↑, развёртывать ↑↓, автоматизировать ↑↓ *несов. и сов.*, расширять ↑↓, сокращать ↑↓, свёртывать ↑↓, приостанавливать ↓ ... **производство** чего-л. Придавать какое-л. значение ... **производству** чего-л. Применять ↑ что-л. ... **в производстве** чего-л. Приступать, переходить ... **к производству** чего-л. Тратить ↑ что-л., расходовать ↑ что-л. ... **на производство** чего-л. Снимать что-л. ... **с производства**.

Производство чего-л. представляет *зд. несов.* собой что-л., зависит *несов.* от чего-л. ...

● На мировом рынке товары советского производства пользуются большим спросом.

3. Работа на предприятии, связанная с непосредственным изготовлением продукции, а ткж. (*разг.*) само такое предприятие.

Трудное, вредное, современное, механизированное, автоматизированное, специализированное ... **производство**.

Работа ... **на производстве**.

Бросать ... **производство**. Прийти, направить ↑ кого-л., вернуться ... **на производство**. Работать ↑ *несов.*, получить травму ... **на производстве**. Уйти ↑ ... **с производства**. Учиться ... **с отрывом от производства, без отрыва от производства**.

● 1. В СССР молодёжь имеет возможность учиться без отрыва от производства. 2. На этом производстве успешно внедряются передовые методы труда.

△ **Произво́дственн|ый**, -ая, -ое, -ые.

П. процесс, цикл, структура, сфера *, операция *, деятельность *ж.*, отношения *, брак, доход, прибыль *ж.*, программа, продукция, практика, режим, аппарат, марка, мощности, квалификация, совещание, объединение *, назначение, успехи, ресурсы, фонды *, бригада *...

Производи́ть, произвожу́, произво́д|ишь, -ят, *несов.*; произвести́, произведу́, произвед|ёшь, -у́т, *прич. страд. прош.* произведён-н|ый, -ая, -ое, -ые, *кр. ф.* произведён, произведен|а́, -о́, -ы́, *сов.; перех.*

П. станки, машины, электроэнергию, какое-л. оборудование, продукцию...

ПРОЛОНГА́ЦИ|Я, *род.* -и, *ж.* *Син.* отсро́чка.

Продление срока действия чего-л.

Пролонгация чего: ~ займа, ссуд, векселя, каких-л. платежей, страхования чего-л. (жизни ...), какого-л. договора, какого-л. соглашения...

Вид, право ... **пролонгации**.

Производить ↓, разрешать ↑↓, получать ↑↓ ... **пролонгацию**. Просить ... **пролонгации**. Превращать что-л. во что-л. ... **в связи с пролонгацией** чего-л. Прибегать ... **к пролонгации**. Просить ... **о пролонгации** чего-л.

● 1. Право пролонгации регламентируется законодательством СССР и банковскими правилами. 2. Пролонгация ссуд разрешается в установленных законодательством пределах.

△ **Пролонги́р|овать**, -ую, -уешь, -уют, *несов. и сов., перех.*

П. вексель, договор, страхование чего-л., ссуды, займы ...

ПРОМЫ́ШЛЕННОСТЬ, *род.* промы́шленност|и, *ж. Син.* индустри́я.

Отрасль народного хозяйства, которая занимается производством средств производства и предметов потребления, а также добычей природных богатств и дальнейшей их обработкой.

Тяжёлая, лёгкая, крупная, добывающая, обрабатывающая, перерабатывающая, многоотраслевая, фабричная, заводская, мелкая, местная, передовая, социалистическая, капиталистическая, национализированная, [не]развитая, кустарная, металлургическая, химическая, топливная, нефтяная, газовая, атомная, военная, оборонная, пищевая, целлюлозно-бумажная, национальная ... **промышленность**.

Промышленность чья: ~ какой-л. страны, какой-л. республики, города ...

Экономика, финансы, статистика, потенциал, планирование, работники, кадры, сырьевая база, фонды, структура, состав, развитие, размещение, отрасли, рост, концентрация, уровень, товары, продукты, продукция ... **промышленности**; предприятия, министерство ... какой-л. **промышленности**. Изменения, сдвиги, объём, прирост чего-л., капитальные вложения, производительность труда, учёт, кооперация, средства производства ... **в промышленности**. Сырьё ... **для промышленности**. Ассигнования, затраты, расходы ... **на промышленность**.

Создавать ⇅, развивать ⇅, укреплять ⇅, подразделять ⇅, сохранять ⇅, размещать где-л. ⇅, перестраивать ⇅, монополизировать ⇅ *несов. и сов.*, капитализировать ⇅ *несов. и сов.*, национализировать ⇅ *несов. и сов.* ... **промышленность**. Вкладывать что-л. ... **в промышленность**. Что-л. относится *зд. несов.* ... **к** какой-л. **промышленности**.

Какая-л. **промышленность** состоит *несов.* из чего-л., подразделяется *несов.* на что-л., прошла что-л., вступила на какой-л. путь, играет какую-л. роль, превзошла что-л., остаётся чем-л., обладает *несов.* чем-л. (сырьевой базой ...), сохраняет что-л., включает что-л. ...

● 1. В перспективе развития советской экономики промышленность сохраняет ведущее место в системе народного хозяйства СССР. 2. Тяжёлая промышленность была и остаётся фундаментом экономического могущества страны, дальнейшего роста народного благосостояния.

△ **Промы́шленн|ый**, -ая, -ое, -ые.

П. капитал, образец, район, город, транспорт, потенциал, переворот, революция, центр, продукция, цикл, резервная армия труда, собственность *ж.*, социология, строительство, объединение, производство, развитие, оживление, объекты, здания, выставки...

ПРОПО́РЦИИ ОБЩЕ́СТВЕННОГО ПРОИЗВО́ДСТВА, *род.* пропо́рци|й, *ед.* **пропо́рция обще́ственного произво́дства**, *род.* пропо́рци|и, *ж.*

Соотношение между элементами, частями и подразделениями производства, отраслями и районами страны, которые складываются под воздействием объективных экономических законов, темпов и направлений научно-технического прогресса, социально-экономических условий развития общества.

Оптимальные, прогрессивные, конкретные, плановые, необходимые, народнохозяйственные, общеэкономические, отраслевые, межотраслевые, внутриотраслевые, внутрипроизводственные, межрайонные, межгосударственные, территориальные, натурально-вещественные, стоимостные, товарообменные, меновые, воспроизводственные, внешнеэкономические, прогрессивные ... **пропорции общественного производства**.

Пропорции общественного производства по чему: ~ по сферам приложения общественного труда, по какому-л. (экономическому ...) назначению ... **Пропорции общественного производства** между чем: ~ между какими-л. отраслями внутри какой-л. промышленности, между экономическими районами, между промышленностью и сельским хозяйством...

Оптимальность, характер, оптимизация ... **пропорций общественного производства**. Изменения ... **в пропорциях общественного производства**.

Определять ↑↓, восстанавливать ↑↓, формировать ↑↓, совершенствовать ↑↓ *зд. несов.*, устанавливать ↑↓, характеризовать ↑ *несов. и сов.*, изменять ↑↓ ... **пропорции общественного производства**. Что-л. отражается ... **в пропорциях общественного производства**.

Пропорции общественного производства отражают что-л., выступают как-л., возникают при каких-л. условиях, включают что-л. ...

● 1. Социализму свойственно плановое формирование пропорций общественного производства. 2. При капитализме пропорции общественного производства складываются стихийно; их формирование осуществляется под воздействием цели капиталистического производства — получения прибавочной стоимости.

ПРОСТО́Е ВОСПРОИЗВО́ДСТВО, *род.* воспроизво́дств|а, *только ед., с. Ант.* расши́ренное воспроизво́дство.

Воспроизводство, при котором процесс производства возобновляется из года в год в неизменных размерах.

● Простое воспроизводство является составным моментом, частью расширенного воспроизводства. *См.* **Воспроизво́дство**.

ПРОСТО́Й ТРУД, *род.* труд|а́, *м. Ант.* сло́жный труд.

Труд, который не требует от работника специальной подготовки.

● 1. В условиях социалистического общества происходит планомерное соизмерение затрат сложного и простого труда. 2. При капитализме сведение сложного труда к простому труду совершается стихийно, путём приравнивания стоимостей товаров, созданных этими видами труда. *См.* **Труд**.

ПРОТЕКЦИОНИ́ЗМ, *род.* -а, *только ед., м.*

Экономическая политика государства, которая способствует развитию национальной экономики путём ограждения её от иностранной конкуренции.

Империалистический, современный, аграрный, коллективный ... **протекционизм**.

Протекционизм чей: ~ каких-л. (развивающихся ...) стран ...

Политика, цель, формы, характер, теоретики, практика, содержание, анализ, особенность ... **протекционизма**. Отличие чего-л. ... **от протекционизма**. Вопрос ... **о протекционизме**.

Осуществлять ↑↓, распространять ↑↓, усиливать ↑↓ ... **протекционизм**. Что-л. характерно ... **для протекционизма**. Связывать что-л. ... **с протекционизмом**.

Протекционизм служит чем-л., содействует *зд. несов.* чему-л. (росту капиталистической промышленности ...), усиливает что-л. (процесс концентрации производства ...), защищает что-л. от чего-л., выражает что-л. (интересы крупных монополий ...), носит *несов.* какой-л. характер ...

● Протекционизм осуществляется с помощью высоких таможенных пошлин на ввозимые иностранные товары, ограничения или полного запрещения ввоза определённых товаров, субсидирования национальной промышленности и т. д.

△ **Протекциони́стск|ий**, -ая, -ое, -ие.

П. тарифы, политика, законы, цели ...

ПРОЦЕ́НТ, *род.* -а, *м.*

1. Сотая доля какого-л. числа, которое принимается за целое.

Формула, часть ... **процента**.

Исчислять ↑↓ ... **процент**. Выражать ↑ что-л. ... **в процентах**. Выполнять ↑ что-л., перевыполнять ↑ что-л. ... **на** сколько-н. **процентов**.

● В хозяйственном и статистическом расчётах, а также во многих отраслях науки части величин принято выражать в процентах.

2. Плата, которую получает кредитор от должника за пользование отданными в ссуду деньгами.

Ссудный, учётный, высокий, фиксированный, простой, сложный, твёрдый, повышенный, взимаемый ... **процент**.

Процент какой: (*предлог «по» с дат.*) ~ по ссудам, по вкладам, по займам, по каким-л. счетам ... **Процент** с чего: ~ с какой-л. сделки ... **Процент** за что: ~ за кредит ...

Размер, сумма, величина, уровень, норма, источник, эксплуататорская природа, экономическая основа, сущность ... **процента**.

Присваивать ↑↓, начислять ↑↓, выплачивать ↑↓, приносить, взимать ↑↓ *несов.*, уплачивать ↑↓ ... **проценты**. Уплачивать ↑ что-л., выдавать ↑ что-л. ... **в виде процента**. Возмещать ↑ что-л. ... **за счёт процента**.

Процент представляет *зд. несов.* собой что-л., принимать что-л. (форму цены капитала как товара ...), имеет *несов.* что-л., выражает *зд. несов.* что-л. (производственные отношения ...), содействует *зд. несов.* чему-л. (укреплению режима экономии ...) ...

● 1. При социализме процент — это часть прибыли социалистического предприятия или часть дохода юридического или физического лица, которая уплачивается за пользование денежными средствами в форме ссуды, вклада и т. п. государственным банкам. 2. При капитализме процент составляет часть произведённой прибавочной стоимости или прибыли.

3. Доход, который получается от денег, вложенных в банк или в сберегательную кассу.

Повышенный, твёрдый, уплачиваемый ... **процент**.

Процент какой: (*предлог «за» с вин.*) ~ за часть года, за кредит ...; (*предлог «по» с дат.*) ~ по вкладам, по каким-л. счетам ... **Процент** чей: ~ банка, сберкассы...

Размер, сумма, величина, норма, ставка ... **процента**. Разница ... **между процентом** и чем-л.

Выплачивать ↑↓, платить ↑↓, приносить, начислять ↑↓, уплачивать ↑↓ ... **процент**. Давать ... сколько-л. **процентов**. Уплачивать ↑ что-л. ... **в виде процента**.

Процент составляет что-л., приносит что-л., служит *зд. несов.* чем-л. (стимулом ...) ...

● Сберкассы и учреждения Госбанка СССР уплачивают по вкладам до востребования, условным вкладам и текущим счетам отдельных граждан два процента, по срочным вкладам три процента годовых.

△ **Проце́нтн|ый**, -ая, -ое, -ые.

П. исчисление, вознаграждение, сумма, ставка, норма, число, соотношение, содержание, займы ...

ПРЯМЫ́Е НАЛО́ГИ, *род.* нало́г|ов, *ед.* **прямо́й нало́г**, *род.* нало́г|а, *м.*

Налоги, которые взимаются государством непосредственно с доходов или имущества налогоплательщика.

● В СССР прямые налоги включают в себя подоходный налог с

рабочих и служащих, сельскохозяйственный налог, налог на холостяков, одиноких и малосемейных граждан, а также ряд местных налогов и сборов. *См.* **Нало́г**.

ПРЯМЫ́Е РАСХО́ДЫ, *род.* расхо́д|ов, *только мн.*

Затраты, которые непосредственно связаны с производством отдельных изделий и относятся на их себестоимость прямым путём.

● В состав прямых расходов в строительстве входят стоимость материалов в отпускных ценах, основная заработная плата рабочих, занятых на выполнении строительно-монтажных работ, расходы по эксплуатации строительных машин и механизмов, стоимость электроэнергии, горючего, смазочных и вспомогательных материалов, текущего и среднего ремонта, амортизация машин и механизмов. *См.* **Расхо́ды**.

ПЯТИЛЕ́ТНИЙ ПЛАН, *род.* пла́н|а, *м.*

Основная форма планирования социально-экономического развития страны, органическая часть системы планов, которая включает долгосрочные, среднесрочные (пятилетние) и текущие народнохозяйственные планы.

● 1. Каждый пятилетний план имеет свою главную экономическую задачу, которая соответствует особенностям данного периода и представляет собой новую ступень в хозяйственно-политическом развитии страны. 2. Посредством пятилетних планов Советское государство направляет ресурсы на решение задач по созданию материально-технической базы коммунизма и повышению благосостояния народа. *См.* **План**.

Р

РАБО́ЧАЯ СИ́ЛА, *род.* си́л|ы, *только ед., ж.*

Способность человека к труду, т. е. совокупность его физических и духовных сил, которые он применяет в процессе производства, а ткж. *собир.* рабочие, работники.

Наёмная ... **рабочая сила**.

Рабочая сила где: (*предлог «в» с предл.*) ~ в каком-л. обществе, в какой-л. стране ...

Цена, купля, продажа, покупатель, собственник, стоимость, носитель чего-л., воспроизводство ... **рабочей силы**. Собственность ... **на рабочую силу**.

Использовать ↑↓ *несов. и сов.*, эксплуатировать ↑↓ *несов.*, продавать ↑↓, покупать ↑↓, квалифицировать *несов. и сов.* ... **рабочую силу**. Распоряжаться ... **рабочей силой**.

Рабочая сила функционирует *несов.* где-л., становится чем-л., обладает *несов.* чем-л., превращается во что-л. (в товар...) ...

● 1. Превращение рабочей силы в товар явилось закономерным результатом развития мелкого товарного производства. 2. Как и любой другой товар, рабочая сила в условиях капитализма обладает стоимостью и потребительной стоимостью.

РАЗВИТО́Й СОЦИАЛИ́ЗМ, *род.* социали́зм|а, *только ед., м.*

Совокупность производственных отношений социализма на этапе его зрелости.

● На этапе развитого социализма достигается такая ступень его зрелости, когда в качестве непосредственных задач выдвигается создание материальных и социальных предпосылок перехода к коммунизму. *См.* **Социали́зм**.

РАЗДЕЛЕ́НИЕ ТРУДА́, *род.* разделе́ни|я, *только ед., с.*

Дифференциация, специализация трудовой деятельности в процессе развития общества, которая приводит к обособлению и сосуществованию различных её видов.

Социалистическое, капиталистическое, общее, общественное,

экономическое, отраслевое, территориальное, земледельческое, промышленное, профессиональное, международное, антагонистическое, порабощающее, частное, естественное ... **разделение труда**.

Разделение труда какое: (*предлог «по» с дат.*) ~ по полу, по возрасту, по каким-л. родам производства, по каким-л. (территориальным ...) районам ... **Разделение труда** между кем-чем: ~ между отраслями какого-л. производства и какими-л. предприятиями, между какими-л. работниками, между людьми каких-л. профессий ... **Разделение труда** в чём: ~ в каких-л. науках ... **Разделение труда** где: (*предлог «в» с предл.*) ~ в каких-л. государствах, в каких-л. странах, в какой-л. системе хозяйства, в СССР ...

Вид, значение, необходимость, польза, неизбежность, прогрессивность, особенность, степень, система, основы, тип ... **разделения труда**.

Развивать ↑↓, что-л. вызывает ... **разделение труда**. Что-л. облегчается *зд. несов.* ... **благодаря разделению труда**. Видеть что-л., вносить что-л. ... **в разделение труда**. Связывать ↑ что-л. ... **с разделением труда**.

Разделение труда существует *несов.* как-л. (в разных формах...), приводит к чему-л., ведёт *несов.* к чему-л. (к росту производительности труда...), даёт что-л., способствует *зд. несов.* чему-л. (развитию производительных сил ...), возникает где-л., отличается чем-л., получает что-л. (дальнейшее развитие...)...

● 1. При социализме создаётся принципиально новая система разделения труда. 2. Планомерное разделение труда является одним из необходимых условий расширенного социалистического воспроизводства. 3. Развитие капитализма обусловливает хозяйственное сближение народов, развитие международного разделения труда.

РАЗМЕЩЕ́НИЕ ПРОИЗВОДИ́ТЕЛЬНЫХ СИЛ, *род.* размеще́ни|я, *только ед., с.*

Географическое распределение вещественных компонентов производства и трудовых ресурсов по территории страны и её экономическим районам.

Рациональное, планомерное ... **размещение производительных сил**.

Размещение производительных сил на основе чего: ~ на основе использования чего-л. (экономических законов социализма...), на основе какой-л. взаимопомощи, на основе сотрудничества между кем-чем-л. ... **Размещение производительных сил** в условиях чего: ~ в условиях социализма, в условиях капитализма ... **Размещение производительных сил** где: (*предлог «в» с предл.*) ~ в городах, в сёлах, в каких-л. районах, в какой-л. (сельской ...) местности, в какой-л. республике, в какой-л. стране, в СССР ...; (*предлог «по» с дат.*) ~ по какой-л. территории, по какой-л. республике ...

Тип, закономерности, теория, принципы, вопросы, значение, факторы, схема ... **размещения производительных сил**. Возможности ... для какого-л. **размещения производительных сил**.

Предусматривать ↓, определять ↓, осуществлять ↑↓ ... **размещение производительных сил.** Осваивать ↑ что-л. ... **в целях** какого-л. (рационального ...) **размещения производительных сил.** Оказывать ↑ влияние ... **на размещение производительных сил.** Учитывать ↑ что-л. ... **при размещении производительных сил**.

Размещение производительных сил зависит *несов.* от чего-л., требует чего-л., предусматривает *зд. несов.* что-л. ...

● 1. При размещении производительных сил учитывается ряд факторов: размещение природных ресурсов, размещение районов концентрации потребления продукции, охрана окружающей среды, транспорт и т.д. 2. В целях дальнейшего улучшения размещения производительных сил в СССР повышается уровень технико-экономического обоснования размещения и оптимальных размеров новых и реконструируемых предприятий.

РАСПРЕДЕЛЕ́НИ|Е, *род.* -я, *только ед., с.*

1. Порядок, система расположения, размещения чего-л. *Ср. р. химических элементов.*

!**2.** Процесс разделения, размещения в обществе готового продукта, определяемый производственными отношениями как связующее звено между производством и потреблением.

Прямое, непосредственное, обусловленное, плановое, коммунистическое, социалистическое ... **распределение**.

Распределение какое: (*предлог «в форме» с род.*) ~ в форме зарплаты, в форме премий, в форме каких-л. выплат ...; (*предлог «в соответствии» с род.*) ~ в соответствии с какими-л. потребностями ...; (*предлог «по» с дат.*) ~ по труду*, по потребностям ... **Распределение** чего: ~ какого-л. (национального ...) дохода, прибыли, средств производства, предметов потребления, каких-л. (трудовых...) ресурсов, какого-л. (совокупного общественного...) продукта, продукции, услуг ... **Распределение** из чего: ~ из каких-л. (общественных...) фондов потребления ... **Распределение** где: (*предлог «в» с предл.*) ~ в каком-л. (социалистическом ...) обществе, в колхозах, в совхозах, в народном хозяйстве...

Формы, структура, пропорции, отношения, принципы, характер, сфера, особенности, законы ... **распределения**. Противоречие, соотношение ... **между** социалистическим производством и **распределением**.

Планировать ↑↓, осуществлять ↑↓, характеризовать ↓ *несов. и сов.* ... **распределение**. Участвовать ↑ *несов.* ... **в распределении**. Выявлять ↑ что-л., использовать ↑ *несов. и сов.* что-л. ... **в процессе распределения.**

Распределение предшествует *несов.* чему-л., устанавливает что-л. (пропорцию ...), определяет что-л., оказывает воздействие на что-л. (на производство...), способствует *зд. несов.* чему-л., обеспечивает что-л., сдерживает что-л., изменяет что-л., включает что-л., носит *несов.* какой-л. характер, составляет, обусловливает что-л. (пропорции и темпы социалистического воспроизводства...) ...

Производство и **распределение**.

● 1. При социализме распределение средств производства осуществляется по планам материально-технического снабжения. 2. Распределение при капитализме носит антагонистический характер, поскольку средства производства находятся в руках частных собственников.

△ **Распредели́тельн|ый,** -ая, -ое, -ые.

Р. пункт, комиссия, отношения, принципы, пропорции ...

Распределя́|ть, -ю, -ешь, -ют, *несов.*; распредел|и́ть, -ю́, -и́шь, -я́т, *сов.*; *перех.*

Р. товар, доход, продукцию, работу, прибыль, налог, валюту, облигации, какие-л. блага, услуги, продукты ...

РАСПРЕДЕЛЕ́НИЕ ПО ТРУДУ́, *род.* распределе́ни|я, *только ед., с.*

Объективный экономический закон социализма, согласно которому распределение большей части необходимого продукта осуществляется в соответствии с количеством и качеством труда, затраченного работниками в общественном производстве.

● Объективная необходимость распределения по труду обусловливается тем, что уровень развития производства при социализме ещё не создаёт изобилия предметов потребления и не обеспечивает полного и всестороннего удовлетворения потребностей людей. *См.* **Распределе́ние**.

РАСХО́Д|Ы, *род.* -ов, *ед.* **расхо́д**, *род.* -а, *м. Ант.* дохо́ды.

1. Потребление, затраты чего-л. для определённой цели. *Ср. р. электроэнергии.*

!**2.** *Обычно мн.* Деньги, которые расходуются на что-л.; затраты, издержки.

Административно-хозяйственные, административно-управленческие, организационные, общецеховые, общезаводские, общехозяйственные, среднедневные, месячные, *государственные, производственные, внепроизводственные, конторские, накладные, операционные, бюджетные, денежные, финансовые, основные, постоянные, переменные, первоочередные, *прямые, *косвенные, военные, [не]торговые, *командировочные, кассовые, нормативные, фактические, плановые, *накладные, неотложные, эксплуатационные, [не]предвиденные, текущие, [не]рациональные, [не]большие ... **расходы**.

Расходы какие: (*с род.*) ~ государственного бюджета, будущих периодов ... **Расходы** чьи: ~ какого-л. ведомства, правительства, государства, рабочего, колхозника, населения ... **Расходы** на что: ~ на какое-л. (народное ...) хозяйство, на оборону, на войну, на развитие чего-л. (тяжёлой промышленности...), на подготовку чего-л., на освоение чего-л. (новых видов продукции ...), на реализацию чего-л., на создание чего-л., на внедрение чего-л., на какие-л. (социально-культурные ...) мероприятия, на управление, на какие-л. работы, на доставку чего-л., на приобретение чего-л., на какие-л. (военные ...) цели, на науку, на просвещение, на здравоохранение, на содержание кого-чего-л., на командировки... **Расходы** по чему: ~ по переработке чего-л. (сырья...), по освоению чего-л. (производства новых видов продукции ...), по смете, по содержанию кого-л. (нетрудоспособных...) ...

Классификация, состав, величина, размер, часть, система, рост, удельный вес, финансирование, сумма, покрытие, бремя, статья, смета ... **расходов**. Основное место ... **в расходах**.

Финансировать ↑↓ *несов. и сов.*, увеличивать ↑↓, сокращать ↑↓, проводить ↑↓, покрывать ↑↓, записывать ↓, классифицировать ↑↓ *несов. и сов.* ... **расходы**. Относить ↑ что-л. ... **к расходам**.

Расходы включают что-л. (ассигнования на что-л. ...), идут *несов.* на что-л., составляют сколько-л. рублей, поглощают что-л., служат *зд. несов.* чему-л., возрастают ...

● 1. Государственные расходы при социализме — это в основном расходы на производственные цели, которые способствуют дальнейшему росту социалистического производства и подъёму благосостояния народа. 2. Расходы на создание и внедрение новой техники производятся за счёт государственного бюджета, специальных отчислений от себестоимости продукции предприятий и хозяйственных организаций, а также кредитов Госбанка СССР и Стройбанка СССР.

△ **Расхо́дн|ый**, -ая, -ое, -ые.

Р. ордер, ведомость *ж.*, расписание ...

Расхо́д|овать, -ую, -уешь, -уют, *несов.*; израсхо́д|овать, -ую, -уешь, -уют, *сов.; перех.*

Р. средства, деньги ...

РАСЦЁНК|А, *род.* -и, *ж.*

Размер заработной платы, которая выплачивается работнику за единицу продукции (работы), а также установленная цена какого-л. товара.

Совхозные, колхозные, заводские, прямые, сдельные, высокие, низкие ... **расценки**.

Расценки за что: ~ за единицу чего-л. (продукции...) ...**Расценки** на что: ~ на какое-л. изделие, на операции ...

Расчёт, нормы ... **расценок**. Оплата, заработок ... **по** каким-л. **расценкам**.

Установить ↑↓, определять ↑↓, применять ↑↓, изменять ↑↓ ... **расценки**. Определять ↑ что-л. ... **расценками**. Что-л. основывается *несов.* ... **на** каких-л. (сдельных...) **расценках**. Что-л. составляет сколько-л. процентов ... **от** какой-л. **расценки**.

Расценки понижают что-л., выражаются как-л. ...

● 1. Расценки определяются умножением нормы штучного или подготовительно-заключительного времени в часах на часовую тарифную ставку, соответствующую разряду выполняемой работы, или путём деления дневной тарифной ставки на норму выработки за смену. 2. При неизменности тарифных ставок расценки изменяются прямо пропорционально нормам времени и обратно пропорционально нормам выработки.

△ **Расце́ночн|ый**, -ая, -ое, -ые.

Р. ведомость *ж.*, норма ...

РАСЧЁТ, *род.* -а, *м.*

1. Производство исчисления чего-л. *Ср. р. налога.*

2. Математические, технические вычисления. *Ср. ошибка в расчёте.*

!**3.** Система экономических отношений, которые возникают между предприятиями, организациями, учреждениями и населением в процессе реализации товаров и услуг, оплаты труда, а ткж. при распределении и перераспределении национального дохода через бюджет и в процессе банковского кредитования; уплата денег за работу по обязательствам и т.п.

4. Увольнение с полной выплатой заработанного. *Ср. получить р.*

5. Намерение, предположение. *Ср. поездка не входит в мои расчёты.*

6. Выгода, польза. *Ср.* нет никакого расчёта ехать.

7. Воинское подразделение, обслуживающее орудие, пулемёт. *Ср. орудийный р.*

* Международные, межгосударственные, межхозяйственные, хозяйственные, внутриведомственные, ведомственные, иногородние, наличные, безналичные, бюджетные, финансовые, сметно-финансовые, финансово-экономические, денежные, [де]централизованные, * взаимные, плановые, коммерческие, торговые, аналитические, годовые, месячные ... **расчёты**.

Расчёты чьи: ~ предприятий, организаций, учреждений, объединений, Госбанка СССР ... **Расчёты** чем: ~ какими-л. (наличными ...) деньгами *, чеками, какими-л. (платёжными ...) поручениями * ... Расчёты за что: ~ за товары и услуги, за какие-л. ценности, за перевозку чего-л., за пересылку чего-л., за выполнение каких-л. работ, за какое-л. (передаваемое ...) оборудование... **Расчёты** между кем-чем: ~ между предприятиями, между банком и населением ... **Расчёты** по чему: ~ по акцепту, по каким-л. операциям, по командировкам, по аккредитиву, по особым счетам, по сальдо, по клирингу, по отчислениям от чего-л., по перераспределению чего-л. (накоплений ...), по содержанию кого-чего-л. ... **Расчёты** с кем-с чем: ~

с рабочими, со служащими, с предприятиями, с населением ... **Расчёты** через что: ~ через банк, через бюро взаимных расчётов (БВР) ... **Расчёты** где: (*предлог «в» с предл.*) ~ в народном хозяйстве*...

Планировать ↑↓, производить ↑↓, применять ↑↓, использовать ↑↓ *несов. и сов.*, осуществлять ↑↓, акцептовать ↓ *несов. и сов.*, ограничивать ↑↓ ... **расчёты**. Относить ↑ что-л. ... **к расчётам**.

Расчёты охватывают что-л., отражают что-л. ...

●1. Расчёты по объектам включают в себя расчёты за товары и услуги, расчёты, связанные с распределением денежных накоплений, расчёты по кредитным операциям, расчёты, возникающие при оплате труда. 2. Преобладающей формой расчётов в народном хозяйстве являются безналичные расчёты, сфера применения которых неуклонно повышается.

△ **Расчётн|ый**, -ая, -ое, -ые.

Р. период, месяц, таблица, формула, ведомость *ж.*, касса, документы*, кредиты, счета*, баланс...

РАСЧЁТНЫЕ ДОКУМЕ́НТЫ, *род.* докуме́нт|ов, *ед.* **расчётный докуме́нт**, *род.* докуме́нт|а, *м.*

Документы, которые являются основанием для безналичных расчётов между предприятиями, организациями и учреждениями за отпущенные (отгруженные) товарно-материальные ценности, выполненные работы и оказанные услуги, а ткж. для расчётов по разного рода нетоварным платежам.

Универсальные, основные ... **расчётные документы**.

Расчётные документы для чего: ~ для расчётов по какому-л. (капитальному...) строительству ... **Расчётные документы** на что: ~ на какие-л. (отгруженные ...) товары, на какие-л. (выполненные...) работы, на какие-л. (оказанные ...) услуги ... **Расчётные документы** где: (*предлог «в» с предл.*) ~ в Госбанке СССР, в народном хозяйстве ...

Формы, виды ... **расчётных документов**.

Выписывать ↓, оформлять ↑↓, обрабатывать ↑↓, применять ↑↓ ... **расчётные документы**. Использовать ↑↓ *несов. и сов.* что-л. ... **в качестве расчётных документов**. Производить что-л. ... **на основании расчётных документов**.

Расчётные документы обслуживают *зд. несов.* что-л., служат чем-л. ...

● 1. Расчётные документы обслуживают огромный безналичный платёжный оборот страны. 2. Имеются следующие виды расчётных документов, применяемых при безналичных расчётах: счёт (счёт-фактура, счёт-платёжное требование, счёт-реестр), платёжное поручение, инкассовое поручение и распоряжение, расчётный чек, заявление на открытие аккредитива и особого счёта.

РАСЧЁТНЫЕ СЧЕТА́, *род.* счет|о́в, *ед.* **расчётный счёт**, *род.* счёт|а, *м.*

Счета, которые открываются банками хозрасчётным предприятиям и организациям, наделённым собственными оборотными средствами и имеющим самостоятельный баланс.

● 1. Каждому предприятию или организации открывается один расчётный счёт, на котором отражаются денежные операции, связанные с текущей хозяйственной деятельностью. 2. С расчётного счёта предприятия используют средства на выплату заработной платы, возобновление запасов материальных ценностей и т.п. *См.* **Счета́**.

РАСЧЁТЫ В НАРО́ДНОМ ХОЗЯ́ЙСТВЕ, *род.* расчёт|ов, *зд. мн.*

Система экономических отношений, которые возникают между объединениями, предприятиями, организациями, учреждениями и населением в процессе реализации товаров и услуг, оплаты труда, а ткж. при распределении и перераспределении национального дохода через бюджет и в процессе банковского кредитования.

● 1. Преобладающей формой расчётов в народном хозяйстве являются безналичные расчёты, сфера применения которых неуклонно расширяется. 2. Совершенствование системы расчётов в народном хозяйстве выражается в снижении затрат на их проведение и в усилении контроля за рациональным расходованием денежных средств. *См.* **Расчёт**.

РАСЧЁТЫ НАЛИ́ЧНЫМИ ДЕНЬГА́МИ, *род.* расчёт|ов, *ед.* **расчёт нали́чными деньга́ми**, *род.* расчёт|а, *м.*

Расчёты с помощью наличных денег, которые применяются в основном во взаимоотношениях между населением с одной стороны, и предприятиями, организациями, колхозами — с другой.

● К расчётам наличными деньгами относятся выплаты населению его денежных вкладов в виде заработной платы, пенсий и пособий, оплата труда колхозников, оплата закупаемых у населения сельскохозяйственных продуктов, а также платежи населения за приобретённые товары, услуги и др. *См.* **Расчёт**.

РАСЧЁТЫ ПЛАТЁЖНЫМИ ПОРУЧЕ́НИЯМИ, *род.* расчёт|ов, *ед.* **расчёт платёжными поручéниями**, *род.* расчёт|а, *м.*

Форма расчётов предприятий и хозяйственных организаций, при которых плательщик даёт поручение банку списать денежные средства с его счёта и перечислить их на счёт покупателя.

● Расчёты платёжными поручениями в первую очередь вводятся за массовые однородные грузы — руду для металлургических заводов, уголь, нефть для нефтеперерабатывающих предприятий и другие ценности, когда транспортировка их не превышает одних суток и опережает движение расчётных документов. *См.* **Расчёт**.

РАСШИ́РЕННОЕ ВОСПРОИЗВО́ДСТВО, *род.* воспроизво́дств|а, *только ед., с. Ант.* просто́е воспроизво́дство.

Воспроизводство, при котором процесс производства возобновляется во всё увеличивающихся размерах.

● 1. При капитализме погоня за прибавочной стоимостью и конкуренция побуждают капиталистов осуществлять уже не простое, а расширенное воспроизводство, что в капиталистических условиях означает накопление капитала. 2. В странах социализма преобладающим является интенсивный тип расширенного воспроизводства на базе повышения фондо- и энерговооружённости и производительности труда, обеспечивающий систематический рост национального дохода на душу населения.

РАЦИОНАЛИЗА́ТОРСКОЕ ПРЕДЛОЖЕ́НИЕ, *род.* предложе́ни|я, *с.*

В СССР — техническое решение, являющееся новым и полезным для объединения, предприятия или организации, которым оно подано, и предусматривающее изменение конструкции изделий, технологии производства и применяемой техники или изменение состава материала.

Автор, суть, смысл, содержание ... **рационализаторского предложения**.

Подавать ⇅, получать ⇅, принять ⇅, рассматривать ⇅, отклонять ⇅, внедрять ⇅ ... **рационализаторское предложение**.

Рационализаторское предложение состоит *несов.* в чём-л. ...

● 1. Рационализаторское предложение подаётся в форме заявления с кратким описанием сущности предложения. 2. Автору рационализаторского предложения выдаётся специальное удостоверение — основание права на авторство, вознаграждение и т.д.

РАЦИОНАЛИЗА́ЦИЯ ПРОИЗВО́ДСТВА, *род.* рационализа́ци|и, *только ед., ж.*

Процесс совершенствования средств и методов общественного производства с целью повышения его эффективности.

Социалистическая, капиталистическая ... **рационализация производства**.

Формы, методы, сущность ... **рационализации производства**. Эффект ... **от рационализации производства**. Работа, мероприятия ... **по рационализации производства**.

Осуществлять ↑↓, характеризовать ↑↓ *несов. и сов.*, поддерживать ↑↓, производить ↑↓, проводить ↑↓ ... **рационализацию производства**.

Рационализация производства включает что-л. (улучшение техники и технологии...), преследует *несов.* какую-л. цель, служит чему-л. (интересам трудящихся ...), предполагает *зд. несов.* что-л., связана с чем-л. (с процессом интеграции...) ...

● 1. При социализме рационализация производства служит интересам трудящихся, неуклонному подъёму материального и культурного уровня жизни народов. 2. Капиталистическая рационализация производства преследует цель получения максимальной прибыли для предпринимателя.

РЕАЛИЗА́ЦИЯ ПРОДУ́КЦИИ, *род.* реализа́ци|и, *только ед., ж.*

Поступление изготовленной продукции в народнохозяйственный оборот с оплатой её по существующим ценам.

Текущая, плановая, планомерная, сверхплановая ... **реализация продукции**.

Реализация продукции по чему: ~ по какой-л. номенклатуре, по отрасли ...

Объём, план, показатель ... **реализации продукции**. Задания, план ... **по реализации продукции**.

Планировать ↑↓, утверждать ↓ ... **реализацию продукции**.

Реализация продукции характеризует *несов. и сов.* что-л. ...

● 1. Факт реализации продукции свидетельствует о том, что произведённая продукция необходима народному хозяйству для удовлетворения определённых общественных потребностей. 2. Основными направлениями увеличения объёма реализации продукции являются выпуск продукции более высокого качества, увеличение количества выпускаемой продукции, улучшение работы снабженческо-сбытовых и финансовых служб предприятий, совершенствование кредитных и расчётных отношений, экономически обоснованная политика цен.

РЕВАЛЬВА́ЦИ|Я, *род.* -и, *ж.* *Ант.* девальва́ция.

Официальное повышение стоимости денежных единиц.

Вынужденная ... **ревальвация**.

Ревальвация чего: ~ валюты, доллара, иены, марки ...

Причины, следствие ... **ревальвации**. Условия ... **для ревальвации**.

Вызывать ↓, производить ↑↓, завершать ↑↓ ... **ревальвацию. За ревальвацией** следует что-л. ... Призывать ... **к ревальвации**. Пойти *сов.*, решиться ... **на ревальвацию**. Настаивать ... **на ревальвации.**

Ревальвация отражает что-л., выражается в чём-л. ...

● **Ревальвация** выражается в повышении покупательной силы денег и увеличении количества валютного металла, представляемого каждой бумажно-денежной единицей.

△ **Ревальвацио́нн|ый**, -ая, -ое, -ые.

Р. реформа ...

Ревальви́р|овать, -ую, -уешь, -уют, *несов. и сов., перех.*

Р. японскую иену, доллар ...

РЕВИ́ЗИ|Я, *род.* -и, *ж.*

!**1.** Обследование финансово-хозяйственной деятельности какого-л. учреждения или должностного лица с целью проверки правильности и законности действий.

2. Пересмотр положений какого-л. учения, теории и т.п. с целью внесения в них коренных изменений; ревизионистский пересмотр. *Ср. р. марксизма.*

Полная, частичная, выборочная, тематическая, комплексная, сквозная, сплошная, комбинированная, плановая, внеплановая, внезапная, фактическая, ведомственная, документальная, бюджетная ... **ревизия**.

Ревизия чего: ~ деятельности каких-л. (финансовых ...) органов, исполнения бюджета *, использования чего-л., какой-л. работы, каких-л. предприятий, учреждений, совхоза, колхоза, банков ... **Ревизия** где: (*предлог «в» с предл.*) ~ в банке, в бухгалтерии, в колхозе ...

Ход, процесс, задачи, метод, порядок, результаты, акт, материалы, объект ... **ревизии**. Отчёт ... **о ревизии**.

Намечать↓, организовать↑↓ *несов. и сов.* (*в прош. только сов., несов. ткж.* организовывать), производить↓, осуществлять↓ ... **ревизию**. Подвергнуть что-л., что-л. подлежит *несов.* ... **ревизии**. Охватывать↑ что-л. ... **ревизией**. Участвовать↑ *несов.* ... **в ревизии**. Устанавливать↑ что-л., проверять↑ что-л., выяснять↑ что-л. ... **в процессе ревизии**. Обнаруживать↑ что-л. ... **в ходе ревизии**.

Ревизия проводится *несов.* кем-чем-л. (вышестоящей организацией ...), охватывает что-л., производится *зд. несов.* кем-л., ограничивается чем-л. (отдельными участками...), включает что-л., охватывает что-л., учитывает что-л., помогает вскрывать что-л. ...

● 1. В СССР объектами ревизии являются государственные и кооперативные предприятия. 2. Ревизия проводится, как правило, ежегодно, а в организациях, не осуществляющих непосредственно хозяйственных операций,— не реже одного раза в два года. 3. Ревизии входят в функции органов государственного контроля и внутриведомственных контрольных органов.

△ **Ревизио́нн|ый**, -ая, -ое, -ые.

Р. порядок, аппарат, комиссия, бригады ...

Ревиз|ова́ть, -у́ю, -у́ешь, -у́ют, *несов. и сов., перех.*

Р. кассовую отчётность, область, район, учреждения, какие-л. (банковские ...), операции, исполнение бюджета...

РЕВИ́ЗИЯ ИСПОЛНЕ́НИЯ БЮДЖЕ́ТА, *род.* реви́зи|и, *ж.*

Документальная проверка на месте — в республике, крае, области, городе, районе — законности, правильности и целесообразности использования средств бюджета, сохранности государственных денежных и материальных ресурсов, полноты и своевременности поступления бюджетных доходов.

● Основные задачи ревизии исполнения бюджета — охрана социалистической собственности от растратчиков и расхитителей народного добра, выявление внутрихозяйственных резервов и разработка мероприятий по устранению вскрытых нарушений и недостатков. *См.* **Реви́зия**.

РЕЖИ́М ЭКОНО́МИИ, *род.* режи́м|а, *м.*

Принцип социалистического хозяйствования, который заключается в уменьшении материальных, финансовых и трудовых затрат на единицу изделия и является важным условием повышения эффективности общественного производства.

Финансовый, жёсткий, строжайший, повышенный ... **режим экономии.**

Режим экономии где: (*предлог «в» с предл.*) ~ в какой-л. (непроизводственной ...) сфере...; (*предлог «на» с предл.*) ~ на каких-л. участках строительства, на заводах, на предприятиях...

Сущность, выражение, результаты, значение, условие ... **режима экономии**. Связь ... **с режимом экономии**.

Соблюдать ↑↓, обеспечивать ↑↓, выражать ↑↓, укреплять ↑↓, усиливать ↑↓, осуществлять ↑↓, вводить ↑↓ ... **режим экономии**. Бороться ↑ *несов*. ... **за режим экономии**.

Режим экономии обеспечивает что-л., ведёт *несов.* к чему-л., способствует *зд. несов.* чему-л. (снижению себестоимости ...), предполагает *зд. несов.* что-л. (эффективное использование каких-л. ресурсов...), проявляется *зд. несов.* в чём-л. ...

● 1. Режим экономии представляет собой одно из главных условий повышения эффективности общественного производства. 2. В условиях социализма режим экономии предполагает заботливое, хозяйское отношение к социалистической собственности, глубокую заинтересованность каждого труженика в её охране и приумножении.

РЕЗЕ́РВНАЯ ВАЛЮ́ТА, *род.* валю́т|ы, *ж. Син.* валю́тные резе́рвы.

Иностранная валюта, которая накапливается центральным банком страны для международных расчётов.

● Обычно в роли резервной валюты выступает обратимая валюта. *См.* **Валю́та**.

РЕЗЕ́РВ|Ы, *род.* -ов, *ед.* **резе́рв**, *род.* -а, *м.*

!**1.** *Обычно мн.* Запасы материальных и денежных средств, которые создаются государством, социалистическими предприятиями и хозяйственными организациями для обеспечения непредвиденных потребностей, преодоления частных диспропорций, возникающих в ходе выполнения плана, и покрытия специальных предстоящих расходов.

2. Часть войск, оставленная в распоряжении командира с целью введения в бой в случае необходимости. *Ср. р. главного командования.*

3. Состав военнообязанных, прошедших действительную службу и призываемых в армию в случае необходимости. *Ср. отправить в р.*

Золотовалютные, *валютные, бюджетные, внутрибюджетные, *финансовые, денежные, монетные, материальные, товарные, продовольственные, сырьевые, государственные, трудовые, людские, внутренние, внутрихозяйственные, хозяйственные, внутрипроизводственные, производственные, технические, специальные, временно свободные, пассивные, главные, огромные, дополнительные, [не]использованные, перспективные, текущие, краткосрочные, длительные, кассовые, банковские ... **резервы.**

Резервы чего: ~ какого-л. бюджета, каких-л. (дополнительных ...) доходов, банков, каких-л. (денежных...) средств, какого-л. хозяйства, государства, страны, области, республики ... **Резервы** на что: (*предлог «на» с предл.*) ~ на оплату чего-л. (отпусков рабочих ...) ...

Сумма, средства ... **резервов.** Отчисления ... **в** какие-л. **резервы.**

Образовать ↑↓ *несов. и сов.* (*в прош. только сов., несов. ткж.* образовывать), создавать ↑↓, восстанавливать ↑↓, мобилизовать ↑↓ *несов. и сов.*, иметь ↓ *несов.*, хранить ↑↓ *несов.*, расходовать ↑↓... **резервы.** Отчислять ↑ что-л. ... **в резервы.** Производить ↑ что-л. ... **за счёт резервов.** Относить ↑ что-л. ... **к** каким-л. **резервам.**

Резервы связаны с чем-л., составляют что-л. ...

● 1. Государственные резервы представляют собой создаваемые государством запасы важнейших видов сырья, материалов, топлива, некоторых видов машин и оборудования, продовольственных товаров, а также продукции, предназначенной для нужд обороны.

△ **Резе́рвн|ый,** -ая, -ое, -ые.

Р. банк, капитал, источник, сумма, валюта *, золото, серебро, сырьё, продукция, фонды, деньги *мн.*, продукты ...

Резерви́р|овать, -ую, -уешь, -уют, *несов. и сов., перех.*

Р. капитал, деньги, валюту, ресурсы, сырьё, продукты, какие-л. фонды, золото, серебро, пшеницу, мясо, хлопок ...

РЕ́НТ|А, *род.* -ы, *ж.*

Регулярно получаемый доход с капитала, земли, имущества, который не связан с предпринимательской деятельностью.

Денежная, натуральная, продуктовая, отработочная, монопольная, колониальная, государственная, абсолютная, дифференциальная, *земельная, разностная, пожизненная, высокая, низкая, повышенная, пониженная ... **рента.**

Рента какая: (*с твор.*) ~ продуктами, деньгами ...; (*предлог «с» с род.*) ~ с земли, с капитала, с каких-л. угодий, с рудников, с промыслов ... **Рента** где: (*предлог «в» с предл.*) ~ в какой-л. (добывающей ...) промышленности, в сельском хозяйстве ...

Теория, анализ, источник, вид, разновидность, величина, масса, размеры, объём, норма, зависимость, возникновение, наличие, отсутствие ... **ренты.** Превращение чего-л. ... **в ренту.** Учение ... **о ренте.**

Образовать ↑↓ *несов. и сов.* (*в прош. только сов., несов. тжж.* образовывать), получать ↑↓, создавать ↑↓, накапливать/накоплять ↑↓, аккумулировать ↑↓ *несов. и сов.*, использовать ↑↓ *несов. и сов.*, распределять ↑↓, присваивать ↑↓, взимать ↑↓ *несов.*, изъять ↑↓ ... **ренту.** Превращать ↑ что-л. ... **в ренту.** Жить *несов.* ... **на ренту.** Отличать что-л. ... **от ренты.** Связать ↑ что-л. ... **с рентой.**

Рента ухудшает что-л., приносит что-л., [не] зависит *несов.* от чего-л., выражает что-л., возникает когда-л., выступает как-л. (в виде чего-л. и т. п.), не связана с чем-л. ...

● 1. Лица, которые живут на ренту, образуют паразитический слой общества — рантье. 2. Земельная рента — часть прибавочного продукта, создаваемая непосредственными производителями в сельском хозяйстве и присваиваемая собственником земли. 3. Уничтожение монополии частной собственности на землю означает в то же время ликвидацию абсолютной ренты.

△ **Ре́нтн|ый,** -ая, -ое, -ые.

Р. доход, зависимость *ж.*, отношения, марки, займы ...

РЕНТА́БЕЛЬНОСТЬ, *род.* рента́бельност|и, *только ед., ж.*

Доходность, прибыльность, которая выражается в том, что за счёт выручки от продажи продукции предприятие не только покрывает затраты на её производство и реализацию, но и получает определённую долю чистого дохода (прибыль).

Общая, расчётная, плановая, фактическая, народнохозяйственная, [внутри]отраслевая, фиктивная, высокая, низкая, средняя, хозрасчётная ... **рентабельность.**

Рентабельность чего: ~ экономики, народного хозяйства, промышленности, каких-л. отраслей производства, предприятий, объединений... **Рентабельность** где: (*предлог «в» с предл.*) ~ в промышленности, в сельском хозяйстве ...; (*предлог «на» с предл.*) ~ на каком-л. предприятии ...

Уровень, показатель, норма, основа, рост, особенность, значение ... **рентабельности.**

Планировать ↑↓, обеспечивать ↑↓, исчислять ↑↓, регулировать ↑↓ *зд. несов.*, повышать ↑↓, снижать ↑↓, отличать от чего-л. ... **рентабельность.** Бороться ↑ *несов.* ... **за рентабельность** чего-л.

Рентабельность чего-л. отражает что-л. (степень использования каких-л. ресурсов ...), складывается из чего-л., выражает что-л., обусловлена чем-л., характеризует *несов. и сов.* что-л. ...

● 1. Рентабельность комплексно отражает степень использования материальных, трудовых и денежных ресурсов, а также природных богатств. 2. Уровень народнохозяйственной рентабельности определяется как отношение чистого дохода общества к суммарной стоимости основных производственных фондов и материальных оборотных средств.

△ **Рента́бельн|ый,** -ая, -ое, -ые. **Р.** предприятие, завод, фабрика, дело, производство, работа, хозяйство ...

РЕСУ́РС|Ы, *род.* -ов, *ед.* **ресу́рс,** *род.* -а, *м.*

Имеющиеся в наличии запасы, средства, которые используются при необходимости.

Общегосударственные, [де]централизованные, экономические, производственные, заводские, колхозные, сырьевые, материальные, трудовые, людские, кредитные, валютные, денежные, краткосрочные денежные, авансированные денежные, * финансовые, эмиссионные, материально-технические, дополнительные, излишние, свободные, [не]тронутые, [не]использованные, мобилизованные, наличные, внутренние, внутрихозяйственные, собственные, местные, национальные, традиционные, природные, банковские, продовольственные, * товарные ... **ресурсы.**

Ресурсы какие: (*с им.*) ~-пассивы, -активы ... **Ресурсы** чьи: ~ колхозов, Госбанка СССР, предприятия, какой-л. кассы ... **Ресурсы** чего: ~ какого-л. кредитования, каких-л. (денежных ...) средств, социалистического накопления, потребления ...

Источники, виды, структура, состав, часть, объём, рост ... **ресурсов.** Потребность ... **в** каких-л. **ресурсах.**

Размещать ↑↓, распределять ↑↓, развивать ↑↓ *зд. несов.*, использовать ↑↓ *несов. и сов.*, расходовать ↑↓, истощать ↑↓, концентрировать ↑↓, формировать ↑↓, охранять ↑↓ *несов.* ... какие-л. **ресурсы.**

Ресурсы растут, пополняются чем-л., составляют что-л., обеспечивают что-л. ...

● 1. Материальные ресурсы представляют собой часть оборотных фондов. 2. Финансовые ресурсы — денежные средства, находящиеся в распоряжении государства, его предприятий, организаций, учреждений. 3. Природные ресурсы — это элементы природы, которые используются в производстве, являются его сырьевой и энергетической базой.

РО́ЗНИЧНАЯ ТОРГО́ВЛЯ, *род.* торго́вл|и, *только ед., ж. Ант.* опто́вая торго́вля.

Часть внутренней торговли, которая реализует товары и услуги населению.

● 1. В СССР основными формами розничной торговли являются государственная и кооперативная торговля. 2. Розничная торговля имеет разветвлённую сеть предприятий: универмаги, универсамы, специализированные магазины, палатки, киоски и т. п. 3. В развитых капиталистических странах розничная торговля производится крупными частными фирмами, а также средними и мелкими торговцами. *См.* **Торгóвля.**

РÓЗНИЧНЫЕ ЦЕ́НЫ, *род.* цен, *ед.* **рóзничная ценá,** *род.* цен|ы́, *ж.* *Ант.* оптóвые цéны.

Цены, по которым товары и услуги реализуются населению.

● 1. Розничные цены при социализме — вид государственных плановых цен. 2. Разновидность розничных цен в СССР — цены колхозного рынка и комиссионной торговли. 3. При капитализме розничные цены подвержены резким стихийным колебаниям под влиянием конъюнктуры рынка. *См.* **Ценá.**

РУБЛЬ, *род.* рубл|я, *м.*

Основная денежная единица в СССР, равная 100 копейкам, а ткж. денежный знак и монета этой стоимости.

Государственный, советский, твёрдый, обесцененный, [не]полноценный, золотой, серебряный, металлический, медный, бумажный, кредитный, *переводный, товарный ... **рубль.**

Рубль какой: (*с род.*) ~ выпуска какого-л. года...; (*с твор.*) ~ серебром, золотом ...

Обращение, перевод, стоимость, курс, золотое содержание ... **рубля.** Контроль ... **рублём.** Содержание чего-л. (серебра ...) ... **в рубле.**

Разменивать ↑↓ ... **рубль;** выпускать ↑↓ ... какой-л. **рубль;** давать ↓, получать ↑↓, зарабатывать ↓, уплачивать ↓, заплатить *сов.*, стоить *несов.* ... столько-то **рублей.** Покупать ↑ что-л., продавать ↑ что-л. ... за столько-то **рублей.** Приравнивать что-л. ... **к рублю.**

Рубль служит чем-л., теряет что-л., становится чем-л. (счётно-денежной единицей ...), появился когда-л. ...

● 1. Первый советский рубль выпущен в 1919 году в виде государственного кредитного билета. 2. В 1961 году с повышением в СССР в 10 раз масштаба цен золотое содержание рубля было определено в 0,987412 г чистого золота.

△ **Рублёв|ый,** -ая, -ое, -ые.

Р. монета, марки ...

РЫ́НОК, *род.* ры́нка, *м.*

1. Место розничной торговли съестными припасами и другими товарами под открытым небом или в крытых торговых рядах. *Ср. купить масло на рынке.*

!**2.** Сфера товарного обращения; предложение и спрос на товары в масштабах мирового хозяйства, страны и её отдельного района.

Частный, местный, локальный, [не]организованный, стихийный, выгодный, товарный, фрахтовый, оптовый, денежный, валютный, национальный, внутренний, внешний, единый мировой, мировой социалистический, мировой капиталистический ... **рынок.**

Рынок какой: ~ сбыта, чего-л., какого-л. (личного...) потребления, участков земли, золота, благородных металлов, ценных бумаг, акций, капиталов, труда, средств производства, предметов потребления, каких-л. товаров, рабочей силы, сырья ...

Теория, устойчивость, взаимодействие с чем-л., образование, появление, формирование, функционирование, структура, функции, особенность, сфера действия, законы ... **рынка;** система, раздел ... **рынков.** Положение, цены, спрос и предложение, движение чего-л. ... **на** каком-л. **рынке.**

Приобретать ↑↓, завоёвывать ↑↓, захватывать ↑↓, осваивать ↑↓, развивать ↑↓, расширять ↑↓, использовать ↑↓ *несов. и сов.*, сохранять ↑↓, контролировать *зд. несов.*, делить между собой ... **рынки.** Бороться ↑ *несов.* ... **за рынки.** Выбрасывать что-л., влиять ↑, воздействовать ↑ *несов.* ... **на рынок.**

Реализовать↑ *несов. и сов.* что-л., господствовать↑ *несов.*, контролировать↑ *несов.* что-л. ... **на рынке.** Осуществлять↑ что-л., что-л. происходит ... **через рынок.**

Рынок базируется *несов.* на чём-л., сложился когда-л., свободен от чего-л., выступает в роли чего-л., служит чем-л., выполняет что-л. (функцию контрольного механизма...), способствует чему-л. ...

● 1. По своему функциональному назначению рынок товаров делится прежде всего на рынок средств производства и рынок предметов потребления. 2. При социализме из рыночного оборота изъяты земля и другие природные ресурсы и основные фонды (заводы, электростанции и т. п.), исчез рынок рабочей силы.

△ **Ры́ночн|ый,** -ая, -ое, -ые.

Р. механизм, оборот, торговля, цена, стоимость *ж.,* конъюнктура, политика ...

С

СА́ЛЬД|О, *нескл., с.*

1. Разность между суммой прихода и расхода (дебета и кредита) счёта в бухгалтерском учёте.

Активное, пассивное, начальное, вступительное, конечное, * дебетовое, * кредитовое, свёрнутое, развёрнутое ... **сальдо.**

Сальдо чего: ~ каких-л. (взаимных ...) расчётов, счетов, бухгалтерского учёта, кассовых оборотов ... **Сальдо** по чему: ~ по какому-л. (активно-пассивному ...) счёту ...

Сумма, отсутствие ... **сальдо.** Расчёты ... **по сальдо.** Счета ... **с** каким-л. **сальдо.**

Иметь↓ *несов.,* превышать ↑↓, выводить ↑↓, показывать ↑↓, искажать ↑↓ ... **сальдо.**

Сальдо отражает что-л. (состояние источников хозяйственных средств ...), искажает что-л. (отчётные данные ...), даётся *зд. несов.* по чему-л. (по балансовым счетам ...)...

● В активно-пассивных счетах сальдо может быть свёрнутым и развёрнутым.

2. Разность между суммой экспорта и импорта или суммой требований и обязательств во внешнеторговых отношениях.

Положительное, отрицательное, пассивное, активное ... **сальдо.**

Сальдо чего: ~ какого-л. (торгового ...) баланса ... **Сальдо** по чему: ~ по каким-л. (клиринговым...) счетам ... **Сальдо** в чём: ~ в каком-л. (платёжном ...) балансе ...

Сумма ... **сальдо.**

Оплачивать ↑↓ ... **сальдо.**

Сальдо означает что-л. (превышение поступлений страны над чем-л. ...)...

● Превышение экспорта над импортом даёт положительное сальдо торгового баланса, а превышение импорта над экспортом — отрицательное.

△ **Са́льдов|ый,** -ая, -ое, -ые.

С. метод учёта, ведомость *ж.*, расчёты, счета, баланс, ведомость *ж.* ...

САМОФИНАНСИ́РОВАНИ|Е, *род. -я, только ед., с.*

Финансирование затрат на расширенное воспроизводство предприятий и организаций, работающих в условиях полного хозрасчёта, за счёт средств, полученных в результате производственно-хозяйственной деятельности этих предприятий и организаций.

Практика, масштабы, доля, направления, источники, удельный вес ... **самофинансирования.** Фонды ... **для самофинансирования.** Равновесие ... **между самофинансированием** и чем-л. (мобилизацией ресурсов...).

Проводить ↑↓, использовать ↑↓ *несов. и сов.*, расширять ↑↓, сокращать ↑↓ ... **самофинансирование.** Работать↑ *несов.* ... **в условиях са-**

мофинансирования. Переводить что-л. ... **на самофинансирование.**

Самофинансирование означает *несов.* что-л. ...

● 1. Следует вести настойчивую работу по углублению хозяйственного расчёта, переводу предприятий на самофинансирование и самоокупаемость. 2. Источниками самофинансирования являются амортизационные отчисления и прибыль, оставляемая в распоряжении предприятий.

СА́НКЦИ|Я, *род.* -и, *ж.*

1. Утверждение высшей инстанцией какого-л. акта, придающее ему юридическую силу. *Ср. с. прокурора.*

!**2.** Меры экономического воздействия, которые применяются к социалистическим предприятиям и хозяйственным организациям за нарушение договорных обязательств, кредитной, расчётной, бюджетной, финансовой дисциплины и за ряд других нарушений.

3. Мера воздействия, наказания за нарушение закона. В международном праве — мера воздействия по отношению к государству, нарушившему свои международные обязательства или нормы международного права. *Ср. с. по отношению к государству-агрессору.*

4. Одобрение, разрешение. *Ср. обратиться за санкцией.*

Договорные, банковские, основные, дополнительные, кредитные, товарные, финансовые, экономические ... **санкции.**

Санкции какие: (*предлог «в виде» с род.*) ~ в виде особого режима кредитования и расчётов, в виде объявления предприятия каким-л. (неплатёжеспособным ...), в виде взыскания чего-л. (ссуд ...)... **Санкции** за что: ~ за нарушение бюджетной дисциплины ...

Комплекс, ряд ... **санкций**.

Вводить ↑↓, устанавливать ↑↓, применять ↑↓ ... **санкции.**

Санкции состоят *несов.* в чём-л. (в возмещении убытков ...) ...

● 1. Договорные санкции применяются как к должнику, нарушившему долговое обязательство, так и к кредитору, допустившему просрочку в принятии к исполнению обязательства. 2. Санкции состоят, как правило, в возмещении убытков и взыскании неустойки (штрафа, пени), являются одной из мер, обеспечивающих исполнение обязательства.

СБЕРЕГА́ТЕЛЬНЫЕ КА́ССЫ, *род.* касс, *ед.* **сберега́тельная ка́сса**, *род.* ка́сс|ы, *ж.* (*сокр.* сберка́ссы).

Кредитные учреждения, основной функцией которых является привлечение денежных сбережений и свободных денежных средств населения.

Государственные, трудовые, местные, централизованные, центральные, приписные ... **сберегательные кассы**.

Сберегательные кассы какие: (*с род.*) ~ первого, второго класса ...

Вкладчики, устав, структура, система, деятельность, операции, типы, средства, ресурсы, активы, кредиты ... **сберегательных касс**. Управление ... **сберегательными кассами.** Вклады, счета ... **в сберегательных кассах**.

Учреждать ↑↓, подразделять ↑↓, объединять ↑↓ ... **сберегательные кассы**. Перечислять ↑ что-л. ...**в сберегательные кассы**. Хранить ↑↓ *несов.* деньги, иметь ↓ *несов.* что-л. ... **в сберегательных кассах**. Переводить ↑ что-л. ... **из** одной **сберегательной кассы** в другую.

Сберегательные кассы платят за что-л., предоставляют что-л. (долгосрочные кредиты ...), выполняют что-л. (операции с облигациями займов ...), осуществляют что-л. (безналичные расчёты ...), принимают что-л. (какие-л. платежи...), выдают и оплачивают что-л. (аккредитивы...)...

● В условиях социализма сберегательные кассы привлекают сбережения и свободные средства населения с целью их использования для развития социалистической экономики и культуры.

СВЕРХУРО́ЧНЫЕ РАБО́ТЫ, *род.* рабо́т, *ед.* **сверхуро́чная рабо́та**, *род.* рабо́т|ы, *ж.*

Работы сверх установленной продолжительности рабочего времени.

Сверхурочные работы где: (*предлог «в» с предл.*) ~ в промышленности ...; (*предлог «на» с предл.*) ~ на фабрике, на заводе... **Сверхурочные работы** когда: (*предлог «при» с род.*) ~ при каких-л. (стихийных ...) бедствиях, при авариях, при неявке кого-л. (работника...)...

Компенсация, причины ... **сверхурочных работ**.

Применять ↑↓, производить ↑↓, оплачивать ↑↓, запрещать ↑↓, компенсировать ↑↓ *несов. и сов.* ... **сверхурочные работы**. Доплачивать ↑ ... **за сверхурочные работы**. Привлекать ↑ кого-что-л., не допускать кого-л. (беременных женщин ...) ... **к сверхурочным работам**.

Сверхурочные работы предусмотрены в каких-л. случаях ...

● Сверхурочные работы не могут превышать для каждого рабочего или служащего 4 часов в течение 2 дней подряд и 120 часов в год.

СВО́ДНЫЙ ФИНА́НСОВЫЙ БАЛА́НС, *род.* бала́нс|а, *м.*

Система финансовых показателей, которые характеризуют важнейшие пропорции формирования и использования финансовых ресурсов народного хозяйства за определённый период (год, пятилетие и т. п.).

● Сводный финансовый баланс выявляет финансовые результаты социалистического воспроизводства, охватывает финансовые ресурсы народного хозяйства, направляемые на возмещение выбытия и капитальный ремонт основных фондов, обеспечение расширенного воспроизводства и удовлетворение общественных потребностей. *См.* **Бала́нс.**

СДЕ́ЛЬНАЯ ЗА́РАБОТНАЯ ПЛА́ТА, *род.* пла́т|ы, *только ед., ж.*

Одна из форм оплаты труда, при которой заработок зависит от количества выработанной продукции в течение рабочего времени и величины расценки за каждое произведённое рабочим изделие.

● 1. В условиях социализма сдельная заработная плата играет большую роль в повышении производительности труда и сочетании общественных и личных интересов. 2. Сдельная заработная плата стимулирует рост квалификации работников, улучшение организации производства, труда, использования техники, а также способствует развитию новых форм социалистического соревнования. *См.* **За́работная пла́та.**

СЕБЕСТО́ИМОСТЬ ПРОДУ́КЦИИ, *род.* себесто́имост|и, *только ед., ж.*

Денежное выражение текущих затрат предприятия и объединения на производство и реализацию продукции.

Высокая, низкая, средняя, фабрично-заводская, цеховая, полная, фактическая, условная, отчётная, плановая, сложившаяся, индивидуальная, среднеотраслевая, отраслевая, среднеквартальная, среднегодовая, нормативная, производственная, зональная, коммерческая ... **себестоимость продукции**.

Себестоимость продукции по чему: ~ по элементам затрат ... **Себестоимость продукции** где: (*предлог «в» с предл.*) ~ в колхозах, в совхозах, в сельском хозяйстве, в какой-л. промышленности ...;

1/8 13—70

(*предлог «на» с предл.*) ~ на каком-л. предприятии...

Элементы, показатели, метод расчёта, формирование, динамика, отражение, увеличение, рост, величина, уровень, анализ, структура, резервы ... **себестоимости продукции**. Удельный вес чего-л. ... **в себестоимости продукции**. Отношение чего-л. ... **к себестоимости продукции**. Отчётность ... **по себестоимости продукции**.

Образовать ↑↓ *несов. и сов.* (*в прош. только сов., несов. ткж.* образовывать), формировать ↑↓, планировать ↑↓, исчислять ↑↓, определять ↑↓, учитывать ↑↓, увеличивать ↑↓, уменьшать ↑↓, отражать ↑↓, рассчитывать ↑↓ ... **себестоимость продукции**. Включать ↑ что-л. ... **в себестоимость продукции**.Относить ↑ что-л. ... **к себестоимости продукции**. Ориентироваться, влиять ↑ ... **на себестоимость продукции**.

Себестоимость продукции служит чем-л. (показателем работы предприятия...), отличается *зд. несов.* от чего-л. (от капиталистических издержек производства...), имеет *несов.* что-л. (отраслевые особенности...), позволяет делать что-л., отражает что-л. (индивидуальные затраты...)...

● 1. Отношение чистого дохода (прибыли) к себестоимости продукции выражает рентабельность производства. 2. Снижение себестоимости продукции является базой планомерного снижения оптовых и розничных цен, роста доходов трудящихся.

СЕ́ЛЬСКОЕ ХОЗЯ́ЙСТВО, *род.* хозя́йств|а, *обычно ед., с.*

Возделывание сельскохозяйственных культур и разведение сельскохозяйственных животных для получения земледельческой и животноводческой продукции как одна из главных отраслей экономики.

Социалистическое, капиталистическое, современное, передовое, отсталое, экстенсивное, интенсивное, механизированное ... **сельское хозяйство**.

Сельское хозяйство чего: ~ какой-л. страны, какого-л. района ... **Сельское хозяйство** где: (*предлог «в» с предл.*) ~ в какой-л. стране, в Советском Союзе ...

Рост, подъём, эволюция, производственный потенциал, экономика, продуктивность, эффективность, упадок, энергетические мощности, производительность труда, переустройство, коллективизация, кооперирование, продукция, фонды, работники, материально-техническая база ... **сельского хозяйства**. Вложения ... **в сельское хозяйство**. Средства производства, капитальные вложения, потребление чего-л., производство чего-л., использование чего-л., социалистический сектор, капиталистические отношения, развитие капитализма, революция, производительность труда ... **в сельском хозяйстве**. Ассигнования ... **на сельское хозяйство**.

Создавать ↑↓, развивать ↑↓, укреплять ↑↓, совершенствовать ↑↓ *зд. несов.*, механизировать ↑↓ *несов. и сов.*, химизировать ↑↓ *несов. и сов.*, электрифицировать ↑↓ *несов. и сов.*, интенсифицировать ↑↓ *несов. и сов.*, регулировать ↑↓, преобразовать ↑↓ ... **сельское хозяйство**. Нанести ↑ ущерб ... **сельскому хозяйству**. Вкладывать средства ... **в сельское хозяйство**. Осуществлять ↑ что-л. ... **в сельском хозяйстве**. Что-л. характерно ... **для сельского хозяйства**. Относить ↑ что-л. ... **к сельскому хозяйству**. Расходовать ↑ что-л. ... **на сельское хозяйство**.

Сельское хозяйство включает что-л., создаёт что-л. (продукты питания ...), сочетается *зд. несов.* с чем-л., становится чем-л. (отраслью народного хозяйства...), отличается *зд. несов.* чем-л., нуждается *несов.* в чём-л., находится *зд. несов.* на подъёме ...

Сельское хозяйство и промышленность.

● Сельское хозяйство создаёт продукты питания для населения и сырьё для многих отраслей промышленности, а также осуществляет различные виды первичной переработки растительных и животных продуктов.

△ **Сельскохозя́йственн|ый**, -ая, -ое, -ые.

С. налог, инвентарь *м.*, орудие труда, продукция, продукты, сырьё, работы, товары ...

СИНДИКА́Т, *род.* -а, *м.*

1. Монополистическое объединение предпринимателей, в котором распределение заказов, закупки сырья и реализация готовой продукции осуществляется через единую сбытовую контору.

Угольный, калистый, газовый, текстильный, спичечный, соляной, нефтяной, крупнейший, капиталистический, монополистический ... **синдикат**.

Организаторы, участники, состав ... **синдиката**. Положение ... **в синдикате**. Борьба ... **внутри синдиката**.

Образовать ↑↓ *несов. и сов.* (*в прош. только сов., несов. ткж.* образовывать), создавать ↑↓ ... **синдикат**.

Синдикат устанавливает что-л., захватывает что-л. (рынки...), ведёт *несов.* что-л. (наступление на что-л. ...), получает что-л., концентрирует что-л. (сбыт...), осуществляет что-л., сосредоточил в своих руках что-л. ...

● 1. В синдикатах реализация продукции его участников, а также закупки сырья осуществляются через единый орган — контору по продаже. 2. Участники синдиката сохраняют производственную и юридическую самостоятельность, но, в отличие от картеля, утрачивают коммерческую самостоятельность.

2. Объединение трестов какой-л. отрасли промышленности в СССР в период нэпа, которое имело целью плановую закупку сырья и сбыт продукции.

Всесоюзный, советский ... **синдикат**.

Организаторы, члены ... **синдиката**.

Создавать ↑↓, ликвидировать ↑↓ *несов. и сов.* ... **синдикат**.

Синдикат функционировал когда-л., сосредоточил в своих руках что-л. (кредитование предприятий ...)...

● 1. Первый советский синдикат был создан в 1922 году, а всего в 1922—1928 годах функционировало 23 синдиката. 2. Синдикаты в СССР были ликвидированы в 1929—1930 годах.

△ **Синдика́тн|ый**, -ая, -ое, -ые.

С. организации, объединения, хозяйства ...

СИНТЕТИ́ЧЕСКИЙ УЧЁТ, *род.* учёт|а, *м. Ант.* аналити́ческий учёт.

Обобщённое отражение в денежном измерении экономически однородных хозяйственных средств, их источников и хозяйственных процессов.

● Синтетический учёт даёт возможность проверять взаимоувязку всех учтённых операций и путём сверки аналитического и синтетического учёта контролировать полноту и правильность их отражения в аналитическом учёте. *См.* **Учёт**.

СКЛАД, *род.* скла́д|а, *м.*

Подразделение предприятия, организации, которое занимается хранением материалов, товаров, а ткж. помещение, в котором хранятся материалы, товары.

Базовый, производственный, торгово-производственный, торговый, вещевой, перевалочный, распределительный, универсальный, специализированный, механизированный, крупный, открытый, полузакрытый, отапливаемый, холодный, наземный, полуподземный, подземный, общественный, центральный ... **склад**.

Склад какой: (*с им.*) ~-накопитель ... **Склад** для чего: ~ для хранения чего-л. ...

Здание, рабочие, заведующий, оборудование ... **склада**.

Строить ↑↓, размещать где-л. ↑↓, оборудовать *несов. и сов.* чем-л. ... какой-л. **склад**. Выполнять ↑ что-л., хранить что-л. ... **в складах**. Работать ↑ *несов.* ... **на складе**. Получать ↑ что-л. ... **со склада**.

Склады и базы.

● 1. Склады размещают на путях основных грузовых потоков, отдельно или в комплексе с другими складами и зданиями различного назначения. 2. В складах нередко выполняются подготовительные и некоторые производственные операции (комплектование, расфасовка и т. п.).

△ **Складск|о́й**, -а́я, -о́е, -и́е.

С. инвентарь *м.*, транспорт, товар, продукция, сооружение, хранение, оборудование, стеллажи, площади, конструкции, помещения, работники ...

Склади́р|овать, -ую, -уешь, -уют, *прич. страд. прош.* **склади́рованн|ый**, -ая, -ое, -ые, *кр. ф.* склади́рован, -а, -о, -ы, *несов. и сов., перех.*

С. грузы, какие-л. материалы, товары, оборудование, продукцию ...

СЛО́ЖНЫЙ ТРУД, *род.* труд|а́, *только ед., м. Ант.* просто́й труд, неквалифици́рованный труд.

То же, что **квалифици́рованный труд**.

СМЕ́Т|А, *род.* -ы, *ж.*

План предстоящих расходов и поступлений материальных и денежных средств предприятий, учреждений.

Приходно-расходная, индивидуальная, сводная, отраслевая, специальная, типовая ... **смета**.

Смета чего: ~ каких-л. (бюджетных ...) учреждений, каких-л. затрат, строительства чего-л., каких-л. (финансовых...) планов, каких-л. (заводских...) расходов, какого-л. (социального...) страхования ... **Смета** на что: ~ на какое-л. строительство, на содержание аппарата, на какой-л. (капитальный ...) ремонт, на какие-л. объекты, на какие-л. (изыскательские ...) работы ...

Данные, составители ... **сметы**. Затраты, ассигнования ... **по** какой-л. **смете**.

Составлять ↑↓, определять ↑↓, утверждать ↑↓, соблюдать ↑↓, согласовывать с кем-чем-л. (заказчиком...) ↑, рассматривать ↑↓, представлять ↑↓ ... **смету**. Включать ↑ что-л. ... **в смету**. Определять ↑↓ что-л. ... **на основе сметы**. Отпускать что-л. ... **по смете**.

Смета определяет что-л., служит чем-л. (базой для составления финансового плана...), включает что-л., обеспечивает что-л., способствует *зд. несов.* чему-л., отражает что-л. (затраты на что-л. ...), предусматривает что-л. ...

● Смета бюджетных учреждений представляет собой основной плановый документ для финансирования расходов учреждений и организаций из государственного бюджета.

△ **Сме́тн|ый**, -ая, -ое, -ые.

С. порядок финансирования, лимит финансирования, цены *, норма, дисциплина, номенклатура, стоимость * *ж.*, документация, ассигнования ...

СМЕ́ТНАЯ СТО́ИМОСТЬ, *род.* сто́имост|и, *ж.*

Затраты на строительство объекта, рассчитанные по сметам, которые составлены на основе проектов и утверждены в установленном порядке.

Первоначальная, пересмотренная, остаточная, неизменная, согласованная ... **сметная стоимость**.

Сметная стоимость чего: ~ строительства, объекта, реконструкции чего-л., реставрации чего-л., каких-л. (строительно-монтажных) работ ...

Показатели, остаток ... **сметной стоимости**.

Исчислять ↑↓, рассчитывать ↑↓, определять ↑↓, утверждать ↑↓, уменьшать ↑↓, увеличивать ↑↓ ... **сметную стоимость**.

Сметная стоимость состоит *несов.* из чего-л., является *зд. несов.* чем-л. ...

● Сметная стоимость, являющаяся ценой строительного производства, определяется на основе сметных норм и цен, утверждённых по отдельным видам работ, конструктивным элементам и районам страны.

СМЁТНЫЕ ЦЕ́НЫ, *род.* цен, *ед.* **цен|а́**, *род.* -ы́, *ж.*

Цены, которые применяются для исчисления сметной стоимости строительства.

● Система сметных цен включает средние районные (поясные, зональные) цены на строительные материалы, детали и конструкции, цены на работу строительных машин, тарифы на перевозку грузов, ставки заработной платы строительных рабочих и т. д. *См.* **Цена́**.

СО́БСТВЕННОСТЬ, *род.* со́бственност|и, *только ед., ж.*

1. Исторически определённая общественная форма присвоения материальных благ, прежде всего средств производства.

Государственная, общенародная, *общественная, коллективная, интернациональная, кооперативная, *колхозно-кооперативная, *социалистическая, коммунистическая, капиталистическая, буржуазная, монополистическая, государственно-монополистическая, *частная, индивидуальная, плановая, [не]свободная, полная, условная, земельная ... **собственность**.

Собственность чья: ~ народа, каких-л. (трудовых...) коллективов, какого-л. государства... **Собственность** на что: ~ на орудия и средства производства, на землю, на предметы потребления ... **Собственность** где: (*предлог «в» с предл.*) ~ в каких-л. странах, в СССР ...

Появление, возникновение, слияние каких-л. форм, основа, собственники, значение, роль ... **собственности**.

Характеризовать ↑↓ *несов. и сов.*, определять ↑↓, рассматривать ↑↓, ограничивать ↑↓, отрицать *несов.* ... **собственность**. Приобрести что-л. ... **в собственность**.

Собственность определяет что-л., имеет *несов.* что-л., характеризует *несов. и сов.* что-л., основана на чём-л., способствует *зд. несов.* чему-л. ...

● 1. Каждая общественно-экономическая формация характеризуется специфическими формами собственности, которые соответствуют определённому состоянию и уровню производительных сил. 2. Основой экономической системы СССР являются государственная (общенародная) собственность и колхозно-кооперативная собственность. 3. Наивысшего своего развития частная собственность на средства производства достигает при капитализме.

2. Имущество, которое принадлежит кому-чему-л.

Государственная, общественная, * личная, чужая, [не]движимая ... **собственность**.

Собственность чья: ~ колхозников, рабочих, семей, колхоза, завода...

Появление, приобретение, владельцы ... **собственности**.

Покупать ↑↓, продавать ↑↓, охранять ↑↓, беречь ↓, национализировать *несов. и сов.*, конфисковать ↑↓ ... **собственность**.

Собственность находится *несов.* в чьих-л. руках, характеризует что-л. ...

● Совокупность вещей, принадлежащих данному субъекту (собственнику), составляет его собственность.

СОВЕ́Т ЭКОНОМИ́ЧЕСКОЙ ВЗАИМОПО́МОЩИ, *род.* Сове́т|а, *только ед., м.* (*сокр.* СЭВ).

Межгосударственная экономическая организация социалистических стран.

Организационная структура, органы, Устав, сессия, комитеты, комиссия, Секретариат, секретарь, состав, страны-члены, цели, комплексная программа, документ, деятельность, компетенция, международно-правовое положение ... **Совета экономической взаимопомощи**. Соглашение ... **между Советом экономической взаимопомощи** и чем-л.

Образовать ↑↓ *несов. и сов.* (*в прош. только сов., несов. ткж.* образовывать), создавать ↑↓, учреждать ↑↓, представлять ↓, ... **Совет экономической взаимопомощи**. Входить, вступать ↑ ... **в Совет экономической взаимопомощи.** Рассматривать ↑ что-л. ... **в Совете экономической взаимопомощи**. Сотрудничать ↑... **с Советом экономической взаимопомощи**.

Совет экономической взаимопомощи содействует *зд. несов.* чему-л. (совершенствованию международного социалистического разделения труда ...), способствует *зд. несов.* чему-л., предпринимает что-л., приглашает кого-что-л. (какие-л. страны...), поддерживает что-л., имеет *несов.* что-л., концентрирует усилия на чём-л., проводит какую-л. работу по подготовке чего-л. ...

● 1. Членом Совета экономической взаимопомощи может стать любая страна, разделяющая его цели и принципы и изъявившая согласие принять содержащиеся в Уставе СЭВ обязательства. 2. Совет экономической взаимопомощи решает вопросы производственного сотрудничества, взаимного согласования народнохозяйственных планов, специализации и кооперирования производства.

СОВОКУ́ПНЫЙ ОБЩЕ́СТВЕННЫЙ ПРОДУ́КТ, *род.* проду́кт|а, *м.* (*сокр.* СОП)

Валовой продукт, вся продукция, которая создана обществом за данный период времени.

● При социализме совокупный общественный продукт является общественным достоянием и представляет собой общенародную и колхозно-кооперативную собственность; часть его создаётся в личном подсобном хозяйстве колхозников, рабочих и служащих и составляет их личную собственность. *См.* **Проду́кт**.

СОЦИАЛИ́ЗМ, *род.* -а, *только ед., м.*

1. Первая фаза коммунистической формации — общественный строй, экономическую основу которого составляет общественная собственность на средства производства, а политическую основу — власть трудящихся масс при руководящей роли рабочего класса во главе с марксистско-ленинской партией.

Победивший, зрелый, * развитой, реальный, подлинный ... **социализм.**

Социализм как что: ~ как общественный строй, как первая фаза коммунизма ... **Социализм** где: (*предлог «в» с предл.*) ~ в СССР, в каких-л. странах ...

Принципы, задачи, программа, цель, экономические законы, теория, критика, строительство, построение, развитие, становление, идеалы, завоевания, успехи, достижения, победа, страна, система, лагерь, мир, строители, материально-техническая (экономическая ...) база, фундамент, материальные предпосылки, производственные отношения, производительные силы, социально-политический строй, мировая система, какие-л. (внутренние, неантагонистические ...) противоречия, друзья, враги ... **социализма;** перерастание **социализма** в коммунизм; общество ... развитого **социализма.** Борец ... **за социализм.** Путь, поворот ... **к социализму.** Нападки ... **на социализм.** Жизнь, труд, общественное производство, социальное обеспечение ... **при социализме.**

Строить ↓, защищать ↑↓, отстаивать ↑↓, утверждать ↑↓ ... **социализм.** Бороться ↑ *несов*., выступать ↑ ... **за социализм.** Идти *несов*. ... **к социализму.** Жить *несов*., работать ↑ *несов*., трудиться *несов*., что-л. сохраняется ↑, что-л. отсутствует ↑ *несов*. ... **при социализме.**

Социализм приходит на смену чему-л., возникает когда-л., развивается, совершенствуется *несов*., устраняет что-л., ликвидирует *несов. и сов*. что-л., изменяет что-л., отличается от чего-л., создаёт что-л., открывает простор для чего-л. (расцвета культуры ...), основан на чём-л. ...

Социализм и коммунизм.

● 1. «Социализм — это общество, на знамени которого начертано «Всё во имя человека, всё для блага человека» (Программа КПСС. Новая редакция. М., 1986).2. Перерастание социализма в полный коммунизм — объективный, закономерный исторический процесс.

2. Марксистско-ленинская теория, обосновывающая историческую необходимость установления коммунистической формации, пути её созидания и принципы её организации.

Научный, марксистско-ленинский ... **социализм.**

Социализм как что: ~ как научная теория ...

Идеи, принципы, законы, учение, значение, роль, понимание, теория, сторонники, представители ... **социализма.** Учение ... **о социализме.**

Изучать ↑↓, рассматривать ↑↓, принимать ↓, пропагандировать ↑↓ *несов*. ... **социализм.** Быть *несов*. верным ... **социализму.**

● 1. Социализм как научная теория был создан в середине 19 века К. Марксом и Ф. Энгельсом, которые опирались на предшествующие достижения философии, политэкономии и утопического социализма. 2. Идеи научного социализма получили подтверждение в победе Великой Октябрьской социалистической революции и торжестве социалистического строя в СССР.

3. Различные учения, в которых в качестве цели и идеала выдвигается установление социализма, но в которых представления о социализме и способах его достижения отличаются от научного социализма.

Утопический, народнический, буржуазный, мелкобуржуазный, этический, социал-демократический, слабый ... **социализм.**

Характеристика, анализ, понимание, учение, идеи, идеалы, представители, сторонники ... **социализма;** соединение ... **социализма** и религии. Представление ... **о социализме.**

Изучать ↑↓, рассматривать ↑↓, принимать ↓, искажать ↑↓ ... **социализм.**

● Лидеры и теоретики современной социал-демократии рассматривают борьбу за социализм не как революционную политическую борьбу рабочего класса, идущего во главе всех трудящихся, а как «нравственную задачу», в решении которой должно принимать участие всё общество, т. е. и рабочие, и капиталисты.

△ **Социалисти́ческ|ий,** -ая, -ое, -ие.

С. лагерь *м*., строй, путь *м*. развития, способ производства, уклад, труд, порядок, общественный организм, быт, демократия, система, страна, республика, революция, форма чего-л. (хозяйства), собственность *ж*., промышленность *ж.*, дисциплина, законность *ж.*, культура, экономика, содружество, сотрудничество, государство, общество, сельское хозяйство, строительство, соревнование, обязательство, воспитание, нации, производственные отношения, преобразования, законы, теории, учения, идеи, взгляды, принципы ...

СОЦИАЛИСТИ́ЧЕСКАЯ ДЕ́НЕЖНАЯ СИСТЕ́МА, *род.* систе́м|ы, *ж.*

То же, что **де́нежная систе́ма социалисти́ческих стран.**

СОЦИАЛИСТИ́ЧЕСКАЯ СО́БСТВЕННОСТЬ, *род.* со́бственност|и, *только ед., ж. Син.* обще́ственная со́бственность. *Ант.* ча́стная со́бственность.

Общественная собственность на средства производства, основа производственных отношений социалистического общества.

Общенародная, кооперативная, государственная, общественная ... **социалистическая собственность.**

Социалистическая собственность на что: ~ на средства производства... **Социалистическая собственность** где: (*предлог «в» с предл.*) ~ в СССР, в демократических странах ...

Возникновение, становление, наличие, формы, объекты, своеобразие, сфера, господство, отношения ... **социалистической собственности.**

Формировать ↑↓, развивать ↑↓ ... **социалистическую собственность.** Зависеть *несов.* ... **от социалистической собственности.**

Социалистическая собственность составляет что-л. (основу экономической системы СССР ...), возникает в результате чего-л. (национализации...), соответствует *несов.* чему-л. (коллективному характеру труда...), обеспечивает что-л., служит чем-л. ...

● Социалистическая собственность на средства производства уничтожает антагонистические формы отношений между людьми, обусловливает сотрудничество и взаимную помощь тружеников в процессе их производственной деятельности.

СОЦИАЛИСТИ́ЧЕСКОЕ ВОСПРОИЗВО́ДСТВО, *род.* воспроизво́дств|а, *только ед., с.*

Планомерный процесс непрерывно растущего возобновления и безкризисного развития общественного производства.

● Социалистическое воспроизводство осуществляется планомерно в интересах получения возможно большего физического объёма чистого продукта общества (национального дохода) как источника удовлетворения растущих потребностей народных масс и дальнейшего развития в этих целях социалистического производства. *См.* **Воспроизво́дство.**

СОЦИАЛИСТИ́ЧЕСКОЕ НАКОПЛЕ́НИЕ, *род.* накопле́ни|я, *с. Син.* накопле́ние в социалисти́ческом о́бществе.

Использование части национального дохода для расширения социалистического производства, увеличения национального богатства в целях подъёма материального и культурного уровня жизни народа, а ткж. сама часть национального дохода, предназначенная для этих целей.

Денежное ... **социалистическое накопление.**

Источник, формы и методы, фонд, доля, размер, норма, рост, эффективность, закон ... **социалистического накопления.**

Осуществлять ↑↓, использовать ↑↓ *несов, и сов.*, повышать ↑↓, увеличивать ↑↓, сокращать ↑↓, понижать ↑↓, реализовать ↑↓ *несов. и сов....* **социалистическое накопление.** Что-л. влияет ... **на социалистическое накопление.**

Социалистическое накопление обеспечивает что-л., гарантирует *несов. и сов.* что-л., выступает как что-л., зависит *несов.* от чего-л. ...

● 1. Социалистическое накопление осуществляется за счёт прибавочного продукта и выступает в национальном доходе как фонд накопления. 2. Главным фактором увеличения социалистического накопления является повышение производительности труда.

СОЦИАЛИСТИ́ЧЕСКОЕ ОБЯЗА́ТЕЛЬСТВО, *род.* обяза́тельств|а, *с.*

Индивидуальные или коллективные обязательства участников социалистического соревнования в социалистических странах по выполнению и перевыполнению государственных планов развития народного хозяйства, культурного строительства, повышения благосостояния трудящихся.

● 1. Для социалистических обязательств характерно повышение плановых заданий и установленных норм. 2. Как правило, социалистические обязательства начинают разрабатываться соревнующимися в период подготовки планов на предстоящий год. *См.* **Обяза́тельство.**

СОЦИАЛИСТИ́ЧЕСКОЕ ПРЕДПРИЯ́ТИЕ, *род.* предприя́ти|я, *с.*

Относительно обособленная производственно-хозяйственная единица, которая функционирует на основе народнохозяйственного плана как основное звено народного хозяйства.

Государственное, общенародное, специализированное, торговое, сельскохозяйственное, колхозно-кооперативное, межколхозное, кооперативное, хозрасчётное, [не]платёжеспособное, национализированное, самостоятельное, зависимое, механизированное, автоматизированное, действующее, строящееся, мощное, доходное, прибыльное, передовое, отстающее ... **[социалистическое] предприятие.**

[Социалистическое] предприятие какое: (*с им.*) ~-поставщик, -покупатель ...; (*с род.*) ~ какой-л. промышленности, какого-л. обслуживания, общественного питания, какой-л. кооперации, транспорта, торговли, металлургии ...; (*предлог «по» с дат.*) ~ по производству чего-л., по выработке чего-л., по переработке чего-л. ...

Права, функции, задачи, деятельность, работа, продукция, изделия, финансы, убыточность, недогрузка, прибыль, доходы, расходы, руководство, администрация, коллектив, рабочие, служащие, подразделение, устав, какие-л. фонды, техпромфинплан, план, хозяйственная жизнь ... **[социалистического] предприятия.** Закон ... **о социалистическом предприятии.**

Строить ↑↓, сооружать ↑↓, сдать в эксплуатацию ↑↓, ввести в строй ↑↓, закрывать ↑↓, переоборудовать ↑↓, реконструировать ↑↓ *несов. и сов.*, модернизировать ↑↓ *несов. и сов.*, расширять ↑↓, оснащать чем-л. ↑↓, обеспечивать чем-л. ↑↓, укреплять ↑↓ ... **[социалистическое] предприятие.** Работать ↑ *несов.*, побывать *сов.*, осуществлять ↑ что-л., что-л. имеется *несов.* ... **на [социалистическом] предприятии.**

[Социалистическое] предприятие осуществляет что-л., использует *несов. и сов.* что-л., набирает кого-л., приобретает что-л., организует *несов. и сов.* (*в прош. только сов., несов. ткж.* организовывать) что-л., реализует *несов. и сов.* что-л., имеет *несов.* что-л., представляет *зд. несов.* собой что-л., выступает как что-л., обеспечивает что-л., располагает *зд. несов.* чем-л., поставляет что-л., расширяет что-л., укрепляет что-л., пользуется чем-л. (кредитом Госбанка СССР ...), получает что-л. ...

● 1. Целью деятельности социалистических предприятий является производство продукции высокого качества, необходимой для удовлетворения потребностей социалистического общества. 2. Главная функция социалистического предприятия — осуществление производственно-хозяйственной деятельности.

СОЦИАЛИСТИ́ЧЕСКОЕ СОРЕВНОВА́НИЕ, *род.* соревнова́ни|я, *с.*

Массовое движение трудящихся за наивысшие достижения в производстве материальных и духовных благ, за наивысшую производительность труда как решающего условия победы коммунизма.

Интернациональное, массовое, всесоюзное, индивидуальное ... **социалистическое соревнование.**

Социалистическое соревнование кого-чего: ~ рабочих, трудящихся, каких-л. коллективов, каких-л. бригад, каких-л. отделов, каких-л. районов ... **Социалистическое соревнование** в честь чего: ~ в честь годовщины чего-л. (Октябрьской революции ...), в честь праздника ... **Социалистическое соревнование** за что: ~ за повышение чего-л. (производительности труда ...), за улучшение чего-л. (качества продукции...), за досрочное выполнение чего-л. (плана ...)... **Социалистическое соревнование** где: (*предлог «в» с предл.*) ~ в каких-л. странах, в СССР...

Результаты, ход, размах, итоги, элементы, этапы, роль, практика, показатели, успех, участники, победители, формы ... **социалистического соревнования.**

Организовать ↑↓ *несов. и сов.* (*в прош. только сов., несов. ткж.* организовывать), развернуть ↑↓, налаживать ↑↓, использовать ↑↓ *несов. и сов.*, возглавлять ↓, поддерживать ↑↓ ... **социалистическое соревнование.** Включаться, вступать ... **в социалистическое соревнование.** Участвовать ↑ *несов.*, проявлять ↑ что-л. ... **в социалистическом соревновании.** Вызывать ↑ кого-что-л. ... **на социалистическое соревнование.**

Социалистическое соревнование способствует *зд. несов.* чему-л. (росту благосостояния трудящихся...), вызывает что-л., принимает какую-л. форму, побуждает к чему-л. (к состязательности в труде ...)...

● 1. В первые годы Советской власти социалистическое соревнование принимало формы групп ударного труда и коммунистических субботников. 2. Передовики социалистического соревнования получают моральное поощрение: государство присваивает им звание Героя Социалистического труда, награждает орденами и медалями. 3. Пути, методы и принципы организации социалистического соревнования — гласность, сравнимость результатов, возможность практического повторения опыта.

СОЦИА́ЛЬНОЕ ОБЕСПЕ́ЧЕНИЕ, *род.* обеспе́чени|я, *только ед., с.*

В СССР — система социально-экономических мероприятий по материальному обеспечению граждан в старости и при нетрудоспособности, по всестороннему обеспечению матерей и детей, по медицинскому обслуживанию и лечению.

Государственное ... **социальное обеспечение.**

Социальное обеспечение кого: ~ колхозников, рабочих, служащих, престарелых, инвалидов ... **Социальное обеспечение** за счёт чего: ~ за счёт средств колхозов, каких-л. фондов, за счёт прямых ассигнований, за счёт госбюджета ... **Социальное обеспечение** где: (*предлог «в» с предл.*) ~ в каких-л. странах, в СССР ...

Система, всеобщность, всесторонность, формы, многообразие видов, право, органы, фонды, средства, задача, роль ... **социального обеспечения.** Право, средства, расходы, ассигнования ... **на социальное обеспечение.** Фонды ... **по социальному обеспечению.**

Ввести ⇅, осуществлять ⇅, развивать ⇅, дополнять ⇅ ... **социальное обеспечение.** Охватить кого-л. ... **социальным обеспечением.**

Социальное обеспечение дополняется чем-л. (бесплатной медицинской помощью ...)

● 1. Наиболее важным видом социального обеспечения являются пенсии и пособия. 2. В ведении органов социального обеспечения находятся техникумы-интернаты и профессионально-технические школы-интернаты для инвалидов, где они получают специальность.

СОЦИА́ЛЬНОЕ СТРАХОВА́НИЕ, *род.* страхова́ни|я, *только ед., с.* (*сокр.* соцстра́х).

В СССР и других социалистических странах — государственная система материального обеспечения трудящихся при наступлении нетрудоспособности, старости и в иных предусмотренных законом случаях (например, санаторно-курортное лечение, организация отдыха, лечебное питание).

Государственное ... **социальное страхование.**

Социальное страхование какое: (*предлог «по» с дат.*) ~ по какому-л. случаю, по болезни, по инвалидности, по безработице, по беременности ...

Система, фонд, хартия, цель, область, бюджет, положение, средства, нужды, принципы, управление, виды, сфера ... **социального страхования.** Ассигнования, расходы ... **на социальное страхование.** Комиссии ... **по социальному страхованию.**

Вводить ⇅, осуществлять ⇅, проводить ⇅, улучшать ⇅, финансировать ⇅ ... **социальное страхование.** Охватить ↑ кого-что-л. ... **социальным страхованием.** Выплатить ↑ что-л. ... **из социального страхования.**

Социальное страхование возникло где-л. (когда-л. и т. п.), включает что-л. ...

●1. В социалистических странах социальное страхование строится на началах демократического централизма по принципу самоуправления застрахованных и находится под непосредственным контролем трудящихся. 2. По государственному социальному страхованию предоставляются пособия по временной нетрудоспособности, по беременности и родам, при рождении ребёнка, на погребение, пенсии по старости, за выслугу лет, по инвалидности, в случае потери кормильца.

СОЦСТРА́Х, *род.* -а, *только ед., м.*

Т о ж е , ч т о **социа́льное страхова́ние.**

СПЕЦИАЛИЗА́ЦИЯ ПРОИЗВО́ДСТВА, *род.* специализа́ци|и, *только ед., ж.*

Форма общественного разделения труда и его рациональной организации.

Международная, межгосударственная, межотраслевая, внутриотраслевая, отраслевая, предметная, подетальная, технологическая (стадийная), межхозяйственная, внутрихозяйственная, углублённая, узкая ... **специализация производства.**

Специализация производства где: (*предлог «в» с предл.*) ~ в каком-л. хозяйстве, в какой-л. промышленности, в какой-л. отрасли, в машиностроении ...; (*предлог «на» с предл.*) ~ на предприятии, на заводе ...

Признаки, виды, типы, материальная основа, цели и характер, пути ... **специализации производства.**

Осуществлять ⇅, развивать ⇅, углублять ⇅, совершенствовать ⇅, характеризовать ⇅ *несов. и сов.* ... **специализацию производства.** Что-л. происходит ... **из-за специализации производства.**

Специализация производства получила что-л. (распространение ...), затрудняет что-л. ...

● Примерами предметной специализации служат автомобильные и тракторные заводы, обувные и швейные фабрики, выпускающие законченные обработкой готовые продукты определённого рода, подетальной специализации — заводы шарикоподшипников, автоматических поршней, строительных деталей и другие предприятия, выпускающие детали и узлы, технологической (стадийной) специализации — литейные, кузнечно-прессовые и сборочные заводы в машиностроении.

СПО́СОБ ПРОИЗВО́ДСТВА, *род.* спо́соб|а, *м.*

Исторически определённый способ добывания материальных благ, необходимых людям для производства и личного потребления, который представляет собой единство производительных сил и производственных отношений.

Первобытнообщинный, рабовладельческий, феодальный, капиталистический, коммунистический, господствующий, прогрессивный, классово-антагонистический ... **способ производства**.

Две стороны, противоречия ... **способа производства**. Конфликт ... **в** каком-л. **способе производства**.

Совершенствовать ↑↓, применять ↑↓, изучать ↑↓, изменять ↑↓... **способ производства**. Что-л. принадлежит *несов.* ... **способу производства**. Бороться ↑*несов.* ... **за** какой-л. **способ производства.** Отказаться↑... **от** какого-л. **способа производства**.

Способ производства образует *несов. и сов.* (*в прош. только сов., несов. ткж.* образовывать) что-л., свидетельствует *зд. несов.* о чём-л. ...

● Возникающие при коммунистическом способе производства противоречия между ростом производительных сил и производственными отношениями не антагонистичны.

СПРОС, *род.* спро́с|а, *только ед., м. Ант.* предложе́ние.

Общественная потребность, выраженная в денежной форме.

* Платёжеспособный, покупательский, массовый, внутренний, внешний ... **спрос**.

Спрос кого-чего: ~ населения, общества, молодёжи, рабочих, колхозников, страны ... **Спрос** на что: ~ на какие-л. товары, на какие-л. продукты, на продукцию, на технику, на рабочую силу, на наёмный труд ... **Спрос** где: (*предлог «в» с предл.*) ~ в каком-л. обществе, в каких-л. странах, в СССР ...

Особенности, соответствие, сбалансированность, единство, тенденция, форма, размеры, объём, величина ... **спроса** на что-л. Соотношение, пропорции, диспропорции, пропорциональность, неантагонистические противоречия, неустойчивость ... **между спросом** и предложением. Информация ... **о спросе**.

Формировать ↑↓, удовлетворять ↑↓, развивать ↑↓, изменять ↑↓, балансировать↓ превышать ↑↓, характеризовать *несов. и сов.* (*в прош. ткж.* охарактеризовать) ... **спрос**. Соответствовать↑ *несов.*, противостоять *несов.* ... **спросу**. Выступать ... **в виде** какого-л. (платёжеспособного...) **спроса.**

Спрос обладает *несов.* чем-л. (относительной самостоятельностью...), обусловлен чем-л. (действием основного экономического закона социализма ...), определяет что-л. (предложение ...)...

Спрос и предложение.

● Размеры спроса зависят прежде всего от уровня денежных доходов населения и сумм, выделяемых производителями на приобретение средств производства.

СРЕ́ДСТВ|А, *род.* средств, *только мн.*

Деньги, капитал.

Государственные, специальные,

бюджетные, внебюджетные, финансовые, свободные, * денежные, материальные, трудовые, дополнительные, * основные, оборотные, [не]нормируемые, собственные, заёмные, банковские, депозитные, привлечённые, аккумулированные, транспортные, амортизационные, международные, платёжные ... **средства**.

Средства какие: (*с род.*) ~ существования, развития производства, ...; (*предлог «к» с дат.*) ~ к существованию, к жизни ... **Средства** чьи: ~ предприятия, завода, колхоза, совхоза, какого-л. (государственного ...) бюджета, каких-л. (сберегательных ...) касс, банков, хозяйства, какой-л. (потребительской...) кооперации, поставщиков, колхозников, рабочих, служащих, пайщиков, населения ... **Средства** для чего: ~ для финансирования чего-л., для строительства чего-л., для освоения чего-л., для восстановления чего-л. (разрушенного хозяйства ...) ... **Средства** на что: ~ на какой-л. ремонт, на социальное обеспечение, на страхование, на образование, на медицинское обслуживание ...

Фонды, наличие, отсутствие, недостаток, экономия, нормативы ... **средств**.

Собирать ↑↓, иметь ↓ *несов.*, искать, изыскивать ↑↓, распределять ↑↓, выделять ↑↓, отпускать ↓, давать ↓, передавать ↑↓, предоставлять ↑↓, вложить во что-л. ↑↓, использовать ↑↓ *несов. и сов.*, экономить ↑↓, беречь ↓, расходовать ↑↓, тратить ↑↓, фондировать ↑↓ *несов. и сов.* ... **средства.** Остаться ... **без средств**. Нуждаться *несов.* ... **в средствах**. Жить *несов.*, существовать ↑ *несов.* ... **на** какие-л. **средства**.

Средства образуются *несов.* из чего-л. (из каких-л. поступлений...), находятся *несов.* где-л. (в каком-л. обороте ...) ...

● Все средства, которые необходимы хозяйственным организациям для выполнения их производственных и торговых планов, подразделяются на собственные и заёмные.

СРЕ́ДСТВА ПРОИЗВО́ДСТВА, *род.* средств, *ед.* сре́дств|о, *род.* -а, *с.*

Совокупность средств и предметов труда, которые используются человеком в процессе производства материальных благ.

Индустриальные, специфические ... **средства производства**.

Средства производства когда: (*предлог «при» с предл.*) ~ при социализме, при коммунизме ...

Наличие, отсутствие, экономическая природа ... **средств производства.** Какое-л. отношение ... **к средствам производства**. Форма собственности ... **на средства производства**.

Создавать ↑↓, образовать ↑↓ *несов. и сов.* (*в прош. только сов., несов. ткж.* образовывать), производить ↓, разрабатывать ↑↓, находить ↓, развивать ↑↓, совершенствовать ↑↓, использовать ↑↓ *несов. и сов.*, предоставлять ↑↓ ... **средства производства**. Обеспечить ↑ что-л. ... **средствами производства**. Остаться, оказаться ... **без средств производства**. Обменивать ↑ что-л. ... **на средства производства**.

Средства производства составляют что-л., образуют *несов. и сов.* (*в прош. только сов., несов. ткж.* образовывать) что-л., выступают чем-л. (орудием эксплуатации ...), становятся чем-л., (объектами какой-л. собственности) ...

● 1. В социалистическом обществе трудящиеся находятся в равном положении по отношению к средствам производства. 2. В капиталистическом обществе средства производства выступают в качестве капитала, средства эксплуатации наёмного труда.

СРО́ЧНЫЕ ВКЛА́ДЫ, *род.* вкла́д|ов, *ед.* **сро́чный вклад,** *род.* вкла́д|а, *м.*

Вклады, которые вносятся в кредитные учреждения на определённый срок.

● 1. В сберегательных кассах СССР срочными считаются вклады, вносимые на срок не менее 6 месяцев. 2. По срочным вкладам установлена повышенная процентная ставка — 3% годовых. 3. При изъятии части вклада остающаяся сумма оформляется как новый срочный вклад. *См.* **Вклад**.

ССУ́ДНЫЕ СЧЕТА́, *род.* счет|о́в, *ед.* **ссу́дный счёт,** *род.* счёт|а, *м.*

Счета, на которых банки СССР учитывают кредиты, предоставляемые предприятиям и организациям.

● 1. На простом ссудном счёте учитываются кредиты, предоставленные на определённый срок на основании сведений об остатках кредитуемых ценностей и оформленные срочным обязательством заёмщика. 2. Специальные ссудные счета открываются Госбанком СССР предприятиям и хозяйственным организациям, систематически пользующимся ссудами под товарно-материальные ценности и на производственные затраты. *См.* **Счёт**.

ССУ́ДНЫЙ КАПИТА́Л, *род.* капита́л|а, *м.*

Денежный капитал, который отдаётся в ссуду капиталистам или государству и приносит собственнику доход в виде ссудного процента.

● Предложение ссудного капитала и спрос на него сосредоточены на особом рынке — рынке ссудных капиталов, который отличается от других рынков единством и однородностью: товаром на нём выступает ссудный капитал. *См.* **Капита́л**.

ССУ́Д|Ы, *род.* ссуд, *ед.* **ссу́д|а,** *род.* **-ы,** *ж.*

Передача денег или материальных благ в натуре другим лицам (физическим или юридическим) на условиях возврата по истечении определённого срока и, как правило, с уплатой процента.

Денежные, натуральные, товарные, кормовые, краткосрочные, долгосрочные, среднесрочные, банковские, разовые, беспроцентные, процентные, целевые, возвратные, просроченные, плановые, внеплановые, бланковые ... **ссуды**.

Ссуды какие: (*предлог «по» с дат.*) ~ по страхованию жизни, по товарообороту... **Ссуда** чего: ~ капитала, денег... **Ссуды** для чего: (*предлог «для» с род.*) ~ для создания чего-л., для покупки, постройки чего-л. ... **Ссуды** кому-чему: ~ гражданам, населению, колхозникам, рабочим, служащим, застрахованным, заёмщикам, кредиторам, учреждениям, организациям, предприятиям... **Ссуды** под что: ~ под какое-л. имущество, под товары, под документы, под ценные бумаги, под материальные ценности ... **Ссуды** на что: ~ на какие-л. (временные ...) нужды, на строительство чего-л., на реконструкцию чего-л., на выдачу чего-л. (авансов ...), на какие-л. (производственные ...) затраты ...

Сумма, срок, размер, вид, источник, получатели ... **ссуды**. Спрос ... **на** какие-л. **ссуды**. Задолженность, обязательства ... **по ссудам**.

Выдавать ↑↓, предоставлять ↑↓, использовать ↑↓ *несов. и сов.*, получать ↑↓, погашать ↑↓, отличать от чего-л. ↑↓ ... **ссуды**. Пользоваться ... **ссудами**.

Ссуды достигают чего-л. (колоссальных размеров ...) ...

● 1. Денежные ссуды гражданам в установленном порядке выдают банки, кассы взаимопомощи, ломбарды, фонды творческих союзов. 2. Ссуды по страхованию жизни выдаются органами Госстраха СССР по договорам смешанного страхования жизни, действующим не менее пяти лет. 3. Ссуды на временные нужды выдаются Госбанком СССР предприятиям и организациям, которые испытывают временные финансовые затруднения.

△ **Ссу́дн|ый**, -ая, -ое, -ые.

С. фонд, процент, капитал*, грамота, операции банков, субсчета, счета*...

СТАБИЛИЗА́ЦИ|Я, *род.* -и, *только ед., ж.*

Упрочение, приведение в постоянное устойчивое состояние или поддержание этого состояния.

Относительная, частичная ... **стабилизация**.

Стабилизация чего: ~ денег, рубля, валюты, цен, экономики, капитала, покупательной силы чего-л., капитализма ...

Попытка, подготовка, методы, меры, механизм, роль, форма, средства, результат ... **стабилизации**. Вопрос ... **о стабилизации** чего-л.

Подготовить ↑↓, осуществлять ↑↓ ... **стабилизацию** чего-л. Достигнуть, добиться ... **стабилизации** чего-л. Приводить ... **к стабилизации** чего-л.

Стабилизация носит *несов.* какой-л. характер, приводит к чему-л., содействует *зд. несов.* чему-л.

● 1. Стабилизация валюты — проведение государством мер по упорядочению денежного обращения, переход от обесцененной к устойчивой валюте. 2. Для эпохи общего кризиса капитализма характерна не стабилизация, а инфляция валюты.

△ **Стабилизи́р|овать**, -ую, -уешь, -уют, *несов. и сов., перех.*

С. экономику, валюту, цены ...

СТА́ВК|А, *род.* -и, *ж.*

1. Место расположения главного военачальника. *Ср. с. верховного главнокомандующего.*

2. Высший орган руководства вооружёнными силами во время войны. *Ср. с. решала все вопросы стратегии.*

3. В азартных играх: денежная сумма, которую игрок вкладывает в игру.

!4. Установленный размер заработной платы; оклад.

Сдельная, повременная, почасовая, тарифная, фиксированная, регрессивная, прогрессивная, пропорциональная, твёрдая, средняя, высокая, низкая, льготная, твёрдоокладная, дифференцированная ... **ставка**.

Ставка какая: (*с им.*) ~-нетто ... **Ставка** чего: ~ заработной платы, какой-л. (натуральной ...) оплаты, какого-л. (подоходного ...) налога, страховых платежей ... **Ставка** для кого-чего: ~ для повременщиков, сдельщиков, для почасовиков, для станочников, для служащих, для колхозников, для колхозов, для каких-л. хозяйств ...

Шкала, размер, сумма, величина ... **ставки**.

Устанавливать ↑↓, исчислять ↑↓, уточнять ↑↓, применять ↑↓, использовать ↑↓ *несов. и сов.*, регулировать ↑↓ *зд. несов.* ... **ставку**. Включать ↑ что-л. ... **в** какую-л. **ставку**. Зависеть ... **от** какой-л. (тарифной ...) **ставки**. Облагать ↑ что-л. ... **по** какой-л. **ставке**.

Ставка возрастает, понижается в зависимости от чего-л., повышает что-л. (заинтересованность кого-л. ...), состоит из чего-л., определяет что-л. (размер оплаты труда ...) ...

● 1. Тарифной ставкой называется сумма заработной платы за единицу времени. 2. Различают часовую, дневную и месячную тарифные ставки. 3. Труд руководящих инженерно-технических работников, служащих и младшего обслуживающего персонала оплачивается по месячным тарифным ставкам, называемым должностным окладом.

СТАНДА́РТ, *род.* -а, *м.*

Нормативно-технический документ, который устанавливает комплекс норм, правил, требований к объекту стандартизации и утверждается компетентным органом.

Государственные общесоюзные (*сокр.* ГОСТ), отраслевые (*сокр.* ОСТ), республиканские (*сокр.* РСТ), перспективные, ступенчатые, комплексные, общетехнические, международные, мировые, национальные, заводские, фирменные ... **стандарты**.
Стандарты какие: (*с род.*) ~ СЭВ ... **Стандарты** чего: ~ технических условий, общих технических требований, каких-л. параметров, типов, конструкций, марок, сортамента, правил приёмки, методов контроля, правил маркировки, упаковки, транспортировки, типовых технических процессов ... **Стандарты** на что: ~ на продукцию, на какие-л. (материально-технические ...) предметы (продукты, эталоны, образцы веществ), на нормы, на правила, на требования организационно-методического и общетехнического характера ... **Стандарты** где: (*предлог «в» с предл.*) ~ в СССР, в союзных республиках, в каких-л. (капиталистических ...) странах... **Стандарт** как что: ~ как нормативно-технический документ...

Сфера действия, уровень утверждения, нормы и требования, виды ... **стандартов**. Положение, информация ... **о стандартах**.

Разрабатывать ↑↓, утверждать ↑↓, устанавливать ↑↓, внедрять ↑↓, распространять ↑↓, применять ↑↓, пересматривать ↑↓, соблюдать ↑↓, обновлять ↑↓ .... **стандарты**.

Стандарты распространяются на что-л., устанавливают *зд. несов.* что-л., действуют *зд. несов.* где-л. (на территории СССР...), фиксируют что-л., являются *зд. несов.* обязательными где-л., аккумулируют *несов.* что-л. (последние достижения науки и техники ...), способствуют *несов.* чему-л. ...

● 1. Стандарт может быть разработан как на материальные предметы (продукцию, эталоны, образцы веществ), так и на нормы, правила, требования различного характера. 2. Применение стандартов способствует улучшению качества продукции, повышению уровня унификации и взаимозаменяемости, развитию автоматизации производственных процессов, росту эффективности эксплуатации и ремонта изделий. 3. Первый общесоюзный стандарт принят 7 мая 1926 г.

СТАНДАРТИЗА́ЦИ|Я, *род.* -и, *только ед., ж.*

Процесс установления и применения стандартов.

Международная, социалистическая, заводская, комплексная, опережающая ... **стандартизация**.

Стандартизация какая: (*предлог «в рамках» с род.*) ~ в рамках СЭВ ... **Стандартизация** где: (*предлог «в» с предл.*) ~ в СССР, в каких-л. (капиталистических ...) странах, в СЭВ ...

Государственная система, службы, институт, органы, принцип, цели, задачи, объекты, программа, роль, особенность ... **стандартизации**. Сотрудничество ... **в области стандартизации**. Положение ... **о стандартизации.** Постоянная комиссия, комитет, центральный орган, институт СЭВ, международная организация ... **по стандартизации**.

Определять ↑↓, использовать ↑ *несов. и сов.* ... **стандартизацию**. Подвергать что-л. ... **стандартизации**. Руководить ↑ *несов.* ... **стандартизацией**. Работать *несов.* ... **в области стандартизации**.

Стандартизация влияет на что-л. (темпы развития и уровень производства ...), определяет что-л., является чем-л., основывается *несов.* на чём-л., согласуется с чем-л. ...

● 1. Стандартизация в СССР тесно связана с системой планирования и управления народным хозяйством, является одним из элементов государственной технической политики. 2. На всех уровнях управления народным хозяйством работами по стандартизации и метрологии руководит Государственный комитет СССР по стандартам (Госстандарт СССР).

△ **Стандартизи́р|овать,** -ую, -уешь, -уют, *несов. и сов., перех.*

С. детали, мебель, производство ...

СТАТИ́СТИК|А, *род.* -и, *только ед., ж.*

1. Получение, обработка, анализ и публикация информации, которая характеризует количественные закономерности чего-л.

2. Учёт в какой-л. области народного хозяйства, общественной жизни, осуществляемый количественными методами, а ткж. данные этого учёта.

Государственная, отраслевая, сельскохозяйственная, *финансовая, *экономическая, демографическая, социальная, международная ... **статистика**.

Статистика чего: ~ промышленности, сельского хозяйства, строительства, транспорта, связи, труда, какой-л. (внешней...) торговли, какого-л. хозяйства, материально-технического снабжения, технического прогресса, финансов, цен, государственного бюджета ...

Данные, задачи ... **статистики**. Комиссия СЭВ ... **по статистике**.

Формировать ↑↓, совершенствовать ↑↓, развивать ↑↓ ... **статистику**.

Статистика носит *несов.* какой-л. характер, построена как-л., имеет *несов.* дело с чем-л., опирается на что-л., анализирует и обрабатывает что-л. (какую-л. информацию ...) ...

● Вся информация, имеющая народнохозяйственную значимость и собираемая путём бухгалтерского или оперативного учёта, обрабатывается и анализируется с помощью статистики.

△ **Статисти́ческ|ий**, -ая, -ое, -ие.

С. показатель *м.*, стандарт, орган, учёт *, материал, анализ, задача, методология, база, функция, возможность *ж.*, комиссия, практика, теория, наука, информация, управление, наблюдение, средство, участие, ряды, методы, данные, группировки, возможности, проблемы ...

СТАТИСТИ́ЧЕСКИЙ УЧЁТ, *род.* учёт|а, *только ед., м.*

Система изучения и контроля за развитием всего народного хозяйства, его отдельных отраслей и районов.

Статистический учёт чего: ~ каких-л. показателей, явлений ...

Данные, задачи, показатели, роль, объекты ... **статистического учёта**. Операции ... **по статистическому учёту**.

Применять ↑↓, вести ↑ *несов.*, осуществлять ↑↓, производить ↑↓ ... **статистический учёт**. Использовать ↑ *несов. и сов.* что-л. ... **в статистическом учёте.** Исчислять ↑ что-л. ... **при помощи статистического учёта**.

Статистический учёт изучает что-л., исследует *несов. и сов.* что-л., играет какую-л. роль, служит чем-л., отражает что-л. ...

● 1. При помощи статистического учёта исчисляются многие количественные и качественные показатели хозяйственной деятельности. 2. Статистический учёт позволяет получить показатели численности, состава и движения населения, материального и культурного уровня жизни народа, его общественной жизни.

СТО́ИМОСТЬ, *род.* сто́имост|и, *ж.*

! **1.** Воплощённый в товаре и овеществлённый в нём общественный труд товаропроизводителей.

2. Выраженная в деньгах ценность чего-л. или величина затрат на что-л. *Ср. с. зерна.*

*Потребительная, *меновая,

товарная, капитализированная, капитальная, национальная, интернациональная, народная, общественная, собственная, индивидуальная, частная, покупная, дневная, среднегодовая, средняя, реальная, фактическая, плановая, денежная, нарицательная, номинальная, * сметная, первоначальная, балансовая, инвентарная, прямая, косвенная, конкретная, перенесённая, авансированная, рыночная, * прибавочная, абсолютная прибавочная, относительная прибавочная, избыточная прибавочная, новая, воспроизведённая, произведённая, самовозрастающая, совокупная, развёрнутая, полная, остаточная ... **стоимость**; равные, равновеликие ... **стоимости**.

Стоимость чего: ~ капитала, средств производства, рабочей силы, труда, каких-л. затрат ... **Стоимость** как что: ~ как общественное свойство вещи ...

Источник, природа, содержание, сущность, категории, закон, эквивалент, теория, излишек, величина, норма, сумма, часть, мера, форма, уравнение, отклонение, создатель, производство, [само-] возрастание, разновидность ... **стоимости**. Колебание цен ... **вокруг стоимости**. Конфликт, противоречие ... **между** какой-л. **стоимостью** и чем-л. Учение ... **о стоимости**. Обмен ...**по стоимости.**

Создавать ↑↓, устанавливать ↑↓, выявлять ↑↓, определять ↑↓, производить ↑↓, иметь ↓ *несов.*, извлекать ↑↓, реализовать ↑↓ *несов. и сов.*, присваивать ↑↓, получать ↑↓, измерять ↑↓, увеличивать ↑↓, уменьшать ↑↓, понижать ↑↓, снижать ↑↓, превращать ↑↓, распределять ↑↓, анализировать ↑↓ *несов. и сов.*, отождествлять с чем-л. ↑↓ ... **стоимость**. Что-л. определяется *зд. несов.*, что-л. обладает *несов.* ... **стоимостью**. Изменять ↑ что-л. ... **в стоимости**. Что-л. основывается *несов.* ... **на стоимости**. Что-л. отличается *зд. несов.* ... **от** какой-л. **стоимости**. Отождествлять ↑ что-л., что-л. совпадает ... **с** какой-л. **стоимостью**.

Стоимость проявляется в чём-л. (в обмене товаров ...) или через что-л. (через механизм цен ...), авансируется *несов. и сов.* на какое-л. время, складывается из чего-л., выступает как что-л. (как определённое количество простого труда), выражается в чём-л. ...

Стоимость и цена.

● 1. Величина стоимости отдельного товара (индивидуальная стоимость) определяется количеством труда, которое затрачивается на его производство, и измеряется рабочим временем. 2. Общественная стоимость товара определяется общественно необходимым рабочим временем. 3. В товарном хозяйстве, основанном на частной собственности, стоимость складывается стихийно в процессе конкурентной борьбы; при социализме — под воздействием планомерной организации общественного производства.

△ **Сто́имостн|ый**, -ая, -ое, -ые. **С.** учёт, норматив, форма, категория, строение, отношения, выражение чего-л. ...

СТРАХОВА́НИ|Е, *род.* -я, *только ед., с.*

Обеспечение от последствий стихийных бедствий и несчастных случаев, заключающееся в возмещении убытков, которое берёт на себя специальная организация по отношению к лицу или организации, регулярно уплачивающим ей определённые денежные взносы.

* Государственное, социалистическое, * обязательное, * добровольное, * личное, * имущественное, * социальное, коллективное, групповое, кооперативное, окладное, смешанное, транспортное, профсоюзное, акционерное, временное, пожизненное, взаимное, морское ... **страхование**.

Страхование кого-чего: ~ людей, рабочих, детей, пассажиров в пути, граждан, животных, какой-л. собственности, какого-л. имущества, денег, каких-л. предприятий, кооперативов, какого-л. фонда, здоровья, жизни, пенсий, трудоспособности, доходов, строений, транспорта, урожая, грузов, депозитов, ренты, фрахта, посевов ... **Страхование** от чего: ~ от убытков, от огня, от землетрясения, от каких-л. (несчастных ...) случаев ... **Страхование** где: (*предлог «в» с предл.*) ~ в СССР, в каких-л. странах ...

Содержание, назначение, договор, предмет, объекты, институт, тип, порядок, условия, фонд, бюджет, сфера, сущность, роль, значение ... **страхования**. Наличие чего-л. ... **в страховании**. Отчисления ... **на** какое-л. **страхование**. Операции ... **по** какому-л. **страхованию.**

Организовать ↑↓ *несов. и сов.* (*в прош. только сов., несов. ткж.* организовывать), производить ↑↓, осуществлять ↑↓, развивать ↑↓... **страхование**. Что-л. подлежит *несов.* ... **страхованию**. Охватывать ↑ что-л. ... **страхованием**. Уплатить ↑ что-л. ... **при** каком-л. **страховании.**

Страхование составляет *зд. несов.* что-л. (экономическую необходимость ...), охватывает что-л., подразделяется *несов.* на какое-л. (имущественное и личное ...), становится чем-л. (монополией государства ...) ...

● 1. В СССР страхование — монополия государства и осуществляется органами государственного страхования. 2. В буржуазных государствах страхование осуществляется в основном частными акционерными обществами и только на основе договора. 3. В страховании обязательно наличие двух сторон — страховщика (в лице государственной или частной страховой организации) и страхователя.

△ **Страхов|óй**, -áя, -óе, -ы́е.

С. акт, агент, делегат, маклер, сертификат, сбор, взнос, сумма, фонд*, доходы, премии, запас, тариф, платёж, касса, обеспечение, интерес, вознаграждение, возмещение*, оценка чего-л. (строений ...), ставка, общество, организация, компания, предприятие, инспекция, орган, надзор, кампания, свидетельство, статистика, риск, полис, монополии ...

△ **Страх|ова́ть**, -у́ю, -у́ешь, -у́ют, *несов.*; **застрах|ова́ть**, -у́ю, -у́ешь, -у́ют, *прич. страд. прош.* **застрахо́ванн|ый**, -ая, -ое, -ые, *кр.ф.* **застрахо́ван**, -а, -о, -ы, *сов.*; *перех.*

С. имущество, здания, жилой фонд, деньги, детей, работников, транспорт, хозяйство...

СТРАХОВА́ТЕЛЬ, *род.* страхова́тел|я, *м.*

Лицо или учреждение, которое страхует себя или своё имущество.

Страхователь чего: ~ имущества, денег, средств, жизни, строений, доходов, транспорта, какой-л. собственности, посевов ...

Права, представитель, подпись, вина, ущерб, убыток ... **страхователя**. Договор, посредник ... **между страхователем** и кем-л.

Выплачивать ↑ что-л., возмещать ↑ что-л., что-л. принадлежит *несов.*, выдавать ↑ что-л., нанести ↑ что-л., ... **страхователю**. Что-л. уплачивается *несов.* ... **страхователем**. Устанавливать что-л. ... **для страхователя.** Что-л. происходит ... **по вине страхователя.**

Страхователь уплачивает что-л. (страховые платежи ...), содержит *несов.* что-л. в каком-л. состоянии, принимает что-л., привлекает кого-л. (маклера ...), заверяет что-л. (страховой сертификат...) ...

● 1. Сторонами страхового правоотношения являются страховая организация (Госстрах СССР) и страхователь (колхозы, другие кооперативные и общественные организации, граждане). 2. Страхователь обязан уплачивать Госстраху СССР страховые платежи, содержать застрахованное имущество в надлежащем состоянии, принимать все возможные меры к предупреждению гибели или повреждения застрахованного имущества и т. д.

СТРАХОВО́Е ВОЗМЕЩЕ́НИЕ, *род.* возмеще́ни|я, *с.*

Сумма, которая выплачивается страховой организацией страхователю имущества при наступлении страхового случая, а также выплата такой суммы.

Страховое возмещение при чём: ~ при падеже животных, при пожаре, при уничтожении строений, при повреждении чего-л. (машин, оборудования ...), при гибели чего-л., при землетрясении ...

Размер, сумма ... **страхового возмещения.** Право страхователя ... **на страховое возмещение.**

Определять ↑↓, исчислять ↑↓, рассчитывать ↑↓, выплачивать ↑↓ ... **страховое возмещение**.

Страховое возмещение компенсирует *несов. и сов.* что-л., [не] допускается в каких-л. случаях ...

● 1. По договору добровольного страхования страховое возмещение выплачивается в сумме, равной понесённому ущербу, но в пределах страховой суммы. 2. Не допускается выплата страхового возмещения в тех случаях, когда гибель имущества происходит по вине страхователя — от бесхозяйственности или умышленных действий.

СТРАХОВО́Й ФОНД, *род.* фо́нд|а, *м. Син.* фонд страхова́ния.

Резерв материальных или денежных средств, предназначенный для ликвидации разрушительных последствий стихийных бедствий, для оказания материальной помощи гражданам в случае потери трудоспособности, наступления старости и пр.

● 1. За счёт страхового фонда государства происходит восстановление уничтоженных стихией основных средств колхозов и кооперативных предприятий. 2. В качестве особых видов страхового фонда выступают материальные и денежные резервы, которые предназначены для оказания помощи трудящимся при утрате трудоспособности, потере кормильца, старости, смерти и пр.

СТРАХО́ВЩИК, *род.* -а, *м.*

Лицо или учреждение, которое принимает на себя обязательство по выплате вознаграждения при страховании.

Обязанности, ответственность ... **страховщика.** Соглашение, посредник ... **между страховщиком** и кем-л.

Уплачивать ↑ что-л. ... **страховщику**. Выступать ... **страховщиком.** Распространять ↑ что-л. ... **на страховщика**. Получать ↑ что-л. ... **от страховщика**.

Страховщик использует *несов. и сов.* что-л., несёт *несов.* что-л., принимает на себя что-л. (обязательство ...), признаёт что-л., возмещает что-л., выдаёт что-л. ...

● Важнейшая обязанность страховщика — наиболее точно определить размер ущерба (убытка), нанесённого страховым случаем.

СТРОЙТЕЛЬНЫЙ БАНК СССР, *род.* ба́нк|а, *м.*

Т о ж е, ч т о **Стройба́нк СССР**.

СТРОЙБА́НК СССР, *род.* ба́нк|а, *м.*

Государственный банк по финансированию и долгосрочному кредитованию капитальных вложений предприятий и организаций отраслей народного хозяйства СССР (в 1987 году преобразован в Промышленно-строительный банк (*сокр.* Промстройбанк СССР). *См.* **Ба́нки.**

● 1. Стройбанк СССР аккумулирует денежные средства для финансирования капитальных вложений в промышленности, строительстве и др. отраслях народного хозяйства. 2. Стройбанк СССР имеет уставный фонд, резервный фонд, фонд основных средств, фонд амортизации.

СУБСИ́ДИ|Я, *род.* -и, *ж.*

Вид пособия, в основном денежного, которое оказывается капиталистическим государством органам местного самоуправления, предприятиям и отдельным представителям господствующих классов, а ткж. своим политическим союзникам и зависимым странам.

Прямая, скрытая, косвенная, экономическая, государственная ... **субсидия**.

Субсидия кому-чему: ~ какой-л. (военной) промышленности, каким-л. монополиям, странам, монополистам, банкирам ... **Субсидия** из чего: ~ из какого-л. (государственного ...) бюджета ... **Субсидия** на что: ~ на поддержание цен, на сдерживание роста чего-л. (цен ...), на какие-л. заказы...

Форма ... **субсидии**.

Предоставлять ↑↓, выдавать ↑↓, давать ↓, применять ↑↓ ... **субсидию**. Санировать ↑ *несов. и сов.* что-л. ... **при помощи субсидий.**

Субсидия выражает что-л. ...

● 1. На начальных этапах развития капитализма буржуазное государство широко практиковало прямые субсидии в целях поощрения развития национальной промышленности, а также для финансирования военных расходов. 2. В социалистических странах субсидия не применялась.

△ **Субсиди́р|овать**, -ую, -уешь, -уют, *несов. и сов., перех.*

С. строительство чего-л. (железной дороги ...), предприятие, монополию, фермеров ...

СУБСЧЁТ, *род.* -а, *мн.* субсчет|á, *м.*

Промежуточное учётное звено между аналитическим и синтетическим счетами.

Расчётные, текущие, ссудные, корреспондентские, активные, пассивные ... **субсчета.**

Субсчета чьи: ~ Стройбанка СССР ...

Перечень ... **субсчетов**.

Вводить ↑↓, открывать ↑↓, применять ↑↓ использовать ↑↓ *несов. и сов.*, предусматривать ↓, закрывать ↑↓ ... **субсчета**. Объединять ↑ что-л. ... **в субсчета**. Относить ↑ что-л. ... **к каким-л. субсчетам**. Перечислять ↑ что-л., что-л. поступает ... **на субсчета**. Выплачивать ↑ что-л. ... **с субсчетов.**

Субсчета объединяют что-л., устанавливают что-л., отражают что-л. ...

● 1. Субсчёт используется для объектов учёта с разнообразной номенклатурой. 2. Субсчета вводят для получения единых для всех предприятий обобщённых показателей, которые дополняют показатели синтетических счетов.

СФЕ́РА МАТЕРИА́ЛЬНОГО ПРОИЗВО́ДСТВА, *род.* сфе́р|ы, *ж. Син.* произво́дственная сфе́ра. *Ант.* непроизво́дственная сфе́ра, сфе́ра нематериа́льного произво́дства.

Совокупность отраслей материального производства, в которых создаются материальные блага, удовлетворяющие определённые потребности человека, личные или общественные.

Сфера материального производства где: (*предлог «в» с предл.*) ~ в каких-л. странах ...

Отрасли, состав, работники, финансы, подъём, технический уровень ... **сферы материального производства**. Затраты, расходы, работы ... **в сфере материального производства**. Различие, соотношение, пропорции, распределение ... **между сферой материального производства** и чем-л.

Обслуживать ↑↓, охватывать ↑↓, расширять ↑↓, развивать ↑↓ ... **сферу материального производства**. Включать ↑ что-л., направлять ↑ что-л. ... **в сферу материального производства**. Создавать ↑ что-л., получать ↑ что-л., бороться *несов.* за что-л., работать ↑ *несов.* ... **в сфере материального производства**. Относить ↑ что-л.

1/8 14—70

... **к сфере материального производства.**

Сфера материального производства участвует *несов.* в чём-л. (в создании национального дохода ...), включает *зд. несов.* что-л. (какие-л. отрасли...), занимает что-л., создаёт *зд. несов.* что-л. ...

● 1. Основным источником доходов государственного бюджета при социализме является чистый доход, создаваемый в сфере материального производства. 2. Труд работников, занятых в сфере материального производства, является производительным трудом.

СФÉРА НЕМАТЕРИÁЛЬНОГО ПРОИЗВÓДСТВА, *род.* сфé-р|ы, *ж.*

То же, что **непроизвóдственная сфéра.**

СФÉРА ОБСЛÝЖИВАНИЯ, *род.* сфéр|ы. *Син.* сфéра услýг.

Совокупность отраслей народного хозяйства, продукция которых выступает в виде определённой целесообразной деятельности (услуг).

Сфера обслуживания где: (*предлог «в» с предл.*) ~ в экономике, в промышленности, в сфере народного хозяйства, в какой-л. стране, в СССР ...

Доля, рост, вес, роль, отрасли, фонды, продукция, структура, состав ... **сферы обслуживания**. Занятость ... **в сфере обслуживания**.

Создавать ↑↓, развивать ↑↓, совершенствовать ↑↓, расширять ↑↓ ... **сферу обслуживания**. Пользоваться ... **сферой обслуживания**. Включать ↑ что-л. ... **в сферу обслуживания.** Использовать ↑ *несов. и сов.* что-л. ... **в сфере обслуживания.**

Сфера обслуживания включает *зд. несов.* что-л. (торговлю, общественное питание ...), составляет *зд. несов.* что-л., растёт., играет какую-л. роль где-л. ...

● 1. Сфера обслуживания, согласно делению, принятому в планировании и статистике СССР, включает торговлю, общественное питание и отрасли непроизводственной сферы (за исключением отраслей науки, научного обслуживания и управления). 2. По мере повышения уровня экономического развития страны на долю сферы обслуживания приходится возрастающая часть ресурсов общества, продукция её играет всё более значительную роль в потреблении населения.

СФÉРА УСЛÝГ, *род.* сфéр|ы, *ж.*

То же, что **сфéра обслýживания.**

СЧЁТ, *род.* -а, *мн.* счет|á ***м.***

1. *Зд. ед.* Результат чего-л. (например, игры), выраженный в числах. *Ср. счёт матча 2 : 3.*

2. Документ с указанием суммы денег, которая должна быть уплачена за что-л. *Ср. счёт за газ и электричество.*

!**3.** Финансовые операции, а ткж. документы, которые служат для бухгалтерского учёта финансовых операций какого-л. предприятия, учреждения.

Балансовый, забалансовый, внебалансовый, результативный, собирательно - распределительный, аналитический, синтетический, сводный, корреспондентский, банковский, основной, дополнительный, подсобный, регулирующий, расчётный, * лицевой, фирменный, простой, * ссудный, специальный, * текущий, процентный, беспроцентный, инвалютный, клиринговый, контокоррентный, калькуляционный, * активный, * пассивный, активно-пассивный, контрактивный, контрпассивный, операционный, общий, отдельный, сберегательный, переводный, обыкновенный, чековый, блокированный ... **счёт.**

Счёт какой: (*с им.*) ~ -платёжное требование...; **счета** какие: (*с род.*) ~ финансирования, бухгалтерского учёта *, каких-л. средств, каких-л. источников хозяйства ...; (*предлог «по» с дат.*) ~ по кредиту, по вкладам, по какому-л. (коммерческому ...) делу ...; (*предлог «под» с вин.*) ~ под документы ... **Счета** чьи: ~ кредиторов, дебиторов, поставщика, покупателя, экспортёра, импортёра, банка, какого-л. учреждения, организации ... **Счета** чего: ~ расходов, доходов, кредитов, ссуд, капитала ... **Счета** для кого-чего: ~ для владельцев чего-л., для колхозов, для каких-л. хозяйств, для каких-л. учреждений, предприятий, для каких-л. фирм ... **Счета** где: (*предлог «в» с предл.*) ~ в банке ...

Схема, структура, дебет, кредит, сальдо, остаток ... **счёта**; система, классификация, план разновидность, взаимосвязь, ведение ... **счетов**. Записи ... **на счетах.** Остатки средств, задолженность, расходы ... **по** каким-л. **счетам**.

Открывать ↑↓, составлять ↑↓, иметь *несов.*, представлять ↑↓, дебетовать ↑↓ *несов. и сов.*, кредитовать ↑↓ *несов. и сов.*, применять ↑↓, вести ↑↓ *зд. несов.*, закрывать ↑↓, ликвидировать ↑↓ *несов. и сов.* ... **счёт**; делить ↑↓, уравнивать ↑↓, группировать ↑↓ ... **счета**. Вносить ↑ что-л., записывать ↑ что-л., перечислять ↑ что-л. ... **на счёт**. Иметь ↓ *несов.* что-л., отражать ↑ что-л. ... **на счёте**. Перечислять ↑ что-л. ... **со счёта.**

Счёт отражает что-л. (суммы расходов ...), связан с чем-л. (с бухгалтерским балансом ...)...

● 1. Распределительные счета предназначены для контроля за некоторыми затратами предприятия. 2. Счета, на которых учитывается состояние и использование средств, находящихся в полном распоряжении предприятия, называются балансовыми счетами.

△ **Счётн|ый**, -ая, -ое, -ые.

С. план, документ, приказ аппарат, проверка, деньги *мн.*, книги, ведомости ...

СЧЕТÁ БУХГÁЛТЕРСКОГО УЧЁТА, *род.* счет|óв, *ед.* **счёт бухгáлтерского учёта**, *род.* счёт|а, *м.*

Способ экономической группировки объектов бухгалтерского учёта, текущего отражения и оперативного контроля за движением и состоянием средств, их источников и хозяйственных процессов.

Основные, операционные, забалансовые, внебалансовые, активные, пассивные, синтетические, аналитические, регулирующие, собирательно-распределительные, калькуляционные, результатные, финансово-результатные ... **счета.**

Счета бухгалтерского учёта для чего: ~ для контроля за расходами, для выявления каких-л. результатов, для отражения каких-л. средств, для учёта чего-л. (ценностей ...)... **Счета бухгалтерского учёта** где: (*предлог «в» с предл.*) ~ в промышленности, в сельском хозяйстве, в строительстве ...; (*предлог «на» с предл.*) ~ на предприятии, на заводе ...

Структура, разновидность, показатели, данные, сумма, дебет, кредит, таблица, сторона, сумма ... **счетов бухгалтерского учёта**. Записи ... **в счета бухгалтерского учёта**. Наличие чего-л. (сальдо ...)... **в счёте бухгалтерского учёта**.

Открывать ↑↓, подразделять ↑↓, вести ↑↓ *несов.*, использовать ↑↓ *несов. и сов.*, применять ↑↓, совмещать ↑↓ ... **счета бухгалтерского учёта**. Заносить ↑ что-л. ... **в счета бухгалтерского учёта**. Учитывать ↑ что-л., группировать ↑ что-л., записывать ↑ что-л., приводить ↑ что-л., показывать ↑ что-л. ... **в счетах бухгалтерского учёта**. Относить ↑ что-л. ... **к счетам бухгалтерского учёта**. Фиксировать ↑ что-л., исчислять ↑ что-л. ... **при помощи счетов бухгалтерского учёта.**

Счета бухгалтерского учёта представляют *зд. несов.* собой что-л., связаны с чем-л. (с бухгалтерским балансом ...), дают что-л., имеют *несов.* что-л., предназначаются *несов.* для чего-л. ...

● 1. Различают синтетические (главные) и аналитические (вспомогательные) счета бухгалтерского учёта. 2. Счета бухгалтерского учёта подразделяют по назначению и структуре (основные, регулирующие, операционные, результативные и забалансовые), а также экономическому содержанию (счета хозяйственных средств, источников хозяйственных средств и хозяйственных процессов).

СЫРЬ|Ё, *род.* -я́, *только ед., с.*

Предметы труда, которые претерпели уже известное изменение под воздействием труда и подлежат дальнейшей переработке.

Промышленное, техническое, сельскохозяйственное, минеральное, натуральное, искусственное, топливно-энергетическое, металлургическое, горно-химическое, цементное, керамическое, растительное, первичное, вторичное, местное, дефицитное, ценное, стратегическое, фондируемое ... **сырьё.**

Сырьё какое: (*с род.*) ~ какого-л. (минерального...) происхождения ... **Сырьё** для чего: ~ для производства чего-л. (строительных материалов ...), для получения чего-л., для промышленности, для сельского хозяйства, для завода, для фабрики, для какого-л. объекта ...

Запасы, ресурсы, источники, рынки, нехватка, удорожание, удешевление, стоимость, окупаемость, виды, качество, избыток, дефицит, поставщик, потребитель, экспортёр, импортёр ... **сырья**. Потребность ... **в сырье**. Цены, затраты ... **на сырьё**.

Перерабатывать ↑↓, распределять ↑↓, делить ↑↓, сбывать ↑↓, реализовать ↑↓ *несов. и сов.* ... **сырьё.** Относить ↑ что-л. ... **к какому-л. сырью.**

Сырьё имеет *несов.* что-л. (много общего с основными материалами...), подразделяется на какое-л. ...

● 1. По происхождению сырьё разделяют на промышленное и сельскохозяйственное. 2. Комплексная переработка первичного сырья — важный источник расширения сырьевой базы и повышения экономической эффективности промышленности. 3. Правильное использование вторичного сырья обеспечивает экономию общественного труда.

△ **Сырьев|о́й**, -а́я, -о́е, -ы́е.

С. рынок, кризис, фонд, база, проблема, хозяйство, обеспечение, товары, богатство, запасы, культуры, ресурсы, цены ...

Т

ТА́КС|А, *род.* -ы, *ж.*

Точно установленная расценка товаров, размер оплаты труда, услуг.

Доходная, средняя, штрафная, почтовая ... **такса.**

Такса на что: ~ на перевозку чего-л. (грузов, пассажиров...), на пересылку чего-л. (посылок, писем ...)...

Устанавливать ↑↓, выплачивать ↑↓ ... **таксу**. Платить ↑ ... **по таксе**.

● Такса оплаты за пробирные работы взимается инспекциями пробирного надзора и зачисляется в доход союзного бюджета.

△ **Та́ксов|ый**, -ая, -ое, -ые.

Т. комиссия, цена **...**

Такси́р|овать, -ую, -уешь, -уют, *несов. и сов.*

Т. проезд, товар, продукцию, стоимость чего-л., заработную плату, грузы ...

ТАМО́ЖЕННЫЕ ПО́ШЛИНЫ, *род.* по́шлин, *ед.* **тамо́женная по́шлина**, *род.* по́шлин|ы, *ж. Син.* вывозны́е по́шлины.

Пошлины, которые взимаются таможнями с провозимых через

границу товаров по ставкам, предусмотренным таможенным тарифом данной страны.

● 1. По объекту обложения различаются ввозные, вывозные и транзитные таможенные пошлины; основным видом таможенных пошлин являются ввозные. 2. В социалистических странах таможенные пошлины служат средством регулирования ввоза товаров. 3. В капиталистических странах таможенные пошлины представляют собой косвенный налог. *См.* **По́шлины.**

ТАМО́ЖЕННЫЙ ТАРИ́Ф, *род.* тари́ф|а, *м.*

Систематизированный свод таможенных пошлин на товары, которые провозятся через границу страны.

● 1. Таможенный тариф содержит наименование и классификацию облагаемых товаров, ставки пошлин и способы обложения, перечень беспошлинно пропускаемых изделий, а также изделий, запрещённых к ввозу, вывозу или транзиту. 2. По структуре ставок таможенный тариф делится на простой (одноколонный) и сложный (двух- и многоколонный). *См.* **Тари́ф.**

ТАМО́ЖН|Я, *род.* -и, *род. мн.* тамо́жен, *ж.*

Государственное учреждение, которое контролирует провоз грузов через государственную границу и взимает таможенные пошлины и сборы.

Портовые, пограничные, местные, внутренние, современные ...**таможни.**

Таможни чьи: ~ каких-л. государств, аэропортов ... **Таможни** где: (*предлог «в» с предл.*) ~ в каких-л. странах, в пограничных пунктах, в портах ...; (*предлог «на» с предл.*) ~ на границах чего-л. ...

Функция, требование, законы, правила, права, работники ... **таможни**.

Открывать ↑↓ ... **таможню**. Проверять ↑ что-л., задерживать ↑ что-л., составлять ↑ что-л. ... **в таможне**. Конфисковать *несов. и сов.* что-л. ... **на таможне**. Проходить ... **через таможню.**

Таможни возникли когда-л., имеют *несов.* что-л., проверяют что-л. (выполнение каких-л. законов ...), учитывают что-л. (какие-л. товары ...), принимают что-л., осуществляют *зд. несов.*что-л. (борьбу с контрабандой ...), производят что-л. (досмотр грузов ...), взимают *несов.* что-л. (таможенную пошлину ...), находятся *зд. несов.* в ведении чего-л. ...

● 1. Таможни располагаются обычно в морских и речных портах, в международных аэропортах, пограничных пунктах и железнодорожных станциях, крупных центрах страны. 2. Таможня проверяет выполнение таможенных законов страны и таможенных правил, учитывает импортируемые и экспортируемые товары, изымает изделия, ввоз и вывоз которых запрещён или ограничен и т. д.

△ **Тамо́женн|ый**, -ая, -ое, -ые.

Т. союз, контроль *м.*, протекционизм, тариф, штраф, кодекс СССР, блокада, политика, формальность *ж.*, декларация, право, дело, управление, обложение, конвенции, льготы, законы, правила, пошлины, учреждения, посты, сборы, органы, барьеры, доходы ...

ТА́Р|А, *род.* -ы, *ж.*

Ёмкость, которая служит для упаковки, хранения и транспортировки товаров.

Внутренняя, внешняя, потребительская, цеховая, внутризаводская, транспортная, деревянная, бумажная, картонная, стеклянная, металлическая ... **тара.**

Тара какая: (*предлог «из» с род.*) ~ из картона, из бумаги, из стекла, из дерева, из металла, из полиэтилена ... **Тара** для чего: ~ для транспортировки чего-л., для хранения чего-л. ...

14 70

Виды, качество, стоимость ... **тары**.

Производить ↑↓, изготовлять ↑↓, оформлять ↑↓, использовать ↑↓ *несов. и сов.*, применять ↑↓, сохранять ↑↓, заменять ↑↓ ... **тару**. Везти *несов.* что-л., хранить *несов.* что-л. ... **в таре.**

Тара предохраняет что-л. от чего-л., сохраняет что-л., переходит к кому-л. (к потребителю ...)...

● 1. Внутренняя тара — неотъемлемая часть расфасованных товаров, она переходит с упакованными в неё продуктами в полную собственность потребителя. 2. Внешняя тара применяется для транспортировки или хранения товаров в процессе продвижения их от производителя к потребителю. 3. Основными требованиями для всех видов тары являются лёгкость, прочность и дешевизна.

△ **Та́рн|ый**, -ая, -ое, -ые.

Т. груз, картон, бумага, стекло, бочки, барабаны, фляги, мешки, ящики, коробки, тюбики, флаконы, контейнеры, пакеты ...

Тари́р|овать, -ую, -уешь, -уют, *несов. и сов., перех.*

Т. весы, ткани, контейнеры ...

ТАРИ́Ф|Ы, род. -ов, *ед.* **тари́ф**, *род.* -а, *м.*

Официально установленная система ставок, по которым взимается плата за различные услуги.

Таможенные, автономные, конвенционные, простые, сложные, одно- (двух-, многоколонные), абонементные, пригородные, почтовые, железнодорожные, грузовые, пассажирские, транспортные, коммунальные, льготные, общие, местные, единые, страховые, поучастковые, повышенные, пониженные ... **тарифы.**

Тарифы какие: (*с. им.*) ~ -брутто, -нетто ... **Тарифы** чего: ~ связи, оплаты труда, заработной платы, какого-л. страхования, каких-л. (дальних...) сообщений. **Тарифы** для кого-чего: ~ для туристов, для оплаты чего-л. ... **Тарифы** за что: ~ за какие-л. (почтовые ...) услуги, за перевозку чего-л. ... **Тарифы** где: (*предлог «в» с предл.*) ~ в какой-л. отрасли, в какой-л. стране...; (*предлог «на» с предл.*) ~ на каком-л. транспорте ...

Экономическая основа, система, категории, уровень ... **тарифов**.

Разрабатывать ↑↓, устанавливать ↑↓, классифицировать ↑↓ *несов. и сов.*, дифференцировать ↑↓ *несов. и сов.*, делить ↑↓, применять ↑↓, включать во что-л. ↑↓ ... **тарифы**. Оплачивать ↑ что-л. ... **по тарифам.**

Тарифы содержат *несов.* что-л., включают что-л. (себестоимость и прибыль ...), выполняют что-л. ...

● 1. Транспортные тарифы подразделяются на грузовые и пассажирские. 2. Страховыми тарифами называются ставки платежей за застрахованное имущество (или жизнь), которые исчисляются с единицы страховой суммы.

△ **Тари́фн|ый**, -ая, -ое, -ые.

Т. разряд, пояс, коэффициент, политика, бюро, соглашение, ставка, сетка, система, схема, услуги, доходы ...

Тарифици́р|овать, -ую, -уешь, -уют, *несов. и сов., перех.*

Т. транспорт, связь, услуги, отрасли, оплату труда, заработную плату, страховые объекты ...

ТЕЗАВРА́ЦИЯ ЗО́ЛОТА, *род.* тезавра́ци|и, *только ед., ж.*

Накопление золота в качестве сокровища.

Усиленная, частная ... **тезаврация золота.**

Тезаврация золота кем-чем: ~ банками, казначействами, специальными фондами, какими-л. (частными...) лицами ... **Тезаврация золота** где: (*предлог «в» с предл.*) ~ в каких-л. странах ...

Объём, масштабы ... **тезаврации золота**.

Сосредоточивать ↑↓, усиливать

↑↓, осуществлять ↑↓ ... **тезаврацию золота.**

Тезаврация золота принимает какой-л. размер, утрачивает что-л. ...

●1. В развитых капиталистических странах тезаврация золота приобретает особенно большие размеры в периоды войн, экономических кризисов и инфляции. 2. По данным Лиги Наций и ряда зарубежных источников, тезаврация золота поглотила за 20 лет (1914—1933 годы) свыше 5 тысяч тонн золота.

△ **Тезаври́рованн|ый**, -ая, -ое, -ые.

Т. золото, слитки, монеты ...

Тезаври́р|овать, -ую, -уешь, -ует, *несов. и сов., перех.*

Т. золото, монеты, слитки ...

ТЕКУ́ЩИЙ СЧЁТ, *род.* счёт|а, *мн.* счет|á, *м.*

Вид вкладов в банки и в сберегательные кассы, с которых вкладчик может получать деньги по мере надобности без предварительного уведомления о снятии средств и в необходимых суммах, а ткж. может их пополнять в любое время (в отличие от срочных вкладов).

Текущий счёт где: (*предлог «в» с предл.*) ~ в учреждениях Госбанка СССР, в сберегательных кассах ...

Владельцы, суммы ... **текущих счетов**. Объём средств, остаток ... **на текущем счёте**.

Открывать ↑↓, закрывать ↑↓ ... **текущий счёт**. Хранить ↑ *несов.* что-л., сосредоточить ↑ что-л. ... **на текущем счёте**.

Текущий счёт служит чем-л. ...

●В ряде стран, например, в Великобритании, текущий счёт служит не только для приёма вкладов, но и для выдачи кредита.

ТЕРРИТОРИА́ЛЬНО-ПРОИЗВО́ДСТВЕННЫЕ КО́МПЛЕКСЫ, *род.* ко́мплекс|ов, *ед.* **территориа́льно-произво́дственный ко́мплекс**, *род.* ко́мплекс|а, *м.* (*сокр.* ТПК).

Совокупность объединений и предприятий различных отраслей, связанных между собой общими источниками сырья или технологией и расположенных на одной территории.

Крупные, районные, областные, республиканские, союзные ... **территориально-производственные комплексы**.

Территориально - производственные комплексы, какие: (*с род.*) ~ какого-л. (союзного...) значения ... **Территориально - производственные комплексы** чего: ~ какого-л. района, какой-л. области, какого-л. края, какого-л. региона, севера ... **Территориально-производственные комплексы** где: (*предлог «в» с предл.*) ~ в каких-л. районах, в каких-л. областях, в СССР ...

Экономическое единство, уровень, функциональные элементы, структура, состав, хозяйство, доход ... **территориально-производственных комплексов.**

Формировать ↑↓, создавать ↑↓, развивать ↑↓ ... **территориально-производственные комплексы**. Что-л. входит ... **в состав территориально-производственных комплексов**.

Территориально - производственные комплексы участвуют *несов.* в чём-л. (в системе территориального разделения труда ...), не тождественны чему-л. (экономическим районам ...), опираются *зд. несов.* на что-л. ...

●1. В состав территориально-производственных комплексов входят предприятия добывающей и перерабатывающей промышленности, строительные и транспортные организации, сельскохозяйственные предприятия, научно-исследовательские институты, а также организации и учреждения непроизводственной сферы. 2. В районах с высокой концентрацией ценных природных ресурсов активно формируются территориально-производственные комплексы союзного значения.

ТЕХПРОМФИНПЛА́Н [ПРЕДПРИЯ́ТИЯ], *род*. техпромфинпла́н|а, *м*.

Комплексный текущий (годовой) план производственной, технической и финансовой деятельности, а ткж. социального развития коллектива социалистического государственного промышленного предприятия и объединения, который конкретизирует показатели перспективного (пятилетнего) плана и предусматривает выполнение государственных плановых заданий с наибольшей эффективностью.

Комплексность, обоснованность, разделы, проект ... **техпромфинплана**.

Разрабатывать ↑↓, утверждать ↑↓, составлять ↑↓, выполнять ↑↓, обосновывать ↑↓ ... **техпромфинплан**. Учитывать ↑ что-л., выделять ↑ что-л., уточнять ↑ что-л. ... **в техпромфинплане**.

Техпромфинплан включает что-л., основывается *несов*. на чём-л., предусматривает что-л., отражает что-л. (все стороны деятельности предприятия...), обобщает что-л., ориентирует коллектив на что-л. ...

● 1. Техпромфинплан предусматривает введение достижений научно-технического прогресса в производство, мобилизацию имеющихся резервов, использование хозрасчёта, рост производительности труда. 2. Для текущего контроля и анализа выполнения техпромфинплана используется оперативная, бухгалтерская и статистическая информация. 3. Все разделы техпромфинплана отражают деятельность предприятия как единой сложной системы.

ТОВА́Р, *род*. -а, *м*.

1. Продукт труда, произведённый для продажи, как экономическая категория.

Всеобщий, специфический, необходимый, потребительский, [не]нормированный, реальный, монополизированный, денежный ... **товар**.

Товар какой: (с род.) ~ какого-л. назначения, какого-л. производства ... **Товар** где: (*предлог «в» с предл.*) ~ в обороте ...

Социально-экономическая сущность, двойственный характер, стоимость, потребительская стоимость, спрос и предложение, масса, количество, качество, свойство, движение, собственник, производитель ... **товара**. Противоречия ... **между товаром** и чем-л. Спрос и предложение ... **на товар**.

Производить ↑↓, создавать ↑↓, выпускать ↑↓, продавать ↑↓, покупать ↑↓, предлагать ↑↓, вывозить ↑↓, ввозить ↑↓, приобретать ↑↓, учитывать ↑↓ ... **товар**. Что-л. противостоит *несов*. ... **товару**. Что-л. превращается... **в товар**. Что-л. воплощается ↑, что-л. содержится ↑ *несов*., что-л. проявляется ↑ ... **в товаре**. Закрепить ↑ что-л. ... **за товаром**. Иметь ↓ *несов*. что-л. общее ... **с товаром**.

Товар обладает *несов*. чем-л., имеет *несов*. что-л. (двойственный характер ...), удовлетворяет что-л. (человеческую потребность ...), представляет *зд*. *несов*. собой что-л., воплощает в себе что-л. (затраты труда ...), переходит из чего-л. во что-л. (из общественной собственности в личную ...) ...

Деньги — **товар** — деньги. **Товар** и труд.

● При социализме в условиях господства общественной собственности на средства производства товар представляет собой продукт, планомерно производимый социалистическими предприятиями для удовлетворения потребностей общества и поступающий потребителю посредством планово-регулируемого обращения.

2. Предмет торговли.

[Не]реализованные, экспортные, импортные, [не]качественные, [не] дорогие, дешёвые, готовые, собственные, чужие, хозяйственные, продовольственные, непродовольственные, сырьевые, сельскохозяйственные, промышленные (*сокр*. промтовары), скобяные, бакалейные, канцелярские, радиотехнические, хорошие, плохие, первосортные, второсортные, уценённые, ходовые, дефицитные, новые, советские, разные ...**товары**.

Товары какие: (*с род.*) ~ какого-л. (широкого ...) потребления, первой необходимости, массового (повышенного ...) спроса, культурно-бытового назначения, какого-л. (хозяйственного) обихода, бытовой химии, какого-л. (советского, отечественного, зарубежного, румынского ...) производства, какого-л. (первого, второго ...) сорта, какого-л. (высокого, низкого ...) качества ...

Количество, качество, вид, цена, дефицит, нехватка, хозяин, владелец, браковщик ... **товара**. Торговля, снабжение кого-чего-л. ... какими-л. **товарами**. Потребность, нужда ... **в** каких-л.**товарах**. Спрос, заявка, заказ, накладная, цены ... **на** какие-л.**товары**.

Производить ↑↓, выпускать ↑↓, распределять ↑↓, потреблять ↑↓, завозить ↑↓, принимать ↑↓, приобретать ↑↓, отправлять ↑↓, отгружать ↑↓, распродавать ↑↓, продавать ↑↓, поставлять ↑↓, хранить ↑↓ *несов.*, покупать ↑↓, ввозить ↑↓, вывозить ↑↓, импортировать ↑↓ *несов. и сов.*, экспортировать ↑↓ *несов. и сов.*, сортировать ↑↓, рекламировать ↑↓ *несов. и сов.*, комплектовать ↑↓, заказывать ↑↓, требовать ↑↓, брать ↓, выбирать ↓, подбирать ↓, учитывать ↑↓, контролировать ↑↓, проверять ↑↓, изъять из продажи ↑↓, транспортировать ↑↓ *несов. и сов.* ... **товар**. Снабжать ↑ кого-что-л., обеспечивать ↑ кого-что-л., наводнять что-л. (рынок...) ... какими-л. **товарами**. Нуждаться *несов.* ... **в** каких-л. **товарах**. Платить ↑ что-л., требовать ↑ что-л. ... **за товар**.

Какие-л. **товары** появились где-л. (в магазинах...), пользуются *зд. несов.* спросом у кого-чего-л. (у покупателя, у населения...)...

● Производство товаров народного потребления в нашей стране постоянно растёт.

△ **Това́рн|ый**, -ая, -ое, -ые.

Т. капитал, чек, оборот, вид, рубль *м.* , аккредитив *, склад, фетишизм, кредит *, голод, знак, лес, биржа, стоимость *ж.*, продукция *, группа, сеть *ж.*, масса, база, обеспечение, хозяйство, обращение, производство *, звено, зерно, цены, массы, запасы, ресурсы *, резервы, документы, операции банков, санкции, фонды в СССР...

ТОВА́РНАЯ ПРОДУ́КЦИЯ (В СССР), *род.* проду́кци|и, *только ед., ж.*

Объём готовой продукции в денежном выражении, произведённой на промышленных, сельскохозяйственных и других предприятиях и предназначенной для реализации.

● В состав товарной продукции включают стоимость готовых изделий, предназначенных для реализации на сторону, стоимость полуфабрикатов своей выработки и изделий вспомогательных цехов, отпущенных в отчётном периоде за пределы основной деятельности, стоимость работ промышленного характера, выполненных по заказам со стороны или непромышленных хозяйств и организаций данного предприятия. *См.* **Проду́кция.**

ТОВА́РНО-ДЕ́НЕЖНЫЕ ОТНОШЕ́НИЯ, *род.* отноше́ний, *только мн.*

Общественные отношения, которые возникают между людьми в процессе производства и реализации товаров.

Товарно-денежные отношения где: (*предлог «в» с предл.*) ~ в каком-л. (социалистическом...) обществе, в какой-л. системе хозяйства ...

Необходимость, возникновение, становление, существование, содержание, место, роль, сфера, характер ... **товарно-денежных отношений**. Необходимость ... **в товарно-денежных отношениях**.

Развивать ⇅, использовать ⇅ *несов. и сов.* ... **товарно-денежные отношения**.

Товарно-денежные отношения появились, существуют *несов.*, выражают *зд. несов.* что-л. (производственные отношения ...), не остаются какими-л. (неизменными...), испытывают что-л. (влияние способа производства...), способствуют *зд. несов.* чему-л., носят *несов.*, какой-л. (подчинённый...) характер, выполняют *зд. несов.* что-л. ...

● 1. Сфера действия товарно-денежных отношений при социализме сузилась в результате того, что перестала быть товаром рабочая сила, земля, её недра и т. д. 2. Наибольшую роль товарно-денежные отношения играют при капитализме, когда они приобретают всеобщий характер и выражают основное производственное отношение — отношение эксплуатации наёмного труда капиталистом.

ТОВА́РНОЕ ПРОИЗВО́ДСТВО, *род.* произво́дств|а, *только ед., с.*

Производство продуктов не для собственного потребления, а для обмена путём купли-продажи на рынке.

Социалистическое, капиталистическое, простое ... **товарное производство**.

Законы, основы, предпосылки, условия существования, сфера, база, общая черта, признаки, господство ... **товарного производства**. Действие чего-л. (экономических законов ...) ... **в товарном производстве**.

Порождать ⇅, развивать ⇅, осуществлять ⇅ ... **товарное производство**. Что-л. возникает ... **вместе с товарным производством**.

Товарное производство получает распространение, приобретает что-л. (всеобщий характер...), базируется *несов.* на чём-л., перерастает что-л. ...

Товарное производство и обмен товаров; **товарное производство** и обращение.

● 1. Общей чертой товарного производства при любом общественном строе является существование рынка, т. е. особой сферы, в которой происходит обмен товаров, столкновение и согласование интересов производителей и потребителей товаров. 2. В товарном производстве действуют присущие ему экономические законы: закон стоимости, закон спроса и предложения, законы денежного обращения и др.

ТОВА́РНЫЕ РЕСУ́РСЫ, *род.* ресу́рсов, *только мн.*

Предметы потребления при реализации на внутреннем рынке или для экспорта.

● В СССР основная масса товарных ресурсов планируется государством и поступает в обращение централизованно через организованный рынок (рыночные фонды). *См.* **Ресу́рсы.**

ТОВА́РНЫЙ АККРЕДИТИ́В, *род.* аккредити́в|а, *м. Син.* документа́рный аккредити́в, непосре́дственный аккредити́в.

Документ, посредством которого банк, принявший поручение покупателя, направляет распоряжение своему банку-корреспонденту по местонахождению поставщика о принятии к оплате от последнего документов на отгруженные товары.

● В СССР товарный аккредитив является приказом банка, который обслуживает покупателя, банку по месту нахождения поставщика об оплате счетов-реестров за отгруженный товар или оказанные услуги. *См.* **Аккредити́в.**

ТОВА́РНЫЙ КРЕДИ́Т, *род.* креди́т|а, *м.*

То же, что **потреби́тельский креди́т**.

ТОВА́РНЫЙ ФЕТИШИ́ЗМ, *род.* фетиши́зм|а, *только ед., м.*

Овеществление производственных отношений между людьми в условиях товарного производства, основанного на частной собственности на средства производства.

Сущность, основа, проявление, существование, исчезновение, формы ... **товарного фетишизма**.

Преодолевать ↑↓ ... **товарный фетишизм**.

Товарный фетишизм достигает высшего развития когда-л. (при капитализме ...), означает *несов.* что-л. (персонификацию вещей ...), пронизывает что-л., исчезает когда-л. (при социализме ...)...

● 1. Высшим проявлением товарного фетишизма является культ денег, выступающих при капитализме всеобщей формой богатства. 2. С установлением общественной собственности на средства производства ликвидируется экономическая основа существования товарного фетишизма.

ТОВАРООБОРО́Т, *род.* -а, *м.*

Стадия процесса воспроизводства, которая охватывает движение товаров от сферы производства до сферы потребления.

Оптовый, совокупный, общий, розничный, текущий, рыночный, государственный, кооперативный, организованный, внутренний, внешний ... **товарооборот**.

Товарооборот чего: ~ какой-л. торговли ... **Товарооборот** между кем-чем: ~ между городом и деревней ... **Товарооборот** где: (*предлог «в» с предл.*) ~ в какой-л. республике, в каких-л. странах, в СССР ...

Функция, удельный вес, объём, рост, уровень, структура, виды, план ... **товарооборота**. Удельный вес чего-л. ... **в каком-л. товарообороте**.

Характеризовать ↑↓ *несов. и сов.*, развивать ↑↓, осуществлять ↑↓, увеличивать ↑↓, уменьшать ↑↓ ... **товарооборот**. Стабилизировать ↑↓ *несов. и сов.* что-л. ... **в товарообороте**.

Товарооборот выражает что-л. (стоимость чего-л. ...), характеризует *несов. и сов.* что-л., охватывает что-л. (продажу товаров...) ...

● 1. Товарооборот делится на оптовый и розничный. 2. Основной функцией оптового товарооборота является снабжение розничной торговой сети товарами с наименьшими затратами труда и средств.

ТОРГО́ВАЯ ПРИ́БЫЛЬ, *род.* при́был|и, *ж.*

Прибыль, которую получают от реализации товаров за счёт разницы между покупной и продажной ценами.

● 1. При социализме торговая прибыль — часть прибавочного продукта, создаваемого трудящимися в сфере материального производства. 2. При капитализме торговая прибыль представляет собой часть прибавочной стоимости, созданной наёмным трудом в производстве, которая присваивается торговыми капиталистами. *См.* **При́быль.**

ТОРГО́ВЛ|Я, *род.* -и, *только ед., ж.*

Отрасль народного хозяйства, которая реализует товары путём купли-продажи.

Межгосударственная, международная, * внешняя, государственная, * внутренняя, советская, социалистическая, капиталистическая, коммерческая, частная, кооперативная, комиссионная, колхозная, колхозно-рыночная, рыночная, ярмарочная, специализированная, свободная, открытая, мелкая, крупная, взаимная, * оптовая, * розничная, элементарная, [не]-

эквивалентная, взаимовыгодная, универсальная, посылочная, передвижная ... **торговля**.

Торговля какая: (*предлог «в» с вин.*) ~ в рассрочку, в кредит ...; (*предлог «на основе» с род.*) ~ на основе соглашения ...; (*предлог «по» с дат.*) ~ по образцам ...; (*предлог «с» с твор.*) ~ со скидкой, с наценкой ... **Торговля** чем: ~ какими-л. товарами, сельскохозяйственными продуктами, хлебом, рыбой, овощами, фруктами, станками, машинами, лесом, нефтью, газом, мехами ... **Торговля** между кем-чем: ~ между какими-л. странами, между городом и деревней ... **Торговля** с кем-чем: ~ с какой-л. страной, с какой-л. фирмой... **Торговля** где: (*предлог «в» с предл.*) ~ в какой-л. стране ...; (*предлог «на» с предл.*) ~ на каком-л. рынке, на какой-л. ярмарке ...

Появление, возникновение, рост, роль, значение, оборот, баланс, система, методы, формы, характер, сфера, министерство, работники, объём, план ... **торговли**. Роль чего-л., конкуренция ... **в торговле**. Контроль ... **за торговлей**. Доходы ... **от торговли**.

Вести ↑↓ *несов.*, осуществлять ↑↓, развивать ↑↓, нормировать ↑↓ *несов. и сов.*, концентрировать ↑↓, монополизировать ↓ *несов. и сов.*, ограничивать ↑↓, сокращать ↑↓, уменьшать ↑↓ ... **торговлю**. Руководить ↑ *несов.*, ведать *несов.*, заниматься ... **торговлей**. Развивать ↑ что-л., увеличивать ↑ что-л., распространять ↑ что-л., что-л. происходит ... **в торговле**. Воздействовать ↑ *несов.* ... **на торговлю**. Реализовать ↑ *несов. и сов.* что-л. ... **через торговлю**.

Торговля выполняет *зд. несов.* какую-л. функцию, способствует *зд. несов.* чему-л. (росту товарного производства ...), создаёт условия для чего-л. ...

● 1. При социализме торговля развивается планомерно в интересах роста благосостояния трудящихся. 2. В СССР торговля существует в трёх формах: государственной, кооперативной, колхозной. 3. При капитализме торговля — сфера приложения торгового капитала, в эпоху империализма — господства торговых монополий.

△ **Торго́в|ый**, -ая, -ое, -ые.

Т. капитал *, баланс, кодекс, реестр, устав, оборот, объём, доход, расход, процесс, база, прибыль *ж.*, сеть *ж.*, система, сфера, оборудование, право, представительство, компания, предприятие, монополия, фирма, центр, автоматы, скидки *, сооружения, работники, издержки *, реформа, документ ...

Торг|ова́ть, -у́ю, -у́ешь, -у́ют, *несов., неперех.*

Т. хлебом, продуктами, овощами, фруктами, машинами, станками, лесом ...

ТОРГО́ВО - ПРОМЫ́ШЛЕННАЯ ПАЛА́ТА СССР, *род.* пала́т|ы, *ж.* (*сокр.* ТПП СССР).

Общественная организация, которая содействует развитию внешней торговли и экономических связей, ускорению прогресса науки и техники в СССР.

Съезд, устав, высшие органы, Совет, Президиум, члены ... **торгово-промышленной палаты СССР**.

Создавать ↑↓, реорганизовать ↑↓ *несов. и сов.* ... **торгово-промышленную палату СССР**. Что-л. действует *зд. несов.* ... **при торгово-промышленной палате СССР**.

Торгово-промышленная палата СССР отбирает что-л., направляет что-л. куда-л., организует *несов. и сов.* (*в прош. только сов., несов. ткж.* организовывать) что-л., осуществляет что-л., выдаёт что-л., проводит что-л., поддерживает *зд. несов.* что-л. (связи с кем-чем-л. ...)...

● Ежегодно торгово-промышленная палата СССР совместно с Министерством внешней торговли СССР, Госкомитетом по науке и технике, министерствами и ведомствами, промышленными предприятиями-членами палаты отбирает и направляет на международные выставки до 70 тысяч машин, приборов, различных товаров народного потребления.

ТОРГО́ВЫЕ ИЗДЕ́РЖКИ, *род.* изде́ржек, *только мн.*

То же, что **изде́ржки обраще́ния**.

ТОРГО́ВЫЕ СКИ́ДКИ, *род.* ски́док, *ед.* **торго́вая ски́дка**, *род.* ски́дк|и, *ж.*

Часть розничной цены товара, которая остаётся в распоряжении торговых организаций и предприятий для покрытия издержек обращения и образования их прибыли.

Высокие, низкие ... **торговые скидки**.

Размеры ... **торговых скидок**.

Устанавливать ↑↓, исчислять ↑↓, указывать ↓, дифференцировать ↑↓ *несов. и сов.* ... **торговые скидки**. Возмещать ↑ что-л. ... **торговыми скидками**.

Торговые скидки включают что-л. ...

● Торговые скидки дифференцируются по отдельным товарам или товарным группам и по местонахождению торговых организаций, что вызывается различным уровнем издержек обращения.

ТОРГО́ВЫЙ КАПИТА́Л, *род.* капита́л|а, *только ед., м.*

Часть промышленного капитала, функцией которой является обслуживание процесса обращения товара.

● Возмещение затрат торгового капитала и образование торговой прибыли осуществляется в ходе конкуренции капиталов посредством эксплуатации наёмной рабочей силы. *См.* **Капита́л.**

ТРЕСТ, *род.* тре́ст|а, *м.*

1. Форма капиталистических монополий, при которой все объединяющиеся предприятия теряют свою коммерческую, производственную самостоятельность и подчиняются единому управлению.

Крупный, нефтяной, стальной, химический, отраслевой, инвестиционный ... **трест**.

Трест какой: (*предлог «по» с дат.*) ~ по производству чего-л., по добыче чего-л. ...

Возникновение, создатели, деятельность, прибыль, доходы, расходы, капитал, акции, политика, интересы, влияние на что-л., участие в чём-л. ... **треста**. Захват чего-л. ... **трестом**.

Создавать ↑↓, укреплять ↑↓, поддерживать ↑↓ ... **трест**. Что-л. принадлежит *несов.* ... **тресту**. Объединять ↑ что-л. ... **в трест**.

Трест возник когда-л., охватил что-л., участвует *несов.* в чём-л., извлекает что-л., контролирует *зд. несов.* что-л., определяет что-л., диктует *зд. несов.* что-л., ведёт *несов.* борьбу с кем-чем-л., господствует *несов.* где-л., производит что-л., добывает что-л. ...

● 1. Тресты возникли в США в последней трети 19 века и получили там наибольшее распространение. 2. Юридически образование треста означает передачу контроля над ранее независимыми предприятиями группе крупных капиталистов — создателей треста, объединённых в доверительный совет.

2. Основная организационно-производственная единица в СССР в строительстве.

Строительный, монтажный, пусконаладочный, специализированный, крупный, мощный ... **трест**.

Функционирование, функции, положение, самостоятельность, руководство, коллектив, работники, управление, предприятие, техническое оснащение, производственная мощность, финансовое состояние ... **треста**. Производительность труда ... **в тресте**. Положение ... **о тресте**.

Создавать ↑↓, образовать ↑↓ *несов. и сов.* (*в прош. только сов., несов. ткж.* образовывать), ликвидировать ↑↓ *несов. и сов.*, оснащать ↑↓ чем-л. ... **трест**. Поручать что-л. ... **тресту**. Руководить ↑ *несов.*, управлять ↑ *несов.* ... **трестом**. Объединить ↑ что-л. ... **в трест**. Работать ↑ *несов.* ... **в тресте**.

Трест специализируется *несов.*на чём-л. ...

● Трест объединяет несколько производственных предприятий (строительных организаций), а также обслуживающие их транспортные, складские и другие единицы.

△ **Трести́р|овать**, -ую, -уешь, -уют, *несов. и сов., перех.*

Т. предприятия, промышленность, отрасли ...

ТРУД, *род.* труд|а́, *м.*

! **1.** *Только ед.* Целесообразная деятельность человека, которая направлена на видоизменение и приспособление предметов природы для удовлетворения своих потребностей.

2. *Только ед.* Работа, занятие. *Ср. тяжёлый т.*

3. *Только ед.* Усилие, которое направлено к достижению чего-л. *Ср. с трудом добиваться чего-л.*

4. Результат деятельности, работы; произведение, сочинение. *Ср. научные труды.*

Общественный, общественно-необходимый, социалистический, * коммунистический, совместный, коллективный, совокупный, организованный, планомерный, созидательный, ударный, добровольный, свободный, раскрепощённый, вдохновенный, новаторский, непроизводительный, * производительный, полезный, бесполезный, частный, разрозненный, разъединённый, индивидуальный, личный, подневольный, наёмный, принудительный, * прибавочный, низкооплачиваемый, высокооплачиваемый, среднеоплачиваемый, [не]оплаченный, бесплатный, мужской, женский, детский, * простой неквалифицированный, * квалифицированный, * сложный, конкретный, абстрактный, живой, овеществлённый, прошлый, человеческий, машинный, индустриальный, механизированный, ручной, домашний, дневной, ночной, месячный, сельскохозяйственный, эффективный ... **труд**.

Труд чей: ~ людей, членов какого-л. коллектива, какого-л. крестьянина, колхозника, рабочего, наёмного работника, товаропроизводителя, какого-л. класса, какого-л. подразделения, общества ... **Труд** на кого-что: ~ на капиталиста, на эксплуататора, на общество... **Труд** где: (*предлог «в» с предл.*) ~ в какой-л. сфере, в городе, в деревне, в каких-л. (социалистических ...) странах ... ; (*предлог «на» с предл.*) ~ на производстве, на заводе, на фабрике ... **Труд** как что: ~ как потребность, как необходимость, как источник чего-л. ...

Категория, сущность, социальная природа, двойственный характер, роль, сфера, процесс, цель, виды, особенности, орудия, предметы, средства, качество, масса, норма, затраты, результаты, производительность, промышленная резервная армия, общественное разделение, международное социалистическое разделение, международное капиталистическое разделение, производительная сила, интенсивность, продукты, стоимость, оплата, организация, научная организация (сокр. НОТ), содержание, кооперация, специализация, нормирование, охрана, дисциплина ... **труда**. Потребность, материальная заинтересованность ... **в труде**. Отношение, внеэкономическое принуждение, стимулы ... **к труду**. Противоречие ... **между трудом** и капиталом, **между** частным и общественным **трудом**:

Право ... **на труд**. Оплата, распределение ... **по труду**.

Затрачивать ↑↓, воплощать ↑↓, эксплуатировать ↑↓ *зд. несов.* превращать во что-л. ↑↓, нормировать ↑↓ *несов. и сов.*, планировать ↑↓ *зд. несов.*, совершенствовать ↑↓, облегчать ↑↓, присваивать ↑↓ ... **труд**. Быть *несов.* обязанным ... **труду**. Создавать ↑ что-л., образовать ↑ что-л. *несов. и сов.* (*в прош.только сов., несов. ткж.* образовывать) что-л. ... **трудом**. Расширять ↑ что-л. ... **в процессе труда**. Вознаграждать ↑ кого-л., платить ↑ кому-л. ... **за труд**. Принуждать кого-л., привлекать ↑ кого-л. ... **к труду**.

Труд зависит *несов.* от чего-л., играет какую-л. роль в чём-л., становится чем-л., изменяет кого-что-л., создаёт что-л. (прибавочную стоимость...), имеет *несов.* что-л. (двойственный характер ...)...

Труд и капитал.

● 1. Для социалистического труда характерен быстрый рост его производительности, повышение на этой основе уровня жизни трудящихся и всего народа. 2. Коммунистическая партия Советского Союза особое значение придаёт «... усилению творческого содержания и коллективистского характера труда, повышению его культуры, поощрению высококвалифицированной и высокопродуктивной работы на благо общества» (Программа КПСС. Новая редакция. М., 1986). 3. В антагонистических формациях труд непосредственного производителя — раба, крепостного крестьянина, наёмного рабочего — подвергается эксплуатации господствующими классами.

△ **Трудов|о́й**, -а́я, -о́е, -ы́е.

Т. процесс, подъём, энтузиазм, договор *, дисциплина, деятельность *ж.*, жизнь *ж.*, вахта, книжка, законодательство, воспитание, крестьянство, навыки, доходы, классы, деньги *мн.*, сбережения, ресурсы *...

Труди́ться, тружу́сь, тру́д|ишься, -ятся, *несов., неперех.*

Т. за деньги, за вознаграждение ...; на себя, на других, на хозяина, на капиталиста, на общество ...; на земле, на заводе, на фабрике ...; честно, добросовестно ...

ТРУДОВА́Я ДИСЦИПЛИ́НА, *род.* дисципли́н|ы, *только ед., ж.*

Порядок поведения, который выражается в сознательном и строгом исполнении работником своих трудовых обязанностей, правил внутреннего трудового распорядка, основанных на соблюдении правовых и других социальных норм, действующих в советском обществе.

Хорошая, отличная, твёрдая, высокая, слабая, низкая, сознательная ... **трудовая дисциплина**.

Нарушители, соблюдение, вопрос ... **трудовой дисциплины**. Вопрос ... **о трудовой дисциплине**.

Соблюдать ↑↓ *зд. несов.*, поддерживать ↑↓ *зд. несов.*, укреплять ↑↓, поднять ↓, устанавливать ↑↓, нарушать ↑↓, подрывать ↑↓, обсуждать ↑↓, улучшать ↑↓ ... **трудовую дисциплину**.

Трудовая дисциплина ослабла, стала какая-л. или какой-л. ...

● 1. Путь к укреплению трудовой дисциплины лежит через улучшение условий труда, создание трудящимся возможностей для учёбы и повышения квалификации, совершенствование систем заработной платы и премирования, решение широкого круга социальных проблем. 2. Важное средство укрепления трудовой дисциплины — научная организация труда, повышение его технической оснащённости.

ТРУДОВО́Й ДОГОВО́Р, *род.* догово́р|а, *м.*

Соглашение между трудящимися и предприятием (учреждением, организацией), по которому трудящийся обязуется выполнять работу по определённой специальности, квалификации или должности с подчинением внутреннему трудовому распорядку, а предприятие — выплачивать ему зарплату и обеспечивать условия труда.

● Трудовой договор заключается на неопределённый срок, на определённый срок, но не более 3 лет, или на время выполнения определённой работы. *См.* **Договóр**.

ТРУДОВО́Й КОЛЛЕКТИ́В, *род.* коллекти́в|а, *м.*

Организованная группа трудящихся, связанных между собой единством цели, совместным трудом и объединённых общностью экономических интересов.

Дружный, сплочённый ... **трудовой коллектив**.

Долг, обязанности, роль, инициатива, права, возможности, активное участие в чём-л., результат работы, деятельность, функционирование, воздействие, настрой, ответственность, производственные совещания, собрания ... **трудового коллектива**. Социально-психологический климат, деловая обстановка ... **в трудовом коллективе**. Закон СССР ... **о трудовом коллективе**.

Укреплять ↑↓, создавать ↑↓, уважать ↑↓ ... **трудовой коллектив**. Получать ↑ что-л. ... **в трудовом коллективе**.

Трудовой коллектив представляет *зд. несов.* собой что-л., выступает за что-л., содействует *зд. несов.* чему-л., способствует *зд. несов.* чему-л., заботится о чём-л., воспитывает кого-л., участвует *несов.* в чём-л. (в организации социалистического соревнования ...) ...

● 1. Трудовые коллективы развивают социалистическое соревнование, способствуют распространению передовых методов работы, укреплению трудовой дисциплины, воспитывают своих членов в духе коммунистической нравственности. 2. Здоровый социально-психологический климат в трудовом коллективе способствует стремлению работать лучше, эффективнее, производительнее, качественнее. 3. Совет трудового коллектива предприятия — орган самоуправления трудового коллектива в СССР. 4. В период между собраниями (конференциями) полномочия трудового коллектива выполняет совет трудового коллектива предприятия.

ТРУДОВЫ́Е РЕСУ́РСЫ, *род.* ресу́рс|ов, *только мн.*

Часть населения страны, которая обладает необходимым физическим развитием, знаниями и практическим опытом для работы в народном хозяйстве.

● В СССР в практике планирования и учёта к трудовым ресурсам относят население в трудоспособном возрасте, т. е. мужчин 16—59 лет, женщин 16—54 лет, мужчин 60 лет и старше, женщин 55 лет и старше, а также подростков в возрасте до 16 лет, работающих в государственном секторе хозяйства и общественном производстве колхозов. *См.* **Ресу́рсы.**

ТРУДОДН|И́, *род.* -éй, *ед.* **трудоде́нь**, *род.* трудодн|я́, *м.*

Мера затрат труда колхозников в общественном хозяйстве и их долевого участия в распределяемых доходах, которая применялась в колхозах до 1966 года.

Гарантированные, выработанные ... **трудодни**.

Появление, значение, количество, число, система ... **трудодней**. Доходы ... **по трудодням**.

Вводить ↑↓, применять ↑↓, начислять ↑↓, выработать ↑↓, оплачивать ↑↓, авансировать ↑↓ *несов. и сов.*, распространять ↑↓, списывать ↑↓ ... **трудодни**. Оценивать ↑ что-л., учитывать ↑ что-л. ... **в трудоднях**. Авансировать ↑ *несов. и сов.* ... **в счёт трудодней**. Выдавать ↑ что-л. ... **на трудодень**.

Трудодни соответствовали *не-*

сов. чему-л. (единице простого труда...), служили *зд. несов.* чем-л. (условной единицей измерения ...), выражали *зд. несов.* что-л. (сущность хозяйствования ...) ...

● 1. Трудовое участие каждого колхозника в общественном хозяйстве определялось количеством выработанных им трудодней. 2. Трудодень явился важным средством утверждения социалистического принципа распределения по труду, укрепления трудовой дисциплины колхозников, повышения их материальной заинтересованности. 3. С 1966 года колхозы перешли на ежемесячную денежную гарантированную оплату труда без применения трудодней.

ТРУДОЁМКОСТЬ, *род.* трудоёмкост|и, *только ед., ж.*

Экономический показатель, который характеризует затраты рабочего времени на производство единицы продукции или на выполнение определённой работы.

Индивидуальная, групповая, цеховая, заводская, отраслевая, среднеотраслевая, полная, народнохозяйственная ... **трудоёмкость**.

Трудоёмкость чего: ~ единицы продукции ...

Показатель, норматив, величина, мера измерения ... **трудоёмкости**.

Измерять ↑↓, определять ↑↓, снижать ↑↓ ... **трудоёмкость**. Что-л. зависит *несов.* ... **от трудоёмкости**.

● 1. На величину трудоёмкости влияет ряд факторов: технический уровень производства, квалификация работников, организация и условия труда, сложность продукции, возраст рабочего, срок службы оборудования и т. д. 3. Использование достижений научно-технического прогресса в производстве сопровождается снижением трудоёмкости, т. е. экономией времени.

У

УБЫ́ТК|И, *род.* -ов, *ед.* **убы́ток,** *род.* убы́тк|а, *м.*

Уменьшение материальных и денежных ресурсов предприятий и хозяйственных организаций в результате превышения расходов над доходами, которое выражается в денежной форме.

Плановые, сверхплановые, внеплановые, страховые ... **убытки**.

Убытки чьи: ~ каких-л. предприятий, учреждений, организаций, колхозов, совхозов ... **Убытки** от чего: ~ от каких-л. бедствий, от списания долгов, от аннулирования заказов ...

Причины, часть, норма, квота ... **убытков**.

Фиксировать ↑↓, планировать ↑↓, покрывать ↑↓, устранять ↑↓, ликвидировать ↑↓ *несов. и сов.*, возмещать ↑↓ ... **убытки**. Признавать ↑ что-л. ... **убытками**.

● 1. Убытки обычно возникают вследствие неудовлетворительной хозяйственной деятельности. 2. Убытки кооперативных предприятий возмещаются за счёт уменьшения принадлежащего им имущества.

△ **Убы́точн|ый,** -ая, -ое, -ые.

У. хозяйство, предприятие, дело ...

УДА́РНИЧЕСТВ|О, *род.* -а, *только ед. с. Син.* уда́рное движе́ние.

Одна из первых и наиболее массовых форм социалистического соревнования трудящихся СССР за повышение производительности труда, снижение себестоимости продукции, за высокие (ударные) темпы в труде.

Возникновение, распространение, главный признак, задачи, процесс, новые формы ... **ударничества**.

Развивать ↑↓ ... **ударничество**. Добиваться чего-л. ... **благодаря ударничеству**.

●Возникновение ударничества относится к середине 20-х годов, когда на промышленных предприятиях передовые рабочие создавали ударные группы, а затем бригады.

△ **Уда́рн|ый**, -ая, -ое, -ые.

У. труд, бригада, работа, движение *, группы ...

УДА́РНОЕ ДВИЖЕ́НИЕ, *род.* движе́ни|я, *с.*

То же, что **уда́рничество**.

УПРАВЛЕ́НИЕ ПРОИЗВО́ДСТВОМ, *род.* управле́ни|я, *только ед., с.*

Конкретно-исторический способ упорядочивающего воздействия на процесс общественного труда в соответствии с объективными законами развития производства.

Общегосударственное, научное, организационно-техническое, отраслевое, территориальное, оперативное, непосредственное ... **управление производством.**

Управление производством в условиях чего: ~ в условиях какого-л. способа производства, в условиях социализма, в условиях капитализма ...

Цели, функции, сфера, экономический центр, развитие, демократический характер, структура, методы, процессы, объект, кадры, система органов, технические средства, ориентация, рычаги и стимулы ... **управления производством**. Техника ... **в управлении производством**.

Организовать ↑↓ *несов. и сов.* (*в прош. только сов., несов. ткж.* организовывать), осуществлять ↑↓, развивать ↑↓, совершенствовать ↑↓ ... **управление производством**. Внедрять ↑ что-л. ... **в управление производством.**

Управление производством требует чего-л., основывается *несов.* на чём-л. ...

●1. Объектом управления в системе социалистического общественного производства является народное хозяйство, которое представляет собой систему хозяйственных объектов: отраслей производства, территориальных комплексов, всесоюзных (республиканских) промышленных и производственных объединений, предприятий. 2. При социализме роль единого экономического центра управления производством выполняют центральные хозяйственные органы.

У́РОВЕНЬ БЛАГОСОСТОЯ́НИЯ, *род.* у́ровн|я, *м.*

То же, что **у́ровень жи́зни.**

У́РОВЕНЬ ЖИ́ЗНИ, *род.* у́ровн|я, *м. Син.* у́ровень благосостоя́ния.

Степень удовлетворения физических, духовных и социальных потребностей людей, обеспеченность людей потребительскими благами на данной ступени развития общественного производства.

Высокий, низкий, средний, новый, довоенный, послевоенный ... **уровень жизни**.

Уровень жизни кого-чего: ~ трудящихся, буржуазии, народа, населения, крестьянства, колхозников, рабочих, интеллигенции, служащих, каких-л. групп, каких-л. слоёв, каких-л. классов, каких-л. семей ... **Уровень жизни** при чём: ~ при социализме, при капитализме ... **Уровень жизни** где: (*предлог «в» с предл.*) ~ в каком-л. обществе, в какой-л. стране, в СССР ...

Динамика, рост, подъём, составные части, показатель, компоненты ... **уровня жизни**. Различие ... **в уровне жизни.**

Характеризовать ↓ *несов. и сов.*, повышать ↑↓, понижать ↑↓, дифференцировать ↑↓ *несов. и сов.*, формировать ↑↓, определять ↑↓, обеспечивать ↑↓ ... **уровень жизни**. Что-л. оказывает влияние, что-л. влияет ... **на уровень жизни**.

Уровень жизни выражается *зд. несов.* чем-л. (системой каких-л. показателей ...), зависит *несов.* от чего-л. (от развития производительных сил...), связан с чем-л., растёт благодаря чему-л. (благодаря снижению и отмене налогов ...), служит чем-л. ...

● 1. При социализме уровень жизни неразрывно связан с социалистическим образом жизни. 2. Основой социалистического образа жизни и источником роста уровня жизни выступает свободный труд каждого трудоспособного члена общества.

УСЛÓВИЯ ТРУДÁ, *род.* услóвий, *только мн.*

Совокупность условий, которые необходимы для жизни в процессе труда.

Производственные, социально-экономические ... **условия труда**.

Условия труда кого: ~ рабочих, колхозников, инженеров ... **Условия труда** при чём: ~ при социализме, при капитализме ... **Условия труда** где: (*предлог «в» с предл.*) ~ в каком-л. обществе, в СССР ...; (*предлог «на» с предл.*) ~ на каком-л. предприятии, на заводе ...

Отчуждение, проблемы, роль, значение ... **условий труда**.

Формировать ↑↓, изменять ↑↓, ухудшать ↑↓, совершенствовать ↑↓, создавать ↑↓ ... **условия труда**. Изменять ↑ что-л. ... **в условиях труда**. Связывать что-л. ... **с условиями труда**.

Условия труда помогают чему-л., служат чем-л. ...

● 1. В СССР условия труда улучшаются на основе государственного плана экономического и социального развития страны. 2. При капитализме формирование и изменение условий труда происходит под воздействием противоречий между производительными силами и производственными отношениями.

УСЛУ́Г|И, *род.* услу́г, *ед.* услу́г|а, *род.* -и, *ж.*

Работа, которая выполняется для удовлетворения чьих-л. нужд, потребностей.

[Не]материальные, чистые, бытовые, частные, личные, платные, бесплатные, различные, коммунальные, [не]производственные, транспортные ... **услуги**.

Услуги какие: (*с род.*) ~ какого-л. (производственного ...) назначения, какого-л. (социального ...) характера, какого-л. (личного ...) потребления ... **Услуги** чего: ~ торговли, предприятий общественного питания, здравоохранения, гостиниц, ателье, парикмахерских, театров, кинотеатров, предприятий организованного отдыха, туризма ...

Сфера, виды, ассортимент, объём, качество, количество, характеристика, цена ... **услуг**. Обеспеченность ... **услугами**. Потребность ... **в услугах**. Предметы потребления ... **в виде услуг**. Расходы ... **на услуги**.

Оказывать ↑↓, потреблять ↑↓, предоставлять ↑↓, реализовать ↑↓ *несов. и сов.*, учитывать ↑↓ , производить ↓ ... **услуги**.

Услуги приобретают что-л., выражают что-л. ...

● 1. С точки зрения затрат труда различают услуги материальные и чистые (нематериальные). 2. Услуги как особая потребительная стоимость, как невещественная форма труда в национальном доходе не учитываются.

УЧÁСТИЕ ТРУДЯ́ЩИХСЯ В УПРАВЛÉНИИ, *род.* учáсти|я, *с.*

Деятельность трудящихся по планомерному регулированию общественного производства в целях повышения его эффективности и достижения высоких конечных результатов, всестороннего развития работников, формирования у них коммунистического отношения к общественным делам.

Широкое, активное, непосредственное ... **участие трудящихся в управлении**.

Участие трудящихся в управлении через что: ~ через Советы народных депутатов, через общественные организации ... **Участие трудящихся в управлении** когда: (*предлог «в условиях» с род.*) ~ в условиях развитого социализма ...

Формы, массовость, действенность ... **участия трудящихся в управлении**.

Поощрять ↑, способствовать *зд. несов.*, активизировать ↑ *несов. и сов.* ... **участие трудящихся в управлении**.

Участие трудящихся в управлении гарантировано чем-л., приобретает что-л. (особую значимость ...) ...

● Среди форм непосредственного участия трудящихся в управлении выделяют: всенародное обсуждение проектов государственных планов, законопроектов по крупным проблемам социально-экономического развития страны, общее собрание (конференция) трудового коллектива, постоянно действующие производственные совещания, совет трудового коллектива предприятия, группы, посты и комитеты народного контроля.

УЧЁТ, *род.* -а, *м.*

Функция управления, которая связана со сбором и первичной обработкой информации для управления народным хозяйством.

Общегосударственный, общественный, народнохозяйственный, социалистический, всенародный, капиталистический, индивидуальный, * статистический, * бухгалтерский, * оперативный, плановый, планомерный, нормативный, текущий, денежный, натуральный, прямой, косвенный, бюджетный, банковский, лицевой, хозяйственный, количественный, * аналитический, * синтетический, материальный, первичный, механизированный, централизованный, децентрализованный ... **учёт**.

Учёт чего: ~ денежных средств, каких-л. (бюджетных ...) ссуд, финансирования бюджетов, валюты, векселей, доходов и расходов чего-л., затрат на что-л., издержек, потерь, каких-л. (капитальных...) вложений, каких-л. (кассовых ...) операций, каких-л. лимитов, материалов, объектов страхования, каких-л. (открытых...) кредитов, отчислений, каких-л. платежей, расчётов, каких-л. фондов, резервов, результатов чего-л. (исполнения бюджета ...), каких-л. обязательств, товара, выработки, выполнения чего-л. (норм ...), объёма чего-л. (продукции ...), движения чего-л. (каких-л. фондов и оборотных средств), основных средств *, себестоимости чего-л., спроса и предложения, возможностей чего-л., готовой продукции *...; **учёт** кого: ~ каких-л. поставщиков, клиентов, покупателей, потребителей, заказчиков ... **Учёт** где: (*предлог «в» с предл.*) ~ в промышленности, в сельском хозяйстве, в каких-л. организациях, в каком-л. обществе, в каких-л. странах ...

Данные, задачи, единица, вид, удельный вес, система, объекты, табель, карточки, показатели, результат ... **учёта**. Движение продукции ... **в** каком-л. **учёте**. Основание ... **для учёта**. Операции ... **по учёту**.

Осуществлять ↑↓, вести ↑↓ *несов.*, централизовать ↑↓ *несов. и сов.*, децентрализовать ↑↓ *несов. и сов.*, обеспечивать ↑↓, производить ↓, совершенствовать ↑↓ ... **учёт**. Отражать ↑ что-л. ... **в учёте**. Применять ↑ что-л. ... **в процессе учёта**. Авансировать ↑ *несов. и сов.*что-л.... **при учёте** чего-л. (денег ...) ...

Учёт служит *зд. несов.* для чего-л. (для контроля ...), отражает что-л. (поступление продукции ...), ускоряет что-л. (кругооборот капитала ...), способствует *зд. несов.* чему-л., основан на чём-л. ...

● Важнейшими задачами социалистического учёта являются контроль за выполнением плана, охрана социалистической собственности, внедрение и укрепление хозяйственного расчёта, содействие выявлению и использованию резервов в хозяйстве, оказание помощи развитию социалистического соревнования и др.

△ **Учётн|ый**, -ая, -ое, -ые.

У. процент, процесс, лист, прибыль *ж.*, ставка, цена, функции, показатели, акции, регистры *, операции, конторы ...

Учи́тыва|ть, -ю, -ешь, -ют, *несов.*; уче́сть, учту́, учтёшь, учту́т *сов.*; *перех.*

У. затраты, доходы, расходы, товары, какие-л. суммы, какие-л. средства, счета, налог, какие-л. услуги, какие-л. работы, движение средств на счетах.

УЧЁТ ГОТО́ВОЙ ПРОДУ́КЦИИ, *род.* учёт|а, *м.*

Учёт движения готовой продукции на заводских складах, её выпуска, отгрузки и реализации.

● 1. Учёт готовой продукции в СССР служит для контроля за выполнением договорных обязательств предприятия перед потребителями продукции, за своевременностью расчётов с покупателями, за соблюдением норм запасов готовой продукции и сметы расходов по сбыту. 2. Учёт готовой продукции отражает её поступление, хранение, отгрузку и реализацию. *См.* **Учёт**.

УЧЁТ ДЕ́НЕЖНЫХ СРЕДСТВ, *род.* учёт|а, *только ед.*, *м.*

Один из разделов бухгалтерского учёта на социалистических предприятиях, в учреждениях и организациях, основной задачей которого является обеспечение сохранности денежных средств, а ткж. контроль за соблюдением кассовой и финансовой дисциплины.

● Учёт денежных средств предприятий, хозяйственных организаций и учреждений осуществляется на счетах расчётного счёта, специального счёта по капитальным вложениям, прочих счетов в банках, кассах и т. п. *См.* **Учёт**.

УЧЁТ ОСНОВНЫ́Х СРЕДСТВ, *род.* учёт|а, *только ед.*, *м.*

Учёт наличия и движения основных средств, их износа и ремонта.

● 1. Важнейшими задачами учёта основных средств в СССР являются правильное документальное оформление движения основных средств, контроль за сохранностью объектов, своевременное начисление амортизации и износа. 2. Аналитический учёт основных средств ведётся предприятиями и хозяйственными организациями по инвентарным объектам, сгруппированным в соответствии с типовой классификацией основных фондов Госкомстата СССР. *См.* **Учёт**.

УЧЁТНЫЕ РЕГИ́СТРЫ, *род.* реги́стр|ов, *ед.* **учётный реги́стр**, *род.* реги́стр|а, *м.*

Документы для регистрации и группировки данных бухгалтерского учёта о наличии средств и операциях с ними.

Аналитические, синтетические, хронологические, систематические, комбинированные, двусторонние, односторонние, табличные, шахматные ... **учётные регистры**.

Учётные регистры какие: (*с род.*) ~ синтетического и аналитического учёта ...

Виды, формы, структура, построение, запись, техника ... **учётных регистров**. Записи ... **в учётные регистры**.

Открывать ↑↓, составлять ↑↓, строить ↓, применять ↑↓, подразделять на что-л. ↑↓ ... **учётные регистры**. Вносить ↑ что-л. ... **в учётные регистры**. Отражать ↑ что-л., вести ↑ учёт чего-л., применять ↑ что-л., сверять ↑ что-л., разносить ↑ что-л., проставлять ↑ что-л., подсчитывать ↑ что-л, подводить ↑ что-л. ... **в учётных ре-**

15 70.

гистрах. Относить ↑ что-л. ... **к учётным регистрам**.

Учётные регистры обеспечивают что-л. (контроль за сохранностью документов ...), имеют *несов.* что-л. (различные строения), предназначены для чего-л., строятся *зд. несов.* как-л. ...

● 1. В зависимости от внешнего вида учётные регистры подразделяют на бухгалтерские книги, карточки и свободные листы (ведомости). 2. Запись хозяйственных операций в учётные регистры носит название разноски операций.

Ф

ФИЗИ́ЧЕСКИЙ ИЗНО́С, *род.* изно́с|а, *только ед., м.*

Снашивание, постепенная утрата потребительной стоимости средств труда в процессе использования.

Полный, преждевременный, ускоренный ... **физический износ** чего-л.

Физический износ чего: ~ средств труда, станков, машины ...

Факторы, причины, интенсивность, степень ... **физического износа** чего-л.

Возмещать ↑↓, уменьшать ↑↓, предотвращать ↑↓, учитывать ↑↓ ... **физический износ**. Что-л. зависит *несов.* ... **от физического износа**.

Физический износ влияет на что-л., объясняется *несов.* чем-л. ...

Физический и моральный **износ**.

● 1. Интенсивность физического износа зависит от производственной нагрузки и условий содержания средств труда. 2. Чтобы уменьшить физический износ, необходимо обеспечивать нормальные условия эксплуатации, хороший и своевременный ремонт и уход за средствами труда.

ФИКТИ́ВНЫЙ КАПИТА́Л, *род,* капита́л|а, *м. Син.* фо́ндовый капита́л.

Капитал в виде ценных бумаг, которые приносят доход их владельцам.

● В отличие от капитала, вложенного в различные сферы и отрасли общественного производства (на покупку средств производства и рабочей силы), фиктивный капитал не является реальным богатством и не имеет действительной стоимости. *См.* **Капита́л**.

ФИНАНСИ́РОВАНИ|Е, *род.* -я, *только ед., с.*

Предоставление денежных средств на развитие народного хозяйства, социально-культурные мероприятия, оборону и другие общественные потребности в социалистических странах за счёт средств государственного бюджета, финансовых ресурсов предприятий (объединений) и других источников.

*Бюджетное, сметно-бюджетное, сметное, прямое, совместное, безвозвратное, автоматизированное, дефицитное, долгосрочное, целевое, краткосрочное, долевое, [не]прерывное ... **финансирование**.

Финансирование чего: ~ народного хозяйства*, какой-л. отрасли, сельского хозяйства, торговли, строительства, здравоохранения, народного образования, науки, капитальных вложений*, потребностей кого-чего-л. ... **Финансирование** из чего: ~ из национального бюджета...

Фонды, источники, размеры, эффективность, методы, принципы, порядок, правила, форма, виды, плановость, безвозвратность, режим, лимит ... **финансирования**. Соотношения и пропорции ... **в финансировании**. Расходы, ассигнования, средства ... **на финансирование** чего-л.

Осуществлять ↑↓, организовать

↑↓ *несов. и сов.* (*в прош. только сов., несов. ткж.* организовывать), планировать ↑↓ *зд. несов.*, отражать ↑↓, обеспечивать ↑↓, производить ↓, намечать ↓, прекращать ↑↓, совершенствовать ↑↓ ... **финансирование**. Предоставлять ↑ что-л. ... **в порядке финансирования**. Распространять ↑ что-л., выделять ↑ что-л. ... **на финансирование**. Что-л. находится *зд. несов.*... **на** каком-л. **финансировании**.

Финансирование включает что-л., увязано с чем-л. (с народнохозяйственным планом ...), базируется *несов.* на чём-л., зависит *несов.*от чего-л. (от хода выполнения чего-л. ...) ...

● 1. Важнейшими принципами финансирования являются плановость, целевое использование средств, соблюдение режима экономии и контроль. 2. Финансирование жилищного строительства в СССР осуществляется за счёт средств, выделяемых по государственному плану (централизованные источники), средств предприятий и хозяйственных организаций и средств населения.

ФИНАНСИ́РОВАНИЕ КАПИТА́ЛЬНЫХ ВЛОЖЕ́НИЙ, *род.* финанси́ровани|я, *только ед., с.*

Предоставление денежных средств на расширение и совершенствование действующих и создание новых основных фондов.

● 1. Важнейшими задачами финансирования капитальных вложений являются обеспечение наиболее рационального и экономного использования средств с максимальным результатом и выигрышем во времени, устранение распыления средств в строительстве, сокращение сроков его завершения и окупаемости затрат, снижение стоимости и улучшение качества строительства путём индустриализации строительных работ. 2. Основные источники финансирования капитальных вложений в СССР: собственные средства предприятий (амортизационные отчисления на реновацию, прибыль, фонд развития производства), бюджетные ассигнования, кредиты банка. *См.* **Финанси́рование**.

ФИНАНСИ́РОВАНИЕ НАРО́ДНОГО ХОЗЯ́ЙСТВА, *род.* финанси́ровани|я, *только ед., с.*

Предоставление предприятиям и хозяйственным организациям, действующим в сфере материального производства, средств из государственного бюджета и использование ими собственных ресурсов для обеспечения предусмотренных финансовым планом потребностей в затратах по осуществлению и расширению их деятельности.

● Финансирование народного хозяйства является строго целевым, причём средства выделяются лишь в меру фактического выполнения ими плановых заданий с учётом правильности использования полученных ранее средств. *См.* **Финанси́рование**.

ФИНА́НСОВАЯ ДИСЦИПЛИ́НА, *род.* дисципли́н|ы, *только ед., ж.*

Обязательное для всех социалистических предприятий, хозяйственных организаций и учреждений соблюдение правил и норм ведения финансового хозяйства и расчётов с государственным бюджетом.

Строгая, образцовая ... **финансовая дисциплина**.

Финансовая дисциплина где: (*предлог «в» с предл.*) ~ в Госбанке СССР, в каком-л. объединении ...; (*предлог «на» с предл.*) ~ на каком-л. предприятии...

Нарушители, требования ... **финансовой дисциплины**. Борьба ... **за финансовую дисциплину**. Требования ... **к финансовой дисциплине**.

Нарушать ↑↓, соблюдать ↑↓, укреплять ↑↓ ... **финансовую дисциплину**.

Финансовая дисциплина требует

чего-л., включает *зд. несов.* что-л....

● Финансовая дисциплина требует строгого соблюдения норм и правил в отношении штатов, ставок и фондов заработной платы, лимитов капитального строительства.

ФИНА́НСОВАЯ ПОЛИ́ТИКА, *род.* поли́тик|и, *ж.*

Совокупность мероприятий государства в области финансов (в широком смысле также в сфере кредитно-денежных отношений).

Финансовая политика чья: ~ какого-л. государства, какого-л. правительства ... **Финансовая политика** где: (*предлог «в» с предл.*) ~ в какой-л. стране, в каком-л. обществе ... **Финансовая политика** в период чего: ~ в период проведения чего-л., в период индустриализации ...

Цель, задачи, содержание, демократизация, аспект ... **финансовой политики**.

Направлять ↓, подчинить чему-л. ↑↓, определять ↑↓ ... **финансовую политику**. Что-л. зависит *несов.* ... **от финансовой политики**.

Финансовая политика оказывает воздействие на что-л. (на экономику ...), отвечает *зд. несов.* интересам кого-чего-л., отражает что-л., способствует *зд. несов.* чему-л., преследует какую-л. цель, призвана содействовать чему-л., направлена на что-л. ...

● 1. Финансовая политика социалистического государства направлена на планомерную организацию финансов и их использование для социалистического преобразования экономики и построения коммунистического общества. 2. Финансовая политика — важная сфера экономической политики.

ФИНА́НСОВАЯ СИСТЕ́МА, *род.* систе́м|ы, *ж.*

Совокупность различных сфер финансовых отношений в рамках данной страны, а ткж. совокупность финансовых учреждений страны.

Социалистическая, капиталистическая, новая, прочная ... **финансовая система**.

Финансовая система чего: ~ каких-л. государств, социализма, капитализма ... **Финансовая система** где: (*предлог «в» с предл.*) ~ в каких-л. странах, в СССР ...

Социально-экономическое содержание, характер, функции, структура, отличительные черты, звенья, прочность, единство, взаимоотношение с чем-л. ... **финансовой системы**.

Создавать ↑↓, совершенствовать ↑↓, укреплять ↑↓, перестраивать ↑↓ ... **финансовую систему**. Что-л. характерно ... **для** какой-л. **финансовой системы**.

Финансовая система состоит *несов.* из чего-л., включает *зд. несов.* в себя что-л., отражает что-л., построена на основе чего-л., носит *несов.* какой-л. характер ...

● 1. Финансовая система СССР состоит из общегосударственных финансов, финансов социалистических предприятий, объединений и отраслей народного хозяйства. 2. Государственный бюджет является ведущим звеном финансовой системы СССР и органически связан со всеми её звеньями.

ФИНА́НСОВАЯ СТАТИ́СТИКА, *род.* стати́стик|и, *только ед.*, *ж.*

Составная часть экономической статистики, задачей которой является сбор и обработка данных о процессах и явлениях в области финансовых отношений.

● Финансовая статистика охватывает обработку информации о движении и использовании всех денежных ресурсов в народном хозяйстве. *См.* **Стати́стика**.

ФИНА́НСОВОЕ ЗАКОНОДА́ТЕЛЬСТВО, *род.* законода́тельств|а, *с.*

Законодательные и другие нормативные акты, которые регламентируют финансовую деятельность.

Финансовое законодательство чьё: ~ какой-л. страны, СССР, Венгрии, США ... **Финансовое законодательство** где: (*предлог «в» с предл.*) ~ в какой-л. республике, в какой-л. стране, в СССР...

Роль, задачи, акты, указы, законы, составные части ... **финансового законодательства**.

Совершенствовать ↑↓, изучать ↑↓ ... **финансовое законодательство**.

Финансовое законодательство способствует *зд. несов.* чему-л., обеспечивает что-л., определяет что-л., устанавливает что-л, регламентирует что-л. ...

● Составные части финансового законодательства: бюджетное, налоговое, банковское, кредитное законодательство, законодательство в области денежного обращения, страхования, социального страхования и социального обеспечения.

ФИНА́НСОВОЕ ПЛАНИ́РОВАНИЕ, *род.* плани́ровани|я, *только ед., с.*

Совокупность мероприятий по составлению и выполнению планов формирования и использования финансовых ресурсов, которые направляются на расширение социалистического воспроизводства и удовлетворение других общественных потребностей.

● Основным назначением финансового планирования является выявление текущих и перспективных потребностей хозяйства в финансовых ресурсах, определение источников и сроков удовлетворения этих потребностей. *См.* **Плани́рование**.

ФИНА́НСОВО-КРЕДИ́ТНЫЙ МЕХАНИ́ЗМ, *род.* механи́зм|а, *зд. только ед., м.*

То же, что **фина́нсовый механи́зм.**

ФИНА́НСОВЫЕ РЕЗЕ́РВЫ, *род.* резе́рв|ов, *только мн.*

Резервируемые государством и социалистическими предприятиями (объединениями) и хозяйственными организациями денежные ресурсы для обеспечения непредвиденных расходов и специальных потребностей.

● Финансовые резервы подразделяются на общегосударственные, специальные государственные и резервы, которые образуются у хозяйственных организаций и колхозов. *См.* **Резе́рвы**.

ФИНА́НСОВЫЕ РЕСУ́РСЫ, *род.* ресу́рс|ов, *только мн.*

В социалистических странах — денежные средства, которые находятся в распоряжении государства, предприятий (объединений), хозяйственных организаций и учреждений.

● 1. Финансовые ресурсы используются для покрытия затрат и образования разнообразных фондов и резервов. 2. Главным источником финансовых ресурсов являются накопления социалистического хозяйства. *См.* **Ресу́рсы**.

ФИНА́НСОВЫЙ КАПИТА́Л, *род.* капита́л|а, *м.*

Монополистический промышленный капитал, который слился с монополистическим банковским капиталом.

● Образование финансового капитала является одним из характернейших признаков империализма. *См.* **Капита́л**.

ФИНА́НСОВЫЙ МЕХАНИ́ЗМ, *род.* механи́зм|а, *м. Син.* фина́нсово-креди́тный механи́зм.

Комплекс форм, приёмов и методов, которые обеспечивают планомерное распределение общественного продукта и национального дохода, хозрасчётную деятельность производственных единиц и контроль за использованием ресурсов в народном хозяйстве.

Действенный, сложный, [не]совершенный ... **финансовый механизм.**

Финансовый механизм чего: ~ народного хозяйства, промышленности, сельского хозяйства, агропромышленного комплекса, строительства, транспорта ...

Сущность, назначение, задачи, характеристика, действенность, элементы, структура ... **финансового механизма**.

Определять ↑↓, характеризовать ↑↓, *несов. и сов.*, совершенствовать ↑↓, перестраивать ↑↓ ... **финансовый механизм**.

Финансовый механизм представляет *зд. несов.* собой что-л., зависит от чего-л. ...

● Основное назначение финансового механизма состоит в образовании, распределении и эффективном использовании финансовых ресурсов народного хозяйства.

ФИНА́НС|Ы, *род.* -ов, *только мн.*

Совокупность экономических отношений в процессе создания и использования централизованных и децентрализованных фондов денежных средств, а ткж. сами денежные средства народнохозяйственного оборота.

Советские, государственные, общегосударственные, социалистические, капиталистические, местные ... **финансы**.

Финансы чьи: ~ социалистических стран, капиталистических стран, СССР *, какого-л. сектора, социалистических предприятий, какой-л. отрасли народного хозяйства, строительства, транспорта, связи, торговли, какого-л. хозяйства, колхозов, совхозов, банков, монополий, корпораций ...

Сущность, содержание, функции, сфера, воздействие, значение, система, источник ... **финансов**. Потребность, нужда ... **в финансах**. План ... **по финансам**.

Использовать ↑↓ *несов. и сов.*, организовать ↑↓ *несов. и сов.* (*в прош. только сов.*, *несов. ткж.* организовывать), характеризовать ↓ *несов. и сов.*, распределять ↑↓, отпускать ↑↓, расходовать на что-л. ↑↓, предоставлять кому-чему-л. ↑↓ ... **финансы**. Воздействовать на что-л. ↑, укреплять что-л. ... **финансами**. Что-л. характерно ... для каких-л. **финансов**. Перераспределять ↑ что-л., осуществлять ↑ что-л. ... **через финансы**.

Финансы возникли когда-л., выступают чем-л. (как-л., в качестве чего-л.), служат чем-л. или в качестве чего-л., выражают *зд. несов.* что-л. (экономические отношения ...), обеспечивают что-л. (оборот средств ...), включают *зд. несов.* что-л., связаны с чем.-л. ...

● 1. Социалистическое государство через систему финансов, включающую государственные финансы и финансы социалистических предприятий (объединений), распределяет общественный продукт и национальный доход в интересах планомерного развития общественного производства, подъёма жизненного уровня народа, развития социалистической экономической интеграции. 2. Для государственных финансов капиталистических стран характерен быстрый рост расходов, что обусловлено прежде всего усилением милитаризации экономики.

△ **Фина́нсов|ый**, -ая, -ое, -ые.

Ф. механизм *, орган, отдел, управление, центр, план, отчёт, баланс в социалистических странах, контроль *м.*, капитал *, работник, съезд, система *, сторона чего-л., деятельность *ж.*, политика *, поддержка, блокада, эксплуатация, централизация, область *ж.*, норма, норматив, отчётность *ж.*, статистика *, основа, олигархия, реформа, дисциплина *, законодательство *, планирование *, положение, преобразование, монополии, компании, круги, магнаты, капиталисты, операции, мероприятия, ресурсы *, резервы *, нужды, взаимоотношения, категории, науки ...

Финанси́р|овать, -ую, -уешь, -уют, *несов. и сов.*, *перех.*

Ф. какие-л. расходы, строительство чего-л. ...

ФИНА́НСЫ СССР, *род.* фина́нс|ов, *только мн. Син.* сове́тские фина́нсы.

Совокупность экономических отношений в СССР, на основе которых через планомерное образование и распределение денежных доходов и накоплений обеспечивается образование и использование централизованных (общегосударственных) и децентрализованных (отдельных предприятий и отраслей хозяйства) фондов денежных ресурсов для нужд расширенного социалистического воспроизводства и удовлетворения других общественных потребностей.

● Финансы СССР охватывают как перераспределительные, так и распределительные отношения и включают в себя не только бюджет, но и обширную сферу финансов народного хозяйства. *См.* **Фина́нсы**.

ФИ́РМ|А, *род.* -ы, *ж.*

1. В СССР—хозяйственное объединение, которое создаётся на основе слияния ряда предприятий и организаций, наделяется правами юридического лица и находится на хозяйственном расчёте.

Торговая, отраслевая, мелкая, средняя, крупная ... **фирма**.

Фирма какая: (*с им.*) ~ «Детский мир», «Заря»...

Специализация, прибыль, доход ... **фирмы**.

Создавать ↑↓, контролировать ↓, ликвидировать ↑↓ *несов. и сов.* ... **фирму**. Что-л. входит ... **в состав фирмы**. Что-л. выступает ... **в качестве фирмы**.

Фирма контролирует что-л., выполняет что-л., включает в себя что-л., подлежит *несов.* чему-л. ...

● Экономические преимущества фирм состоят в улучшении руководства предприятиями и организациями, сокращении управленческих расходов.

2. Капиталистическое предприятие, компания или хозяйственная организация, которая преследует коммерческие цели.

Торговая, коммерческая, страховая, рекламная, кооперативная, государственная, частная, смешанная, капиталистическая, известная, американская ... **фирма**.

Фирма какая: (*предлог «по» с дат.*) ~ по производству чего-л., по отработке чего-л. ...

Возникновение, деятельность, прибыль, доход, капитал, акции, интересы, представитель ... какой-л. **фирмы**.

Создавать ↑↓, укреплять ↑↓, поддерживать ↑↓ ... **фирму**.

Фирма выпускает что-л., специализируется *несов.* на чём-л., выбросила на рынок что-л. ...

● Крупные торговые фирмы выступают как синдикаты или торговые монополии.

△ **Фи́рменн|ый**, -ая, -ое, -ые.

Ф. счёт, магазины, товар, вещь, знак, этикетка, торговля, продукция, наименование, обслуживание ...

ФОНД, *род.* фо́нд|а, *м.*

1. Ресурсы, запасы, накопления.

Государственный, общегосударственный, общенародный, * общественный, союзный, специальный, целевой, централизованный, децентрализованный, мировой, международный, натуральный, имущественный, земельный, хлебный, семенной ... **фонд**.

Фонд какой: (*с род.*) ~ каких-л. ресурсов, запасов чего-л. ... **Фонд** чей: ~ какой-л. страны, какой-л. республики, какого-л. предприятия, какого-л. объединения...

Источник, размер, объём, форма, структура, движение, расход, показатель ... **фонда**.

Планировать ↑↓, формировать ↑↓, создавать ↑↓, использовать ↑↓ *несов. и сов.*, расходовать ↑↓, реализовать ↑↓ *несов. и сов.*, хранить ↑↓ *несов.* ... **фонд**.

Фонд предназначен для чего-л. ...

● В плане работы жилищно-коммунальных контор предусматриваются показатели, характеризующие эксплуатацию жилого фонда и общежитий коечного типа.

2. Денежные средства или материальные ценности государства, предприятия и т. п., предназначенные для какой-л. цели, а ткж. организация или учреждение для оказания материальной помощи.

Валютный, ссудный, золотой, кредитный, денежный, материальный, страховой, рыночный, внерыночный, дотационный, паевой, стипендиальный, пенсионный, страховой, премиальный, поощрительный, культурно-бытовой, директорский, плановый, годовой, квартальный, месячный, совхозный, колхозный, *амортизационный, литературный, художественный, театральный ... **фонд**; *основные, оборотные, непроизводственные, отраслевые ... **фонды**.

Фонд какой: (*с род.*) ~ каких-л. (капитальных ...) вложений, возмещения *, накопления *, потребления *, развития производства *, расширения чего-л. (производства ...), каких-л. средств, заработной платы, материального поощрения *, социального обеспечения колхозников *, какого-л. (непроизводственного...) назначения, авансирования чего-л., какого-л. кредитования, страхования, каких-л. расходов, платежей, освоения чего-л., содействия чему-л. (внедрению изобретений ...), социально-культурных мероприятий и жилищного строительства *, помощи кому-чему-л., обороны страны, мира, содержания какого-л. аппарата ...; **фонды** народного хозяйства *, обращения *, экономического стимулирования * ...; (*предлог «для» с род.*) ~ для нетрудоспособных, для инвалидов, для какого-л. (расширенного ...) воспроизводства, для кредитования чего-л. (народного хозяйства ...), для покрытия чего-л. (каких-л. расходов ...) ...; (*предлог «на» с вин.*) ~ на создание и внедрение чего-л. (новой техники ...), на выпуск чего-л. (товаров ...) ... **Фонды** чьи: ~ каких-л. работников, начальника, директора, какой-л. страны, Совета Министров СССР, Совета Министров союзных республик, колхозов *, совхозов, социалистического предприятия *, какой-л. кооперации, какого-л. банка, каких-л. производителей, потребителей, какого-л. управления ...

Название, наименование, источник, размер, доля, часть, сумма, объём, величина, средства, форма, структура, участие, движение, показатель ... **фонда**. Средства, отчисления ... **в фонд** чего-л. (мира ...). Потребность чего-л. ... **в** *каком-л.* **фонде**.

Планировать ↑↓, формировать ↑↓, накапливать ↑↓, создавать ↑↓, организовать ↑↓ *несов. и сов.* (*в прош. только сов., несов. ткж.* организовывать), образовать ↑↓ *несов. и сов.* (*в прош. только сов., несов. ткж.* образовывать), утверждать ↑↓, воспроизводить ↑↓, назначать ↑↓, расходовать ↑↓, делить ↑↓, распределять ↑↓, перераспределять ↑↓, увеличивать ↑↓, обновлять ↑↓, нормировать ↑↓ *несов. и сов.* ... какой-л. **фонд**. Направлять что-л., [не]включать ↑ что-л. ... **в** какой-л. **фонд**. Выплачивать ↑ что-л. ... **из** какого-л. **фонда**.

Фонд получает что-л., служит для чего-л., создаёт что-л., составляет что-л. (стоимость материальных затрат...)...

● 1. Денежные ресурсы, которые накапливаются из амортизационных отчислений для воспроизводства основных фондов, образуют амортизационные фонды. 2. Фонд мира — общественная организация в СССР, которая осуществляет сбор средств, добровольно передаваемых советскими трудящимися для помощи народам, борющимся за мир, свободу и независимость, социальный прогресс против империализма.

△ **Фóндов|ый**, -ая, -ое, -ые.

Ф. арбитраж, капитал *, биржа, земля, строительные материалы, деньги, бумаги, операции, отделения Госбанка СССР, излишки ...

Фонди́р|овать, -ую, -уешь, -уют, *несов. и сов., перех.* ...

Ф. какие-л. товары, металл, деньги, валюту ...

ФОНД ВОЗМЕЩЕ́НИЯ, *род.* фóнд|а, *м.*

Часть совокупного общественного продукта, которая должна быть возмещена производству для его дальнейшего бесперебойного функционирования.

● Фонд возмещения равен стоимости материальных затрат (машин, оборудования, сырья, материалов, топлива и т. п.). *См.* **Фонд**.

ФОНД ЗА́РАБОТНОЙ ПЛА́ТЫ, *род.* фóнд|а, *м.*

Часть национального дохода в социалистических странах, которая распределяется для личного потребления между рабочими и служащими в соответствии с количеством и качеством затраченного ими труда.

● Фонд заработной платы включает оплату по тарифным ставкам и окладам работников предприятия, оплату ежегодных (очередных) и дополнительных отпусков, премии (кроме премий, выплачиваемых из фонда материального поощрения и других специальных фондов премирования), а также денежные суммы, начисленные за выполненную работу рабочим и служащим. *См.* **Фонд**.

ФОНД МАТЕРИА́ЛЬНОГО ПООЩРЕ́НИЯ, *род.* фóнд|а, *м.*

В СССР—один из фондов экономического стимулирования, который расходуется на премирование в соответствии с установленными премиальными системами.

● Фонд материального поощрения образуется на государственных производственных предприятиях (объединениях) из прибыли. *См.* **Фонд**.

ФОНД НАКОПЛЕ́НИЯ, *род.* фóнд|а, *м.*

Часть национального дохода в социалистических странах, которая используется на расширенное воспроизводство: прирост основных фондов, материальных оборотных средств и резервов.

● 1. Фонд накопления в СССР составляет 1/4 национального дохода. 2. В составе фонда накопления выделяются фонды производственного и непроизводственного накопления.

ФОНД ПОТРЕБЛЕ́НИЯ, *род.* фóнд|а, *м.*

Часть национального дохода в социалистических странах, которая используется для удовлетворения личных потребностей населения, а также на содержание учреждений и организаций непроизводственной сферы.

● 1. По способу образования и использования фонд потребления делится на фонд оплаты по труду работников материального производства, общественные фонды потребления и фонд содержания аппарата управления. 2. Чем больше фонд потребления, тем выше реальные доходы трудящихся. *См.* **Фонд**.

ФОНД РАЗВИ́ТИЯ ПРОИЗВО́ДСТВА, НАУ́КИ И ТЕ́ХНИКИ, *род.* фóнд|а, *м.* (*сокр.* ФРПНТ).

Один из фондов экономического стимулирования в СССР, источник финансирования капитальных вложений на техническое перевооружение, реконструкцию и расширение действующего производства, прироста собственных оборотных средств, затрат на развитие науки и техники, погашения долгосрочных кредитов банков, осуществления природоохранительных мероприятий и других затрат объединений, предприятий и организаций, переведённых на полный хозрасчёт и самофинансирование.

● Создание производственных объединений позволило увеличить размеры фонда развития производства, науки и техники.

ФОНД СОЦИА́ЛЬНОГО ОБЕСПЕ́ЧЕНИЯ КОЛХО́ЗНИКОВ, *род.* фо́нд|а, *м.*

Специальный централизованный союзный денежный фонд в СССР для выплаты пенсий колхозникам.

● Фонд социального обеспечения колхозников образуется за счёт денежных отчислений колхозов и ежегодных ассигнований по государственному бюджету. *См.* **Фонд**.

ФОНД СОЦИА́ЛЬНОГО РАЗВИ́ТИЯ, *род.* фо́нд|а, *м.* (*сокр.* ФСР).

Один из фондов экономического стимулирования в СССР, к-рый предназначен для строительства и капитального ремонта жилых домов, детских дошкольных учреждений, профилакториев, объектов культурно-просветительного и медицинского назначения, приобретения путёвок в базы отдыха и санатории, проведение мероприятий по физической культуре и спорту и т. п. предприятий, переведённых на полный хозрасчёт и самофинансирование.

● Размеры фонда социально-культурных мероприятий и жилищного строительства зависят от суммы прибыли предприятий. *См.* **Фонд**.

ФО́НДОВЫЙ КАПИТА́Л, *род.* капита́л|а, *м.*

То же, что **фикти́вный капита́л**.

ФОНДОЁМКОСТЬ, *род.* фондоёмкост|и, *только ед.*, *ж.*

Объём производственных основных фондов на единицу изготовленной продукции (объёма работ, услуг).

Прямая, полная, фактическая, плановая, нормативная, наименьшая, наибольшая ... **фондоёмкость**.

Фондоёмкость какая: (*предлог «по» с дат.*) ~ по народному хозяйству, по промышленности ... **Фондоёмкость** где: (*предлог «в» с предл.*) ~ в СССР, в каких-л. отраслях материального производства, в производстве какой-л. (электрической ...) энергии, в строительстве ...

Рост, динамика, анализ динамики, показатель, коэффициенты, уровень ... **фондоёмкости**.

Рассчитывать ↑↓, исчислять ↑↓, определять ↑↓, увеличивать ↑↓, уменьшать ↑↓, снижать ↑↓, оценивать ↑↓ ... **фондоёмкость**.

Фондоёмкость учитывает *зд. несов.* что-л., зависит *несов.* от чего-л. (от уровня использования производственных мощностей...) ...

● 1. Прямая фондоёмкость исчисляется как отношение основных фондов данной отрасли к объёму производства в денежном выражении. 2. Полная фондоёмкость учитывает не только основные фонды, непосредственно занятые в производстве продукции отрасли, но и те, которые функционировали в отраслях, косвенно участвовавших в производстве продукции данной отрасли.

ФОНДООТДА́Ч|А, *род.* -и, *только ед.*, *ж.*

Объём производства продукции (работ, услуг) на единицу производственных фондов.

Плановая, фактическая, низкая, высокая ... **фондоотдача**.

Фондоотдача какая: (*предл. «по» с дат.*) ~ по промышленности ... **Фондоотдача** чего: ~ основных производственных фондов, оборотных фондов ... **Фондоотдача** где: (*предлог «в» с предл.*) ~ в социалистической экономике, в каких-л. отраслях материального производства, в электроэнергетике, в какой-л. промышленности ...

Рост, прирост, динамика, показатель ... **фондоотдачи**.

Определять ↑↓, рассчитывать ↑↓, исчислять ↑↓, оценивать, повышать ↑↓, понижать ↑↓, снижать ↑↓, учитывать ↑↓, стабилизировать ↑↓ *несов. и сов.* ... **фондоотдачу**. Влиять ↑ ... **на фондоотдачу**.

Фондоотдача возрастает от чего-л. ...

● 1. Рост фондоотдачи зависит прежде всего от технического уровня основных фондов, организационно-технических мероприятий по улучшению использования производственных мощностей действующих предприятий, доли капитальных вложений, направляемых на реконструкцию и техническое перевооружение. 2. Уровень и динамика фондоотдачи во многом зависят от технико-экономических показателей использования машин, оборудования, агрегатов и особенно повышения коэффицента сменности оборудования.

ФО́НДЫ КОЛХО́ЗОВ, *род.* фо́нд|ов, *ед.* **фонд колхо́за**, *род.* фо́нд|а, *м. Син.* колхо́зные фо́нды.

Ресурсы, которые образуются за счёт натуральных и денежных доходов колхозов для обеспечения их расширенного воспроизводства и улучшения культурно-бытового обслуживания колхозников.

● 1. Различаются следующие фонды колхозов: неделимый, паевой, фонд капитальных вложений, фонды собственных оборотных средств, специальные фонды и др. 2. К специальным фондам колхозов относятся фонд помощи и пенсионного обеспечения, фонд на культурно-бытовые нужды, резервный фонд, межколхозный страховой фонд и др. *См.* **Фонд**.

ФО́НДЫ НАРО́ДНОГО ХОЗЯ́ЙСТВА, *род.* фо́нд|ов, *только мн.*

Совокупность материальных и денежных ресурсов в СССР, планомерно создаваемых, распределяемых и используемых в процессе расширенного социалистического воспроизводства для обеспечения динамичного и пропорционального развития экономики.

● Фонды народного хозяйства включают основные фонды, оборотные средства, резервные и страховые фонды. 2. Подавляющая часть всех фондов народного хозяйства находится в общественной собственности. *См.* **Фонд**.

ФО́НДЫ ОБРАЩЕ́НИЯ, *род.* фо́нд|ов, *ед.* **фонд обраще́ния**, *род.* фо́нд|а, *м.*

Средства социалистических предприятий, которые функционируют в сфере обращения и представляют собой составную часть (более 20%) оборотных средств.

● В процессе оборота фонды обращения совершают одинаковое движение с оборотной частью производственных фондов. *См.* **Фонд**.

ФО́НДЫ СОЦИАЛИСТИ́ЧЕСКОГО ПРЕДПРИЯ́ТИЯ, *род.* фо́нд|ов, *ед.* **фонд социалисти́ческого предприя́тия**, *род.* фо́нд|а, *м.*

Материальные и денежные средства, которые используются социалистическими предприятиями в производстве материальных благ и их обращении.

● 1. Фонды социалистических предприятий подразделяются на две группы: производственные фонды, закреплённые за предприятиями (объединениями), и денежные фонды, которые образуются ежегодно за счёт различных источников и имеют определённое целевое назначение. 2. Социалистическая система хозяйства обеспечивает неуклонный рост фондов предприятий и их эффективное использование. *См.* **Фонд**.

ФО́НДЫ ЭКОНОМИ́ЧЕСКОГО СТИМУЛИ́РОВАНИЯ, *род.* фо́нд|ов, *ед.* **фонд экономи́ческого стимули́рования**, *род.* фо́нд|а, *м.* (*сокр.* ФЭС).

Фонды денежных средств, которые образуются в производственных объединениях, предприятиях, хозрасчётных организациях, министерствах и ведомствах и предназначаются для развития инициативы и повышения заинтересованности работников данных предприятий и организаций в улучшении результатов работы, повышении эффективности производства.

Основные, отраслевые ... **фонды экономического стимулирования**.

Фонды экономического стимулирования чьи: ~ завода, комбината производственного объединения, фабрики, совхоза, колхоза, министерства ...

Фонды экономического стимулирования где: (*предлог «на» с предл.*) ~ на государственных предприятиях ...; (*предл. «в» с предл.*) ~ в СССР, в каких-л. (социалистических ...) странах ...

Содержание, функции, размеры, величина, темпы роста, система, порядок образования, источники формирования, расход, перерасход, остатки ... **фондов экономического стимулирования**. Нормативы, отчисления ... **в фонды экономического стимулирования**.

Формировать ⇅, образовать ⇅ *несов. и сов.* (*в прош. только сов., несов. ткж.* образовывать), распределять ⇅, расходовать ⇅, использовать ⇅ *несов. и сов.* ... **фонды экономического стимулирования**.

Фонды экономического стимулирования представляют *зд. несов.* собой что-л. (государственную собственность ...), устанавливают что-л. (экономическую связь ...), складываются *зд. несов.* как-л., служат чем-л. ...

● В СССР с 1966 года на промышленных предприятиях стали создаваться три основных фонда экономического стимулирования: фонд материального поощрения, фонд развития производства и фонд социально-культурных мероприятий и жилищного строительства.

Х

ХОЗРАСЧЁТ, *род.* -а, *м.*

То же, что **хозя́йственный расчёт**.

ХОЗЯ́ЙСТВЕННОЕ ПРА́ВО В СССР, *род.* пра́в|а, *с.*

Совокупность правовых форм, которые регулируют хозяйственные отношения социалистического общества.

Система, субъекты, предмет, нормы, акты, теоретические проблемы ... **хозяйственного права в СССР**.

Совершенствовать ⇅ ... **хозяйственное право в СССР**. Использовать ⇅ *несов. и сов.* что-л. ... **в хозяйственном праве в СССР**.

Хозяйственное право в СССР призвано способствовать чему-л., включает *зд. несов.* что-л. (какие-л. законы ...), определяет *зд. несов.* что-л., устанавливает *зд. несов.* что-л. (результаты хозяйственной деятельности ...), состоит *несов.* из чего-л. ...

● В хозяйственном праве в СССР используются три метода правового регулирования, позволяющие успешно решать экономические и политические задачи: метод согласования, при котором вопросы решаются по взаимному согласию участников правоотношения (например, при заключении хозяйственного договора), метод обязательных предписаний, когда одна сторона правового отношения даёт другой обязательное для неё указание (например, утверждение планового задания), метод рекомендаций, когда одна сторона правового отношения воздействует на другую с помощью советов или рекомендаций о рациональной организации хозяйственной деятельности.

ХОЗЯ́ЙСТВЕННЫЙ ДОГОВО́Р, *род.* догово́р|а, *м.* (*сокр.* хоздогово́р).

Соглашение между социалистическими организациями, которые обладают правами юридического лица, направленное на достижение хозяйственных целей (договоры о поставке, подряде на капитальное строительство, грузовой перевозке и т. д.).

Типовой, примерный, односторонний, двусторонний, нотариально удостоверенный, прямой, простой, реальный, генеральный, годовой, долгосрочный, краткосрочный, коллективный, подрядный, локальный ... **хозяйственный договор**.

Хозяйственный договор о чём: ~ о поставке чего-л., о строительстве чего-л., о выполнении чего-л. ... **Хозяйственный договор** на что: ~ на поставку чего-л. ...

Особенность, содержание, участники, стороны, роль, условие, вид ... **хозяйственного договора**. Ответственность ... **по хозяйственному договору**. Правила ...**о хозяйственном договоре**.

Заключать ↑↓, исполнять ↑↓, регулировать ↑↓ *несов. и сов.*, оформлять ↑↓, выполнять ↑↓, нарушать ↑↓, аннулировать ↑↓ *несов. и сов.*, расторгать ↑↓, разрывать ↑↓ ... **хозяйственный договор**. Установить ↑ что-л. ... **хозяйственным договором**. Включать ↑ что-л. ... **в хозяйственный договор**. Указывать ↑ что-л. ... **в хозяйственном договоре**. Обязывать кого-что-л. ... **по хозяйственному договору**. Определять ↑ что-л. ... **в соответствии с хозяйственным договором**.

Хозяйственный договор предусматривает что-л., конкретизирует *несов. и сов.* что-л., выступает чем-л., подлежит *несов.* чему-л. (регистрации ...), связывает что-л., устанавливает что-л. (санкции за нарушения ...) ...

● 1. Условия хозяйственного договора определяются законом, планом или соглашением сторон. 2. Неисполнение или ненадлежащее исполнение хозяйственного договора влечёт за собой имущественную ответственность стороны, нарушившей договор. 3. Участниками хозяйственного договора могут быть только социалистические организации (государственные, кооперативные, общественные).

ХОЗЯ́ЙСТВЕННЫЙ МЕХАНИ́ЗМ, *род.* механи́зм|а, *только ед., м.*

Комплекс форм, приёмов и методов, посредством которых осуществляется планомерная организация общественного производства, согласованная деятельность совокупного работника общества.

Действенный, сложный, [не]совершенный ... **хозяйственный механизм**.

Сущность, назначение, цель, задачи, характеристика, действенность, звенья, элементы, структура, функционирование ... **хозяйственного механизма**.

Характеризовать ↓ *несов. и сов.*, создавать ↑↓., приводить ↑↓ в соответствие, перестраивать ↑↓ ... **хозяйственный механизм**.

Хозяйственный механизм имеет *несов.* что-л., становится *несов.* каким-л. (всё более эффективным ...), действует *зд. несов.* как-л. ...

● 1. Хозяйственный механизм — сложное и многоплановое понятие, которое отражает как внутренние процессы функционирования экономики, так и её взаимодействие с производительными силами и надстройкой общества. 2. Через хозяйственный механизм осуществляется взаимодействие между производительными силами и производственными отношениями. 3. Социалистический хозяйственный механизм имеет в своей основе плановое руководство развитием экономики.

ХОЗЯ́ЙСТВЕННЫЙ РАСЧЁТ, *род.* расчёт|а, *м.* (*сокр.* хозрасчёт).

Метод планового ведения социалистического хозяйства, который основан на соизмерении затрат предприятия на производство продукции с результатами производственно-хозяйственной деятельности, возмещении расходов доходами, обеспечении рентабельности производства, материальной заинтересованности и ответственности предприятия в выполнении плановых показателей, экономном использовании ресурсов.

Внутренний, * внутризаводской, * полный, отраслевой ... **хозяйственный расчёт**.

Хозяйственный расчёт где: (*предлог «в» с предл.*) ~ в промышленности, в сельском хозяйстве, в какой-л. отрасли, в строительстве, в каких-л. организациях, в совхозах, в колхозах, в торговле ...; (*предлог «на» с предл.*) ~ на транспорте, на каком-л. предприятии ...

Основы, сущность, особенности, элементы, признаки, черты, формы, теория, практика, цель, задача, принципы ... **хозяйственного расчёта**. Работа ... **в условиях хозяйственного расчёта**.

Внедрять ↑↓, осуществлять ↑↓, применять ↑↓, развивать ↑↓, использовать ↑↓ *несов. и сов.*, укреплять ↑↓, ослаблять ↑↓, приближать к чему-л. ↑↓... **хозяйственный расчёт**. Применять ↑ что-л. ... **в хозяйственном расчёте**. Перевести ↑ что-л., переходить ↑ ... **на хозяйственный расчёт. Работать** ↑ *несов.*, что-л. находится *зд. несов.* ... **на хозяйственном расчёте**. Что-л. действует *зд. несов.* ... **на началах хозяйственного расчёта**. Организовать ↑↓ *несов. и сов.* (*в прош. только сов., несов. ткж.* организовывать) что-л. ... **на основе хозяйственного расчёта.**

Хозяйственный расчёт связан с чем.л., отражает что-л. (процесс становления чего-л. ...), способствует *зд. несов.* чему-л. (эффективности воспроизводства...), отличается от чего-л., проявляется как что-л., выступает в качестве чего-л., охватывает что-л., преследует *несов.* что-л. ...

Хозяйственный расчёт и воспроизводство.

● 1. Объективной основой хозяйственного расчёта является сочетание принципов планомерно управляемого хозяйства с относительной организационной и хозяйственно-оперативной самостоятельностью отдельного трудового коллектива, сочетание общенародных, коллективных и личных экономических интересов. 2. Цель хозяйственного расчёта состоит в обеспечении непрерывного роста общественного производства и на этой основе всестороннего удовлетворения растущих материальных и культурных потребностей трудящихся.

△ **Хозрасчётн|ый**, -ая, -ое, -ые.

Х. кругооборот, самостоятельность *ж.*, звено, предприятие, отношения, показатели ...

ХРОНОМЕТРА́Ж, *род.* -а, *м.*

Точное измерение времени, которое затрачивается на отдельные приёмы и движения при выполнении производственных операций.

Тщательный ... **хронометраж**.

Хронометраж чего: ~ каких-л (трудовых...) процессов, каких-л. работ, каких-л. операций...

Наблюдательный лист, цель, итоги ... **хронометража**.

Проводить ↑↓, использовать ↑↓ *несов. и сов.*, производить ↑↓, осуществлять ↑↓ ... **хронометраж**. Вскрывать что-л., определять ↑ что-л. ... **посредством хронометража**. Выявлять ↑ что-л. ...**при помощи хронометража**.

Хронометраж выявляет что-л. (причины невыполнения норм), определяет что-л. (исходные данные для расчёта ...), вскрывает что-л. (возможности сокращения трудоёмкости операций...)...

● 1. Целью хронометража является установление нормальной продолжительности операций, разработка норм времени, а также изучение приёмов и методов работы передовых рабочих. 2. Хронометраж осуществляется с помощью двухстрелочного секундомера или других приборов.

△ **Хронометра́жн|ый**, -ая, -ое, -ые.

Х. лист, наблюдение, исследования ...

Хронометри́р|овать, -ую, -уешь, -уют, *несов. и сов.*, *перех.*

Х. какую-л. работу, какую-л. операцию, какой-л. процесс ...

Ц

ЦЕЛЕВЫ́Е КО́МПЛЕКСНЫЕ ПРОГРА́ММЫ, *род.* програ́мм, *ед.* **целева́я ко́мплексная програ́мма**, *род.* програ́мм|ы, *ж.*

Экономические и другие программы, которые предусматривают ориентацию на конечные народнохозяйственные результаты, учёт необходимых взаимосвязей и взаимодействий экономических единиц, интеграцию всех звеньев и элементов экономики для достижения поставленных целей.

Производственно-экономические, социально-экономические, природно-ресурсные, научно-технические, ресурсные, технологические, локальные, совмещённые, информационные, вещественные, внешние, внутренние, народнохозяйственные, республиканские, местные, общесоюзные, межотраслевые, региональные, долгосрочные, среднесрочные, краткосрочные, одно-, много-... **целевые комплексные программы**.

Структура, объекты, компоненты, управление, результат, показатели, направленность, специфика ... **целевых комплексных программ**.

Классифицировать ↑↓ *несов. и сов.*, разрабатывать ↑↓, применять ↑↓, разделять ↑↓, использовать ↑↓ *сов. и несов.*, реализовать ↑↓ *несов. и сов.*, анализировать ↑↓, осуществлять ↑↓ ... **целевые комплексные программы**. Сочетать *несов.* что-л. ... **в целевых комплексных программах.**

Целевые комплексные программы имеют *несов.* что-л., становятся чем-л. ...

● 1. В СССР накоплен большой опыт применения целевых комплексных программ в народнохозяйственном планировании и управлении. 2. Разработка и осуществление целевых комплексных программ, направленных на одновременное решение широкого круга задач, требуют системного подхода.

ЦЕН|А́, *род.* -ы́, *ж.*

Денежное выражение стоимости товара.

Мировая, внешняя, внешнеторговая, государственная, внутренняя, местная, * оптовая, * розничная, зональная, поясная, * заготовительная, * закупочная, реальная, фактическая, стабильная, постоянная, неизменная, твёрдая, гарантированная, единая, паритетная, плановая, высокая, средняя, низкая, биржевая, рыночная, базарная, торговая, отпускная, сбыточная, реализационная, демпинговая, бросовая, монопольная, арендная, золотая, * сметная, договорная, поощрительная, льготная, выгодная, * лимитная, экспортная, импортная, дифференцированная, посортная, групповая, сопоставимая, прейскурантная, контрольная, фактурная, заводская, промышленная, внутриотраслевая, отраслевая, колхозная, кооперативная, комиссионная, расчётная, кредитная, текущая, сезонная, современная, индивидуальная, общественная ... **цена**.

Цены какие: (*с род.*) ~ мирового социалистического рынка, какой-л. (комиссионной ...) торговли ... **Цена** чего: ~ товара, какой-л. продукции, производства чего-л., каких-л. материалов, земли, золота, серебра, денег, рабочей силы, труда, акции, патентов... **Цена** на что: ~ на какие-л. товары, на предметы потребления, на средства производства, на какую-л. продукцию, на какие-л. продукты, на услуги, на какую-л. технику, на удобрения, на какие-л. объекты, на какие-л. (научные ...) разработки, на какие-л. (строительные ...) материалы ...

Содержание, отклонение от чего-л: ... **цены**; система, политика, уровень, масштаб, рост, падение, колебание, стабилизация, механизм, «ножницы», движение ... **цен**. Разница ... **в ценах**. Переход ... **к** какой-л. **цене**. Контроль ... **над ценами**. Госкомитет СССР **по ценам**. Отклонение ... **от цены**.

Формировать ↑↓, устанавливать ↑↓, образовать ↑↓ *несов. и сов.* (*в прош. только сов., несов. ткж.* образовывать), определять ↑↓, повышать ↑↓, понижать ↑↓, изменять ↑↓, регулировать ↑↓, поддерживать на каком-л. уровне ↑↓, фиксировать ↑↓ ... **цену**. Что-л. повышается ... **в цене**; что-л. выражается ... **в ценах**. Продавать ↑ что-л., покупать ↑ что-л. ... **по** какой-л. **цене**.

Цена колеблется *несов.* вокруг чего-л., падает, [не] совпадает с чем-л., играет какую-л. роль в чём-л., обслуживает *зд. несов.* что-л. (товарное производство ...), выражает *зд. несов.* что-л., приобретает что-л. (всеобщий характер ...), зависит *несов.* от чего-л....

●1. При социализме цена является инструментом планового воздействия государства на экономику, она отражает уровень общественно необходимых затрат труда на производство единицы продукции. 2. При капитализме товарами, имеющими стоимость и цену, становятся почти все продукты, а также рабочая сила, цена которой находит своё выражение в заработной плате.

ЦЕНООБРАЗОВА́НИ|Е, *род.* -я, *только ед., с.*

Процесс формирования цен на товары, определение их уровней и соотношений.

Капиталистическое, социалистическое, плановое, внутреннее ... **ценообразование**.

Ценообразование на что: ~ на какую-л. технику, на какую-л. продукцию, на какие-л. продукты, на какие-л. товары, на какие-л. услуги ... **Ценообразование** где: (*предлог «в» с предл.*) ~ в каком-л. обществе, в каком-л. хозяйстве, в какой-л. (цветной ...) металлургии, в энергетике, в каких-л. странах, в СССР ...; (*предлог «на» с предл.*) ~ на какой-л. территории, на каком-л. (мировом капиталистическом ...) рынке ...

Механизм, принципы, процесс, база, основы, политика, практика, методы, содержание, теория, система ... **ценообразования**. Наука ... **о ценообразовании**. Институт ... **по ценообразованию**.

Осуществлять ↑↓, регулировать ↑↓, использовать ↑↓ *несов. и сов.*, характеризовать ↑↓ *несов. и сов.*, совершенствовать ↑↓ ... **ценообразование**. Использовать ↑↓ *несов.и сов.* что-л., учитывать ↑ что-л., применять ↑ что-л. ... **в ценообразовании**.

Ценообразование охватывает что-л., учитывает что-л., отражает что-л. ...

●1. В практике расчёта прейскурантов и обоснования цен на новые виды продукции всё более широко применяются нормативно-параметрические методы ценообразования. 2. В плановом ценообразовании учитывается фактор спроса и предложения, хотя в социалистической экономике его роль весьма ограничена.

ЦЕНТРАЛИЗА́ЦИЯ КАПИТА́ЛА, *род.* централизаци|и, *только ед., ж.*

Рост размеров капитала в результате объединения нескольких капиталов или поглощения одного капитала другим.

● Стремление капиталистов к получению максимальной прибыли заставляет их использовать часть прибавочной стоимости для накопления, что ведёт к растущей концентрации и централизации капитала.

ЦЕНТРАЛИЗО́ВАННЫЙ ФОНД РАЗВИ́ТИЯ ПРОИЗВО́ДСТВА, НАУ́КИ И ТЕ́ХНИКИ, *род.* фонд|а, *м.*

Фонд в министерствах, предприятия к-рых переведены на полный хозрасчёт, образуемый за счёт отчислений от расчётной прибыли (дохода) объединений, предприятий и организаций, а ткж. от амортизационных отчислений на полное восстановление основных фондов.

● Средства централизованного фонда развития производства, науки и техники используются на финансирование капитальных вложений общеотраслевого и межотраслевого характера, финансирование важнейших научно-исследовательских и опытно-конструкторских работ и других расходов общеотраслевого и межотраслевого характера, компенсацию повышенных затрат на производство новой продукции в период её освоения, содержание аппарата управления министерства, финансирование расходов подведомственных высших, средних, профессионально-технических учебных заведений и на другие цели. *См.* **ФОНД.**

ЦЕНТРАЛИЗО́ВАННЫЙ ЧИ́СТЫЙ ДОХО́Д ГОСУДА́РСТВА, *род.* дохо́д|а, *м.*

Часть чистого дохода общества, направляемая в государственный бюджет и используемая для финансирования развития народного хозяйства и других потребностей общества.

● Централизованный чистый доход государства образуется за счёт чистого дохода государственных и кооперативных предприятий и поступает в основном в двух формах: налога с оборота и платежей из прибыли. *См.* **Дохо́д**.

ЦЕНТРА́ЛЬНОЕ СТАТИСТИ́ЧЕСКОЕ УПРАВЛЕ́НИЕ СССР, *род.* управле́ни|я, *с.* (*сокр.* ЦСУ СССР).

До 1987 г. — союзнореспубликанский орган централизованного руководства учётом и статистикой (в 1987 г. преобразован в Государственный комитет СССР по статистике).

ЦЕНТРА́ЛЬНЫЕ БА́НКИ, *род.* ба́нк|ов, *ед.* **центра́льный банк,** *род.* ба́нк|а, *м.* *Син.* эмиссио́нные ба́нки.

Центры государственно-монополистического регулирования экономики, которые наделены правом монопольного выпуска банкнот, организации и контроля за денежным обращением и банковским кредитом в стране.

● Основными функциями центральных банков являются эмиссия денежных знаков и наблюдение за общим объёмом денежного обращения, включая сферу безналичных платежей, хранение резервных средств коммерческих банков и предоставление им необходимой кредитной поддержки, хранение свободных средств государственного бюджета и операции с ними от имени правительства, прямой контроль за деятельностью коммерческих банков путём наблюдения за выполнением выработанных центральным банком норм и др. *См.* **Ба́нки**.

Ч

ЧА́СТНАЯ СО́БСТВЕННОСТЬ, *род.* со́бственност|и, *только ед.*, *ж.* *Ант.* обще́ственная со́бственность, социалисти́ческая со́бственность.

Принадлежность средств производства и предметов труда частным лицам как форма собственности.

● Основой капиталистической экономики является частная собственность на средства производства и продукты труда. *См.* **Со́бственность.**

ЧЕК, *род.* че́к|а, *м.*

!**1.** Денежный документ установленной формы, который содержит приказ владельца счёта в кредитном учреждении о выплате предъявителю чека указанной в нём суммы; вид ценной бумаги.

2. В розничной торговле квитанция кассы о приёме денег от покупателя, которая предъявляется продавцу для получения товара.

[Не]акцептованный, банковский, валютный, денежный, расчётный ... **чек**.

Чек какой: (*предлог «из» с род.*) ~ из каких-л. (лимитных...) книжек ...; (*предлог «на» с вин.*) ~ на деньги, на получение чего-л. ... **Чек** для чего: (*предлог «для» с род.*) ~ для каких-л. (безналичных...) расчётов ...

Владелец, предъявитель, держатель ... **чека**. Плательщик ... **по чеку**. Положение ... **о чеке**.

Предъявлять ↑↓, оплачивать ↑↓, акцептовать ↓ *несов. и сов.* ... **чек**. Получать ↑ что-л. ... **по чеку**.

Чек действителен в течение какого-л. срока ...

● 1. Чек может быть акцептован банком, что означает согласие банка оплатить данный чек, предъявленный в срок. 2. В хозяйственном обороте СССР применяются денежные и расчётные чеки.

△ **Че́ков|ый,** -ая, -ое, -ые.

Ч. закон, книжка, операция, конвенция, согласие, бланки ...

ЧИ́СТАЯ ПРИ́БЫЛЬ, *род.* при́был|и, *ж.*

В социалистических странах — часть балансовой прибыли, которая остаётся у предприятия после платежей в государственный бюджет, денежных расчётов с кредитно-финансовыми учреждениями, а в капиталистическом обществе — прибыль за вычетом налогов.

● Чистая прибыль в СССР используется для увеличения оборотных средств предприятия, образования фондов экономического стимулирования, финансирования капитальных вложений. *См.* **При́быль**.

ЧИ́СТАЯ ПРОДУ́КЦИЯ, *род.* проду́кци|и, *только ед., ж.*

Часть валовой продукции отрасли, которая соответствует вновь созданной стоимости.

● 1. Чистая продукция определяется путём исключения из валовой продукции отрасли стоимости потреблённых средств производства. 2. Сумма чистой продукции всех отраслей материального производства составляет национальный доход *См.* **Проду́кция**.

ЧИ́СТЫЙ ДОХО́Д О́БЩЕСТВА, *род.* дохо́д|а, *м.*

Часть стоимости совокупного общественного продукта, создаваемая в материальном производстве прибавочным трудом.

● 1. Чистый доход общества выступает в виде прибыли и других видов накоплений социалистических предприятий. 2. Чистый доход общества является источником расширенного социалистического воспроизводства. *См.* **Дохо́д.**

ЧИ́СТЫЙ ДОХО́Д ПРЕДПРИЯ́ТИЯ, *род.* дохо́д|а, *м.*

Часть чистого дохода общества, которая создана на социалистическом предприятии.

● 1. Часть чистого дохода предприятия поступает в централизованный чистый доход государства, а другая часть остаётся в распоряжении предприятия для пополнения оборотных средств, финансирования капитальных вложений, образования фондов экономического стимулирования и финансового обеспечения других плановых затрат предприятий и объединений. *См.* **Дохóд**.

Э

ЭКОНÓМИК|А, *род.* -и, *только ед., ж.*

1. Совокупность производственных отношений исторически определённого способа производства, экономический базис общества.

Феодальная, мелкокрестьянская, многоукладная, переходная, капиталистическая, социалистическая, коммунистическая ... **экономика.**

Экономика какая: (*с род.*) ~ феодализма, капитализма, социализма, коммунизма, какого-л. способа производства, мировой системы социализма ...

Основа, база, фундамент, структура, роль, значение, развитие, устойчивость, преимущество ... какой-л. **экономики**. Какие-л. тенденции, какие-л. явления, какие-л. сдвиги ... **в экономике**.

Характеризовать ↑↓ *несов. и сов.*, развивать ↑↓ ... **экономику**.

Экономика образует *зд. несов.* основу чего-л., играет решающую роль в чём-л., взаимодействует *несов.* с чем-л., зависит *несов.* от чего-л., связана с чем-л. (с политикой ...), включает *зд. несов.* в себя что-л., переживает *зд. несов.* кризис, отражает что-л. ...

●1. Каждому способу производства присуща своя экономика, отличающаяся характером собственности, целями, формами и методами хозяйствования. 2. Основу экономики образуют отношения собственности на средства производства. 3. Экономика образует основу всех других общественных отношений и играет решаюшую роль в развитии общества.

2. Народное хозяйство данной страны или его часть, которая включает соответствующие виды и отрасли производства.

Государственная, национальная, социалистическая, советская, современная, отраслевая, военная, [не]однородная, плановая, высокоразвитая, передовая, отсталая ... **экономика**.

Экономика чего: ~ народного хозяйства, какого-л. района, какой-л. республики, Севера, какой-л. страны, СССР...

Основа, база, фундамент, структура, какой-л. характер, содержание, проблемы, отраслевое деление, какая-л. отрасль, какая-л. сфера, структурное подразделение, преимущество, связи, баланс, состояние, подъём, рост, расцвет, прогресс, достижения, упадок, эффективность ... **экономики.** Капиталовложения ... **в экономику**. Изменения, застой ... **в экономике**. Контроль ... **над экономикой.**

Планировать ↑↓, развивать ↑↓, поднимать ↓, совершенствовать ↑↓, укреплять ↑↓, регулировать ↑↓, создавать ↓, разрушать ↑↓, ослаблять ↑↓, подрывать ↑↓, ориентировать на что-л. ↑↓, оценивать ↑↓, характеризовать ↑ *несов. и сов.*, балансировать ↑↓, базировать *несов.* на чём-л., обеспечивать чем-л. ... **экономику**. Вкладывать ↑ средства ... **в экономику**. Влиять ↑ ... **на экономику**. Что-л. зависит *несов.* ... **от экономики.**

Экономика отражает что-л., включает *зд. несов.* что-л. (отрасли материального производства ...), складывается *зд. несов.* из чего-л., обеспечивает что-л., зависит *несов.* от чего-л., переживает что-л. (кризис ...), находится *зд. несов.* на подъёме...

● 1. Экономика включает отрасли материального производства — промышленность, сельское хозяйство, строительство, транспорт, торговлю и др. и непроизводственную сферу — просвещение, здравоохранение, культуру и др. 2. Экономика СССР — единый народнохозяйственный комплекс, который охватывает все звенья общественного производства, распределения и обмена на территории страны. 3. В условиях господства капиталистической частной собственности экономика развивается стихийно, подчиняясь законам конкуренции и анархии производства.

3. Отрасль науки, которая изучает функциональные или отраслевые аспекты экономических отношений.

Экономика чего: ~ народонаселения, труда, промышленности, сельского хозяйства, земледелия, животноводства, строительства, транспорта, связи, торговли, науки, природопользования ... **Экономика** как что: ~ как наука ...

Проблемы, задачи, объекты, состав, научные рекомендации, выводы, роль, усилие ... **экономики**.

Формировать ↑↓, изучать ↑↓, развивать ↑↓ ... **экономику**.

Экономика изучает что-л., исследует *несов. и сов.* что-л., занимается чем-л., определяет что-л., рассматривает что-л., взаимодействует *несов.* с чем-л. ...

● 1. Экономика промышленности изучает промышленность как комплексную систему взаимосвязанных отраслей, производств и предприятий (объединений). 2. Экономика торговли исследует закономерности развития торговли товарами народного потребления как одной из форм товарного обращения.

△ **Экономи́ческ|ий,** -ая, -ое, -ие.

Э. базис, строй, общность *ж.*, явление, вопрос, проблема, задача, район *, положение, условия, развитие чего-л., возможности, потенциал *, мощь *ж.*, рост, прогресс, достижения, чудо, уровень *м.*, противоречия *, трудности, отсталость *ж.*, застой, спад, кризис, разруха, крах, совещание, совет, реформа, мера, контроль *м.*, управление, регулирование, нормы, нормативы, показатели *, деятельность *ж.*, политика *, планирование, прогнозирование, прогноз, рычаг, стимул, стимулирование *, целесообразность *ж.*, эффективность * *ж.*, преимущества, [не]зависимость, связи, жизнь *ж.*, сотрудничество, интеграция, соревнование, соперничество, борьба, блокада *, война, законы *, уровень *м.*, совет, анализ, эксперимент *, поддержка, помощь *ж.*, реформа, заинтересованность *ж.*, самостоятельность *ж.*, воздействие, напряжение, сообщество, управление, возможности, выгоды, высоты, диверсии, достижения, интересы *, процессы, статистика *, конъюнктура *...

Экономи́чн|ый, -ая, -ое, -ые.

Э. материал, технология, строительство, система, метод, путь *м.*, режим, способ, машина ...

ЭКОНОМИ́ЧЕСКАЯ БЛОКА́ДА, *род.* блока́д|ы, *ж.*

Экономическая изоляция государства, которая преследует цель вызвать нарушения в его экономике, лишить сырья, рынков сбыта.

Общая, континентальная ... **экономическая блокада**.

Формы, организаторы ... **экономической блокады**.

Организовать ↑↓ *несов. и сов.* (*в прош. только сов., несов. ткж.* организовывать), объявлять ↑↓, создавать ↑↓, предусматривать ↓, использовать ↑↓ *несов. и сов.*, применять ↑↓, проводить ↑↓, осуществлять ↑↓, распространять ↑↓, снимать ↓, прорывать ↑↓ ... **экономическую блокаду**. Подвергать что-л. ... **экономической блокаде**.

Экономическая блокада содействует *зд. несов.* чему-л. ...

● 1. Империалистические государства неоднократно использовали экономическую блокаду как средство борьбы против социализма и национально-освободительного движения. 2. После второй мировой войны 1939—1945 годов правительство США пыталось организовать экономическую блокаду ряда социалистических государств: КНР, КНДР, ДРВ, Республики Куба.

ЭКОНОМИ́ЧЕСКАЯ ИНТЕГРА́ЦИЯ СТРАН СОЦИАЛИ́ЗМА, *род.* интегра́ци|и, *ж.*

То же, что **экономи́ческая социалисти́ческая интегра́ция**.

ЭКОНОМИ́ЧЕСКАЯ КИБЕРНЕ́ТИКА, *род.* киберне́тик|и, *ж.*

Научное направление, которое занимается приложением идей и методов кибернетики к экономическим системам.

Методы, положения, проблематика, результаты, разделы ... **экономической кибернетики**. Исследования ... **по экономической кибернетике**.

Развивать ↑↓ ... **экономическую кибернетику**. Относить к чему-л. ↑ ... **экономическую кибернетику**.

Экономическая кибернетика рассматривает *зд. несов.* что-л., опирается *зд. несов.* на что-л., соприкасается *зд. несов.* с чем-л. (с теорией информации...), находится *зд. несов.* в какой-л. стадии...

● Экономическая кибернетика рассматривает экономику, а также её структурные и функциональные звенья как системы, в которых протекают процессы регулирования и управления, реализуемые движением и преобразованием информации.

ЭКОНОМИ́ЧЕСКАЯ КОНЪЮНКТУ́РА, *род.* конъюнкту́р|ы, *только ед., ж.*

Совокупность признаков, которые характеризуют состояние товарного хозяйства (движение цен, курс ценных бумаг и т. п.).

Мировая, капиталистическая, социалистическая, местная, отраслевая, товарная, рыночная, народнохозяйственная, устойчивая ... **экономическая конъюнктура**.

Экономическая конъюнктура где: (*предлог «в» с предл.*) ~ в какой-л. стране ...; (*предлог «на» с предл.*) ~ на мировом рынке...

Состояние, колебание, показатели, составные части, прогноз ... **экономической конъюнктуры**.

Формировать ↑↓, изучать ↑↓, регулировать ↑↓ ... **экономическую конъюнктуру**. Что-л. зависит *несов.* ... **от экономической конъюнктуры**.

Экономическая конъюнктура выражает что-л., свидетельствует *несов.* о чём-л., отражает что-л. ...

● 1. В основе формирования и развития экономической конъюнктуры лежат циклические факторы (масштабы и темпы обновления основного капитала, спрос на потребительские товары, состояние кредитно-денежной сферы и т. д.). 2. Показателями, которые характеризуют состояние экономической конъюнктуры при социализме, являются уровень товарных запасов в оптовой и розничной торговле, соотношение денежных сбережений населения и объём розничного товарооборота.

ЭКОНОМИ́ЧЕСКАЯ ПОЛИ́ТИКА, *род.* поли́тик|и, *только ед., ж.*

Система экономических мероприятий, которая осуществляется государством в интересах господствующего класса в досоциалистических формациях и в интересах всего общества — при социализме.

Экономическая политика чья: ~ какого-л. государства, каких-л. партий ... **Экономическая политика** где: (*предлог «в» с предл.*) ~ в каких-л. странах, в СССР, в каком-л. обществе ...

Социальное содержание, предмет, вопросы, проблемы, цели, принципы, элемент, часть, ориентация ... **экономической политики**.

Вырабатывать ↑↓, проводить ↑↓, направлять ↓, ограничивать чем-л. ↑↓ ... **экономическую политику**. Относить ↑ что-л. ... **к экономической политике**. Влиять ↑, оказывать ↑ влияние ... **на экономическую политику**.

Экономическая политика служит чем-л., противоречит *несов.* чему-л., направлена на что-л., играет какую-л. роль, базируется *несов.* на чём-л., включает *зд. несов.* что-л., опирается *зд. несов.* на что-л. ...

● 1. Важнейшие принципы экономической политики социалистического государства были разработаны В. И. Лениным. 2. Построение социалистического общества в СССР обусловило необходимость разработки долговременной ориентации экономической политики, экономической стратегии в новых условиях.

ЭКОНОМИ́ЧЕСКАЯ СОЦИАЛИСТИ́ЧЕСКАЯ ИНТЕГРА́ЦИЯ, *род.* интегра́ци|и, *только ед., ж. Син.* экономи́ческая интегра́ция стран социали́зма. *Ант.* экономи́ческая капиталисти́ческая интегра́ция.

Объединение и планомерная координация усилий социалистических стран в целях решения важнейших социально-экономических задач по дальнейшему подъёму производительных сил, достижения наивысшего научно-технического уровня, повышения народного благосостояния, укрепления обороноспособности как каждой страны, так и всего социалистического содружества.

Агропромышленная, комплексная ... **экономическая социалистическая интеграция**.

Экономическая социалистическая интеграция чего: ~ стран-членов СЭВ ... **Экономическая социалистическая интеграция** где: (*предлог «в» с предл.*) ~ в странах СЭВ ...

Социально-экономическая сущность, основа, характер, цели, принципы, программа, преимущества ... **экономической социалистической интеграции**. Курс ... **на экономическую социалистическую интеграцию**.

Расширять ↑↓, углублять ↑↓, развивать ↑↓, совершенствовать ↑↓, осуществлять ↑↓, направлять ↓ ... **экономическую социалистическую интеграцию**. Что-л. проявляется ... **в экономической социалистической интеграции**. Что-л. характерно ... **для экономической социалистической интеграции**.

Экономическая социалистическая интеграция охватывает что-л., происходит *зд. несов.* как-л., носит *несов.* какой-л. характер, выступает чем-л., свидетельствует *несов.* о чём-л., ускоряет что-л., укрепляет что-л., свободна от чего-л. ...

● 1. Экономическая социалистическая интеграция охватывает страны-члены СЭВ. 2. Преимущества экономической социалистической интеграции базируются на общности коренных экономических и политических интересов стран, на совпадении их национальных государственных интересов в масштабах социалистического содружества.

ЭКОНОМИ́ЧЕСКАЯ СТАТИ́СТИКА, *род.* стати́стик|и, *только ед., ж.*

Часть статистической науки, которая изучает количественную сторону экономических явлений и процессов, происходящих в народном хозяйстве, в неразрывной связи с их качественным содержанием.

Экономическая статистика чего: ~ промышленности, сельского хозяйства, строительства, торговли, транспорта ...

Теоретическая основа, научная организация, задачи, курс, основной раздел, данные ... **экономической статистики**.

Формировать ⇅, развивать ⇅, совершенствовать ⇅ ... **экономическую статистику**.

Экономическая статистика собирает что-л., обрабатывает что-л., исследует *несов. и сов.* что-л., изучает что-л., связана с чем-л., даёт что-л. (количественную характеристику явлений и процессов ...), пользуется чем-л. ...

● 1. В отличие от отраслевых статистик, изучающих процессы, происходящие в экономике отдельных отраслей, объектом изучения экономической статистики является народное хозяйство страны в целом, союзных республик, экономических и административно-экономических районов. 2. Основной раздел экономической статистики — баланс народного хозяйства СССР, который позволяет выявить пропорциональность и сбалансированность в развитии экономики.

ЭКОНОМИ́ЧЕСКАЯ ЭФФЕКТИ́ВНОСТЬ, *род.* эффекти́вност|и, *ж.*

Результативность производства, затрат, соотношение между результатами хозяйственной деятельности и затратами.

Плановая, фактическая, сравнительная, абсолютная, общая, народнохозяйственная ... **экономическая эффективность**.

Экономическая эффективность чего: ~ капитальных вложений, основных фондов, оборотных средств, социалистического производства, внедрения новой техники в СССР, использования чего-л. (ресурсов ...), механизации, реконструкции чего-л., какого-л. (кредитного ...) метода, внешней торговли, каких-л. работ, использования живого труда, каких-л. отраслей хозяйства, разделения труда, общественного труда, международного социалистического разделения труда ...

Расчёты, показатели, критерии, сравнение с чем-л. ... **экономической эффективности**.

Планировать ⇅, определять ⇅, отражать ⇅, повышать ⇅, понижать ⇅, снижать ⇅ ... **экономическую эффективность**.

Экономическая эффективность зависит *несов.* от чего-л., измеряется как-л., возрастает ...

● 1. Показателем экономической эффективности капитальных вложений в отдельные предприятия служит прирост прибыли на рубль капитальных вложений. 2. Экономическая стратегия КПСС, в которой делается упор на повышение экономической эффективности социалистического производства, предполагает интенсивное развитие всех отраслей народного хозяйства, интенсификацию всех производственных процессов.

ЭКОНОМИ́ЧЕСКИЕ ЗАКО́НЫ, *род.* зако́нов, *ед.* **экономи́ческий зако́н,** *род.* зако́н|а, *м.*

Наиболее существенные, устойчивые объективные взаимозависимости и причинно-следственные связи в экономических процессах и явлениях.

Общие, особые, специфические, основные ... **экономические законы.**

Экономический закон какой: (*с род.*) ~ развития отношений производства, распределения, обмена и потребления, производства и присвоения прибавочной стоимости, капиталистической конкуренции и анархии производства, цены производства, социализма, капитализма, распределения по труду, соответствия производственных отношений характеру и уровню развития производительных сил, стоимости ...

Возникновение, система, взаимосвязь ... **экономических законов.**

Изучать ⇅, познавать ⇅, определять ↑↓, использовать ↑↓ *несов. и сов.* ... **экономические законы.**

Экономические законы имеют *несов.* какой-л. (объективный ...) характер, выражают *зд. несов.* что-л., возникают, существуют, действуют когда-л., влияют друг на друга, связывают что-л. ...

●1. Экономические законы в реальной жизни действуют не изолированно друг от друга, они тесно взаимосвязаны, влияют друг на друга и тем самым глубоко и комплексно выражают сущность данных производственных отношений в их развитии. 2. Несмотря на то, что экономические законы действуют независимо от сознания и воли людей, люди не бессильны перед ними: при определённых условиях они могут познать эти законы и использовать их в своих интересах.

ЭКОНОМИ́ЧЕСКИЕ ИНТЕРЕ́СЫ, *род.* интере́с|ов, *ед.* **экономи́ческий интере́с**, *род.* интере́с|а, *м.*

Выражение объективных связей между потребностями и экономическими формами их удовлетворения.

Всеобщие, общественные, общенародные, коллективные, личные, отдельные, особенные, специфические, антагонистические, коренные, глубинные, поверхностные, устойчивые, прочные, переходные, мимолётные ... **экономические интересы.**

Экономические интересы чьи: ~ какого-л. (социалистического ...) общества, класса, коллектива, группы, трудящихся, пролетариата, буржуазии, интеллигенции, какого-л. слоя, социально определённого индивида, какого-л. способа производства ... **Экономические интересы** в условиях чего: ~ в условиях социализма ... **Экономические интересы** где: (*предлог «в» с предл.*) ~ в каких-л. формациях, в каком-л. обществе ...

Сущность, роль, проблемы, функция, система, комплекс, классовый характер, противоречие, конфликт, антагонизм, виды ... **экономических интересов.** Противоречия ... **между экономическими интересами** буржуазии и рабочего класса. Учение, вопрос ... **об экономических интересах.**

Рассматривать ↓, исследовать ↑↓ *несов. и сов.*, анализировать ↑↓, изучать ↑↓, осуществлять ↑↓, характеризовать ↑↓ *несов. и сов.*, использовать ↑↓ *несов. и сов.*, реализовать ↑↓ *несов. и сов.*, претворять в жизнь ↑↓, различать ↓ ... **экономические интересы.**

Экономические интересы представляют *зд. несов.* собой что-л., проявляются в форме чего-л., складываются как что-л. (как интересы всего общества...), выражают *зд. несов.* что-л., носят *несов.* какой-л. (классовый...) характер, выступают в роли чего-л., включены во что-л., отражаются где-л. (в сознании людей ...)...

●1. Основными видами экономических интересов при социализме являются общенародные, коллективные и личные интересы. 2. В досоциалистических формациях экономические интересы характеризуются тем, что они выступают как антагонистические интересы враждебных классов.

ЭКОНОМИ́ЧЕСКИЕ ПОКАЗА́ТЕЛИ, *род.* показа́тел|ей, *ед.* **экономи́ческий показа́тель**, *род.* показа́тел|я, *м.*

Система характеристик, которые количественно определяют функционирование и развитие народного хозяйства.

Конкретные, абсолютные, относительные, стоимостные, натуральные, народнохозяйственные, синтетические, обобщающие, отраслевые, плановые, статистические, отчётные, качественные, сквозные ... **экономические показатели.**

Экономические показатели чего: ~ работы каких-л. предприятий, функционирования чего-л., развития чего-л., административно-территориальных единиц ...

Система, число, круг, группа, преемственность, взаимосвязь, количество ... **экономических показателей.**

Планировать ↑↓, формировать ↑↓, исчислять ↑↓, разрабатывать ↑↓, принимать ↑↓, рассчитывать ↑↓, определять ↑↓ ... **экономические показатели.** Выражать что-л. ... **с помощью экономических показателей.**

Экономические показатели охватывают что-л., раскрывают что-л., характеризуют *зд. несов.* что-л., отражают что-л., дополняют что-л., детализируют *несов. и сов.* что-л. ...

● 1. Стоимостные экономические показатели исчисляются в денежных единицах и определяют совокупную стоимость разнородной продукции, материальные затраты, фонд оплаты труда и т. п. 2. Абсолютными являются экономические показатели, которые непосредственно оценивают хозяйственную деятельность и раскрывают её масштабы.

ЭКОНОМИ́ЧЕСКИЕ ПРОТИВОРЕ́ЧИЯ, *род.* противоре́чий, *ед.* **экономи́ческое противоре́чие,** *род.* противоре́чи|я, *с.*

Объективные материальные противоречия, внутренне свойственные производственным, экономическим отношениям общества и каждому исторически определённому способу производства в целом как выражение диалектического закона единства и борьбы противоположностей в экономической сфере жизни общества.

Глубинные, сущностные, существенные, основные, капиталистические, [не]антагонистические, внутренние ... **экономические противоречия.**

Экономические противоречия какие: (*с род.*) ~ [не]антагонистического характера, периода общего кризиса капитализма ...; (*предлог «между» с твор.*) ~ между квалифицированными и неквалифицированными слоями рабочего класса, между основными массами рабочего класса и узкими привилегированными его группами ... **Экономические противоречия** чего: ~ какого-л. способа производства, капитализма, социализма, какой-л. формации ...

Развитие, разрешение, движение, формы проявления, характер, сущность, система, взаимосвязь, субординация, разрешение, глубина, группы ... **экономических противоречий.**

Познавать ↑↓, углублять ↑↓, разрешать ↑↓, преодолевать ↑↓ ... **экономические противоречия.**

Экономические противоречия заложены в чём-л., проявляются в чём-л., приводят к чему-л., усиливают что-л., связаны с чем-л. ...

● 1. Сущностью антагонистических экономических противоречий являются отношения противоположных враждебных классов — эксплуататоров и эксплуатируемых. 2. Сущностью неантагонистических экономических противоречий являются внутренние противоположности социально единой в главном, коренном ассоциации социалистических производителей, опирающихся на объединяющую их общественную собственность на средства производства.

ЭКОНОМИ́ЧЕСКИЙ ПОТЕНЦИА́Л, *род.* потенциа́л|а, *м.*

Совокупная способность отраслей народного хозяйства производить промышленную и сельскохозяйственную продукцию, осуществлять капитальное строительство, перевозки грузов, оказывать услуги населению в определённый исторический момент.

Высокий, производственный, хозяйственный, совокупный, валовой ... **экономический потенциал.**

Экономический потенциал чего: ~ какой-л. страны, СССР, какой-л. республики, какого-л. завода, какой-л. системы хозяйства ...

Рост, элементы, характеристика ... **экономического потенциала.**

Составлять ↑↓, исчислять ↑↓, наращивать ↑↓, дополнять ↑↓, определять ↑↓, характеризовать ↑↓, *несов. и сов.* ... **экономический потенциал.**

Экономический потенциал зависит *несов.* от чего-л., выступает как что-л.

● 1. Важнейшим элементом экономического потенциала являются трудовые ресурсы и уровень профессиональной подготовки кадров. 2. Росту экономического потенциала способствует капитальное строительство.

ЭКОНОМИ́ЧЕСКИЙ РАЙО́Н, *род.* райо́н|а, *м.*

Территориальная часть народного хозяйства страны, которая характеризуется определённым экономико-географическим положением, территориально-хозяйственным единством, своеобразием природных и экономических условий и исторически сложившейся производственной специализацией, основанной на территориальном общественном разделении труда.

Социалистический, национальный, крупный, административный, низовой, основной ... **экономический район.**

Границы ... **экономического района.**

Формировать ↑↓, выделять ↑↓, специализировать ↑↓ *несов. и сов.*, совершенствовать ↑↓ *зд. несов.*, развивать ↑↓ ... **экономический район.** Выделять ↑ что-л., развивать ↑ что-л., группировать ↑ что-л. ... **в экономическом районе.**

Экономический район получает что-л. ...

● В социалистическом обществе выделение экономических районов осуществляется целенаправленно.

ЭКОНОМИ́ЧЕСКИЙ ЭКСПЕРИМЕ́НТ, *род.* экспериме́нт|а, *м.*

Научно поставленный опыт, который представляет собой активное вмешательство в ход экономического процесса (протекает в искусственно созданной или реальной, но контролируемой обстановке) и наблюдение за результатами, включая и измерение.

Реальный, модельный, человеко-модельный, хозяйственный, исследовательский, стимулирующий, организационный, комплексный, имитационный, широкомасштабный ... **экономический эксперимент.**

Экономический эксперимент какой: (*предлог «по» с дат.*) ~ по коллективному обеспечению рабочих продовольствием ...; (*предлог «с» с твор.*) ~ с формами коллективного и индивидуального экономического стимулирования...

Цель, целесообразность, отличие от чего-л., роль, задача, объект, модели, результат, успешность ... **экономического эксперимента.** Проверка чего-л. ... **путём экономического эксперимента.**

Проводить ↑↓, применять ↑↓ ... **экономический эксперимент.** Участвовать ↑ *несов.*, моделировать ↑ *несов. и сов.* что-л. ... **в экономическом эксперименте.** Отвергнуть что-л., принять что-л. ... **в ходе экономического эксперимента.**

Экономический эксперимент сводится к чему-л., отражает что-л., обладает *несов.* чем-л., отличается *зд. несов.* чем-л. ...

● 1. Экономический эксперимент — разновидность социального эксперимента; он является одновременно исследовательским средством и способом совершенствования хозяйственной практики. 2. Методика проведения экономического эксперимента предусматривает его теоретическую и организационную подготовку, его проведение и наблюдение за ходом, подведение итогов, принятие решений и формулирование выводов.

ЭКОНОМИ́ЧЕСКОЕ СОТРУ́ДНИЧЕСТВО СОЦИАЛИСТИ́ЧЕСКИХ СТРА́Н. *род.* сотру́дничеств|а, *с.*

Система хозяйственных связей между странами социалистического содружества, которая основана на принципах социалистического интернационализма, полного равноправия, уважения государственного суверенитета, взаимной выгоды и товарищеской взаимопомощи.

Взаимное, двустороннее, многостороннее, многогранное, долгосрочное, долговременное, плановое, хозяйственное, промышленное, взаимовыгодное, плодотворное, деловое, равноправное, активное, тесное ... **экономическое сотрудничество социалистических стран.**

Экономическое сотрудничество социалистических стран на базе чего: ~ на базе разделения труда...

Область, границы, основы, направления, задачи, программа, план, система, характер, роль, комплексные формы, действенный рычаг, механизм ... **экономического сотрудничества социалистических стран.** Прогресс ... **в экономическом сотрудничестве социалистических стран.** Соглашение ... **об экономическом сотрудничестве социалистических стран.**

Осуществлять ↑↓, развивать ↑↓, налаживать ↑↓, расширять ↑↓, углублять ↑↓, совершенствовать ↑↓, укреплять ↑↓ ... **экономическое сотрудничество социалистических стран.**

Экономическое сотрудничество социалистических стран содействует *зд. несов.* чему-л. (развитию производительных сил ...), воплощает что-л., осуществляется *зд. несов.* на какой-л. основе, основывается *зд. несов.* на чём-л. (на принципах равноправия ...)...

● 1. Основы экономического сотрудничества социалистических стран были заложены в первые послевоенные годы в период восстановления народного хозяйства этих стран и укрепления ведущих отраслей промышленности. 2. Экономическое сотрудничество социалистических стран осуществляется на прочной плановой основе.

ЭКОНОМИ́ЧЕСКОЕ СТИМУЛИ́РОВАНИЕ, *род.* стимули́ровани|я, *только ед.*, *с.*

Система мер, которая использует материальные средства с целью побуждать участников производства трудиться для создания общественного продукта, повышать эффективность производства.

Экономическое стимулирование кого: ~ рабочих, служащих, колхозников ...

Механизм действия, принципы, характер, методы, формы, рычаги, фонды ... **экономического стимулирования.** Рычаги ... **для экономического стимулирования.** Мероприятия ... **по экономическому стимулированию.**

Осуществлять ↑↓, использовать ↑↓ *несов. и сов.*, совершенствовать ↑↓ ... **экономическое стимулирование.**

Экономическое стимулирование носит *несов.* какой-л. характер, определяется *зд. несов.* чем-л., основано на чём-л., способствует *зд. несов.* чему-л., проявляется в чём-л., охватывает что-л. ...

● 1. При социализме экономическое стимулирование основано на действии закона распределения по труду. 2. При капитализме экономическое стимулирование носит противоречивый характер.

ЭКОНО́МИ|Я, *род.* -и, *только ед.*, *ж.*

Бережливость, расчётливость при расходовании чего-л., а ткж. выгода, которая получается в результате бережного, расчётливого расходования чего-л.

[Не]большая, значительная, колоссальная, средняя, постоянная, подлинная, относительная ... **экономия**.

Экономия чего: ~ труда, сил, времени, средств, сырья, материалов, продуктов ... **Экономия** от чего: ~ от снижения чего-л. (себестоимости ...)... **Экономия** в чём: ~ во времени, в топливе, в деньгах ...

Режим, фонд, вопрос, проблема, соблюдение, необходимость, значение, процент ... **экономии**. Курс ... **на экономию.**

Соблюдать ↑↓, осуществлять ↑↓ ... **экономию**. Добиться ... **экономии**. Способствовать *зд. несов.*, мешать ... **экономии**. Сделать что-л., получить что-л., добиться чего-л.... **благодаря экономии, в результате экономии**. Сделать что-л., предпринять что-л., пойти на что-л. ... **в целях экономии**. Бороться ↑ *несов.*, выступать ... **за экономию**.Что-л. основывается *зд.несов.* ... **на экономии**. Получать ↑ что-л., отказаться ... **от экономии. Экономия** составила сколько-л. рублей. привела к чему-л. ...

● 1. Экономия затрат труда по обслуживанию производства от внедрения организационно-технических мероприятий рассчитывается как разность затрат на плановый объём работ до и после внедрения мероприятий. 2. Все факторы, которые определяют экономию материалов, можно привести к следующим основным группам: материальные, технологические, проектно-конструктивные и организационно-экономические.

△ **Эконо́мн|ый**, -ая, -ое, -ые.

Э. путь *м.*, метод, режим, схема, способ, хозяйственник, система, технология, использование, расходование, движение ...

Эконо́мить, эконо́м|лю, -ишь, -ят, *несов.*; **сэконо́мить**, сэконо́м|лю, -ишь, -ят, *сов.*, *перех.*

Э. деньги, ресурсы, сырьё, средства, резервы, какой-л. материал, силы, время, труд, продукты, воду...

ЭКСПЛУАТА́ЦИ|Я, *род.* -и, *только ед., ж.*

!**1.** Безвозмездное присвоение результатов чужого труда собственниками средств производства в классово-антагонистических общественно-экономических формациях.

2. Разработка, использование природных богатств. *Ср. э. земли. Э. месторождения чего-л.*

3. Использование средств труда и транспорта. *Ср. э. какой-л. машины*

Капиталистическая, открытая, скрытая, жестокая, усиленная, нещадная, хищническая ... **эксплуатация**.

Эксплуатация кого-чего: ~ человека, трудящихся, рабочих, крестьян, какого-л. народа, рабочего класса, крестьянства, рабочей силы, какого-л. труда, женщин, детей ... **Эксплуатация** кого-чего-л. кем-чем: ~ буржуазией, капиталистами ... **Эксплуатация** где: (*предлог «в» с предл.*) ~ в каком-л. обществе, в какой-л.стране ... ; (*предлог «на» с предл.*) ~ на каком-л. заводе, на каком-л. предприятии...

Материальные предпосылки, социально-экономические условия, возникновение, сущность, формы, способы, методы, уровень, степень, система, рост, объекты ... **эксплуатации**. Основа ... **для эксплуатации.**

Усиливать ↑↓, продолжать ↑↓ *зд. несов.*, устранять ↑↓, уничтожать ↑↓, ликвидировать ↑↓ *несов. и сов.* ... **эксплуатацию**. Бороться ↑ *несов.* ... **против эксплуатации.**

Эксплуатация предполагает *зд. несов.* что-л., маскирует что-л., служит *зд. несов.* чем-л., возрастает, основывается *зд. несов.* на чём-л. ...

● 1. Механизм капиталистической эксплуатации основывается

на том, что стоимость товара рабочая сила и стоимость, создаваемая рабочей силой, существенно разнятся в пользу последней. 2. Отношения эксплуатации в капиталистическом обществе маскируются категорией заработной платы, которая является превращённой формой стоимости (цены) товара рабочая сила.

△ **Эксплуата́торск|ий**, -ая, -ое, -ие.

Э. строй, общество, класс, политика, законы, порядки ...

Эксплуати́р|овать, -ую, -уешь, -уют, *несов., перех.*

Э. человека, трудящихся, рабочих, крестьян, какой-л. народ, рабочий класс, какой-л. труд ...

Э́КСПОРТ, *род.* -а, *только ед., м. Ант.* и́мпорт.

Вывоз товаров и услуг за границу для реализации их на внешнем рынке.

Общий, массовый, широкий, бросовый, традиционный, мировой, товарный, специальный ... **экспорт**.

Экспорт чей: ~ какой-л. страны, СССР ... **Экспорт** чего: ~ капитала, товаров, сельскохозяйственных продуктов, хлеба, орудий производства, оборудования, машин, патентов, научной информации ... **Экспорт** чего-л. откуда: (*предлог «из» с род.)* ~ из какой-л. страны, из СССР ...; (*предлог «с» с род.*) ~ с Кубы ... **Экспорт** чего-л. куда: (*предлог «в» с вин.*) ~ в какую-л. страну ...; (*предлог «на» с вин.*) ~ на Кубу ...

Предметы, форма, доля, выручка, товарная структура, рост, падение, условия, объём ... **экспорта**. Доля чего-л. (готовых изделий ...) ... **в экспорте**.

Планировать ↑↓, развивать ↑↓, увеличивать ↑↓, усиливать ↑↓, стимулировать ↑↓ *несов. и сов.*, финансировать ↑↓ *несов. и сов.*, кредитовать ↑↓ *несов. и сов.*, подрывать ↑↓, сокращать ↑↓ ... **экспорт**. Содействовать *зд. несов.* ... **экспорту**. Предназначать что-л. ... **для экспорта**.

Экспорт обусловлен чем-л., служит чем-л., растёт, падает, достигает чего-л., составляет что-л., включает в себя что-л. ...

Экспорт и импорт.

● 1. Экспорт, как и импорт, обусловлен развитием товарного производства, международным капиталистическим разделением труда или международным социалистическим разделением труда. 2. Предметами экспорта являются товары, произведённые в стране, а также товары иностранного происхождения, подвергшиеся или не подвергшиеся переработке (реэкспорт).

△ **Э́кспортн|ый**, -ая, -ое, -ые.

Э. план, контракт, выручка, база, исполнение, отрасли промышленности, цены, грузы, кредиты, векселя, операции, пошлины, премии, товары, ресурсы *мн.* ...

Экспорти́р|овать, -ую, -уешь, -уют, *несов. и сов., перех.*

Э. сырьё, товары, топливо ...

Э́КСПОРТНАЯ ПО́ШЛИНА, *род.* по́шлин|ы, *ж.*

То же, что **тамо́женная по́шлина**.

ЭМИССИО́ННЫЕ БА́НКИ, *род.* ба́нк|ов, *ед.* **эмиссио́нный банк**, *род.* ба́нк|а, *м.*

То же, что **центра́льные ба́нки**.

ЭМИ́ССИ|Я, *род.* -и, *только ед., ж.*

Выпуск в обращение бумажных денег и ценных бумаг.

Депозитно-чековая, банкнотная, наличная, денежная, необеспеченная, внутренняя, международная, широкая ... **эмиссия**.

Эмиссия чего: ~ каких-л. денег, банкнот, депозитов, ценных бумаг, акций, облигаций, казначейских билетов ... **Эмиссия** где: (*предлог «в» с предл.*) ~ в каких-л. странах ...

Размеры, обеспечение, категория, лимит, контроль ... **эмиссии**. Регулировать ↑↓, практиковать

↑↓ *зд. несов.*, контролировать↓, осуществлять↑↓, производить↓ ...**эмиссию**.

Эмиссия служит чем-л., превышает что-л., составляет что-л., подлежит *несов.* чему-л. ...

● 1. В социалистических странах эмиссия денег (банкнот и казначейских билетов) осуществляется в соответствии с потребностями народного хозяйства и регулируется в плановом порядке.

△ **Эмиссио́нн|ый**, -ая, -ое, -ые.

Э. налог, система, учреждения, ресурсы *мн.*, разрешения, банки ...

Я

Я́РМАРК|И, *род.* я́рмарок, *ед.* **я́рмарк|а**, *род.* -и, *ж.*

Регулярные торги широкого значения; рынки, которые регулярно, периодически организуются в традиционно определённом месте; сезонная распродажа товаров одного или многих видов.

Международная, региональная, межреспубликанская, областная, местная, оптовая, общая, универсальная, многоотраслевая, специализированная, техническая, современная, осенняя, весенняя ... **ярмарка**; Лейпцигская **ярмарка**.

Ярмарка чего: ~ транспортного оборудования, товаров широкого потребления ...

Значение, роль, продолжительность ... **ярмарки**. Поездка ... **на ярмарку**. Торговля, продажа ... **на ярмарке**.

Устраивать↓, проводить↓ ... **ярмарку**. Представить что-л. ... **на ярмарке**.

Ярмарки возникли когда-л. ...

● 1. Ярмарки возникли в Европе в раннее средневековье в условиях господства натурального хозяйства и экономической разобщённости. 2. Крупнейшие ярмарки были центрами международной торговли.

Клавдия Александровна
ЦОЙ

Хайрудин Муратович
МУРАТОВ

УЧЕБНЫЙ СЛОВАРЬ СОЧЕТАЕМОСТИ ТЕРМИНОВ

ФИНАНСЫ И ЭКОНОМИКА

Зав. редакцией
Л. Л. ПОГРЕБНАЯ

Редактор
Н. Н. ЕРЁМИНА,
М. И. ХАЛИЗОВА

Художественный редактор
Э. М. ВИКСНЕ

Технический редактор
Э. С. СОБОЛЕВСКАЯ

Корректор
Л. А. НАБАТОВА